KB169272

중앙아시아
인문학 기행

일러두기

• 지명 등 고유명사의 경우 가능한 한 현지에서 쓰이는 실제 발음과 가깝게 표기했습니다.
  예) 카슈미르→카시미르, 비슈케크→비시켁 등
• 사진을 책에 실을 수 있도록 허락해주신 번춘방 작가님, 장영주 피디님, 권오형 선생님,
  이정국 선생님께 감사드립니다.

중앙아시아
인문학 기행

연호탁 지음

몽골 초원에서 흑해까지

글항아리

문명의 오해를 넘어
인식의 지평을 넓힐 수 있는
'경계'가 그곳에 있었다

사람들은 끊임없이 이동하며 산다. 그 원인은 전쟁, 교역, 자연재해 등 다양하다. 사람의 이동은 언어, 문화의 접촉을 야기한다. 고대로부터 동양과 서양은 중간 지대인 중앙아시아를 통해 서로 접촉·충돌하는 과정에서 갈등을 빚기도 하고 다른 한편으로는 서로 융합하며 자신의 문명을 전파하고 각자의 문명을 발전시켰다. 동방과 서방 간의 문명 교류와 충돌은 주로 전쟁을 통해 발생했다. 전쟁은 길 위에서 일어났고, 우리는 이 길을 실크로드라 부른다.

중앙아시아는 동서東西의 중간 지대가 아니다. 우리는 지나치게 서양 문물에 경도되어 있고, 동양 문명은 중국과 일본 위주로만 알고 있다. 지리적으로도 멀지 않을뿐더러, 역사·문화적으로 우리와 밀접하게 관련되어 있음에도 불구하고 우리는 중앙아시아에 대해 너무 모른다. 중앙아시아 나라 이름에 들어가는 '-stan'이 우리말 '땅'을 뜻하는 말이라는 것을 아는 사람이 몇이나 될까?

4

「기황후」라는 역사 드라마에서 황후가 되기 전 그녀는 '승냥이'로 불린다. 이것이 사실史實이냐 아니냐는 중요하지 않다. 정작 중요한 것은 공녀貢女 출신의 고려 여인이 원나라 황제의 카툰(황비皇妃)이 되면서 얻은 '솔롱고 올제이 쿠툭 카툰'이라는 이름이다. 흔히들 '솔롱고'를 '무지개의 나라' 고려를 지칭하는 명칭으로 알고 있지만, 사실은 황서랑黃鼠狼(누런 족제비, solon)을 잡아 모피를 내다 팔아 생계를 꾸리는 종족을 가리킨다. 이들은 지금 북만주, 시베리아 일대에서 소수민족으로 살고 있다. 그렇다면 기황후는 솔론족 출신의 고려 여인인 셈이다.

한편 『거란국지』에서는 "거란어는 색륜어索倫語를 본本으로 한다"고 했다. 색륜어는 솔론족의 말이다. 과연 어찌된 일인가? 거란족은 10세기에 흥기했다가 12세기 초 여진족이 중심이 돼 세운 금나라에 패망하고 그 한 갈래가 서천해 중앙아시아의 맹주로 군림하면서 '카라키타이'(서요)라는 이름으로 알려진 종족이다. 요遼나라 군대를 이끌고 고려로 침입한 소손녕蕭遜寧이 서희徐熙와의 담판에서 자신들 거란족이 신라 박씨의 후손이라 한 건 또 무슨 연유인가? 양천 이씨의 조상이 색목인色目人, 즉 돌궐인이라는 사실은 놀랍지 않은가? 우리 민족의 기원과 갈래를 알기 위해서라도 북방, 달리 말해 중앙아시아 초원의 역사와 문화에 주목할 필요가 있다.

그래서일까, 시인 백석은 이런 시를 썼다.

아득한 옛날에 나는 떠났다
부여扶餘를 숙신肅愼을 발해渤海를 여진女眞을 요遼를 금金을
흥안령興安嶺을 음산陰山을 아무우르를 숭가리를

범과 사슴과 너구리를 배반하고

송어와 메기와 개구리를 속이고 나는 떠났다

(…)

아, 나의 조상은, 형제는, 일가친척은, 정다운 이웃은, 그리운 것

은, 사랑하는 것은, 우러르는 것은, 나의 자랑은, 나의 힘은 없다

바람과 물과 세월과 같이 지나가고 없다

(「북방에서」 중에서)

중앙아시아는 광활한 지역이다. 또한 이곳의 역사는 온통 미스터리

로 점철돼 있다. 나는 중앙아시아의 역사(시간)를 날줄로 인문지리(공간)

를 씨줄로 삼아, 때론 촘촘히, 때론 엉성하게 엮어낸 바탕(옷감) 위에

문화·풍습·예술·종교 등의 다양한 무늬를 짜넣어 인문학 기행이라는

한 벌의 아름다운 완성된 의상을 만들고자 한다.

　여기서 공간적 중앙아시아란 몽골 초원에서 알타이 산맥과 타림 분

지, 파미르 고원, 톈산天山 산맥을 지나 광활하게 펼쳐진 중앙아시아 초

원 지대를 거쳐 카스피 해, 마침내 캅카스 산맥과 흑해에 이르는 지역

을 모두 포괄한다. 흔히 실크로드라 불리는 지역을 포함함은 물론이

다. 시간적 중앙아시아는 기원전 8세기경 유목민 스키타이가 무변無邊

의 초원을 누비고 다니던 시절부터 파미르 고원과 톈산 산맥을 경계로

(사실 경계는 없다) 이서以西의 소그디아나, 대완大宛, 강거康居 등의 집단

과 이동以東의 색종塞種, 월지, 오손, 흉노가 서로 (혹은 정주 문명 세력

과) 교류하고 때론 쟁투하던 기원 전후의 시기를 거쳐 선비鮮卑, 돌궐,

거란, 몽골, 만주족이 잇따라 제국을 건설했다 스러진 근세까지의 시

6

기를 아우른다.

● 역사의 아이러니와 숨겨진 이야기, 그 아픔을 넘어서

글을 쓰는 과정에서 고대의 스키타이 (혹은 페르시아에 의해 '사카'라고도 불린) 종족이 현재의 사하Sakha족으로 외롭게 존재하고 있음이 자연스레 드러날 것이다. 물론 사하족은 남들이 자신들을 야쿠트Yakut족이라 부른다는 사실을 포함한 몇 가지 단편적 정보 외에 자신들의 뿌리와 이동의 역사에 대해 아는 바가 거의 없다. 이것이 역사의 아이러니다. 이 글에서는 이런 유의 역사적 아이러니와 허구, 그리고 숨겨진 이야기를 종족과 문명 간 전쟁에 따른 이동·접촉·혼합의 결과를 바탕으로 폭넓게 보여줄 것이다.

지중해 시칠리아 섬 동남단 시라쿠사Siracusa 거리에는 동상이 하나 서 있다. 앞머리는 숱이 무성한데 뒷머리는 민둥산, 발에는 날개가 달려 있고 손에는 긴 채찍이 들려 있다. 그리고 동상 아래 이런 글귀가 새겨져 있다. "앞머리가 무성한 이유는 사람들이 나를 보았을 때 쉽게 붙잡을 수 있도록 하기 위함이고, 뒷머리가 없는 이유는 내가 지나가면 사람들이 다시는 붙잡지 못하도록 하기 위함이다. 발에 날개가 달린 이유는 최대한 빨리 사라지기 위함이며, 긴 채찍을 들고 있는 이유는 그래도 매달리는 놈들이 있다면 그들을 후려치기 위함이다. 나의 이름은 '기회'다."

그렇다. 개인으로서든 집단으로서든 삶의 길에는 기회가 있다. 이 기회는 쏜살같이 왔다 사라지는 것이기에 아무 곳에나 있지 않지만no where, 바로 지금 여기now here 있기도 하다. 기회는 사람에게 미련을 두지 않는다. 영원을 보장하지도 않는다. 그렇기 때문에 기회를 자신의 것으로 만드는 자는 성공하고, 그렇지 못하는 자는 패배한다.

여기 중앙아시아 초원과 톈산 산맥, 몽골 초원과 황투 고원 등을 무대로 살아가던 유수한 유목 집단이 있다. 어떤 이는 호숫가에 살고, 어떤 이는 산중에 살며, 어떤 이는 황량한 초원에 살고, 또 어떤 이는 바람과 모래를 맞으며 사막에 살았다. 이들의 역사적 부침은 자못 슬프고 한편으로는 흥미롭다. 기회를 놓치지 않고 한 시대를 풍미한 집단이 있는가 하면, 기회를 잡지 못해 굴종의 삶을 산 집단도 있다.

인간은 끊임없이 싸워왔다. 인간의 속성 중 특히 남성성은 싸움으로 존재의 이유를 찾았다. 알렉산더 대왕이 동방 원정을 감행한 것도 싸움의 본능에 따른 것이며, 페르시아와 아테네가 서로를 용인하지 못하고 전쟁을 벌인 것도 싸움의 본능이 시켰기 때문이다. 심지어 사람들은 한 집단 내에서도 싸움을 벌인다. 아버지가 자식을, 삼촌이 조카를, 아들이 죽은 아버지의 새 부인을 죽이는가 하면, 형제끼리도, 혹은 어제까지 이웃이었던 씨족이나 부족들끼리도 걸핏하면 싸웠다. 그 이유는 간단하다. 자신에게 부족한 것, 자신이 갖고 싶은 것을 얻기 위해서다. 싸움의 결과가 양측 모두에게 살상의 피해를 입혔음에도 싸움이 끊이지 않은 이유는 그 대가로 얻게 되는 권력과 재화財貨 때문이었다. 부녀자의 겁탈과 납치는 부수적 소득이었다.

기후가 불리해지고 생존을 위협받게 되면서 초원의 유목 종족은 농경을 위주로 살아가는 정주 문명 세력에게 시비를 걸고 때론 다짜고짜 쳐들어오기도 했다. 한마디로 약탈을 위해서였다. 말을 이용한 기동력이 이들의 최대 강점이었다. 대개 정주 세력이 속수무책으로 당했다.

이들에겐 바람처럼 달리는 말도 없었고 귀신같은 활솜씨도 없었으며, 죽기 아니면 살기식의 난폭함 내지는 저돌성도 없었다. 그렇다고 유목 집단이 꼭 잔인하거나 반문명적이라는 이야기는 아니다. 다만 힘센 자, 혹은 기회를 노린 자가 득세하면 반드시 뭔가 노림수가 숨겨져 있다는 것이다.

흉노는 비단을 만들 줄 몰랐다. 비단을 짤 재료도 환경도 갖추어져 있지 않았다. 그러나 경험상 비단이 좋다는 건 알았다. 없는 것을 있게 하기 위해서는 빼앗는 길이 최선이었다. 빼앗고도 모자라 더 내놔라 겁박하고 약조를 받았다. 그 결과 중국에서 비단이 귀해진 반면, 흉노 지배 세력에게는 비단이 남아돌았다. 잉여품은 다른 필수품과 교환하는 것이 바람직했고, 그렇게 교역의 역사는 시작됐다. 흉노에 의해, 한족에 의해, 또 다른 이민족에 의해, 더 이전에는 스키타이와 희랍에 의해, 로마와 중국 간에 교역이 이뤄졌다.

그러나 유감스럽게도 로마는 중국과 직교역을 할 수 없었다. 중개 이익을 뻔히 알고 있는 페르시아가 장삿길을 순순히 내줄 리 없었던 것이다. 두 세력 간의 싸움은 필연이었다. 어디 여기 이 시점뿐이랴. 사라센에 막힌 중세 유럽이 탈출구를 찾아 움직인 것이 대항해 시대를 열지 않았는가? 풍운아 콜럼버스가 풍요의 아시아, 금이 넘쳐나는 땅 인도를 동경해 마르코 폴로의 『동방견문록』을 품에 안고 떠난 여정이 신대륙 발견의 결과를 낳았다. 물론 원주민과의 싸움은 피치 못할 일이었다. 이 싸움에서 외부의 침입자가 이기고, 착한 사마리아인들이 졌다. 원치 않은 전쟁으로 대부분이 죽고, 더러운 유럽인들이 들여온 질병에 감염돼 나머지가 죽었다. 신대륙에는 은이 많았다. 노동력이 절대적으로 부족해지자 아프리카에서 '검은 짐승'(유럽 가톨릭교도들에게 유색有色의 이교도는 사람이 아니었다)을 들여왔다. 이것이 바로 노예의 탄생이었다.

● 미지의 지역, 그리고 숨겨진 진실을 찾아서

채륜蔡倫에 의해 발명된 제지술이 서방에 전파된 것도 전쟁 때문이었다. 이 전쟁은 새롭게 등장한 중동의 종교 이슬람 세력이 힘자랑을 하느라 동방으로 진출하면서 발발했다. 빼앗고, 또 빼앗는 재미에 맛들인 압바스 왕조 치세의 이슬람이 스스로 멈출 리는 없었다. 다행히 중앙아시아에 진출해 있던 당나라 세력이 있었다. 그들이 가만있을 수는 없었다. 결국 둘은 붙었다. 이것이 두 세력의 명운을 가르고 역사를 만들었다.

때로 화친도 이뤄졌다. 여자가 매개물이었다. 당 태종이 문성 공주를 티베트의 왕 송첸감포松贊干布에게 출가시킨 것도 이런 맥락에서였다. 서시, 초선, 양귀비와 함께 중국 4대 미녀로 꼽히는 왕소군은 야만스런 흉노 호한야선우呼韓邪單于(선우는 흉노왕의 칭호)에게 팔려가야 했다. 잘난 척하던 한고조 유방도—본래는 소위 '찌질남'이었다가 기회를 잘 잡아, 그리고 운이 좋아 항우를 이기는 바람에—평성 백등산白登山 전투에서 죽을 뻔했다가 뇌물과 함께 공주를 선우의 여자로 바치고 나서야 겨우 목숨을 부지했다.

전쟁의 역사라는 관점에서 신왕조 혹은 신제국을 창건한 세력은 부단히 전쟁에 몰두했지만 대다수 민중은 제각각 살아야 했다. 전쟁 이외의 다른 수단에 의지해 생존을 영위해야만 했던 것이다. 자급자족에는 한계가 있었고, 일상에는 부족한 것이 너무 많았다. 원시 경제의 물물 교환이 점차 화폐를 이용한 물자 교역으로 바뀌었다. 전문 상인이 탄생했고 장사가 돈벌이가 된다는 걸 눈치챈 국가와 성직자들이 직접 교역에 뛰어들었다. 혹은 각종 세금으로 배를 불렸다. 교회와 국가는 눈이 맞았다. 손발도 척척 맞았다. 이렇듯 거룩한 십자군 전쟁의 이면에는 교황과 황제의 탐욕이 도사리고 있었다.

궁극적으로 인간사의 기록인 역사의 이면에는 숨겨진 진실이 많고도 많다. 중앙아시아 기행이 흥미로운 이유는 동서 문명의 교류 외에도 인간의 다채로운 습성 혹은 습속의 흔적이 도처에 남아 있고 그를 통해 인간을, 인문人文(사람살이의 발자취)을 이해할 수 있다는 점이다. 인문은 인류의 문화/인물과 문물/인륜의 질서를 통섭하는 개념이다. 나는 책상머리 지식에 더해 제법 오래된 여행 경험을 바탕으로 여전히 대부분의 한국인에게 미지의 지역으로 남아 있는 중앙아시아에 대한 인문학 기행을 시작하려 한다.

이 책은 『교수신문』의 지면을 빌려 2013년 말부터 2015년 말까지 꼭 2년간 55회 분량으로 매달 2~3회씩 연재했던 「중앙아시아 인문학 기행: 몽골 초원에서 흑해까지」를 한데 묶은 것이다. 독자 제현의 아낌없는 질정을 부탁드린다.

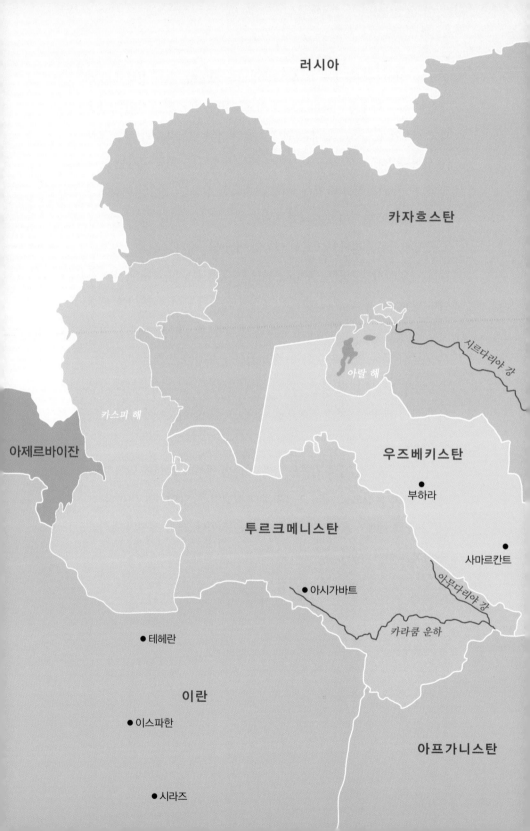

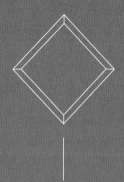

1장

유랑의 시작,
월지의 서천

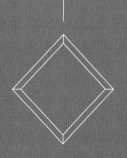

1
이족異族 출신 황후에 대한
총애가 불러온 역사의 진동

"우연은 없다. 세상에 일어나는 일치고 인과관계를 벗어난 것이 없다.
인간이 인식하든 못하든 매사에는 그럴 만한 원인이 있는 법이다. 나
비의 날갯짓이 태풍을 만든다지 않는가? 모든 일은 얽혀 있다."

인도는 내가 즐겨 찾는 여행지 중 한 곳이다. 인도를 좋아하는 몇 가지
이유 가운데 하나는 인도의 음악 때문이다. 중앙아시아 초원에서 듣는
민속음악이 바람 소리와도 같이 가슴을 파고들듯, 인도 사원에서 듣
는 바잔bhajan이나 라가raga는 성당의 종소리처럼 신비롭다. 지난겨울에
는 라자스탄 지역을 여행했다. 가는 곳마다 음악이 있었다. 특히나 사
막 유목민들의 악기 연주와 목청은 아름다웠다. 마침 음력 보름이었
고, 밤하늘을 비추고 있는 달빛 아래에서 듣는 타악기 타볼라tabola와
외줄 현악기 엑타라extara의 음률은 유쾌하고 슬펐다. 그 선율에 따라
나는 이들의 역사를 생각했다.

　인도에는 바울baul이라는 유랑流浪 집단이 있다. 바울은 뱅골어로
'바람'이라는 뜻의 산스크리트어 vayu('air' or 'wind')에 그 기원을 둔
다. 바울은 노래하는 음유 집단이다. 노래가 좋아 노래에 미친 사람들
이다. 바울은 그렇게 음악에 신들린(산스크리트어 vatula) 사람들을 가

사원 앞에서 하모니엄을 연주하고 있는 악사.

리킨다. 그래서 그들의 음악에는 신명이 있고, 그렇기 때문에 애잔하다. 황야의 바람 소리 같은 쓸쓸함이 배어 있다.

이들 노래 중에는 재회의 기쁨을 축하하는 아가마니Agamani(Songs of advent)가 있고 작별을 슬퍼하는 비자야Vijaya(Songs of parting)가 있다. 들어보라, 바울의 음률이 전하는 인생의 희로애락을. 노래하는 이가 그러하듯 듣는 이 역시 음악에 사로잡힌 채 신을 느낄지도 모른다.

산야시San(n)yasi(n)(힌두교의 탁발승)처럼 문전걸식하며 노래에 살고 노래에 죽는 유랑 음악인들, 바람처럼 동가숙서가식 하던 무소유의 떠

라자스탄 지역 초원 사막에 사람들이 불을 피우고 둘러앉아 있다.

돌이 고대 인도 악사들. 이들을 부르는 또 다른 명칭은 돔바Domba다. 돔바란 '북dom'을 치는 '사람–ba'이다. 이들이 마을에서 마을로 떠돌며 음악을 연주하고 사람들을 기쁘게 했다.

가다보니 판노니아Pannonia 평원(카르파티아 분지, 헝가리 초원이라고도 한다)에까지 이르렀다. 멋모르는 유럽 사람들은 이들이 이집트에서 온 줄 알고 집시Gypsy라고 불렀다. 사실 오늘날 유럽 집시의 또 다른 명칭인 '로마니Romani'가 바로 돔바의 후손이다. 사람들은 이렇게 옮겨 다니며 살았다. 그러나 이주나 유랑의 사연은 저마다 달랐다.

무대를 현재의 몽골 초원으로 옮겨보자. 시대는 기원전 3세기 말, 초원의 바람 소리는 구슬프다. 허공을 가로지르는 화살의 울음소리 같다. 두만선우頭曼單于(재위 기원전 220~기원전 209)의 태자 모돈(묵돌선우冒頓單于, 재위 기원전 209~기원전 174)이 자신의 아버지를 죽일 목적으로 휘하의 1만 기병을 훈련시킬 때 사용했던 명적鳴鏑이 그러했다. 아버지의 이름 두만頭曼은 '만인장萬人長' 혹은 '만호제万戶制'라는 의미의 투르크어 'tumen'의 음역으로 추정된다. 모돈은 묵독墨毒, 묵돌墨突, 모두旄頭(『초씨역림焦氏易林』) 등으로도 기록돼 있는 것으로 보아 흉노어 이름의 음역어다.

모돈이라는 이름에 대해 많은 학자가 현재 몽골의 수도 울란바토르 Ulan Bator(붉은 영웅이라는 뜻)에서 보이는 원튀르크어 'baɣatur'(용감한 자, 용사)의 음역이라고들 하지만, 언어학자인 나는 도무지 그 근거를 모르겠다. 차라리 '끝'에 대응되는 말로서 『월인석보月印釋譜』 서序 14에 보이는 '서열이 맨 위인, 맨 앞의, 처음 나온'이라는 우리말 '맏'(>맏)과 기원이 같다고 보는 것이 오히려 더 타당하지 않나 싶다.

혹은 우리말 '모두~몽땅'과 어원을 같이한다고도 볼 수 있다. '모두'는 『능엄경언해楞嚴經諺解』(1461, 2:49)에 '모도'의 형태로 처음 나타난다. 중세 국어에서 '몯-[會]'이라는 용언 어간에 부사 파생의 '-오'가 결합해서 생긴 '모도'가 근대 국어로 들어오면서 모음조화에서 벗어나게 돼 '모두'로 실현된 것이다.

그렇다. 모돈은 '맏아들, 첫 아들'이라는 의미의 말일 수 있다. 과거 사람들은 다들 그런 식으로 쉽게 이름을 지었다. 지금도 중국 윈난 성, 타이 북부 산악 지대에 살고 있는 리수족은 태어난 순서에 따라 집집마다 붙이는 이름이 같다. 만약 엄마도 '아미', 딸도 '아미'라면 둘 다 큰

딸로 태어났다고 이해하면 된다.

● 이족 출신에 대한 편애가 불러온 역사의 진동

그런데 최근 키르기스 민족의 장편 서사시 『마나스Manas』를 읽다가 아주 흥미로운 어휘를 발견했다. '몰토Molto'가 그것이다. 이는 키타이 칸Kitai Khan의 이름으로(키타이는 거란을 의미하나, 서사시의 시대적 배경으로 보아 이때는 여진족이 세운 금나라를 가리킨다고 보는 견해도 있다), 이 이름은 현재 키르기스인의 인명으로도 쓰인다. 키르기스 20솜som 짜리 화폐 속 인물이 대표적이다. 그의 이름은 '둥글이 학자'라는 뜻의 'Togolok Moldo'(round faced educated person)이다. 그렇다면 모돈이 '학자, 현인'의 의미로 사용되는 키르기스어 'moldo' 혹은 'molto'와 기원이 같다는 것을 어렵지 않게 짐작할 수 있다.

키르기스는 흉노가 초원의 지배 세력이 되기 전부터 그 북쪽 바이칼 호 서쪽에 거주하던 '격곤鬲昆'을 조상으로 한다. 예니세이 강을 기반으로 수렵과 어로, 유목 생활을 했기에 예니세이 키르기스로 알려져 있는 키르기스족은 사마천의 『사기史記』(기원전 109~기원전 91년 편찬)에 처음 '鬲昆' 혹은 '隔昆'으로, 다른 곳에는 '堅昆'으로 등장한다. 이들에 대한 후일의 역사 기록에서 눈여겨볼 부분은 이들이 붉은 머리에 푸른(녹색) 눈을 하고 있다는 점이다. 즉 색목인이다. 과연 어떤 사람들이 붉은 머리에 푸른 눈을 하고 있는 걸까.

이렇듯 몽골 초원 북쪽에는 격곤이, 또 그 주변에는 정령丁零이 살던 당시, 흉노의 태자 모돈은 한동안 흉노 서쪽의 월지국月支國에 인질로 가 있었다. 이는 월지가 당시 흉노가 함부로 넘볼 수 없는 강국임을 증명한다. 아버지 두만은 월지 공주를 알씨閼氏로 맞아들여 자식을 낳았다. 당시 힘깨나 쓰는 집단의 수장首長으로서 매우 당연한 일이었다. 흉노의 임금을 한자로는 單于라 기록하고 선우라 말하며, 왕비는 閼氏라고 쓰고 연지라 읽는다.

문제는 월지 출신의 연지와 그 아들을 총애한 나머지 모돈을 제치고 선우 자리를 그쪽에 넘겨주려 한 데 있다. 그래서 혼인 동맹을 맺었던 월지에 부러 싸움을 걸었다. 월지에 있던 모돈은 목숨이 위태로웠다. 다행히 평소 눈여겨보던 준마를 집어타고 본향으로 돌아왔다. 도저히 용서할 수 없는 아버지의 처사였다. 모돈은 절치부심하며 때를 기다렸다. 예상과 달리 살아 돌아온 아들을 어쩌지 못한 아버지는 속마음을 숨기고 모돈에게 기병 1만을 내리고 사실상의 후계자인 좌현왕左賢王에 봉한다. 모돈이 할 일은 부하들을 자신의 뜻대로 움직이게 훈련시키는 것이었다. 이를 위해 그는 우는 화살인 명적鳴鏑을 이용한다. 마침내 모돈은 월지 출신의 연지와 그 아들, 그리고 자신의 아버지마저 살해하고 선우 자리에 오른다.

월지月氏, 月支는 원래 현 중국 간쑤 성 서부 지역 하서회랑河西回廊과 치롄 산맥 일대에 거주하고 있었다. '월지'라는 명칭은 한자로만 전해 내려오며 그 말의 원음과 어의, 그리고 그들의 종족적 기원에 대해서는 정확하게 알려진 바 없다. 사마천의 『사기』 「흉노열전匈奴列傳」에 보이는 '오씨烏氏', 『일주서逸周書』 「왕회편王會篇」의 '우씨禹氏'에 비정되고 있는데, 만약 후자와의 관련이 사실로 입증된다면 월지의 종족적 기원은 상당히 오래됐다고 할 수 있다. '월지'의 말뜻을 '옥玉'으로 이해하고 월지족을 '옥의 종족'으로 받아들이는 사람들은 실크로드의 관문 옥문관玉門

關이라는 지명도 월지와의 관련 속에서 탄생한 것이라고 본다. 내 생각은 좀 다르다. 어쨌든 사서의 기록으로 미뤄 분명한 것은 월지가 흉노의 서방 세력으로 무시할 수 없는 존재였다는 점이다.

쿠데타로 선우가 된 모돈은 자신에 대한 불만을 의식하고는 지지 기반을 다질 겸 관심을 대외 전쟁으로 돌린다. 눈엣가시였던 동쪽의 동호東胡(만주 일대 거주)를 격파한 모돈의 흉노군은 여세를 몰아 서쪽의 월지를 쳐서 멸망시킨다.(기원전 176년) 돌이킬 수 없는 타격을 입은 월지는 본거지에 머물 수 없었다. 패자가 취할 길은 유랑流浪, 길을 떠나는 것뿐이었다.

역사는 어떤 측면에서 보면 무언가를 뺏으려는 자와 그를 지키려는 자 사이의 갈등의 연속이다. 달리 말해 무언가를 차지하고 있는 자와 그렇지 못한 자의 갈등이 전쟁을 초래한다. 전쟁! 이 끔찍한 일로 무수한 사람이 이유도 모른 채 죽었고 수많은 도시가 파괴됐다. 그래서 성곽이 쌓이고 축조 기술이 발전했다는 아이러니를 우리는 어떻게 받아들여야 할까? 달의 높이쯤 되는 우주 공간에서도 보인다는 만리장성은 그렇게 해서 두려운 북방의 침략자를 막기 위해 건설되기 시작한 것이다.

인간 문명은 알고 보면 단순한 데서 비롯되었다. 북방의 야만족(사람들은 항상 자신은 옳은 존재요 문명인, 또 세계의 중심이라고 믿었다. 중국도, 인도도, 페르시아도, 그리스도 마찬가지다)에 대한 공포는 중원의 문명화된 한족漢族 정권들로 하여금 차례차례 깊은 방어 의식을 갖도록 만들었다. 그리고 전제 권력을 바탕으로 엄청난 강제 노역을 통한 축성 공사를 감행하게 했다. 역설적으로 중국은 유목 세력에 대한 농경 정착 세력의 저항과정을 통해 명맥을 유지했다고 할 수 있다.

싸움에 정의란 없다. 승리가 정의일 뿐이다. 유목 세력 간에도 이해 관계가 맞지 않으면 싸움이 벌어졌다. 혼인 동맹을 맺었던 월지와 흉노도 그러했다. 아내로 맞은 카이사르의 어린 딸이 병들어 죽자 친구이자 사위였던 폼페이우스가 금세 카이사르의 적으로 변한 모습에서 우리는 당시 로마 삼두정치三頭政治의 허상을 본다. 아버지를 죽이고 권좌를 탈취하는 마당에 친구가 적이 되는 건 식은 죽 먹기다.

● 흉노의 월지 토벌과 월지의 서천西遷

흉노의 월지 침공 이유는 명확하지 않다. 그러나 무언가 깊은 원한이 있었지 싶다. 모돈의 뒤를 이은 노상선우老上單于(재위 기원전 174~기원전 160)는 2년 뒤 다시 월지를 쳐서 월지왕의 두개골로 술잔을 만들었다. 이 잔인한 풍습은 고대 스키타이에게서도 찾아볼 수 있는바, 유목 종족의 승리 의식 내지 용맹함의 과시였을 것으로 짐작된다.

이미 말했다시피, 모돈선우 시절까지 월지는 흉노의 서방에 자리 잡고 있으면서 서역의 나라들(오아시스 국가들)에게 크고 작은 영향력을 행사하고 있었다. 당시 흉노의 우현왕右賢王(제국의 우익右翼인 서방을 담당하는 왕. 선우의 태자는 언제나 좌익을 책임지는 좌도기왕左屠耆王, 즉 좌현왕左賢王이 됐다. '도기屠耆'는 흉노어로 '현명하다'는 말이다)이 한나라와 소규모 전쟁을 벌인 이듬해인 기원전 176년, 모돈선우와 한 문제文帝(재위 기원전 180~기원전 157)가 서신을 교환했다. 흉노선우가 한의 천자天子에게 보낸 다음의 글에 월지 토벌과 관련된 내용이 보인다.

지금 하급 관리들이 맹약을 깨뜨렸기 때문에 그 죄를 물어 이번에 우현왕에게 그 벌로서 서쪽으로 월지를 토멸討滅하게 했소이다. 다행히 하늘의 가호로 단련된 정예 병사와 강건한 말로써 월지를 쳐부수어 이들 모두를 참살함으로써 항복시키고 누란樓蘭, 오손烏孫, 호게呼揭 및 인접한 26개국을 평정해 이들을 모두 흉노에 병합했소이다. 이리하여 '활을 쏘는 유목 민족引弓之民'은 합하여 한집안이 됐고, 북쪽 지방은 이미 안정을 찾았소이다.(사마천, 『사기』「흉노열전」)

원수이지만 화친할 수밖에 없었던 흉노와 한. 무엇보다 백등산 전투에서의 굴욕적 패배 이후 흉노에게 매년 비단을 바치고 황실의 여인을 흉노선우에게 시집보내는 등의 불평등 조약을 체결해야만 했던 한고조 유방劉邦 이하 한나라 정권의 심정은 참담했을 것이다. 그러나 함부로 대적할 수 없기에 평화 유지에 각별한 노력을 기울이고 있던 중에도 더러 예기치 않은 사고가 생기는 법, 과격한 성격의 장수가 있으면 상대가 시비를 걸 때 일단 말을 몰고 나가 한판 싸움을 벌여야 직성이 풀린다. 이런 상황 속에 흉노 우현왕과 한나라 국경 수비대 사이에 예기치 않은 전투가 벌어졌고, 그로 인해 흉노선우가 명령을 어긴 죄를 물어 서방의 월지를 토벌토록 했다는 것이 위 편지글의 주된 내용이다. 그리고 흉노가 월지는 물론 서역 제국諸國을 점령해 북방 유목 민족을 하나로 통합했다는 것이다. 이 얼마나 자부심 가득한 편지인가. 이 얼마나 한 왕실을 조롱하는 문장인가.

위와 같은 흉노선우의 편지를 받은 한 문제는 답신을 통해 우현왕을 책망하지 말 것을 당부하고, 선우에게 비단옷 수십 필을 선물로 보냈다. 그리고 편지를 교환한 지 얼마 안 되어 모돈은 죽고, 아들 계육稽粥이 즉위해 후일 노상선우라 칭했다. 그러자 문제는 곧 종실의 딸을 공주라 속여 흉노로 보내 선우의 연지로 삼게 했다.

그 아버지에 그 아들, 모돈의 아들 노상선우도 아버지에 뒤질세라 계속해서 정복 사업을 벌였다. 심지어 한의 수도인 장안長安까지 진격해 한 조정에 심대한 압박을 가한다. 겨우 명맥을 유지하던 월지 역시 또 한 번의 타격을 받는다. 기원전 162년 노상선우의 명을 받은 흉노군의 공격으로 월지의 왕이 참담하게 살해됐다. 이때 믿기 힘든 일이 벌어졌다. 사자왕獅子王 노상선우가 자신이 죽인 월지왕의 두개골로 술잔을 만든 것이다. 왜 노상선우가 사자왕일까? 나는 노상老上을 튀르크어 arslan(사자)에서 어두의 a-가 탈락된 음역어로 본다. 안녹산安祿山 또한 안국安國(오늘날 우즈베키스탄 부하라) 출신의 (a)ruslan(사자)이다. 남자들은 용맹한 존재로 인식되길 원한다. 전사의 이미지를 나타내는 것 중에 사자 이상의 것은 없다. 사자왕 리처드가 그렇고, 셀주크 제국의 두 번째 술탄도 '영웅적 사자Alp Arslan'였다.

이제 월지의 운명은 결정됐다. 디아스포라diaspora! 마침내 유대인의 바빌론 유수를 연상케 하는 월지의 역사적 대이동이 시작된다.

2
이 세상에 영원한 것은 없다, 치롄 산맥의 대서사시

> "사람은 누구나 누군가를 필요로 한다. 그러나 아무나 누군가가 될 수는 없다Everybody needs somebody. Anybody cannot be somebody, though."

아시아 동방의 초원에서 월지의 서천이라는 역사적 변동이 일어나기 150여 년 전, 유럽 대륙 발칸 반도의 마케도니아 왕국 군주가 필리프 2세에서 그의 아들로 바뀌었다. 세계 제패의 야망을 지닌 이 젊은 군주의 이름은 바로 알렉산드로스Alexandros(alexo 'to defend, help' + aner 'man', 기원전 356년 출생, 재위 기원전 336~기원전 323). 우리는 그를 흔히 알렉산더 대왕이라고 부른다. 그러나 알렉산더를 대왕이라 부르는 건 페르시아인들에게는 모욕이다. 그는 그리스 연합군을 이끌고 페르시아에 쳐들어온(기원전 334년) 침략자요, 호전적 악당에 불과하다. 그의 무력 앞에 무릎을 꿇은 다른 나라, 다른 사람들에게도 마찬가지였을 것이다. 알렉산더가 어쩌지 못한 집단은 시르다리야Syr Dar'ya(시르 강江) 북쪽의 유목민 스키타이뿐이었다.

아케메네스 왕조 페르시아의 다리우스 3세(재위 기원전 336~기원전 330)는 몇 년에 걸쳐 사력을 다했으나 역부족이었다. 종당에는 제국 동방의 속주屬州 박트리아Bactria(중국 사서의 대하大夏) 쪽으로 도주했다가 그곳 태수太守인 베수스Bessus에게 암살당한다. 그리고 베수스는 스스로 페르시아 대왕을 칭한다. 물론 이 배신자 또한 친구 스피타메네스에게 붙잡혀 알렉산더에게 압송되고, 알렉산더는 그를 메디아 왕국의 수도 에크바타나로 보내 페르시아인들로 하여금 조국의 배신자를 처단하게 한다.

이런 일, 배신은 꼭 있다. 제2돌궐 제국 두 번째 카간qayan인 카파간 Qapayan('정복자'라는 뜻. 중국 사서의 묵철가한黙啜可汗, 재위 691~716)도 동족이라 믿었던 토구즈 오구즈Toghuz Oghuz(구성九姓 오구즈)의 반란을 평정하고 돌아오다 일원인 바이루크拔野古 부족의 계략에 빠져 살해당했다.(716년) 그의 머리는 참수돼 중국 사신 학영전郝靈佺에 의해 당의 수도 장안으로 보내진다. 탈라스 전투에서 고선지高仙芝 장군 역시 믿었던 연합 세력에게 뒤통수를 맞는다.(751년)

이 배신이 역사의 물결을 바꿔놓았다. 세상에 두려울 것 없던 알렉산더가 동방원정에 나서며 중앙아시아의 박트리아까지 침탈한 건 기원전 329년의 일이다. 이때 위기의식을 느낀 발흐Balkh 지역의 추장 옥샤르테스Oxyartes는 열여섯 살짜리 자신의 딸을 알렉산더에게 바친다. 그녀의 이름은 Roxāna(오늘날 아프가니스탄의 파슈토Pashto어 표기)로 '빛나는 아름다움luminous beauty'이라는 뜻이다. 이 이름이 요즘 Roxanne, Roxanna, Roxandra, Roxane 등으로 이표기異表記 돼 사용된다. 일본학자 요시다 유타카吉田豊가 안녹산의 녹산祿山(중국어 병음 lushan)을 '환한 것', 즉 '빛'의 의미를 지니는 소그드어 rokshan으로 파악한 것은 이를 바탕으로 한 것이다.

다시 월지의 서천 이전, 당시 중원과 초원을 대표하던 한과 흉노의 대치 상황으로 돌아가보자.

⬢ 흉노와 한의 전쟁, 거대한 이동의 기원

기원전 202년 한 고조 유방은 진秦나라 붕괴 이후 혼란스럽던 중국을 통일했다. 그는 흉노를 견제하기 위해 측근인 한왕韓王 신信을 북방에 배치하고 흉노 토벌을 명한다. 하지만 한왕 신은 흉노 토벌이 어렵다 판단해 화평을 시도했고, 이후 고조가 이를 책망하자 흉노로 투항한다.

한왕 신이 투항하자 흉노선우 모돈은 그의 인도를 받아 대代 땅을 공격해 들어갔고, 현재의 산시山西 성 동쪽 평성平城에 이르렀다. 한 고조 역시 대군을 일으켜 이에 맞섰으나, 보병에 앞서 성급하게 적진으로 들어가는 바람에 백등산에서 포위당해 옴짝달싹 못하는 상황에 처하게 됐다. 흉노군에 포위된 채 7일간 전전긍긍 목숨이 위태롭던 유방은 모돈의 연지에게 선물을 보내 모돈을 설득토록 한다. 그리고 모돈이 짐짓 포위망을 느슨하게 한 틈을 타 장안으로 도망쳐 가까스로 목숨을 부지했다. 체면 구기고 혼쭐이 난 유방은 유경劉敬을 보내 흉노선우에게 다음 사항을 약속했다. 병자호란 때 남한산성에서의 인조仁祖의 삼두고배三頭叩拜 치욕을 떠올리게 하는 사건이다.

1. 매년 한 왕실의 여인을 선우의 연지로 바친다.
2. 매년 한은 흉노에게 솜, 비단, 술, 쌀 등 일정량의 공물을 바친다.
3. 황제와 선우 사이에 형제의 맹약盟約을 맺어 화친한다.

4. 만리장성을 경계로 양국이 서로 상대의 영토를 침범하지 않는다.

유방이 지도자로서 인기가 없었는지, 한왕 신 이후에도 고향 친구였던 연왕燕王 노관이 또 유방을 배신하고 흉노로 들어갔다. 유방은 죽고 싶었을 것이다. 때가 돼 한 고조가 죽고, 혜제惠帝(유방의 차남 유영劉盈, 기원전 210~기원전 188, 재위 기원전 195~기원전 188)가 즉위했다. 오버도그overdog 모돈은 언더도그underdog였던 고조의 미망인 여태후呂太后에게 "이 몸도 독신이고 그대도 독신이니 잘해보자"라는 내용의 편지를 보냈다. 모욕감을 견디지 못한 여태후는 격노해 흉노를 토벌코자 했으나, 주변에서 고조의 백등산 전투를 거론하며 만류, 결국 토벌을 취소했다.

한과 흉노 사이의 쟁패와는 별개로 흉노의 침공으로 더 이상 본향에 머물 수 없음을 깨달은 월지 유민들은 동쪽의 흉노를 피해 서쪽으로 이동하기 시작한다. 월지의 서천, 이 일이 마치 도미노 현상처럼 중앙아시아는 물론 멀리 유럽에까지 민족 대이동을 촉발하는 계기가 된다.

치롄祁連 산 북쪽 소무성昭武城을 거점으로 하던 월지는 그곳을 떠나 어디로 어떻게 이동했을까? 칭하이 호 주변과 치롄 산맥 초지에서 유목 생활을 하던 이들은 서둘러 서쪽으로 길을 떠났다. 알타이 산맥을 넘고 중가리아 분지를 지나거나 혹은 톈산 산맥을 넘었을 것이다. 그리고 이리 강伊犁河이 흐르는 이리伊犁, Yili [몽골어로는 'bareness'(살풍경, 휑뎅그렁함, 꾸밈없음, 알몸)] 계곡에 이른다. 후일 사가史家들은 이렇게 서쪽으로 이주해간 세력을 대월지, 남아 있던 집단을 소월지라 칭했다. '이리'라는 이름은 아마도 '갈고리hook'를 뜻하는 위구르어 'Il'에서 유래한 듯하다. 강의 지형이 그처럼 생겼으므로. 이리 강은 북으로 흘러 현 카자흐스탄 소재의 발하시 호로 흘러들어간다.

이리 강에 대한 언급은 마흐무드 알 카시가리Mahmud al-Kashgari(카시가르Kashgar 출신의 마흐무드)라는 사람이 11세기 후반 2년여(1072~1074)의 노고 끝에 쓴 튀르크어 사전『The Dīwānu l-Luġat al-Turk』에서 찾아볼 수 있다.

> 이리Ili는 강의 이름이다. 야그마Yaghma, 토크시Tokhsi, 치글릭Chi-glig 같은 튀르크 종족들이 그 하안河岸을 따라 산다. 이들은 이리 강을 자신들의 자이훈Jayhoun으로 여긴다.

'자이훈'은 아랍어로 중세 무슬림들이 에덴동산을 흐르는 거룩한 네 개의 강 중 하나를 가리키던 말이다.

이로 미뤄볼 때 산하山河의 주인은 수시로 바뀐다는 것을 알 수 있다. 기원전 2세기 이후 상당 기간 오손국이 차지했던 이리 강을 세월이 흘러 11세기에는 몇몇 돌궐 부족이 점유하고 있었다. 그 무렵 몽골 초원의 지배자는 돌궐, 위구르, 키르기스를 거쳐 요나라를 세운 거란족으로 바뀌어 있었다. 거란은 만주까지 지배했다.

그렇다. 이 세상에 영원한 것은 없다. 개인에게 생로병사가 있고 주거지나 직업의 변화가 있듯이, 국가 또는 특정 지역의 지배 계층도 수시로 바뀐다. 땅과 사람은 대부분 그대로인데, 왕씨王氏가 지배하던 고려가 이씨李氏가 지배하는 조선으로 정권 교체가 일어난 경우가 그러하다. 현대에 이르면 이러한 세력 교체가 민주적 투표에 의해 이뤄진다는

둔황의 풍경 곳곳에는 눈에 익은 모습이 많다. 나그네 눈에 비친 이 친숙한 풍경이야말로 중앙 아시아가 어쩌면 하나의 문화적 DNA를 공유하고 있다는 증거일지도 모른다. 저 멀리 월지의 원 거주지였던 치롄 산이 보인다.

차이만 있을 뿐이다.

◉ 마침내 운명은 아무다리야 강 너머로

월지가 애통함을 억누르고 당도한 낯선 지역 이리 강과 그 주변, 그리고 톈산 산맥 일대에는 오래전부터 색종塞種이라 불리는 유목 집단이 살고 있었다. 이제 이들이 월지에 밀려 이주를 시작한다. 월지는 일시 안주했을 것이다. 그러나 곧 오손이 들이닥친다. 오손 역시 키르기스족과 마찬가지로 푸른 눈에 붉은 머리카락을 가진 유목 집단이었다. 월지와 오손은 모두 치롄 산과 둔황 일대에 살던 이웃이었다. 흉노의 도움을 받은 오손은 월지를 몰아내는 데 성공한다.

이리 강에서도 쫓겨난 월지가 다음으로 당도한 곳은 이식쿨Isyk kul 호수였다. 그러나 오손은 계속해 압박을 가했고, 얼마 못 가 다시 유랑의 길에 오른 월지는 페르가나 분지(대완) 북쪽 카자흐 평원에 이른다. 당시에는 그저 시르다리야 북쪽의 초원으로 알려진 곳이었다. 이곳은 그들이 떠나온 고향 치롄 산에 비해 추웠고 이들은 다시 남으로 발걸음을 옮긴다.

마침내 도달한 곳은 강거康居의 고지故地. 북으로는 시르다리야 강이, 남으로는 아무다리야 강이 흐르고 있었다. 이른바 하중河中 지역이었다. 아랍어로는 '마와라 안 나흐르Mawara an-Nahr'라고 하는데, '(아무다리야) 강 너머(의 지역)'이라는 뜻이다. 영어로는 트란스옥시아나 Transoxiana[옥수스 강, 즉 아무다리야 강 너머(의 지역)]로 한다. 희랍인들은 아무다리야 강을 옥수스Oxus로, 시르다리야 강을 약사르테스 Jaxartes라고 불렀다. 땅과 강의 주인이 바뀌면 새 주인은 자신들의 말로 주변을 지칭한다. 그래서 하나의 대상에 대해 여러 명칭이 만들어진다. 어쨌든 월지는 이동하고 새로운 땅 소그디아나Sogdiana(소그드인의 땅)에 정착한다.

어쩔 수 없이 선택한 디아스포라(역사상 바빌론 유수 이후 유대인의 이산離散이 유명하다), 유랑의 길에 오르기 전 월지의 본거지는 자신들의 말로 '하늘'을 의미하는 '치롄' 산맥 일대의 초지草地였다. 이 산맥은 현 칭짱靑藏 고원(티베트 고원)의 북쪽 기슭인 간쑤甘肅 성과 칭하이靑海 성에 걸쳐, 서북쪽은 알타이 산맥에 접하고, 동쪽은 란저우蘭州의 흥룽 산에 이르며, 남쪽은 차이다무 분지와 칭하이 호수에 서로 연결된다.

치롄 산맥은 서북에서 동남으로 달려 여러 개의 평행하는 산맥이 돼 평균 해발 4000미터 이상, 길이 2000여 킬로미터, 폭 200~500킬로미터에 이른다. 평원의 하곡이 산지 면적의 3분의 1이 넘으며 주봉主峰은 간쑤 성 서북쪽에 자리 잡고 있는 치롄 산이다. 일부는 빙하가 발달한 6500미터 급의 고봉이 늘어서, 하서회랑의 오아시스 도시들인 무위武威(예전의 양주凉州), 장예張掖(예전의 감주甘州), 주취안酒泉(예전의 숙주肅州), 둔황敦煌(예전의 사주沙州, 튀르크어로는 Dukhan) 등을 윤택하게 하는 내륙 하천의 수원이 되고 있다.

'치롄祁連 산'이라는 이름의 유래는 흉노 시대까지 거슬러 올라간다. 흉노어 혹은 월지어로 '치롄'은 '하늘'이라는 뜻이며, 그래서 치롄 산은 '天山'이라고 불린다. 하서회랑의 남쪽에 있기 때문에 '남산南山'이라고도 불렸다. 당나라 시인 이태백의 시 "明月出天山 蒼茫雲海間 長風幾万里 吹度玉門關"에서의 '天山'이 바로 이 치롄 산을 가리킨다. 석도명이 염장한에게 '天山'으로 간다고 했을 때도 톈산 산맥이 아니라, 여기 치롄 산

하서회랑으로 가는 길에 만난 비한족(회족) 노인.

을 염두에 두고 한 말이었다고 한다.

아름답기로는 연지燕支산을 빼놓을 수 없다. 역시 중국 간쑤 성에 자리 잡고 있는 이 산은 과거 흉노의 근거지였다. 얼굴에 바르는 연지의 원료인 홍화紅花(잇꽃)의 자생지라고 알려져 있다. 이 지역에서 흉노선우의 아내를 택했기 때문에 흉노 왕비를 연지라 부른다는데, 사서가 전하는 알씨閼氏를 연지로 읽는 것과 무슨 관계가 있는지는 모르겠다.

연지산 서쪽 주천 가는 길   燕支山西酒泉道

북풍에 모래 날리고 흰 풀이 도르르 말린다.　　　　北風吹沙卷白草

장안은 멀리 햇빛 비치는 쪽에 있으니　　　　　　　長安遙在日光邊

그대 생각해도 볼 수 없고 사람은 늙어만 가네.　　憶君不見令人老

　연지산을 지나 서역으로 가는 길에 「연지산을 지나며 두위에게 부침
過燕支寄杜」이라는 제목의 시를 남긴 잠삼(715~770)은 당 현종 때의 시인
으로 천보天寶 3년(744) 진사에 급제해 안서사진절도사 고선지의 막부서
기가 됐으며, 봉상청의 판관을 역임했다. 후에 가주嘉州 자사를 역임해
'잠가주'라 불리며, 이른바 변새시邊塞詩의 대가로 이름이 높았다. 그가
시를 지어 바친 두위는 시성 두보의 조카로 두보가 상서 엄무의 막하
에서 참모로 있을 때 데리고 있었던 인물이다. 후에 역사훈원외랑 등의
직을 보임했다.

　이제 정리해보자. 모돈선우의 공격을 받고 일차 절멸 위기에 처했던
월지는 다시 기원전 162년 모돈의 아들 노상선우의 공격을 받고 왕이
살해되고 만다. 이때 노상선우는 죽은 월지왕의 두개골로 술잔을 만들
었다고 사서는 전한다. 패배한 월지는 겁에 질려 톈산을 넘어 서쪽의
아무다리야 주변 소그디아나로 이주하고, 이 땅에서 힘을 기르고 안정
을 되찾은 후 대하大夏를 정복하기에 이른다.

　얼마의 세월이 흘러 기원전 130년경 한 무제의 명을 받은 전한前漢
의 사신 장건張騫이 천신만고 끝에 월지에 반反흉노 동맹을 제안하러 가
지만, 이미 안주할 땅을 확보한 대월지는 단호히 동맹을 거절한다. 그리
고 기원전 1세기경 토하라Tokhara(대하, 즉 박트리아)의 오흡후翕侯 중 하
나인 쿠샨Kushan, 貴霜 부족이 강대해져 다른 부족들을 통합하면서 북

인도의 쿠샨 제국이 되고 이들이 동서 교역을 지배하게 된다. 중국은
이 쿠샨 왕조를 여전히 대월지라고 불렀다.

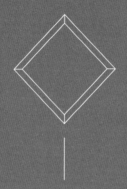

2장

키르기스스탄의
수도 비시켁:
나린과 석성石城
타시라밧

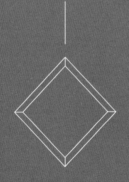

1
중앙아시아의 알프스,
고원高原의 나라에 새겨진 민족의 흔적들

"나는 인간에 대해 관찰하면 할수록 내가 기르는 개를 더욱 사랑하게 된다."―파스칼

1926년 볼셰비키 군지도자 미하일 프룬제Mikhail Frunze의 이름을 따서 얼마 전까지 프룬제로 불리던 키르기스스탄의 수도 비시켁Bishkek. 구소련 치하에서 Pishpek로 바뀌었다가 1991년 독립과 함께 키르기스 의회가 이 도시의 역사적 이름을 복원했다. 톈산의 연장 키르기스 알라투Ala Too 산맥의 북쪽 가장자리에 위치한다. 이 도시의 고도는 해발 800미터, 건강에 가장 적합한 행복 고도다. 알라투라는 명칭의 문자적 의미는 '얼룩산'(ala는 '알록달록한', too는 '산')으로 우리말 '얼룩소'가 떠오르는 대목이다. 얼룩빼기 황소처럼 산의 무늬가 두드러진 걸까. 비시켁 시내에 있는 광장 이름도 알라투다.

비시켁은 고대에 코칸트를 포함, 페르가나Ferghana(중국 사서의 대완大宛)라 불리던 지역에 속한다. 코칸트는 무엇이고 페르가나는 또 무엇인가. 무릇 모든 이름에는 의미가 있고 사연이 있거늘……. 이 낯선 이름들의 의미나 어원 등에 대해서는 앞으로 순차적으로 이야기할 것이다.

비시켁이라 불리기 전 이곳은 아마도 톈산을 통하는 실크로드 대상들에게 음식과 잠자리, 각종 여행정보 등을 제공하는 일개 부락에 불과했을 것이다. 주민들은 대부분 소그드인. 당시 불리던 이름이 있었을 터이나 누구도 그에 대해서는 알지도 기억하지도 못한다. 그러다가 이곳은 1825년 'Bishkek'라는 이름을 부여받으며 당시 코칸트를 통치하던 우즈벡칸에 의해 키르기스 코칸트의 요새(진흙 성채였다)로 새롭게 건설된다. 신도시의 탄생이다. 그리고 다시 1862년 구소련이 중앙아시아를 강제 병합하면서 러시아식 발음 'Pishpek'로 개명 아닌 개명을 한다. 코칸트칸 가문은 정확히는 우즈벡족의 한 지파인 밍 부족 출신으로 이 시기의 지배자는 무함마드 알리칸이었다.

'비시켁'이라는 명칭은 키르기스인들의 국민 음료 쿠미스kumis를 만드는 교유기churn, 攪乳器(대개 말가죽으로 만들어 유르트 안쪽에 걸어둠)를 가리키는 키르기스 말에서 파생됐다고 한다. 그러나 나는 '요람'이라는 뜻의 튀르크어 '비시크'에서 비롯됐다고 믿는다. 이 말은 사람 이름에도 쓰인다. 무슬림 사료에서 16세기 중반 코칸트한국의 건설자로 간주되는 우즈벡의 한 지파인 밍 부족 알툰 비시크가 대표적이다. 'Altun Bishik'(Altun Beshik, Altin Bishik, Altin Beshik)는 '황금 요람'이라는 의미다. 참 재미있는 이름이다. 하기야 '늑대와 함께 춤을Dance with a wolf' '주먹 쥐고 일어서' 따위의 이름도 있는 판이다.

마유주馬乳酒인 쿠미스는 누구든지 유르트yurt(유목민 텐트)를 드나들 때마다 마유를 수시로 휘저어 발효시켜 만드는데, 우리 막걸리와 비슷해 시큼털털한데 영양은 최고다. 몽골인들은 이런 마유주를 '아이락ai-rag'이라 부른다. 일부 지역에서는 '체게tsegee'라 부르기도 한다. 같은 대상을 지칭하는 이름이 다른 걸 보면 분명 키르기스와 몽골은 다른 종족이며, 몽골족 내에도 혈연이 다른 집단이 뒤섞여 있음을 알 수 있다.

쿠미스는 분명 오랜 역사를 지닌 음료다. '역사의 아버지'라 일컬어지는 헤로도토스는 『역사』에서 스키타이인들의 마유 가공을 다음과 같이 기술한다. "이렇게 짜낸 우유를 속이 깊은 나무통에 쏟아붓고 눈먼 노예를 근처에 두어 우유를 젓도록 한다. 휘저어 발효시킨 마유의 윗부분이 최상의 것이며, 아래쪽 것은 별로다."

13세기 플랑드르 출신의 프란체스코회 선교사로 몽골을 방문한 윌리엄 뤼브리크William of Rubruck(1220~1293)도 타타르인들the tatars(몽골

여름철 목초지인 송쿨 호수 변에서 소젖을 짜는 유목민 키르기스인의 모습. 이렇게 짜낸 우유로 치즈를 만들고 막걸리와 비슷한 쿠미스를 만들어 마신다.

인)에게 마유주를 대접받고 이를 자신의 여행기에 'cosmos'라는 이름으로 소개했다. 언어의 전달과 기록은 이렇듯 불확실하다. 말을 통해 역사를 연구하는 학자의 애로가 이런 데 있다.

여행자로서의 윌리엄의 관찰이 돋보이는 부분은 마유주의 특성에 대한 기술이다. 그에 의하면, 몽골인들은 마유주가 잘 익어 얼얼한 맛이 날 때 마신다고 한다. 아마 한국적 표현으로는 '시금떨떨한 혹은 시큼털털한sour and puckery' 맛 정도 될 것이다. 그는 혀에서 느껴지는 이 독특한 맛을 라뻬rap'e 와인wine(초醋 제조용 포도의 짜고 남은 찌꺼기)과 같다고 했다. 얼마나 시었으면 포도식초 맛에 빗대었을까. 낯선 음료의 신맛에 익숙하지 않은 탓에 진저리를 쳤나 보다. 그러나 흥미롭게도 다 마시고 나면 마치 아몬드 우유(아몬드를 갈아서 만든 음료)와 같은 (고소한) 뒷맛을 남기고, 사람의 마음을 무척이나 즐겁게 하며, 술이 약한 사람은 취하게 만들고, 오줌이 마렵게 한다고도 했다.

윌리엄은 1248년 스물여덟의 젊은 나이에 프랑스 왕 루이 9세를 따라 제7차 십자군 전쟁에 참가했다. 5년 뒤인 1253년 5월 7일, 왕명을 받아 타타르인들을 기독교로 개종시킬 목적으로 선교 여행을 떠나게 된다. 중세 유럽인들의 오만함 내지 순진함이 엿보이는 역사적 사건이다. 그는 이 여행에서 선구자인 헝가리 출신의 수사 줄리안Julian이 갔던 노정을 그대로 답습했다. 물론 혼자 간 것은 아니었다. 고세Gosset라는 이름의 시종, 윌리엄이 보고서에 오모 데이Homo Dei('man of God')라고 기록한 통역[실제로는 아랍인 Abdullah('servant of God')], 그리고 바르톨롬메오 다 크레모나Bartolommeo da Cremona라는 인물이 동행했다. 얼마나 험난하고 가슴 졸이는 여행이었을지는 상상에 맡긴다.

이식쿨 호수 서단을 지나 남쪽으로 나린을 향해 가는 도중 어느 고개 위에서 바라본 풍경. 한여름에도 눈 덮인 텐산 봉우리가 보인다. 옛사람들은 멀고 가파른 이 고갯길을 넘어 장사를 떠나고 유목 생활을 했다. 때론 혼인을 위해 넘나들기도 했을 것이다.

　　현대를 사는 나는 키르기스스탄의 수도 비시켁의 현대적 호텔에서 잠을 자고 아침 일찍 말이 아닌 자동차에 올라타 길을 떠났다. 실크로드의 역사적 산물 카라반사라이caravan sarai(대상隊商들의 숙소)로 알려진 타시라밧Tash rabat을 보러 가기 위해서다. 나린Naryn을 경유해야 했다. '중앙아시아의 알프스'라 불리는 초원의 나라 키르기스스탄의 한여름 날씨는 청명하고 하늘은 푸르렀다. 이식쿨 호수 서단西端을 지나 남동쪽으로 향한다.

　　2000여 년 전 월지가 민족 대이동을 감행한 길을 거꾸로 가는 것이다. 그들은 왜, 어떻게 이 길을 왔을까? 고향으로부터 수천 리 머나먼 이 길은 한두 달 안에 도달할 수 있는 거리가 아니다. 소수의 인원이 움직이는 것도, 사람만 이동하는 것도 아니다. 유목민의 가옥인 게르와 소박한 살림살이를 실은 마차, 양, 말, 소 등 방목하는(유목과 방목은 다르다) 가축은 생명과도 같은 재산이었다. 이 모든 것이 무리를 지어 일사불란하게 움직여야 하는 대이동이었다. 그 장면을 상상하며 나는 나린 초원의 모습을 그려보았다. 치롄 산을 떠나 톈산을 거쳐 강이 흐르고 초원이 있는 이리 분지에 일시 거주하던 월지가 또다시 길을 떠나야 했던 사연이 궁금하기도 하지만, 그들이 어떤 정보를 통해 나린을 목적지로 삼게 됐을까 눈으로 확인하고 싶었다.

아슈ashuu(고개)를 얼마나 많이 넘었는지 모른다. 해발 3913미터의 콕아이릭Kok-Airyk 고개를 시작으로 잘팍벨Jalpak-Bel 고개(해발 3350미터), 키질벨Kyzyl-Bel 고개(해발 2620미터), 쿨락Kulak 고개(해발 3400미터), 몰도Moldo 고개(해발 3250미터), 카라케체Kara-Keche 고개(해발 3384미터) 등 이름도 생소한, 그러나 왜 그런 이름이 붙었는지 알고 싶은 높고 가파르고 꼬불꼬불한 고개를 넘고 또 넘었다. 솔직히 기록한 순서가 맞는지는 자신이 없다. 오가는 길에 정신이 없어 엇갈려 적었을 수 있다. 분명한 건 키르기스스탄은 초원의 나라이기보다 고원의 나라라는 사실을 확인했다는 것이다.

이쯤에서 짚고 넘어가야 할 사실이 하나 있다. 구소련에 의해 중앙아시아 국가들의 국경이 그어지기 전에는 몽골이나 돌궐의 칸들이 일정한 지역과 사람을 지배하는 한국汗國, khanate만이 있었다. 이들을 국가라고 보기는 어렵다. 그렇다면 2000여 년 전의 흉노는 국가일까 민족일까? 막강한(?) 중원 농경국가 진秦나라와 한漢나라를 잇달아 상대하며 장성長城 너머 북방 사막과 초원 지대를 지배하던 흉노는 결코 오늘날과 같은 형태의 국가 체제를 갖추고 있지 않았다. 성격상 선우單于(글자 그대로 읽으면 '단우'이지만 무슨 연유인지 '선우'라고 읽는다)를 정점으로 하는 느슨한 형태의 종족연맹체에 가까웠다고 보는 게 맞다. 그러므로 흉노匈奴(고대 서방세계에서는 Hunna, Hunni, Hunoi 등으로 표기)는 몽골 초원과 타림 분지 등을 아우르던 유목민 집단에 대한 총칭이었을 것이다. 종족이나 민족명이 아니라 국명에 해당하는 외부로부터의 타칭他稱이었던 셈이다. 그리고 흉노 내부에는 수많은 부족과 씨족이 혼재해 있었을 것이다. 이 가운데 호연씨呼衍氏, 란씨蘭氏, 수복씨須卜氏 세 씨족은 귀족 집단으로 관직을 세습했다. 선우를 배출하는 황족 집단은 련제씨攣鞮氏였다.

월지月支(月氏 혹은 月氏)의 구성 또한 그러했을 것이다. 월지는 '옥玉의 나라'를 지칭하는 엑소님exonym(타칭)이라고 보는 견해가 지배적이다. 월지라는 말은 월지인의 말로 '옥'을 가리키는데, 이를 소리가 유사한 한자로 적은 음차다. 옛 한문 기록의 인명, 국명, 관명, 지명 등은 대개 그러하다. 가야국을 세운 김해 김씨의 시조 수로왕의 한자 표기도 마찬가지로, 수로왕은 문헌에 따라 '首露'와 '首陵'으로 달리 적혀 있다. 이는 '수리surya'의 음차로 '태양'이라는 뜻이다.

고대 세계에서는 왕이 곧 태양이었다. 이집트의 파라오도, 잉카의 왕도, 인도의 수리야 방시 가문이 세운 왕조 사람들도, 심지어 루이 14세도 '태양왕sun-king'을 자처했다. '수리'가 '해'를 가리키는 말인 이상 이 말을 사용하는 민족이 누군지를 알면 수로왕의 출신을 알 수 있다. 수로왕비 허황후의 시호 '보주태후普州太后' 또한 이런 맥락에서 접근하면 어째서 일연 스님이 그녀가 천축 아유타국에서 왔다고 기록했는지 이해가 된다.

어쨌든 부족연맹체 혹은 종족연맹체였을 월지의 내부에는 다양한 집단이 문화와 언어, 인종 등에서 비슷하거나 다른 부족 혹은 씨족과 상호 공존했을 것이다. 연맹체의 성격상 이들은 일단 외부의 도전에는 힘을 합치지만 막상 존망의 위기에 봉착하면 생각과 행동이 달라지는 법이다. 그래서 누군가는 이쪽 길을 택하고 누군가는 또 누구와 함께 저쪽 길을 간다. 그런데 그 누군가에 해당하는 집단은 (부족이든 씨족이든) 저마다 고유한 이름을 갖고 있기 마련이다. 월지가 서천을 시작했을 때 연맹체의 구성성분이었던 하위 부족들은 각자의 이름을 가지고 서로를 차별화하며 함께 혹은 따로 움직였을 것이다. 따라서 외부인들도 그들을 월지가 아닌 저마다의 명칭으로 불렀을 것이다.

우리가 부랴트Buryat[buri(늑대)+at(사람들)]족이라고 부르는 종족도 적어도 네 개의 하위 집단으로 나뉘며 그들 각각은 이색적인 명칭을 지니고 있다. 부랴트는 『몽골비사』에 처음 등장하는 이름이다. 때문에 바이칼 호 부근에 살던 삼림유목민을 한데 묶어 부른 엑소님으로 이해해야 한다. 부랴트의 하위 집단에는 코리Khori, 콘고도리Khongodori, 에히레티Ekhireti, 불라가티Bulagati 등이 있다. 이들 각각의 명칭에 어떤 의미가 있을까 궁금증을 가지고 알아가는 과정은 무척 흥미진진하다. 지적 호기심의 발로와 그 충족이 바로 학문의 즐거움이다.

다시 월지로 돌아가, 이리 강에 당도해 선주민인 색종을 몰아내고 그곳을 새로운 터전으로 삼으려 했던 월지는 또 다른 난관에 봉착한다.

흉노의 사주를 받은 오손이 내습한 것이다. 그래서 월지는 또 떠난다. 그렇다고 모두 동참한 것은 아니다. 모든 이주와 정착 과정이 그러하듯 일부는 어떻게든 현지에 머물고, 일부는 이리로, 또 다른 일부는 저리로 발걸음을 옮겼다.

바이킹의 한 갈래인 바랑고이족[Varangoi(희랍어); the Varangians(영어), Varyags라고도 표기]은 현 스칸디나비아 반도에서 순록을 따라 남으로 내려오는 중에 일부가 오늘날의 러시아 노브고로드 일대에 정착하고, 그곳에 만족하지 못한 일부는 계속 남하해 마침내 드녜프르Dnepr 강을 끼고 있는 오늘날 우크라이나의 수도인 키예프Kiev 지역에 이른다. 이곳은 처음 떠나온 곳과는 사뭇 달랐다. 토양이 비옥하고 기후와 자연조건이 이상향에 가까웠으며, 물산 또한 풍부했다. 식량인 밀이 자라고 숲에서는 손쉽게 야생동물을 잡을 수 있었다. 살코기는 먹이로, 모피는 교역품으로 적합했다. 꿀 채취 또한 용이해 이것도 주요한 교역품이 됐다. 이들은 고향을 잊었다.

흑해 북부 내륙에 해당하는 이 지역은 본래 슬라브인들의 땅이었다. 그런데 9세기 어느 날 키 크고 하얀 피부에 거친 수염을 기른 낯선 무리가 나타났다. 그러고는 떠날 생각을 하지 않았다. 원주민들은 다수 임에도 이들과 상대하거나 설득해 돌아가라 하지 못했다. 그리고 그들을 자신들의 언어로 '루스Rus'라 불렀다. 이방인, 외래인이라는 말이었다.

2
만년설 초원 위의 15세기 '대상隊商 숙소',
비극적 인간사의 자취

"세상살이 고달픈 건 자신이 어쩔 수 없는 걸 어쩌려고 하거나 할 수
있는 일을 소홀히 하는 데서 비롯된다."—에픽테토스(55~135)

몇 해 전 겨울 우크라이나에 다녀왔다. 날씨도 춥고 여행 막바지이기도
해서 주로 수도인 키예프에 머물렀다. 9세기 후반(882년), 멀리 북방의
바랑고이족이 추위를 피해 식량을 구하고자 긴 남행 끝에 정착한 풍요
의 땅. 드녜프르 강이 도시를 관통하고 있었다. 젊은 시절 지적 방황 길
에 만난 니코스 카잔차키스가 러시아 여행길에 이곳을 지나갔다. 붉은
혁명이 불붙기 시작하던 때였다. 그의『러시아 기행』이 내 손에 들려 있
었다. 그가 목도한 공산주의 혁명의 거친 모습이 담겨 있었다. 사람들
은 과거나 지금이나 허상을 좇으며 산다. 행복한 사람들은 소수의 지배
계층 혹은 특권층에 불과하고 역사의 기록은 이들을 위한 것이다. 행
복한 사람들, 만족해하는 사람들은 혁명을 꿈꾸지 않는다. 약자, 빈자
는 혁명을 생각할 여력조차 없다. 혁명은 피해자라고 생각하는 소외된
권력집단이 기획하는 것이다. 앞세우는 건 민중이다. 때문에 피 흘리며
죽어간 이들 민중을 위한 역사 공간은 없다. 다수 민중의 삶은 행간을

통해 이해하는 수밖에 없다. 키예프에서의 첫날 밤 나는 바랑고이 오랑캐의 내습에 맞닥뜨린 원주민 슬라브 농민이 되는 꿈을 꾸었다.

'루스'인 바랑고이는 어느 날 도둑처럼 밀려왔다. 비록 키가 크고 사납기는 했지만, 소수 침입자들인 루스는 만약의 사태를 대비해 자신들의 거처 주변을 성곽으로 둘러쌌다. 혹시 모를 공격에 대비하고 안전을 보장하기 위함이었다. 도시의 시작이었다. 이를 '고로드gorod'라 불렀고, 세월이 지나 이 말이 러시아어 속에 들어가 '-grad'로 변모하면서 '(성곽)도시'라는 의미를 지니게 됐다. 레닌그라드, 스탈린그라드 등에서 보는 바와 같다. 이방인 루스들은 성곽을 쌓고 도시를 건설하며 새 땅의 새 주인, 지배 세력이 됐다. 성 밖의 사람들과는 필요에 따라 교역 등의 관계를 맺었다. 원주민은 피지배 계급, 노예 집단으로 전락했다. '노예'를 가리키는 영어 'slave'는 이렇게 탄생했다.

확고한 지지 기반을 다진 루스들은 키예프에 자신들의 정치체政治體, polity인 공국公國, principality을 세웠고, 눈칫밥이나 얻어먹고 예속되기보다는 차라리 독립하고 싶었던 일부 루스 세력은 다른 곳으로 가 또 다른 도시 내지 국가를 건설했다. 백러시아 '벨라루스Belarus'(White Rus), 모스크바 공국 등이 그것이다. 이들을 통틀어 '루스의 땅'인 '러시아Russia'라 부르게 됐다. 우리나라에서는 한자를 빌려 '아라사我羅斯'라 표현했으며 '노서아露西亞'라고도 적는다.

● 언어에 남은 사라진 시대의 흔적들

오늘날과 같은 국경이 없었던 시절 나린과 이식쿨 호수 일대의 초원과 산악, 강과 계곡은 오손이라 불리는 나라의 영역이었다. 사마천의

『사기』를 따라가보자. 한 무제의 명으로 13년 동안(기원전 139~기원전 126) 서역을 답사하고 돌아온 장건張騫의 보고에 의하면, 장건이 흉노에 억류돼 있을 당시 오손왕의 이름은 곤막昆莫이었다.

곤막의 아버지는 흉노 서쪽 변경의 작은 나라의 왕이었다. 그런데 흉노가 그를 공격하여 죽이고 곤막은 태어나자마자 들판에 버려졌다. 그러자 까마귀가 고기를 물고 와 그 위를 날고, 늑대가 와서 어린 곤막에게 젖을 먹였다. 흉노선우가 이를 기이하게 여겨 거두어 길렀다. 장년이 되어 군대를 거느리게 하니 수차례 공을 세웠다. 선우는 그의 아버지의 백성을 다시 곤막에게 돌려주고 장기간 서쪽 변방을 지키게 했다. (…) 선우가 죽자 곤막은 무리를 이끌고 먼 곳으로 옮겨가 독립하여 흉노에 조회하러 가지 않았다.

장건의 기록을 믿는다면 이 무렵 오손의 서쪽에는 대하가 있었고, 동으로는 당시 무주공산이 된 과거 혼야왕의 땅(옛 월지의 본거지)이 있었다. 오손의 위치를 파악할 수 있는 중요한 단서다. 『한서漢書』「서역전西域傳」의 오손 관련 기술은 더 구체적이다.

오손국의 대곤미大昆彌(대왕)는 적곡성赤谷城에 치소를 두었다. 장안에서 그곳까지의 거리는 8900리다. 동쪽의 서역도호의 치소 오루성烏壘城(쿠처에서 동쪽으로 100킬로미터)까지 1721리, 서쪽 강거康居의 중심까지 5000리다. 평지는 초원이 넓고 비가 많은 한랭지다. 산에는 소나무와 느릅나무 종류의 수목이 많다. 경작과 파종을 하지 않고 가축과 함께 물과 풀을 찾아 이동한다. 생활습관은 흉노와 비슷하다. 오손에는 말이 풍부한데, 부유한 사람은 4000~5000마리를 소유하기도 한다. 오손의 백성은 아주 강악하게 탐욕스럽고, 신의가 없고 강도가 많기로 유명하다. 옛날에는 흉노의 지배에 순응했지만, 그 후 강성해짐에 따라 복속은 명목일 뿐 흉노의 조회에도 참가하려고 하지 않는다. 국경은 동쪽에 흉노, 서북쪽에 강거, 서쪽으로 대완, 남쪽으로 성곽 여러 도시(오아시스 국가)와 접해 있다.

바로 나린 지역이다. 이곳을 흐르는 나린 강을 따라 서쪽으로 내려가면 대완, 즉 페르가나가 나오고 북쪽 이식쿨 호수의 서쪽 끝을 돌아 추 강 상류로 나가면 그곳으로부터 북서쪽은 강거의 땅이다. 이식쿨 호수의 동쪽 끝을 돌아 북상하면 앞서 월지가 당도한 이리 강 유역이 나오는데, 그곳 동쪽, 즉 이리 강 상류 지역까지가 오손의 강역이었다.

다시 한 무제의 명을 받고 오손과의 동맹 협상길에 나선 장건은 이식쿨 호수 남변에서 오손왕 곤막을 접견하고 무제가 보낸 선물을 건넨다. 그리고 오손이 혼야왕의 옛 땅으로 이주한다면 한나라는 공주를 왕비로 보낼 것이라고 말한다. 그러나 당시 오손은 분열 상태였고, 곤막도 나이가 들어 한의 세력이 어느 정도인지 알지 못했다. 오손은 지리적으로 흉노와 가깝고 또 오랫동안 흉노의 지배를 받아왔기 때문에 흉노를 두려워했다. 결국 1차 서역밀사 임무였던 대월지와의 동맹 제안이 무위로 끝났듯, 오손과의 동맹 교섭도 요령要領을 얻지 못하고 실패로 끝났다. 장건은 오손에서 귀국한 후 대행령大行令 벼슬을 맡아 구경九卿에 올랐다가 1년 뒤인 기원전 114년에 사망했다.

비록 동맹 협상은 결렬됐지만, 이후 한과 오손 두 나라는 우호적 관계를 유지했다. 수교 사실을 알게 된 흉노는 격노했고, 침공을 시도했다. 그러자 오손은 한의 공주를 왕비로 맞아들이고 동맹을 맺었다. 이때 오손은 결혼 예물로 한의 조정에 말 1000마리를 바친다. 이는 엄청난 숫자였다. 후일 당나라가 티베트의 말 한 마리와 맞바꾼 비단이 몇 필이었는지를 알면 놀라고도 남을 오손왕의 배포다. 한漢 조정은 죽은 강도왕江都王 유건劉建의 딸 세군細君을 오손왕 곤막에게 시집보내며 시종 수백 명과 엄청난 하사품을 딸려 보냈다.(기원전 105년) "오손국 대곤미가 다스리는 적곡성은 장안에서 8900리 떨어져 있고, 호戶는 십이만, 구口는 육십삼 만, 병사는 18만8800명이다"라고 『한서』「외척전外戚傳」은 전한다. 어느새 대국으로 성장해 있는 오손을 보게 된다.

그러자 흉노도 선우의 딸을 곤막에게 시집보내기로 한다. 곤막은 왕의 칭호이며 이 행운을 얻은 이의 이름은 렵교미獵驕靡다. 고령이었던 이 남자는 한족漢族 여인을 우부인右婦人으로, 흉노 출신 여인을 좌부인左婦人으로 삼았다. 우부인 세군은 말이 통하지 않고 습속이 딴판인 물설고 낯선 이국에서 향수를 달래며 다음과 같은 시가를 지었다.

내 집안은 나를 하늘 저편으로 시집보내니 멀리 이국의 오손왕에게 의탁하네. 궁려窮廬(게르ger의 차자借字)로 방을 삼고 전旃(모직)으로 담을 쌓아 육肉으로 음식을 삼고 유즙乳汁(쿠미스)으로 물을 삼네. 거상토居常土(고향땅)를 생각하면 가슴속에 괴로움 깊어 원하노니 황조가 되어 고향으로 돌아갔으면.

고구려 유리왕의 왕비 송씨松氏가 죽고 새로 얻은 고구려 출신과 중
국 출신의 두 여자는 서로 사이가 좋지 않았다. 어느 날 왕이 기산으로
사냥을 나갔다 돌아오니 힘든 타국 생활과 고구려 왕비 화희의 질시를
못 견뎌 한족 왕비 치희가 떠나고 없었다. 뒤를 쫓았으나 허사, 나무 아
래 맥없이 앉아 떠나간 치희를 그리며 지은 「황조가黃鳥歌」와 대비되는
시다. 실상은 치희와 세군의 사정과 심사가 똑같았을 것이다.

미안함인지 배려인지 알 수 없으나 곤막은 자신의 비로 맞은 세군을
자신이 너무 늙었다며 손자인 잠추岑陬에게 주려고 한다. 할아버지에
이어 손자에게 대물림된다는 어처구니없는 현실에 기가 막힌 세군은
무제에게 서한을 보내 하소연을 하기에 이른다. 그러나 무제의 답신은
냉정했다. "그 나라의 관습을 따르라. 오손과 함께 호胡(흉노)를 멸할 날
을 기다리고 있으라." 부득이 세군은 잠추의 아내가 돼 그의 아들을 낳
았다. 그리고 44세에 유명을 달리한다. 역사는 이러하다. 개인의 운명
은 대개 집단의 대의와 명분에 의해 결정된다. 결국 희생을 강요당하는
쪽에서는 운명을 받아들이고 그 속에서 행복을 찾는 수밖에 없다. 어
쩔 수 없는 일을 어찌하려고 하면 더욱 불행해진다. 너무나 가혹한 논
리인가?

◉ 나린과 타시라밧

현재 나린은 땅은 넓으나 인구는 채 4만이 안 되는 작은 도시로 나
린 주의 주도다. 주변은 톈산계의 산자락이 병풍처럼 둘러싸고 있고,

시르다리야 강의 주요 수원 중 하나인 나린 강이 도시 사이를 지나
며 그림 같은 골짜기를 만들어낸다. 현대인의 시각으로는 아주 소박
한 소읍에 불과한 나린에는 두 개의 박물관이 있고, 또 작은 규모의
호텔이 몇 있다. 2000년 키르기스스탄, 카자흐스탄, 타지키스탄 세 개
정부와 아가칸His Highness the Aga Khan에 의해 합작 설립된 UCA(the
University of Central Asia)의 세 군데 캠퍼스 중 하나도 이곳에 있다.
하키 클럽도 있다고 하는데, 이 외진 지역에 어울리지 않는 듯싶지만,
유목민 남자들이 오랫동안 '콕 보루kök börü/kök par'('푸른색을 띤 잿빛
늑대'라는 뜻)라는 말을 타고 편을 나눠 산 늑대(요즘은 염소나 양)를 낚
아채는 경기를 즐겼음을 감안하면 이해가 된다.

아프가니스탄, 파키스탄 산악의 유목민들[특히 힌두쿠시 산중의 카피
르들the Kafirs(아랍어로 '이교도' 혹은 '이방인'들을 말한다. Nuristani라고도
불린다)] 사이에 여전히 이 경기가 유행하고 있는데, 그곳에서는 부즈카
시buzkashi/bozkeshi라는 이름으로 불린다. 실베스터 스탤론 주연의 근
육질 마초 영화 「람보 3」에 이 경기가 등장한다. 한편 미국판 부즈카시
도 있다. 이름은 카프카스Kav Kaz. 1940년 오하이오 클리블랜드의 젊
은이들이 5인 1조로 팀을 이뤄 양가죽으로 만든 공을 가지고 마상경기
를 시작한 데서 비롯됐다. 이 격한 매력의 유목민 스포츠를 수입한 곳
은 비단 미국만이 아니다. 폴로 또한 부즈카시의 영국식 변형이다. 손
으로 하는 것은 위험하니 긴 막대기를 사용한다는 점이 다를 뿐이다.

나린이라는 지명의 유래에 대해서는 두 가지 설이 유력하다. 하나
는 언어적 분석을 바탕으로 '나린'이 '양지 바른, 햇살 가득한'이라는 뜻
의 몽골어에서 왔다는 것이다. 다른 하나는 구전에 바탕을 둔다. 옛날

어느 목동이 안디잔Andijan(현 우즈베키스탄 페르가나 지역)에 가축을 팔러 갔다 돌아오는 길에 피곤한 나머지 야일루jailoo(여름 목초지) 근처에서 하룻밤을 묵기로 했다. 말도 풀어놓았는데, 고삐가 풀리고 자유를 얻은 그 말은 여기저기 돌아다니다 아르파Arpa(보리barley)라 불리는 곳에서 풀을 뜯어먹고 배를 채웠다. 아마 보리밭을 헤집고 신나게 먹었을 것이다. 다음 날 눈을 뜬 목동이 말을 붙잡으려 하니 이놈이 요리조리 달아났다.

목동이 급히 쫓아가 말을 잡은 뒤 괘씸한 생각에 죽여 바로 그 자리에서 말고기 요리를 해 먹었다. 하지만 말의 머리는 그 자리에 남겨두고 그곳을 '앗바시At-Bashi'('말머리horse's head')라고 이름 붙였다. 집으로 돌아오는 내내 말고기를 먹다가 마지막 남은 고기를 잘게 썰어넣고 국을 끓여 먹었는데 이 요리 이름이 바로 '나린'이다. 그래서 마지막으로 식사를 한 장소인 이곳이 나린이라 불리게 됐다. 마치 '전설 따라 삼천리'라는 추억의 프로그램을 듣는 느낌이다.

여기 나린에서 고대 실크로드의 한 갈래였던 길을 따라 남쪽으로 내려가면 키르기스스탄 특유의 인적 없는 고원이 연달아 펼쳐지고, 마침내 중국 신장위구르 자치구 카시가르로 통하는 해발 3752미터의 토루가르트 고개Torugart Pass에 당도하게 된다. 그 중간에 길을 바꾸면 타시라밧이 나온다. 월지의 한 부류는 이 길을 거슬러 나린 초원으로, 또 강과 산줄기를 따라 이동해 이식쿨 호수에까지 오게 된 것이리라. 다시 말해 톈산을 넘고 또 토루가르트 고개를 돌고 돌아 나린으로, 거기서 또 수없이 많은 산과 계곡을 거쳐 북으로 이식쿨 호수 부근 발리크치Balykchy에 도달해 바다 같은 호수를 목격한 것이리라. 그리고 그곳에

여름철 송쿨 호수 주변 초지. 설산을 배경으로 풀을 뜯는 말들의 모습에서 가슴 뭉클한 감동을
받는다.

영원히 정착하기를 꿈꿨으리라. 그러나 뜻대로 되는 일은 없다.

나린 주는 1939년 톈산 주라는 이름으로 설치됐다가 1962년 해체, 8년 후 재설치됐다. 그러다 1988년 이식쿨 주와 병합됐는데, 결국 1990년 나린이라는 현재의 이름을 얻었다. 이 일대의 명소는 뭐니뭐니해도 송쿨 호수Song-Köl(정확히는 '송 호수', 문자적 의미는 '버금 호수 following lake'다. 으뜸 호수는 이식쿨을 가리킨다)와 차티르 쿨Chatyr-köl 호수('천상 호수celestial lake'), 그리고 많은 이가 고대 실크로드 대상 숙소로 짐작하는 타시라밧이다. 내가 나린을 찾은 이유 역시 송쿨과 타시라밧을 보기 위해서였다.

◉ 고대 중앙아시아 초원과 하이브리드 사회

나린이 키르기스스탄의 영역이라고 해서 키르기스인만 산다고 생각하면 오산이다. 25만여 주민의 99퍼센트는 키르기스인이고, 아주 소수이지만 우즈벡, 둥간(회족), 카자흐, 러시아인도 살고 있다. 월지인들, 그리고 그 많던 오손 사람들은 다 어디로 갔을까. 국경이 없었던 예전에는 임의로, 계절 따라, 환경의 변화에 따라 끊임없이 이동하며 살았다. 유목민의 삶이라는 것이 원래 그렇다. 여러 종족이 이웃해 살며 때로 싸우고 그보다는 자주 우호적 관계 속에 공생했다. 고대 중앙아시아 초원은 오늘날의 다문화, 다인종 사회와는 다른 차원에서 하이브리드 사회hybrid society였던 것이다.

타시라밧은 돌로 지어진 15세기 대상 숙소라 한다. 나린 주 앗바시 구에 위치한다. 나린이라는 지명의 유래 중에 등장하는 장소 '말 머리'가 바로 앗바시다. 구전 속 목동이 긴 여행길에 하룻밤 쉬어간 곳은 다른 여행자나 대상들이 쉬기에도 적합한 곳이다. 여기에 의당 대상 숙소가 지어질 법하다. 혹자는 현재의 타시라밧이 대상 숙소가 아니라 10세기경의 네스토리우스교나 불교 수도원이었을 것이라고 주장한다. 이름만 놓고 보자면 돌tash로 지은 요새要塞(rabat, fortified place), 즉 석성石城이기 때문이다.

타시라밧 남쪽에 차티르 쿨과 토루가르트 고개가 있다. 북쪽으로는 코쇼이 코르곤Koshoy Korgon('코르곤'은 '쿠르간'이라고도 하는데 튀르크어로 무덤, 봉분을 가리킨다)이라는 이름의 연대 미상의 폐허가 된 요새가 있다. 누가 초원과 산뿐인 이곳에 성채를 지었을까. 성채 구축의 목적이 방어에 있음을 감안한다면 이곳도 빼앗으려는 자와 지키려는 자 사이의 갈등이 상존했던 지역이었음을 추측케 된다. 이래서 인간사는 항시 비극이다.

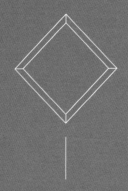

3장

유목민 색종의 요람 :
이식쿨 호수와 오손의
적곡성赤谷城

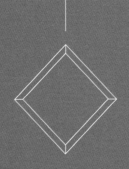

1
까마귀와 늑대가 돌본 종족, 그들의 역사 무대는 언제였을까

"부드러움보다 강한 것은 없다. 그리고 진정한 힘보다 부드러운 것은 없다."―Ralph W. Sockman

한 여름 송쿨의 밤은 잔인했다. 해발 3016미터. 일교차가 심할 것을 예상해 품질 좋은 침낭에 수면 양말, 모자와 장갑 등을 최선을 다해 예비했지만, 유르트 틈새로 침입하는 추위는 지독했다. 잠을 자도 잔 게 아니었다. 어서 아침이 오고 햇살이 나기만을 기다렸다. 긴 밤 끝에 이윽고 날이 밝고, 새벽 댓바람에 밖으로 나간 나는 소리 없이 탄성을 질렀다. 아름다웠다. 오롯이 아름다웠다. 하늘에서 내려다본 설산 히말라야도 비경이지만, 여기 백두白頭의 톈산에 사방이 에워싸인 하늘 호수 송쿨은 장엄했다. 즐겁게 놀란 가슴이 서늘한 그 느낌을 평생 가져가고만 싶다. 냉방 지옥의 추억은 후일 송쿨을 회상하기에 좋은 이야깃거리가 될 것이었다.

다시 오리라 다짐하고 카라쿨로 향하는 가슴에는 초원의 바람이 들었다. 오늘 만날 카라쿨은 또 얼마나 아름다울까. 수년 만에 다시 맞대할 이식쿨은 필경 사람의 마음에 기분 좋은 파문을 일으키리라. 이래

키르기스 유목민의 여름 방목지 송쿨 호수 주변의 유르트와 양, 염소 무리.

서 여정은 즐겁다. 일상을 벗어나 길 위에 서는 기쁨은 이런 데 있다.

이식쿨 호수 일대의 아름다움에 대해서 안 가본 사람은 상상도 못할 것이고, 그러니 직접 보지 않았다면 아예 말도 꺼내지 말 일이다. 칸텡그리 탁Khan Tengri Tag, 天王峯을 위시해 사방이 눈으로 덮인 톈산이 병풍처럼 둘러싸인 이곳은 천혜의 방목지요, 때문에 지상 낙원으로 불려도 손색이 없다. 산, 바람, 물, 공기만 좋은 것이 아니다. 여름이면 가지가 부러져라 열매가 달리는 살구나무, 사과나무 등 과수 또한 풍부하다. 물론 여기 사과[alma라고 부른다. 카자흐스탄의 옛 수도 알마티Almaty의 전 이름 알마아타Alma Ata는 'alma'(사과)+'ata'(아빠)라는 말이다]는 크기도 작고 우리 것에 비해서 맛도 없다.

하지만 그런 것이 대수인가. 물끄러미 호수를 바라보고, 하늘을 올려다보는 것만으로도 충만한 행복감으로 죽을 것 같은 이곳. 눌러 살고 싶다고 말하는 사람을 여럿 보았다. 도연명의 무릉도원, 『잃어버린 지평선The Lost Horizon』에서 그리고 있는 샹그릴라Shangri-la와는 다른 차원의 순수 자연이 선사하는 경이로운 선물이 바로 이식쿨과 그 일대 초원 산간 지대다.

● 겨울에도 얼지 않는 열해의 비밀

톈산에 둘러싸여 있지만 겨울에도 얼지 않는 까닭에 중국 사서에 열해熱海라고 기록돼 있고 이식쿨이라는 이름 또한 그런 의미—warm lake—라고 하지만, 내 생각은 좀 다르다. 누군가는 물에서 짠맛이 난다고 해서 함해鹹海라고도 했다. 또한 14세기 중반 유럽과 아시아를 공포의 도가니로 몰아넣은 흑사병the Black Death, 그 대역병大疫病의 시발

72

점을 이곳 이식쿨로 보는 역사학자가 많지만 이 또한 근거가 미흡하다고 생각한다. 실크로드를 오가는 상인이나 여행자들이 이곳 초원 지대에서 체류하는 중 해충에 감염됐을 가능성을 제기하나, 그런 일이 왜 꼭 여기에서 일어나야만 하는가.

2007년 키르기스 과학 아카데미 부원장 블라디미르 플로스키흐 Vladimir Ploskikh가 이끄는 역사학자팀이 제출한 보고서에 따르면, 이식쿨 호수 가장자리 얕은 곳에서 2500년 전의 거주지를 포함한 선진 문명의 흔적을 발견했다고 한다. 수집된 고대 유물 자료를 분석한 결과 당시 고대 도시는 수 제곱킬로미터의 메트로폴리스 수준이었으며, 길이가 500미터 정도 되는 육중한 성벽으로 둘러싸여 있었던 것으로 파악됐다. 또한 쿠르간이라 불리는 스키타이 특유의 분묘도 발견됐다. 이 일대는 월지와 오손, 그리고 후일 흉노가 침래하기 이전 이미 스키타이―중국 측 기록의 색종塞種―가 살고 있었던 것이다.

수승殊勝한 자연환경 때문에라도 유목민들이 이 주변으로 몰린 건 너무나 당연하다. 이들은 그저 부모가 하던 대로의 삶을 살았다. 이름이나 영토에 대해서는 관심이 없었다. 그냥 그렇게 살았다. 자연의 일부로, 자연스럽게. 이 일대의 유목민들을 정확히 알지 못하던 당시 중국인들은 구전으로 전해 들은 부정확한 지식과 말로써 그들에 관한 정보를 전하고 기록으로 남겨놓았다. 왜곡의 가능성은 있지만 그나마 고마운 일이다.

색종이 바로 이들이다. 그리스, 로마, 페르시아, 인도 사람들은 이들을 각각 Scythai, Skudat, Sacae, Sakya(釋迦族) 등으로 기술했다. 유라시아 초원에 사는 유목민들에 대한 총칭인 셈이다. 물론 사정이 허락하는 한 좀더 세분화된 명칭으로 그들을 구분하기도 했다. 이른바 중화의 틀에 갇힌 한족 정권이 자신의 외곽, 특히 중국 동북방 만주 일대에 살던 야인野人(야만 집단)을 도매금으로 말갈靺鞨로 총칭하고, 백두산白頭山 일대의 집단은 백두 말갈, 흑룡강黑龍江 일대를 거점으로 하던 말갈은 흑수黑水 말갈, 쑹화松花 강을 따라 살던 말갈은 속말粟末 말갈 등으로 지역이나 특징에 따라 구별하던 것과 마찬가지다. 발해의 건국주 대조영大祚榮은 고구려의 지배를 받던 속말부 말갈의 추장 걸걸중상乞乞仲象(처음부터 대중상大仲象이 절대 아님)의 아들이었다.

흉노도 그랬고 월지도 그랬으며 후일의 선비 역시 마찬가지였다. 초원 제국으로서의 흉노가 떠난 자리에 탁월한 지도력을 갖춘 선비족 출신의 걸출한 영웅 단석괴檀石槐가 만주에서 중앙아시아에 이르는 넓은 판도를 지배했던 흉노의 자리를 대체하고 거대한 초원 부락 군사연맹체를 구축했다. 그러나 그의 갑작스런 죽음 이후 그의 제국은 급속히 와해됐다. 지도자의 중요성을 생각하게 하는 대목이다. 다행히 단석괴의 후손인 선비족 대인大人 가비능軻比能(원 세조 쿠빌라이와 발음이 유사하다)이 여러 융적戎狄을 제어하면서 흉노의 옛 땅을 모두 수용해 운중, 오원 이동으로부터 요수에 이르기까지 모두 선비의 영토에 편입시켰다. 그리고 요새를 넘나들며 노략질을 일삼아 유주, 병주의 중국인들이 시달림을 당해야 했다.(『삼국지』「위지魏志」오환선비열전烏桓鮮卑列傳) 그러나 실제로 그는 오르도스 일대만 거점으로 삼았을 뿐이다.

이 무렵 중원의 진晉은 허약하고 내분이 심했으나 북방에 흉노군이 버티고 있었다. 이렇게 북방은 북방대로 소용돌이가 일고 장성 남쪽에서는 후한後漢 말 어지러운 중원의 삼국 시대를 지나 오호십육국五胡十六

國이 상쟁하는 난장판이 벌어지고 있었다. 그러다 4세기 하북河北에 작은 나라 대국代國을 세웠다가 나중에 위魏(스스로는 대위大魏)로 개칭한 탁발부 선비가 등장하며 북중국은 통일된다. 선비라는 이름은 연맹체의 명칭이다. 그 하위에는 탁발 말고도 독발, 우문, 모용, 단 등의 부部가 존재했다. 월지를 서쪽으로 떠나가게 하고, 톈산 자락과 이식쿨 주변, 이리 강 초원을 무대로 여기저기 흩어져 살던 집단을 오손이라 부른 것도 그런 연맹체의 대별화된 명칭인 셈이다. 오늘날로 치면 국명에 해당한다. 오손이라는 이름 아래 수많은 종족이 무리지어 살았을 것이다. 이곳은 김 서방이 마실을 가려 해도 말 타고 몇십 리는 가야 이 서방 유르트를 만나는 그런 지역이다.

그런데 왜 오손일까? 기원전 2세기(중국 한무제 때) 그 나라 왕 곤막은 아버지(난두미)가 흉노에 (사실은 월지왕에) 의해 살해당하고 태어나면서 바로 들판에 버려졌다. 그때 까마귀들이 먹을 것을 물어다주고 늑대가 그를 길렀다고 해서 '까마귀의 후손'이라는 의미로 그런 이름이 붙었을까. 그러나 곤막은 오손의 시조가 아니다. 아버지 대 이전부터 월지와 더불어 둔황 일대에 살고 있었다. 또한 돌궐신화에도 늑대와 까마귀가 등장하고 돌궐족은 늑대의 후손으로 치부되지만 이는 이들 종족의 토템신앙을 반영하는 것일 뿐 돌궐突厥이라는 한자어의 뜻과는 아무 상관이 없는 튀르크Türk의 한자 표기다.

페르시아(한어로는 巴思)는 '파르스Fars' 지방 유목 세력들이 실권을 장악했기에 '파르스의 나라'라는 뜻으로 붙여진 타칭이다. 기실 '페르시아인'이라는 집단은 10개의 분족分族으로 이뤄진 아리아 계통의 유목민 집단이었다. 기원전 700년경 자그로스 산중의 '파르스'를 근거지로 삼던 이들이 기원전 6세기 중반 이란 고원의 대부분을 장악했던 메디아 왕국을 전복하고 패권을 이어받아 이룩한 국가가 아케메네스 왕조 페르시아다. 북방의 스키타이와 싸워 곤욕을 치른 다리우스와 그의 아들 크세르크세스Xerxes(영화 「300」에 등장하는 페르시아 황제)가 이 제국을 대표하는 제왕이다.

페르시아라는 이름처럼 오손 또한 그리스계 로마 학자 스트라본 Strabon(기원전 64?~기원후 23?)이 지은 지리 백과사전 『지리지Geography』의 Asi(i)에 해당하는 종족의 한자 음역어 명칭이다. 이는 프톨레마이오스가 말하는 볼가 강 동쪽에 거주하던 아스만Asman과 같은 족속으로, 아스만이 As와 man('사람'이라는 의미의 튀르크어)의 합성어인 까닭이다.

그렇다면 왜 오손일까에 대한 답을 이렇게 제시할 수 있다. 오손은 『한서』에 등장하는 렵교미 곤막(대왕)으로 대표되는 당시 그 일대 지배 세력의 명칭이다. 그리고 덧붙여 이렇게 말할 수 있다. 오손 외의 다른 혹은 오손을 포함한 일체의 유목 집단을 통칭해 색종이라 하고, 스키타이라 지칭했다. 나중에 풀이할 기회가 있겠지만, 색종과 스키타이는 동일 명칭의 이표기에 불과하다. 몽골 초원의 유목 집단을 흉노라 하고, 선비라 하고, 유연이라 하고, 돌궐이라 하고, 위구르라 하고, 몽골이라 하는 것처럼 그 속에는 아주 복잡하고 다양한 집단으로서의 인간 그물망이 얽히고설켜 있는 것이다.

● 6세기 중반 역사의 무대에 떠오른 집단 '아시'

부럽고도 안타까운 사실은 우리보다 먼저 서역과 중앙아시아에 관심을 가졌던 이들이 프랑스, 영국, 독일, 스웨덴, 네덜란드, 러시아 등의 유럽 국가와 중국, 일본과 같은 아시아 국가 그리고 그들이 보낸 학자들이었다는 점이다. 그 학자들 중 한 사람인 스웨덴 출신의 샤르팡티에르Jarl Charpentier(1884~1935)는 중국 측 기록의 '오손'이 폼페이우스 트로거스Pompeius Trogus의 'Asianoi' 또는 스트라보의 'Asioi'와 동일한 집단으로, Alan(Sarmatae인들의 또 다른 명칭)의 친척 내지 조상에 해당한다고 주장한다.

이런 분석이 맞는지는 좀더 두고 볼 일이다. 북흉노의 서천이 연쇄적 반응을 불러일으켜 급기야 유럽에 게르만 민족의 대이동이라는 역사적 사건을 초래했고 이것이 서양 중세의 시발이 됐음을 우리는 알고 있다. 그렇다면 이리 강, 이식쿨 호수, 톈산 일대에 목영지를 두고 유목 생활을 하던 오손이 어떤 계기에 의해서든 카자흐스탄 평원을 거쳐 러시아 남부 초원 지대를 따라 카스피 해 북부 일대로까지 이주해 그곳에 정착하지 말란 법은 없을 것이다. 남아 있거나 다른 곳으로 이주해 일시 다른 세력에 의탁해 숨을 고르고 있던 오손의 후예들도 있을 것이다. 그 누구도 주목하지 않았던 사실이지만 후일 6세기 중반 아시Asi라는 이름으로 역사의 전면에 등장한 집단과 오손의 관련성에 주목해야 한다.

바로 이들이다. 부민 카간이라는 탁월한 지도자가 등장하자 돌궐족은 힘을 규합해 초원의 새로운 지배자로 등극한다. 6세기 중반 초원에 회오리바람을 일으키며 뭇 부족의 통합 맹주가 된 돌궐 제국의 명칭은 Gök[Kök] Turk Khanate[푸른(혹은 하늘) 튀르크 제국]다. 그리고 이 막강한 제국의 지배 집단은 다름 아닌 Ashina(阿史那, Asin,

Asena로도 표기) 씨족이었다. 여기서 '-na'는 '민족'을 가리키는 접사로, 흉족匈奴, Hunna에서의 '-na'와 마찬가지다. 쿠샨왕의 화폐에 새겨져 있는 Kushana Yavugasa—쿠시貴霜족 출신의 야부가사[돌궐의 관명官名인 Yabghu(葉護)와 유사]—라는 명문에도 '-na'가 사용되었다. 정확하게는 은화 뒷면에 KUJULA KASASA KUSHANA YAVUGASA DHARMATHIDASA(Kujula Kadphises ruler of the Kushans, steadfast in the Law)라고 쿠샨 왕조를 세운 쿠줄라 카드피세스Kujula Kadphises(30~80, 丘就卻) 왕의 신원이 새겨져 있다.

그리고 최근 일본 문헌학자팀이 소그드어로 쓰인 Ashina 왕조의 Bugut 명문(The Bugut inscription)을 재해석한 결과 이 최초의 돌궐 제국의 명칭이 Ashinas임을 발견했다고 한다. 지금까지 알고 있던 것만이 전부 혹은 유일한 진실은 아닌 것이다. Bugut 명문은 몽골에서 발견된 투르크 비문 중 하나다. 'Bugut'이라는 이름이 붙은 까닭은 이 명문이 몽골 아르항가이 아이막Arhangay Aymag 바인 차강 골Bayn Tsagaan Gol('The Sacred White Lake') 지역에 있는 Bugut 산에서 10킬로미터가량 떨어진 계곡에서 발견되었기 때문이다. Bugut은 buku/bugu(사슴)와 /+ūt/(복수 어미)가 결합된 말이다. 과거에도 그랬듯 Bugut 산에는 사슴이 많이 서식한다. 툴 강the Tuul(Tola) River 북쪽에 사는 투르크족의 이름도 Bugut인데, 이로 미루어 이들이 사슴 토템 집단임을 알 수 있다.

유라시아 초원 동쪽의 원거주지를 벗어나 그 누구보다 먼저 서쪽으로 이주해간 Asi(Asioi)는 파시아노이Pasianoi, 토하로이Tokharoi, 사카라울라이Sakaraulai와 연합해 시르다리야를 넘어 소그디아나에 침입하고,

78

더 나아가 박트리아까지 쳐들어가 그리스 지배 세력을 몰아내고 정착한다. 대하의 탄생이다. 한편 동쪽으로 이주해 알타이 산자락에서 유연柔然의 그늘 아래 숨죽이고 살던 아시인은 때가 되어 돌궐 제국의 주인이 된다. 이렇게 오손은 역사 무대에 끊임없이 등장한다.

이런 주장에는 근거가 필요하다. 『주서周書』 열전列傳 제42 이역하異域下 돌궐조突厥條의 기록을 살펴보자.

돌궐突厥은 흉노匈奴의 별종別種으로 성姓은 아사나씨阿史那氏였다. 별도로 부락部落을 이루었다. 뒤에 이웃 나라에게 패해 그 족속이 모두 없어졌다. 한 아이가 있어 나이가 열 살가량이었는데, 병사가 아이가 어린 것을 보고 차마 죽이지 못하고 바로 그의 발[과 팔]을 잘라 풀이 무성한 습지 속에 버렸다. [이에] 암 이리牝狼 [한 마리]가 고기를 가져다 먹었고, 자라나서는 이리와 교합해 마침내 임신을 하게 되었다. 그 [이웃 나라의] 왕이 이 아이가 여전히 살아 있다는 [소식을] 듣고 다시 [사자를] 보내 [아이를] 죽였다. 사자는 이리가 [그의] 곁에 있는 것을 보고 아울러 이리마저 죽이려고 했다. [그러나] 이리가 마침내 고창국高昌國 서북쪽[에 있는] 산으로 도망했다. 그 산에는 동굴이 있었는데, 동굴 안은 평탄한 땅과 무성한 풀이 있었고 그 주위 둘레가 수백 리로 [주] 사면이 모두 산으로 둘러싸여 있었다. 이리가 그 속에 숨어 마침내 열 명의 사내아이를 낳았다. 열 명의 사내아이가 자라 밖에서 아내를 얻어 임신을 시켜 [아이를 낳았고], 그 후손들이 각각 한 개의 성姓을 갖게 되니 아사나도 바로 그중 하나였다. 자손이 번성해 점차 수백 가에 이르렀다. 몇 세대가 지나 (무리가) 서로 더불어 동굴에서 나와 여여_{茹茹}를 섬겼다. 그들은 금산_{金山} 주의 남쪽(陽)에 살면서 여여를 위해 대장장이(鐵工)로 부려졌다. (그들이 살던) 금산의 모습이 투구(兜鍪)와 비슷했는데, 그들의 말로 투구를 "돌궐"이라 했기 때문에 마침내 이로 인해 이름을 (돌궐로) 했다.

기이해 과학적이지 못하므로 학문적 판단의 증거가 되지 못한다고 하지 말고, 행간을 읽어 본디 말하고자 하는 바를 이해하는 것이 필요하다. 자연과 세계에 대한 옛사람들의 인식을 받아들이려는 자세가 중요하다. 남자의 갈빗대를 뽑아 여자를 만들었다는 성경의 기록은 비판 없이 수용하지 않는가. 고주몽, 박혁거세, 김알지, 김수로 등도 한결같이 알에서 태어났다는데……. 조선의 단군은 하늘에서 내려온 환웅과 곰이 변해 여자가 된 웅녀의 자식이라는데……. 세상에는 기이한 일도 많고 요상한 믿음도 상당하다. 무척이나 기이할 다음 이야기를 들어 보자.

2
촐폰 아타와
고고학적 흔적이 보여주는 것

"할 수 있을 때 장미꽃 봉오리를 거두라. 시간은 여전히 날아가고 있다. 오늘 미소 지으며 핀 꽃도 내일이면 스러질 것이다."—로버트 헤릭 (1591~1764)의 시, 「To the virgins, to make much of time」 중에서

지난밤 꿈을 꾸었다. 내가 바이애슬론 선수가 돼 있었다. 놀랍지 않은 가! 스키를 타고 눈 비탈을 오르내리며 사격을 하다니. 문제는 아무리 해도 마음먹은 대로 발이 움직이지 않았다. 눈 비탈 오르기가 여간 고역이 아니었다. 사격은 격발조차 안 됐다. 꿈이란 게 본디 그렇다. 뜻대로 되면 꿈이 아니다. 애써도 안 되고, 늘 불만족스러운 상황에서 허덕이다 깨보면 꿈이다. 영동 지방 눈 소식에 뒤숭숭했거나 활강 스키 중계방송을 너무 본 탓이려니. 평창올림픽에 나가볼까. 그러나 옛사람은 말했다. "Carpe Diem(Seize the day)!" 헛된 꿈꾸지 말고 '오늘에 충실하라'는 고언이리라. 그럼에도 나는 언젠가 트라이애슬론 대회에 나가야 한다.

바이애슬론의 기원은 19세기 중반 노르웨이에서 군사훈련 대용으로 채택한 운동에서 찾을 수 있다. 1861년 노르웨이에서 세계 최초의 스키 클럽 중 하나인 'the Trysil Rifle and Ski Club'이 국방력 증진 차

원에서 결성됐다. 동계올림픽에서는 1924년에 처음으로 'military pa-trol'이란 이름으로 스키와 사격을 결합한 시합이 열렸다. 그런데 역사를 더듬어보면 다음과 같은 기록이 있다. 『신당서新唐書』의 편찬자 구양수歐陽修와 송기宋祈(둘 다 송나라 사람)는 어떻게 이런 사실을 알았을까? 그들의 식견과 정보 획득 능력이 놀라울 뿐이다.

동으로 가면 목마 돌궐 3부락에 이르게 되는데, 그들은 도파都播, 미열彌列, 가아지哥餓支로, 그 추장은 다 힐근頡斤이라 불린다. 자작나무 껍질로 집을 덮고 좋은 말이 많다. 속인들이 목마를 타고 얼음 위를 달릴 때는 널빤지를 발에 깔고 굽은 나무로 겨드랑이를 지탱해 박차면 백 보나 나가는데 그 기세가 빠르고 거세다. 밤에는 빼앗고 낮에는 숨으니 견곤 사람들이 이들에게 복속했다.

이곳이 어딘가. 바이칼 호 서쪽, 북극해로 흘러드는 시베리아 최대의 강 예니세이劍河(전장全長 3487킬로미터)와 청산靑山(Kögmen, 현재의 Tannu Ola 혹은 사얀 산맥) 일대의 초원과 삼림 지대로, 견곤인堅昆人(현 키르기스인의 조상)이 이곳을 무대로 거친 삶을 꾸렸다. 또 이들 말고도 나무 스키를 타고 설원을 달리며 활을 쏘아 사냥을 하고, 더러는 몰래 다른 부족의 것을 훔쳐 살던 족속이 있었다. 위의 글로 보아 목마 돌궐이 바이애슬론의 원조라 해도 손색이 없지 않은가.

쾩 튀르크Kök Türk(푸른 투르크)는 단일 종족으로 이뤄진 제국이 아니었다. 『구당서舊唐書』의 십부十部 혹은 십설十設, 그리고 돌궐비문의 On oq(ten tribes)로 미뤄볼 때, 부족연맹체에 가까웠음을 알 수 있다. 물론 지배 집단이 있었다. 바로 아시 집안阿史那, Ashina이었다. 이 집안의 기치 아래 목마 돌궐도 모여들었을 것이다.

혹자가 말하기를 돌궐의 선조는 색국索國에서 왔다고 하는데, 흉노의 북쪽이다. 그 부락의 대인大人은 아방보阿謗步로 형제가 17인이다. 그중 한 명은 이질니사도伊質泥師都로 이리(늑대) 소생所生이다. 방보謗步 등은 성격이 우치愚癡한 탓에 나라가 마침내 멸망당하게 됐다. 니사도泥師都는 특별히 이기異氣를 감지해 능히 풍우를 부를 수 있었다. 2명의 부인을 얻었는데, 이는 하신夏神과 동신冬神의 딸이라. 한 부인이 잉태해 아들 넷을 얻으니, 그 하나가 모습이 변해 흰기러기(백홍白鴻)가 됐다. (…) 산 위에 아방보의 종류種類(부족 사람들)가 있었는데 거기는 차가운 이슬이 많았다. 대아大兒가 불을 내뿜어 그들을 따뜻하게 길러 모두를 온전하게 구해내게 됐다.

이에 대아를 받들어 우두머리로 삼고 돌궐突厥이라 한바, 이가 곧 납도육訥都六 설設(shad, 돌궐족 카간 아래의 타이틀. 흥미롭게도 인명 율도육에서의 '납도'는 오손왕 곤막의 아비 난도미難兜靡의 '난도'와 음가가 /natu/로 서로 비슷하다)이다. 율도육의 부인은 10명으로, 거기서 난 자식들은 모두 모족母族을 성姓으로 삼았는데, 아사나阿史那는 소처小妻의 자식이다. 율도육이 죽자 10명의 부인이 낳은 자식들 중 한 명의 아들을 택해 군주로 세우기로 작정하고 다 같이 큰 나무 아래에서 공동으로 약속하기를, 나무를 향해 도약해서 가장 높이 뛰어오른 자를 추대하기로 했다. 아사나 씨족 출신의 부인이 낳은 아들은 나이는 어리나 가장 높이 도약했기 때문에 모든 아들이 그를 받들어 군주로 삼고, 그를 아현阿賢 설設(Asi(n) shad)이라 했다. 이 이야기가 비록 남다르기는 하나 결국 돌궐은 낭종狼種(이리 종족)이다.

과연 놀랍고 기이하지 않은가. 형제가 열일곱이나 된다는 것도 그렇지만, 이리가 사람을 낳다니. 하필이면 왜 이리인가. 이렇듯 튀르크-몽골 신화에는 늑대(이리)가 등장한다. 『몽골비사』에 나타나는 몽골인의 조상 늑대는 'Börte Chino'라는 이름의 흰 점이 있는 잿빛 (푸른) 늑대이고, 『오구즈 나마Oghuz-Namaa』(오구즈 사기)에 튀르크의 조상으로 나타나는 늑대는 'Kök Böri'(회색빛이 도는 푸른 늑대)다. 푸른색은 돌궐인들에게 신성한 색깔이었던 듯하다. 앞에서 보았듯, 제국의 이름도 'Kök Türk Khaganate'이지 않은가. 그리고 북방 유목민들에게 늑대는 용맹의 상징으로 비쳤다. 그래서 부족이나 씨족명에 자주 쓰인다. 그 대표적인 사례가 부랴트Buryat족[Buri(늑대)+-at(사람들)]이다.

결국 언어적 분석을 바탕으로 할 때 부랴트도 돌궐의 한 갈래임을 알 수 있다. 하기야 몽골 역시 과거에는 돌궐의 한 지파였다. 이는 라시드 앗 딘의 『부족지』에 명확히 기술돼 있는 사실이다. 위세에 약하고 위세에 기대는 인간의 속성은 생존의 본능과 직결된다. 그래서 돌궐이 강성할 때는 모두가 돌궐의 이름을 팔고, 타타르가 이름을 날릴 때는 너나없이 타타르를 자처하고 들었다.

한 가지 분명하게 짚고 넘어갈 사실이 있다. 월지와 오손이 들어오기 전 이미 톈산 일대에는 색종塞種이 살고 있었음을 우리는 안다. 그런데 돌궐의 선조가 색국索國에서 나온, 한마디로 색종索種이다. 그리고 이들의 거처는 흉노의 북방이다. 그래서 『신당서』는 돌궐의 지배 계층인 아사나족이 북흉노와 관련이 있다고 했는지 모른다. 이태백이 「전성남戰城南」이라는 시에서 돌궐을 흉노라 말한 것도 그 때문이었는지 모른다. 과연 색국은 어디이며, 색종은 누구인가. 『주서周書』의 색국을 그보다 훨씬 전의 『한서漢書』에서는 색종塞種(釋種)으로 적고 있다.

『한서』 열전 96권 상 「서역전西域傳」 66권 상 '계빈국罽賓國' 조'에 유목민 색종의 위치에 관한 유익한 정보가 담겨 있다.

계빈국, 왕의 치소治所는 순선성循鮮城이며, 장안으로부터 1만 2200리 거리에 있다. (서역) 도호都護에 속하지 않는다. 호구戶口(주민)와 승병勝兵이 많은 대국大國이다. 동북東北으로 도호치소都護治所까지 6840리, 동으로 오다국烏弌國까지 2250리, 동북으로 난두국難兜國까지 9일을 가며, 서북西北으로 대월씨大月氏, 서남西南은 오익산리烏弋山離와 접해 있다. 과거 흉노가 대월지를 격파했기에 대월지는 서西로 가 대하를 다스렸고, 색왕塞王은 남하해 계빈을 통치했다. 색종은 분산해 왕왕 여러 나라가 됐다. 소륵疏勒 이서북以西北으로부터 휴순休循 및 손독에 속한 지역이 다 옛적의 색종塞種(의 땅)이다.

동쪽의 흉노에 격파당한 서쪽의 월지. 이로 인해 간쑤 성(치롄 산)에서 서쪽 방향으로 월지의 이주 물결이 이리 강과 이식쿨 호수 근처에서 평화롭게 살고 있던 유목 종족 스키타이(색종)를 급습한다. 어처구니없게 자신의 영역을 침범당한 이들, 서방에 사카라울라이로 알려진 이식쿨 사카는 남으로 내려가 파미르 고원을 넘어 간다라를 점령한다. 얼마 후 흉노에 붙어살던 오손이 힘을 길러 원수 월지를 공격해 몰아낸다.

월지는 다시 서주西走해 페르가나(대완大宛) 지역 시르다리야 강 상류에 당도한다. 『한서』는 이 시기를 대략 기원전 160년경으로 기록한다. 월지가 도착한 이곳은 그리스계 왕국이었던 박트리아, 즉 대하와 가까웠고, 이 무렵 박트리아는 유크라티데스Eukratides 왕의 치세가 거의 막바지에 달할 때였다. 시간이 경과해 월지는 결국 대하를 지배하게 된다.

한편 대월지의 침범으로 본터에서 내쫓긴 색종은 남하해 계빈국을 다스렸다고 전해진다. 위에서 인용한 『한서』의 기록을 신뢰한다면, 적어도 기원전 2세기까지는 계빈은 물론 소륵 이서북, 휴순, 손독 등의 지역이 다 색종의 세력권이었다고 할 수 있다. 소륵은 오늘날의 중국 신장위구르 자치구 서북 지역 카시가르다. 휴순은 어디일까. 곽의공郭義恭의 『수경주水經注』「하수河水二」는 『서하구사西河舊事』를 인용해, 『광지廣志』에 휴순국은 총령葱嶺에 있는데, 이 산에는 파가 많이 난다 했다고 전한다.(정수일, 『혜초의 왕오천축국전』, 2004, 422쪽)

손독은 신두Sindhu(파키스탄)에 해당한다. 계빈은 현 아프가니스탄 북동부의 베그람Begram 지역을 포함하는 아주 오래된 고대 카피사Kapisa 왕국으로 아폴로도투스Apollodotus 1세와 앞서 말한 유크라티데스 왕의 동전에는 카피사 왕국의 도시 '카피시Kapi'si'가 '카비시예Kavi'siye'로 새겨져 있다.

놀랍게도 이곳은, 산스크리트 문법의 집대성자인 빠니니Pāṇini에 의하면, 카피샤야나Kapiśayana라는 유명한 와인의 산지였다. 1939년 이 지역에서 이뤄진 고고학 발굴을 통해 유리 플라스크, 물고기 모양의

이식쿨 호수 북쪽 촐폰 아타 지역 산등성이에 펼쳐진 암석군. 과거 이 지역의 기후와 생활상을
짐작하게 해주는 순록과 다른 동물들의 모습이 새겨져 있다.

박물관에 보관되어 있는 순록 암각.

와인 항아리, 물잔 등이 다수 출토됨으로써 과거 이곳이 와인 무역으로 유명한 상업도시였음이 확인됐다. 고대 인도 문헌에 포도 품종이 카피샤야니 드락샤Kapiśayani Draksha, 포도주 이름이 카피샤야니 마두Kapiśayani Madhu라 적혀 있는 것 역시 옛사람들이 포도를 재배하고 와인을 생산·소비했음을 보여준다. 고대 인도의 대서사시 『마하바라타』는 노예제가 존재했다는 사실도 알려준다. 노예주 계급이 다름 아닌 아리안Aryan이었다.

결국 색종이라 불린 사람들은 오늘날의 아프가니스탄, 파키스탄, 키르기스스탄, 파미르와 톈산 일대, 한마디로 중앙아시아에서 유목 생활을 하던 종족들이다. 이들이 남긴 흔적에는 이식쿨 호수에서 발견된 고대 유물과 쿠르간 외에 고고학적으로 아주 중요한 지역인 이식쿨 호수 북안에 자리한 촐폰 아타Cholpon-Ata가 있다. 촐폰 아타는, 좀 이상하게 들리겠지만, 문자 그대로 '샛별의 아버지Venus-father'라는 뜻으로 이는 키르기스 민족 신화에 등장하는 수호령의 이름이다. 이곳은 고대 암각화 지대로 유명하다. 고대인(아마도 유목민 색종)의 생활상, 신앙 형태를 보여주는 2000여 개의 암각화 중 약 90퍼센트는 아이벡스라 불리는 야생 염소와 아르갈이라는 야생 양을 그린 것이다. 이는 이 일대가 수렵과 유목의 현장이었음을 방증한다. 개중에는 붉은 사슴도 있고, 씩씩한 말도 그려져 있다. 무엇보다 눈길을 끄는 것은 순록 그림이다. 혹시 이들도 말이나 양 유목 외에 순록을 따라 남북을 오가며 살았던 것은 아닐까.

오늘날의 시베리아 툰드라 원주민 한티족Khanty, 몽골 서부 알타이 산자락과 홉수골을 무대로 살아가는 차탕족Tsataan, 만주-퉁구스계

이식쿨 호수 일대 초원 어디에서나 볼 수 있는 프르제발스키 야생마. 흔히 천마라고 한다.

초원에서 말을 달리는 키르기스 여성.

오르혼족Orqon, 역시 퉁구스계로 간주되는 어원커족Evenki 등이 '사슴 사람'이라는 의미를 지니고 있는 것처럼 '塞'도 '순록' 내지 '사슴'이라는 말은 아니었을까. 바이칼 호 동쪽에 거주하는 사하족Sakha(러시아의 사하공화국은 사하족을 중심으로 형성됐다)이 '사슴' 토템 집단이라는 점에 주목할 필요가 있다. 사할린Sakhalin이라는 명칭이 이 고대 종족의 이름에서 비롯됐다고 한다면, 말도 안 된다며 코웃음을 칠까. 기다려보자. 촐폰 아타 암각화에도 그려져 있을 정도로 이식쿨 호수와 톈산 일대의 야생마는 건장하고 아름답다.

이 말의 학명은 Equus ferus przewalskii, 즉 프르제발스키 야생마Przewalski's wild horse다. 몽골어로는 타히takhi라고 한다. 투바어로는 다기dagy라고 부른다. 중앙아시아, 특히 몽골이 원산지로 중가리아 말이라고도 불린다. 폴란드계 러시아 장교이자 탐험가였던 프르제발스키Nikolai Mikhailovich Przhevalsky(1839~1888)가 군사 목적으로 탐사길에 이곳에 왔다가 깜짝 놀랄 만큼 멋진 말을 발견하고 그 말에 자신의 이름을 붙인 것이다. 고약하기 이를 데 없다. 중국에서는 이를 한혈마汗血馬라 했다. 페르가나 지역(대완)의 말은 천마天馬라 했다.

이식쿨 호수와 톈산, 초원의 양과 말 떼, 말 탄 사내의 이미지가 그려질 즈음, 이태백의 시 「사냥놀이를 나가서」를 읽어보자.

변방에 사는 사내 　　　　　　　　　　　　　　邊城兒

평생 글 한 줄 읽은 적 없지만 　　　　　　　　　生年不讀一字書

사냥할 때는 날래고 민첩하기 그지없네. 　　　　但將游獵誇輕趫

가을 되어 오랑캐 말 살찌는 건 백초를 먹는 덕분 　胡馬秋肥宜白草

말 달려 그림자 밟는 재주 어찌 자랑하지 않으리오.　騎來躡影何矜驕

쇠 채찍 휘두르며 말 달리니

초원에 쌓인 눈 흩어지고 칼집 울린다　金鞭拂雪揮鳴鞘

마유주 한 잔에 얼큰 취한 채 매 불러

멀리 들판으로 날리고　半酣呼鷹出遠郊

활을 당기니 그 모양 보름달 같고

화살은 목표를 놓치지 않는다.　弓彎滿月不虛發

두루미 한 쌍 날다 떨어지고

명적鳴鏑 연달아 나는데　雙鶴迸落連飛鏑

호숫가에서 바라보던 이 모두 가벼이 몸을 피한다.　海邊觀者皆辟易

용맹한 기상 빼어난 풍모 모래펄 떨치니　猛氣英風振沙磧

글 읽는 선비가 유목인만 못하도다.　儒生不及遊俠人

흰머리 늘어지도록 열심히 공부한들

무슨 소용 있겠는가?　白首下帷復何益

3
그들이 사랑을 키우고
터전을 닦았던 도시는 어디에

"눈으로 미운 대상이 있고, 마음으로 싫은 존재가 있고, 머리로 이해 못할 인물이 있다."—정자

"연 교수, 이런 일이 있을 수 있어요?" 뒷좌석에 앉아 있던 A 출판사 김 대표가 태블릿 PC를 들이민다. 세계 유수의 여행 안내서에 게재된 박스 기사 제목이 눈에 들어왔다. '유괴당한 신부The Kidnapped Bride'. 젊은 시절 즐겨 듣던 체코 국민음악의 아버지 스메타나(1824~1884)의 오페라 「팔려 간 신부The Bartered Bride」가 떠올랐다. 돈에 팔려 가는 신부의 심경은 어떨까? 유괴당한 신부는 도대체 어떤 선택을 해야 할까?

파키스탄에서 이런 일이 있었다. 이웃집 여자를 맘에 두고 있던 남자가 친구들과 작당해 그녀를 훔쳤다. 귀한 자식을 도둑맞은 여자의 집안에서 수소문 끝에 진상을 파악하고 남자와 그 일가를 고소했다. 법정에서 판사가 여자에게 물었다. 돌아가려는가? 여자는 고개를 저었다. 이유는 간단했다. 자신의 뜻과는 무관하게 납치돼 마음에 없는 남자와 살아야 하는 것은 끔찍하지만, 돌아가면 즉시 살해될 것이기 때문이다. 그녀의 선택은 '삶'이었다. 남자의 손을 탄 여자가 있다면 가문의 명

예를 더럽혔다는 이유로 아버지나 남자 형제 혹은 그 누군가가 그녀를 죽이는 것이 그 사회의 불문율이었다. 푸르다Purdah('curtain')라는 여성 격리의 전통에 뿌리를 둔 잔혹한 종교, 사회제도가 살아 있기 때문이다. 이것이 21세기 대명천지에 '명예살인honor killing'이 끈덕지게 자행되고 있는 배경이다.

1991년 이후 법적으로 금지됐다고는 하나 키르기스 유목민 사회에는 여전히 '약탈혼'의 악습이 남아 있다고 한다. 마음에 드는 처자를 납치해 강제로 아내로 삼는 것이다. 남자를 보쌈해가거나 유괴하지는 않는 모양이다. 문제는 왜 이런 야만스런 일이 일어나는가 하는 것이다. 여자가 넘친다면 그렇지 않을 것이다. 또한 남자가 돈이 많거나 학식, 인물, 집안 배경 등 매력이 있다면 구태여 여자를 훔치지 않을 것이다. 신부 측에서 신부 값을 요구하는 전통이 존속되는 한 가난한 남자의 선택은 신부 훔치기가 될 수밖에 없다. 성공만 한다면 신부 납치는 혼인 비용을 대폭 감소시키기 때문이다.

"페트르 롬Petr Lom이라고, 헝가리 수도 부다페스트에 있는 유럽 중부대학Central European University 교수가 있는데, 이 사람이 우리가 곧 가게 될 키르기스스탄 제2도시 오시Osh 외곽 지역에서 이런 '약탈혼' 광경을 목격했는데요. 글쎄 Norkuz라는 25세 노처녀가…" "Sto−o−p!" 잘난 척하는 내 설명을 유 사장이 멜론 자르듯 잘랐다. "날 더우니 멜론이나 먹고, 그 얘긴 오시에 가서 듣자고요." 하긴 날이 지독히 무덥고 건조했다. 그리고 그 동네 멜론은 달고 부드러웠으며 물이 기막히게 좋았다. 양들두 멜론을 좋아한다.

양은 유목민의 생활 그 자체다. 식량이 되고, 거처의 재료가 되고,

톈산 맑은 공기에서 무공해 목초를 먹고 자라는 양 떼. 이들은 유목민의 소중한 자산이다.

의복이 된다. 어린아이의 놀이 친구가 되기도 한다. 양 가죽의 용도도 다양하지만 털은 카펫과 천의 주요 재료다. 우리나라 여자들뿐만 아니라 전 세계 여성들이 좋아하는 모직물 캐시미어cashmere는 인도 북서부 산악 지대 카시미르Kashmir의 와전된 글자요, 발음이다. 카시미르에서 '-mir'는 '고지대, 고원'이라는 뜻이다. 그렇다면 'Kash'는 무슨 뜻일까. 월지의 이동과 관련해 아주 중요한 단어임을 염두에 두자.

카시미르 역시 고래로 유목민의 요람이었다. 바카르왈과 같은 카시미르 유목민들은 일 년에 한 번씩 양과 염소 등 가축 떼를 이끌고 해발 4000미터의 피르판잘 산맥을 넘어 스리나가르Srinagar를 오간다. 생사를 넘나드는 한 달여의 험준한 고산 여행이다. 눈 쌓이고 바람이 심한 산악길이라 짐승은 물론 사람도 낭떠러지로 떨어져 죽기 십상이다. 이들이 기르는 양의 털을 가공해 만든 천이 바로 캐시미어다. 그중에서도 최고의 캐시미어 양모와 그 천을 파시미나pashmina라고 한다.

파시미나라는 이름은 인도어 Pashmineh(پشمینہ)에서 왔는데, 여기서 pashm은 '울wool'이라는 뜻이다. 파시미나 중 최고는 'Pashmina goat'라 부르는 특별한 염소 창탕기changthangi의 털(주로 목과 가슴 주위)로 만든 것이다. 이 염소는 주로 네팔, 파키스탄, 북인도, 특히 잠무-카시미르 주에 속한 라다크 같은 히말라야 고산 지대에 서식한다. 카시미르의 주도 스리나가르의 카펫 상점과 북인도 히말라야 산자락의 휴양도시 마날리의 한 가게에서 질감이 빼어나고 가볍기가 종잇장 같은 이 파시미나 숄을 만져보고 나는 망설임 없이 넉넉한 수량을 구입했다. 사실은 젊은 주인의 매력적인 상술에 혼이 나가기도 했다. 중국인, 아랍인, 유대인의 상술이 빼어나다지만 여기 카시미르인의 장사 수완은 정말 대단하다. 과거 소그드인의 피를 물려받은 것으로 생각된다.

양모와 관련해 색종의 요람, 월지와 오손이 이주해 살던 이식쿨 일대는 어떨까. 영어로 'caracul'이라 불리는 중앙아시아산 양과 그 모피, 그리고 그 양털로 짠 직물 명칭이 있다. 이는 현 우즈베키스탄 부하라 주의 '코라콜Qorako'l'에서 그 이름을 따온 Karakul 혹은 Qaraqul 양의 이름에서 비롯된 것이다. 그러나 톈산과 파미르 일대에는 카라쿨 karakul('검은 호수'라는 뜻)이라는 지명이 많다. 이식쿨 동변에도 카라쿨이 있고, 톡도굴 지역에도 카라쿨이 있으며, 파미르 고원이 톈산 및 쿤룬崑崙과 만나는 지점에서 멀지 않은 곳에도 해발 3600미터의 카라쿨

95

이 있다. 카시가르 관광 시 필수 목적지다. 당연한 얘기지만 세계의 지붕 이 일대는 고래로 양 유목이 이뤄졌다. 그리고 드넓은 초원의 무공해 풀을 먹고 스트레스 없이 자란 양들의 털은 품질이 매우 우수할 수밖에 없다.

◉ 비취색 눈동자를 한 키르기스의 남자들

양들을 돌보는 키르기스 남정네의 눈동자는 호수의 물빛을 닮아 푸른색이다. 우리네 수많은 성씨 중 양천 이씨의 조상은 색목인이라 한다. 색목인은 검은색이 아닌 푸른 눈을 가진 사람을 가리킨다. 애초 단일 혈통만으로 구성된 사회는 없으므로 다양한 인종의 혼거混居가 하나의 사회 속에 이뤄지는 것이 정상이요 자연스런 일이다. 검은 눈이 주종인 우리나라에서 눈 푸른 색목인은 오늘날처럼 따돌림을 당했을까. 이들은 도대체 누구일까.

앞서 바이칼 호 서쪽에 살던 키르기스인의 조상격인 격곤隔昆이 붉은 머리에 푸른 눈의 집단이라고 했다. 돌궐인의 특징에 대한 묘사에서도 똑같은 구절을 발견할 수 있다. 돌궐인 모두가 아닌 지배 집단 아시나족의 모습에서 그런 특징을 보았을 것이다. 중국의 사서史書는 오손 역시 푸른 눈에 붉은 머리를 한 집단이라고 전한다. 그렇다면 이들은 전혀 별개의 종족일까. 다른 종족 중에는 이런 특징을 가진 집단이 없을까? 역사의 미스터리를 파악하기 위해서는 좀더 꼼꼼한 조사와 안내가 필요하다. 사실 오손도 이리 강과 이식쿨 호수 일대로 이주하기 전에는 현 중국 국경의 북서부(둔황과 치롄 산 사이 숙주 북부의 Sobo Nor와 Sobok Nor 지역, 아니면 그보다 약간 더 남쪽, 혹은 둔황 근처 과주의 서쪽)에 살았다. 이들의 이주는 자발적 선택이 아니라 흉노의 침공에 의한 부득이한 결정이었다.

『한서』「서역전」 '오손 조에 의하면, 오손왕의 처소는 적곡성赤谷城이었다. 과연 알타이 서쪽과 톈산 이북의 드넓은 초원과 강과 호수, 산악 지역을 무대로 한나라와 흉노라는 두 강대국 사이에서 등거리 외교를 펼친 오손의 왕이 머물던 처소 적곡성은 어디였을까. 먼저 적곡성이라는 지명이 현지어의 소리를 옮긴 말인지, 뜻을 풀어 한자로 기록한 것인지를 알아야 위치를 파악하기에 수월하다. 중국 사서에서 보이는 수많은 지명, 인명이 한자음을 빌려 현지의 말을 표기하고 있기에, 유독 적곡성의 '赤谷'만이 '붉은 계곡'이라는 의미라고 하기는 곤란하다. 물론 이식쿨을 '열해熱海'라고 훈차訓借한 경우도 있기는 하다. 또 파미르 고원을 뜻으로 적어 '총령葱嶺'이라 하고, 소리를 옮겨 '伯米爾' '蕃密' 등으로 전사하는 경우도 있다.

톈산 산맥 베델Bedel 고개(해발 4200미터)는 현 중국 신장新疆 성과 키르기스스탄을 연결하는 고개로, 과거에는 중국과 중앙아시아의 실크로드 무역로로서 중요한 역할을 했다. 현 신장 성 악수Aksu에서 이 고개를 넘으면 이식쿨 남쪽 호반 마을 바르스콘Barskon에 이른다. 이 이름은 곧 종족 이름이기도 한데, C. E. 보스워츠에 의하면, 어떤 이유에서였는지는 분명치 않으나 아주 옛날 페르시아의 왕자가 투르키스탄Turkestan에 정착해 살며 그곳의 지배자가 됐고, 사람들은 그를 파르사환Pārsi-khwān이라고 불렀다. 이는 페르시아어로 '학식 있는 사람'이라는 뜻인데, 세월이 흐르면서 바르스한Barskhan 등으로 축소됐다고 한다.

바르스콘은 군사 기지로 시작해, 트레킹과 승마, 폭포로 유명한 바르스콘 계곡 초입에 자리하고 있다. 마을 서쪽으로 탐가 타시Tamga-Tash가 있는데, 이는 3~8세기경으로 추정되는 불교 명문 탐가tamga가 새겨진 바위tash가 있기 때문에 생긴 이름이다. 고대 카라반들은 이곳 바르스콘에서 동과 남, 즉 중국과 인도로 길을 잡아 떠났다. 아직도 남아 있는 카라반사라이(대상 숙소) 유적이 그 증거다. 11세기 학자로 당시 이슬람제국의 수도였던 바그다드에 거주하며 최초로 튀르크 제어諸語 비교 사전을 쓴 마흐무드 알 카시가리Mahmud al-Kashgari는 이곳 태생이라 바르스카니라고도 불렸다. 그가 그린 세계 지도의 중심에는 바르스콘이 있었다. 그의 무덤은 카시가르 남쪽 파키스탄 가는 길에 위치해 있다.

바르스콘 계곡을 따라 남쪽 길을 택해 내려가면 베델 고개를 지나 중국(신장 성 악수)에 이른다. 도중에 최초의 우주인 유리 가가린이 우주 비행에 성공한 후 이식쿨 호수 남쪽 호반에서 휴가를 보낸 것을 기념해 만든 가가린 흉상을 볼 수 있다. 그럼 여기 바르스콘이 적곡성일까. 위치상으로는 그럴듯하다. 문제는 의미로도 소리로도 일치하지 않는다는 것이다. 다른 곳은 없을까. 있다. 내 판단에 제티오구즈Jeti-Ögüz('seven bulls')가 오손왕의 치소 적곡성의 후보지로 적합하다.

이식쿨 주 제티오구즈 구의 중심은 키질수Kyzyl-Suu(구소련 때 이름은 Pokrovka)다. 이식쿨 호 남동 내륙으로 10킬로미터 정도 떨어져 있으며, 제티오구즈 리조트와 바르스콘 사이에 위치한 작은 마을이다. 이 일대가 2000여 년 전 적곡성이 있던 장소라고 생각이 드는 이유는 바로 이 마을이 Chong Kyzyl-Suu('little red water') 강과 이 강이 이

황토 암석군 제티오구즈. '일곱 마리의 황소'라는 뜻이다.
이 일대의 수승한 풍광에 반하지 않을 이 없다.

뤄내는 분지의 시원지에 위치해 있기 때문이다. 작은 적수赤水(Chong Kyzyl-Suu)에서 시작해 마침내 큰 적수인 키질수로 흘러내리는 강. 황허 강이나 루비콘Rubicon 강처럼 비가 많이 와 강수량이 많아지면 주변의 붉은 토양 때문에 강물이 붉은 흙탕물이 되는 데서 키질수라는 이름이 생겼다. 이 주변에 적곡성이 있었을 가능성이 크다.

토양이 적토임은 키질수를 포함한 제티오구즈 지역 산악 트레킹의 출발점이자 옐친 별장으로 유명한 관광 명소 제티오구즈 리조트 초입의 웅장한 황토 암석군을 보면 확실히 알 수 있다. ㄱ 생김새가 체격 늠름한 황소 일곱 마리가 나란히 서 있는 것 같다 해서 '제티오구즈'란 이름이 붙었고, 이것이 곧 지역 이름이 됐다. 과거에는 그저 키질수 계곡이었을 것이다. 이 말뜻을 한자로 옮기면 바로 '적곡赤谷'이다. 오늘날의 제티오구즈에는 나린 강, 사리자즈 강, 바르스콘 강, 제티오구즈 강 등이 흐르며 이식쿨 계곡, 상 나린 계곡, 악 시이락 계곡을 형성하고 있다.

과연 적곡성의 위치가 우리 생각과 부합하는지를 알기 위해서는 『한서』「진탕전陳湯傳」의 기록이 도움이 될 것이다. 기원전 36년 서역도호西域都護 감연수甘延壽와 부교위副校尉 진탕陳湯이 한병호병漢兵胡兵 도합 4만여 명을 이끌고 오손 북서 강거의 땅(추 강과 탈라스 강 일대)에 망명해 있던 흉노 질지郅支선우를 토벌하러 갈 때의 노정 부분이다. 질지는 흉노 분열 시기 다섯 선우 가운데 한 사람으로 호한야선우와의 쟁패에서 밀려 서쪽으로 달아나 강거로 가서 그곳을 지배하며 한나라에 대항했다.

> 그날로 군대를 이끌고 나누어 행군하는데, 육교六校로 구별해 그 삼교三校는 남도를 따라 총령(파미르 고원)을 넘어 대완을 지나고, 다른 삼교는 서역도호(의 치소)에서 온숙국溫宿國(오늘날의 악수 일대)으로 가서 그곳을 출발해 북도를 따라(톈산 산맥 베델 고개를 넘어) 적곡으로 들어가 오손을 지나 강거와의 경계를 건너 전지闐池(이식쿨) 서쪽에 이르렀다. 이때 강거의 부왕副王 포전抱闐이 장수와 수천 기병을 이끌고 적곡성 동쪽을 침략해 (오손) 대곤미大昆彌의 백성 1000여 명과 수많은 가축을 살육했다. (…) 진탕이 호병胡兵을 풀어 그들을 공격해 460인을 죽이고, 사로잡힌 (오손) 사

람 470명을 구해 대곤미에게 돌려주고 말과 소, 양은 군량으로 삼았다. 또 (부왕) 포전과 귀인貴人 이노독伊奴毒을 포로로 잡았다.

내 추정대로 고대 기록상의 적곡성이 오늘날의 이식쿨 호수 동남쪽 키질수 일대라면 오손은 이곳에 대곤미의 왕성을 두고 수백 년간, 아니 천 년 넘게(요나라 때까지) 존속했다. 그 역사는 나름대로 곡절이 많았다. 왕위를 둘러싼 혈육 간의 갈등, 한족 출신 왕비에 대한 오손 남자의 욕망, 그리고 한漢나라와 흉노 사이의 정치·외교적 줄다리기 등 현대를 사는 우리가 과거를 통해 배워둘 대목이 많다. 1100여 년 역사의 비잔틴 제국이 서서히 작아졌듯이 오손도 점차 세력을 잃었다.

철천지원수 월지를 몰아내고 과거 색종 땅의 새로운 주인이 된 아시족이 세운 나라 오손. 유목 왕국으로서의 오손의 운명에 철퇴를 가한 것은 초원의 새로운 강자 유연이었다. 유연의 힘은 글자 그대로 부드러움이었을까.

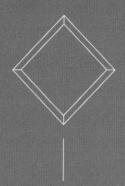

4장

이태백의 고향
쇄엽성 악베심,
그리고 오시

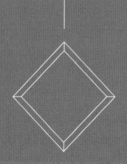

1
시선詩仙이 천하의 양귀비를
짝사랑했던 이유를 이제 알겠네

"운명은 인간을 사랑하지 않는다. 다만 시험할 뿐이다. 아이러니하게
도 인간은 그런 운명을 사랑해야 한다. 그리고 믿어야 한다."—정자

그저 본 것만으로도 키르기스스탄 여행의 보람이 있는 이식쿨 호수를
뒤로하고 다음 날 오시Osh로 가기 위해 비시켁으로 돌아가는 길. 살구
나무 빼곡 우거진 호텔 식당에서 아침을 든든하게 먹었다 싶었는데, 일
행 중 누군가는 쉬이 배가 고픈가보다. "양고기 케밥 먹고 갑시다." 역
시 우리나라 사람들에게는 '금강산도 식후경'이 진리다. "시원한 맥주는
없을까?" 갈수록 점입가경이다. 근처에 카자흐스탄 발하시 호수로 흘러
드는 추 강이 지나는 토크목에 못 미쳐 휴게소에 둘이 먹다 셋이 죽어
도 모를 만큼 맛있는 케밥집이 있다고 가이드 아만이 추임새를 넣었다.
모두들 눈이 빛난다. 안 봐도 군침 도는 걸 눈치채겠다. '불쌍한 양!' 가
련한 채식주의자인 나는 홀로 알라신의 자비를 빌었다.

점심을 먹고 토크목 서남쪽 12킬로미터 지점에 있는 부라나탑을 보
러 가는데 누군가 또 뜬금없는 소리를 한다. "여기에서는 낙타를 탈 수
없을까?" 배부르니 허튼소리로 소화를 시키려나 보다. "초원과 산악 국

가인 이곳에는 낙타가 없어요. 라다크나 인도, 파키스탄 이런 데 가면 태워드리지요." 못 미더워하는 눈치에 아랑곳하지 않고 내가 말했다.

"원래는 높이가 40미터였지만 지진으로 허물어져 현재는 21.7미터만 남아 있는 부라나탑은 10~11세기 이 일대에 카라한조 위구르 제국의 수도인 발라사군Balasaghun이 들어섰을 때 지어진 것이랍니다. 그전에 는 당唐의 안서사진安西四鎭의 하나이기도 했던 쇄엽성碎葉城, 현지어로는 수이압Suyab 성이 이 지역 소그드인의 정치·경제의 중심지였고요. 물론 지배 세력은 돌궐이었지만요. 우리가 오늘 양고기로 점심을 먹은 이 동 네가 역사적으로 굉장히 의미 있고 중요한 장소라는 것만 알아두세요. 그런데 중앙아시아 낙타와 아라비아 낙타가 어떻게 다른지 아들 아세 요?" 대답이 없다. 무더운 날씨에다 식곤증으로 절반은 눈을 감고 있었 다. 나는 부득이 홀로 생각에 잠겼다.

⑧ 몽골 고비 사막에서 낙타를 보았을 때

고백하건대 몽골 고비 사막에서 낙타를 보았을 때 나는 고개를 갸 우뚱했다. 내가 저걸 탈 수 있을까. 파키스탄 촐리스탄 사막에서의 뼈 아픈 경험이 되살아났기 때문이다. 사나이가 이걸 못 타랴. 겁 없이 당 당하게 낙타 등에 올라앉았지만 낙타가 몸을 일으킬 때의 출렁임이 심 상치 않았고 똑바로 선 낙타 등과 지면과의 거리가 예상외로 멀었다. 낙타는 사정 봐서 성큼성큼 걷는다 하겠지만 보폭 또한 장난이 아니어 서 걸음을 뗄 때마다 내 몸은 앞뒤로 요동쳐야 했다. 살집 빈약한 엉덩 이는 도저히 낙타 등을 견딜 수 없었다. 자존심 상하지만 다급한 비명 을 지르고 이내 낙타 등에서 철수할 때의 떨떠름한 심사는 겪어본 사람만이 알 것이다. 아라비아 반도, 아프리카의 단봉낙타는 비교적 타기 수월하다. 몽골 초원과 고비 사막, 알타이 분지 등 중앙아시아 초원 및 사막 지대에 서식하는 쌍봉낙타는 박트리아 낙타Bactrian camel라고도 불린다.

칭기즈칸의 어릴 적 이름은 테무진Temujin, 鐵木眞이다. 서양 학자들은 이 이름의 의미를 '대장장이ironmaker'라고 했다. 그러나 사실 'temu'는 낙타를 가리키는 몽골어이고, '-jin'은 인명 접사다. 결국 소년 테무진은 '낙타돌이'였다. 칭기즈칸의 큰아들 조치Jochi는 '호랑이'(물론 '손님'이라고 해석하는 이들도 있다)다. 7세기 초엽 서돌궐 제국Kara Turk Khan-ate의 통 엽호 카간Tong Yabghu Khagan(재위 618~628)도 '호랑이tong'다. 그는 쇄엽성에 행궁行宮을 세웠다. 참고로 '호랑이'에 해당하는 우리나라 말은 '범'이고, 인도말은 '바그'다.

사자를 이름으로 쓴 사례도 있다. 안녹산이 그러하고, 또 8세기 초반 안국安國의 왕이었던 툭샤다가 동생을 당 현종에게 볼모로 보냈는데, 이름이 아르슬란Arslan이었다. 이는 튀르크어로 '사자'를 뜻한다. 영국 왕 리처드 앞에도 '사자왕'이란 수식어가 붙는다.

이렇듯 짐승의 명칭으로 본명이나 별명을 짓는 경우가 많다. 이른바 조폭의 별명에는 쌍도끼니 회칼이니 하는 섬뜩한 이름도 있지만, 스라소니, 돼지, 매, 독사, 불도그 같은 것도 있다. 한편 과거 우리나라에서는 귀여운 손자가 태어나면 할머니는 이웃에게 '우리 강아지'라며 자랑하고 다녔다. 점잖은 양반 할아버지는 '이 녀석이 우리 집 가돈家豚'이라며 너털웃음을 웃었다.

고대에는 축명畜名으로 관명官名을 삼는 경우가 많았다. 부여가 그랬다. 부여는 가축을 잘 기르고 목축을 하며 번식을 잘 시켰다 한즉, 각기 담당하는 관리가 있었다. 『후한서後漢書』「부여국열전夫餘國列傳」에 "그 나라에서는 여섯 가축의 이름으로 관명을 지어 마가馬加, 우가牛加, 저가豬加, 구가狗加가 있는데, 제가諸加는 따로 사출도四出道를 주관한다"고 했다. 궁금증이 남는다. 이들 각각은 어떤 일을 하는 벼슬아치인가? 사출도는 또 무엇인가? 수천 년 전 사람들도 조직이 있고 책임자가 있었다. 달리 말해 오래전부터 계급사회가 존재했다는 것이다. 또 제가의 '제諸'는 어떤 짐승을 말하는 걸까. 혹 오기는 아닐까? 여섯 가축이 아닌 이유도 궁금하다. 제가를 포함해도 다섯이다. 대개는 사육 내지 방목하거나 친숙한 짐승의 이름을 사용하는 것이 상식이다. 그러니 부여의 관명에 양가羊加가 없는 것은 이들이 양 유목민이 아니었다는 방증이다. 다시 말해 부여의 주거지가 양 유목에 적합한 스텝 지대가 아니었다는 것이다.

몽골도 가축을 관장하는 직책이 있었다. 화니제和尼齊, honichi는 양을 관장하는 벼슬아치다. 또 말을 관장하는 이는 마리제摩哩齊, morichi, 낙타를 관장하는 자는 특묵제特黙齊, temuchi라고 했다. 한자로 特黙이라 표기된 것이 바로 낙타를 가리키는 몽골말 테무다. 모두 주변에 존재하는 짐승이다. 이름을 지을 때는 친숙한 것에서 따오는 경향이 있으므로 칭기즈칸의 아명은 대장장이보다는 낙타돌이가 더 어울린다.

말에는 여러 가지 이표기異表記가 있는즉, 음차임이 분명한 '주몽朱蒙'은 부여말로 '선사자善射者', 즉 '명궁'이란 말이라고 사서는 전한다. 이 말이 우리말과 일본어에 남아 각기 '동무'와 '도모'로 쓰인다면 믿을까. 말 유목민들은 대부분 활을 잘 쏘지만 특히 솜씨 좋은 사람이 있는 법이

현 인도 북서부 잠무-카시미르 주에 속한 라다크 누브라 계곡의 낙타 무리.
(출처: 위키피디아)

다. 『몽골비사』에 나오는 몽골의 인명에도 '명궁名弓'이 흔하다. 'Borjigi-dai-mergen, Dobun-mergen'에서의 '메르겐'이 명궁을 나타내는 말이다. 인종의 용광로인 중앙아시아 지역을 이해하기 위해서는 특히 언어에 대한 지식이 중요하다. 똑같은 물 혹은 강을 놓고도 나라마다 종족마다 표현이 다르기 때문이다. 그렇기에 120여 다양한 인종이 모여사는 이 지역에는 여러 말이 겹쳐 쓰이고 있다. 페르시아인들은 강江이나 수水를 '-ab'이라 했고 돌궐인들은 'su'라고 했다. 따라서 카라수는 흑수黑水이며, 펀자브Punjab은 오하五河라는 말이다.

이쯤에서 다시 묻자. 중앙아시아 인문학 기행의 시발인 월지의 원 거주지는 과연 어디였을까. 언어를 알면 역사가 보이고 문화적 기원이 보인다. 우즈베키스탄의 도시들을 여행하며 월지의 한 갈래를 만나게 될 것이다.

강국康國(오늘날의 우즈베키스탄 사마르칸트) 왕의 성은 본래 '온溫' 이며, 월지인이다. 과거에 치롄 산 북쪽 소무성昭武城에 거주하다 가 흉노의 피습으로 서쪽으로 총령(파미르)을 넘어 그 나라에 이르렀다.

아주 간략하지만 위의 구절을 읽으면 월지가 고향을 떠나 이주하게 된 사연과 그 경로, 최종 도착지를 한눈에 알 수 있다. 그리고 '온'을 성으로 쓰는 월지의 부족(혹은 씨족)이 살았던 곳이 소무성이라는 사실도 확인할 수 있다. 이제 나머지 역사의 비밀을 풀기 위해서는 '온'이 무슨 뜻을 갖는 어느 종족의 말이며, 한어로 표기된 '소무昭武'의 원음과 말뜻은 무엇인지, 그리고 그 말의 기원을 파악할 필요가 있다.

졸음에 겨워 힘들어하는 좌중을 재촉해 차에서 내렸다. 부라나탑이 눈앞이다. 볼 것이라고는 그것밖에 없다. 참 황량한 풍경이다. 바깥 기온은 섭씨 40도에 근접하는데, 양산을 들고 차에서 내려 햇볕 속을 걷는다. 탑 주변의 발발도 더위에 녹아내릴 기세다. 발발(balbal 혹은 baba. '조상'이라는 뜻)이라는 석인상石人像은 제주도에서 흔히 볼 수 있는 돌하르방과 비슷한데, 스키타이, 흉노, 몽골 등 유목민들의 무덤(쿠르간) 주변이나 꼭대기에 세워졌다. 우리네 조상 무덤에 석수石獸, 석주石柱, 석등石燈 따위의 석물 외에 석인상을 세우는데, 무슨 연고가 있지 싶다. 심심파적으로 발발의 수를 헤아리며 걷다보니 코딱지만 한 박물관에 이 근방에서 발굴된 유물이 엉성하게 전시돼 있다. 가난한 나라의 문화재 관리 실상이 여실히 보인다.

지진으로 무너지고 기울어진 오늘날의 부라
나탑. 고대에는 이 탑이 평원의 등대처럼 여행
객과 순례자들의 이정표 역할을 했을 것이다.

발굴 당시 부라나탑의 모습.

　한여름 키르기스 초원은 겁나게 덥다. 그래도 부라나탑 꼭대기에 올라가볼 필요는 있다. 과거 소그드인들이 살았던 드넓은 초원 지역의 광대함을 실감할 수 있다. 곧 가게 될 쇄엽성의 유허, 악베심이 어디인가 눈대중으로 짐작할 수도 있다. 과연 그곳은 정말 이태백의 고향일까. 어떤 중국 학자는 이태백의 고향을 투루판이라고도 한다. 「변방의 노래」를 감상해보자.

5월에도 눈 쌓인 천산엔 꽃은 없고	五月天山雪
추위만이 있을 뿐	無花祇有寒
절양류 피리 소리 들려오지만	笛中聞折柳
봄빛은 아직 찾을 길 없다.	春色未曾看
새벽엔 종과 북소리 따라 싸우고	曉戰隨金鼓
밤에는 말안장 끼고 잠을 자노니	宵眠抱玉鞍
허리에 찬 칼 뽑아 곧바로	願將腰下劍
누란 왕을 베려 하노라.	直爲斬樓蘭

　나는 이태백을 두보와 더불어 당대唐代를 대표하는 시인 정도로만 알고 있었다. 그의 시를 몇 수 읽은 것만으로 그를 제법 이해하는 것처럼 자만했다. 양귀비를 흠모한 남자임은 나만 알고 있는 사실이라며 혼자 기뻐했다. 그러다 뜻밖의 사실을 발견했다. 그가 태어난 곳이 당나라 땅이 아닌 서역, 톈산 너머 쇄엽성이라는 것이었다. 비로소 시인이 양귀비를 친애하는 이유가 짐작됐다. 술에 취해 노골적 애정시를 지은

연유도 알 만했다. 또한 그가 패망한 고구려 유민의 후손 고선지 장군을 칭송한 까닭도 이해가 됐다.

시선詩仙 이태백은 701년, 지금으로부터 1315년 전 현 키르기스스탄 땅 악베심Ak-Beshim이라는 곳에서 태어났다. 성이 이씨인 것으로 미루어 의당 한족漢族일 법하지만, 그가 장사 수완이 뛰어나기로 소문났던 소그드인의 한 사람이었을지 누가 알겠는가. 이곳은 소그드인들의 중심 무대였기 때문이다. 기실 그의 조부는 장사에 능한 사람이었다.

만주벌의 패자 고구려가 그 명운이 다해 나당 연합군에 의해 패망하고(668년), 리더의 자리가 말갈의 수장 걸걸조영乞乞祚榮(후일의 대조영)에게 넘어가 30여 년의 세월이 흐른 뒤, 당나라는 안심하고 서방 정벌 혹은 서역 경영에 진력하고 있었다. 톈산을 넘어 초원 지대로 세력을 넓히고 있었던 것이다. 야만스런 늑대족 발해인의 땅 만주는 생산성도 낮고, 사람 살기에도 그다지 매력적이지 않았다. 전혀 돈벌이가 될 만한 사업장이 아니었다. 고구려를 멸망시킨 것만으로도 만족스러웠다. 저희들끼리 살고 그러다 싸우게 돼도 뭐 크게 손해 본다는 느낌이 들지 않는 척박한 지역이었다. 그러나 서역 경영의 중심 안서도호부의 관할과 톈산 너머 초원 지역은 사뭇 달랐다. 그곳은 꼭 손에 넣어야 하는 국익과 직결된 유혹의 땅이었다. 그 중심에 쇄엽성이 있었다.

고대 실크로드상의 주요 교역 도시 쇄엽성의 오늘날 지명은 악베심이다. 키르기스스탄의 수도인 비시켁 동방 50킬로미터, 토크목으로부터는 서남서 방향으로 약 8킬로미터 떨어진 추 강 계곡 내 평원 지역에 지리 잡고 있었다. 한자어 '쇄엽성'은 뜻과는 무관한 당시 현지음 'Suy-ab'의 음차다. Suy-ab(سوي آب)은 페르시아어로 '물[강]가의 (도시)'라는 뜻이다. '황성皇城 혹은 군영軍營(오르두ordu)의 도시kent'라는 의미의 Ordukent라고도 불렸다. 상업적으로는 물론 군사적으로도 중요한 지역이었음을 알려주는 이름이다. 쇄엽성의 정확한 위치는 어디일까. 무더위에 그곳을 찾아가는 재미는 유별났다.

2
폭염 속 멜론으로 갈증 달래며 도착한 쇄엽성…
오, 역사의 황량함이여!

> "신이 인간에게 준 가장 큰 고난은 결혼이다. 그리고 신이 인간에게 준
> 가장 큰 축복은 망각이다. 그래서 사람들은 계속해 사랑에 빠진다."

때는 1938년의 어느 날 밤. 키르기스스탄의 수도 비시켁(당시는 프룬제) 남방 '큰 바위big rock'라는 뜻을 가진 추 주Chui Province의 작은 마을 총 타시Chong Tash. 여기에 소련의 비밀경찰 NKVD(후일 KGB)가 들이닥쳤다. 대숙청의 일환으로 키르기스스탄의 정치인, 교사, 과학자, 지식인 137명을 몰래 비시켁 교도소로부터 끌고 와 비밀리에 처형했다. 당시 키르기스스탄은 소비에트 연방의 일원이었다. 시신은 마을 근처 산악 지역에 있던 벽돌 가마 속에 버려졌다.

이것이 중앙아시아 민족주의 운동에 대한 스탈린의 악독한 탄압 행위 가운데 하나다. 스탈린, 이 나쁜 남자가 바로 같은 시기 연해주에 정착해 살고 있던 우리 동포 고려인들을 강제로 시베리아 횡단열차에 태워 중앙아시아 불모의 땅으로 이주시킨 장본인이다.

비밀 살해 사실이 알려진 건 1991년 구소련으로부터 키르기스스탄이 독립한 직후다. 사건 당시 그곳의 관리인이었던 남자가 죽음에 이르

러 딸에게 감춰졌던 진상을 밝히면서다. 기막힌 사실을 확인한 키르기스스탄 정부는 시신을 발굴해 아타 베이트Ata-Beyit('우리 아버지들의 무덤The Grave of Our Fathers')라 불리는 마을 교외에 재매장하고 이들의 죽음을 기리는 기념관을 건립했다.

사정은 똑같지 않지만, 유사한 일이 21세기에 또다시 러시아에 의해 벌어졌다. 남의 이목이 있으니 사람을 죽이는 일은 삼가고 있지만, 주민 투표에 의한 민주적 절차라는 설득력 없는 자기들만의 명분과 무력을 앞세워 크림 반도를 자신들의 영토로 탈취한 것이다. 나쁜 자국 이기주의인 민족주의 앞에 양심은 없다. 과거 키르기스스탄은 물론 카자흐스탄을 포함한 전 중앙아시아 지역을 강제 병합했던 것도 무력을 빌린 소련의 야욕에서 비롯된 일이다. 그런 과정에서 초원의 용맹한 전사 코사크인들Cossacks을 차출해 크림 반도의 타타르인들을 비롯한 몽골 제국의 후예들을 죽이고 몰아냈다. 코사크인들의 땅은 선심 쓰듯 제멋대로 국경을 획정하고 카자흐스탄(카자흐의 땅)이라 불렀다. 코사크, 즉 카자흐에 대한 이야기는 별도로 할 기회가 있을 것이다.

여름철 중앙아시아는 무덥고 건조하다. 키르기스스탄, 우즈베키스탄 등의 서투르키스탄 지역에서나 그 동편, 둔황 하미 투루판을 거쳐 카시가르로 이어지는 톈산 남변의 오아시스 도시들을 여행하면서 간식으로 하미과라 불리는 현지 참외를 먹지 않는다면 돈 들여 하는 여행의 즐거움을 놓치게 된다. 고로 이 멜론 먹기는 필수다. 그것도 때마다. 둘이 먹다 상대가 어디로 사라져도 모를 만큼 달고 맛있는 이 멜론을 한입 베어 무는 순간 "바로 이 맛이야!"라는 탄사가 절로 나온다. 절대 과장이 아니다.

너무 맛있어 여행의 피로와 고향 생각을 잊게 하는 멜론. 무더운 여름날 갈증을 덜기에 좋다.

　어른 머리통 두세 개는 됨 직한 멜론 하나의 값은? 놀라지 마시라. 2001년에는 20솜(1솜은 당시 환율로 우리 돈 15원), 싸도 너무 쌌다. 오죽하면 몇 개 사가지고 오고 싶은 생각이 간절했었다. 그러나 날이 갈수록 값이 오르더니 10년 후인 2011년에는 값이 20배 정도 뛰어 있었다. 경제 현실이 달라진 것이다. 그래도 한 덩어리 자르면 열 명이 두세 조각씩 물 뚝뚝 흐르는 이 과일을 흡족하게 먹을 수 있으니 절대 비싼

1000솜짜리 키르기스스탄 지폐. 키르기스스탄의
위대한 학자 몰도Moldo의 초상이 들어 있다.

건 아니다. 중앙아시아를 몇 차례 여행하며 나는 멜론 먹는 재미에 푹
빠졌다.

아무리 이태백의 고향을 찾아가는 길이 의미 있다 해도 날 더운데
멜론 몇 조각은 먹어줘야 여행이 여행답다. 그래서 미리 사둔 멜론을
망설임 없이 잘랐다. 현지 여인들의 금이빨에 대해 궁금해하는 최 고
문의 복잡한 머릿속을 정리해주기 위해서라도 필요했다. "도대체 여기
여자들은 왜 금이빨을 한대요? 연 교수, 그 까닭을 몰라요?" 이태백의
시 「전성남戰城南」을 잘난 체 읊조리려던 찰나 최 고문이 분위기를 깼다.
"오시 가서 맘먹고 설명 드릴게요." 나는 또 답을 미루고 멜론을 내밀
었다. 오늘은 오시가 중국 사서에는 욱성성郁成城으로 기록된 도시라는
점만 알아도 충분하다. 이태백의 「전성남」을 만나보자.

지난해에는 상건 강桑乾河 상류에서

올해는 타림 강蔥嶺河을 건너 전투를 벌였네.

조지 호수 일렁이는 물결에 병기를 씻고
톈산 눈 덮인 초원에 말을 풀어 풀을 뜯긴다.
만 리 머나먼 원정길에
삼군의 장병 모두 지치고 늙어가네.

흉노는 사람 죽이기를 밭 가는 것쯤으로 여겨
예부터 보이는 것은 누런 모래밭에 드러난 백골뿐.

진秦나라는 만리장성 쌓아 오랑캐를 막았건만
우리 당나라는 전쟁 알리는 봉화烽火만 피어 올리는구나.

봉화가 꺼지지 않으니
원정 나가는 전쟁이 그칠 새가 없음이라.

병사는 야전에서 격투 중에 전사하고
주인 잃은 말은 하늘 향해 슬피 우네.

까마귀와 소리개가 죽은 사람의 창자를 쪼아대더니
부리에 물고 날아올라, 죽은 나뭇가지에 걸어놓는구나.

병사는 죽어 잡초 위에 버려졌으니
장군이 공연한 짓을 했구나.

이제 알겠노니 전쟁이 얼마나 흉악한지
성인은 부득이한 경우에만 전쟁을 벌인다는 것을.

시의 제목 전성남은 '성남에서의 전투'를 말한다. 당시 장성長城 남쪽
에서는 툭하면 당나라와 이민족의 싸움이 벌어졌던 모양이다. 전쟁 자
체는 잔인한 것이지만, 이 목가적이고도 슬픈 전쟁시를 읽다보면 이태
백의 출신이 이곳 서역 어디일 수 있겠다 싶은 생각이 든다. 이역의 지
리를 잘 아는 것으로 보아 전쟁에 직접 참여했을 수도 있겠다 여겨진
다. 앞에서 그의 고향을 쇄엽성이라 했다.

그렇다면 이태백의 고향이라고 추정되는 쇄엽성은 어디에 있었을까.
그리고 중국인들은 왜 쇄엽碎葉이라고 했을까. '물[강]가의 (도시)'라는
뜻의 페르시아어(혹은 당시 현지 언어인 소그드어) Suy-ab의 음차일 것
이라는 가능성을 이야기했다. '황성 혹은 군영(오르두ordu)의 도시kent'
라는 의미의 Ordukent라고도 불렸다는 점을 살펴 알았다. 『신당서』「서
역전西域傳」에 쇄엽성의 위치에 대한 기사가 나온다.

쇄엽이란 강이 있으니 안서도호부 서북 1000리 되는 곳에서 흘
러나와, 베델 고개까지 이르러 남으로 중국에 다다르고, 북으로
돌기시의 남쪽 변방에 이르며, 서남으로 곧장 총령까지 2000리
를 흘러간다. 남으로 흐르는 물은 중국을 지나 호수(롭 노르)로
흘러들며, 북으로 흘러서는 호胡(돌궐)를 지나 호수(발하시 호)로
들어간다. 북으로 3일을 가면 설해雪海를 건너는데 봄여름 항상
비와 눈이 온다. 베델 고개를 지나 북으로 1000리를 가면 세엽천

細葉川에 이른다.

동으로 이식쿨 호수가 있으니 땅은 차도 얼지 않는다. 서쪽에 쇄엽성이 있으니 천보 7년(748) 북정절도사北庭節度使 왕정견王正見이 안서를 정벌할 때 그곳을 격파했다. 세엽천의 길이는 1000리로, 이곳에는 이성異姓 돌궐병 수만 명이 있으며, 농사짓는 이들은 모두 갑옷을 입고 서로 약탈을 일삼아 노비로 삼는다. 서쪽은 탈라스성에 속해 있으며, 석국石國이 항상 그곳에 병사들을 나누어 주둔시키고 있다. 이곳으로부터 물이 흘러 서해西海(아랄 해)에 도달한다. 3월에서 9월까지 비가 오는 법이 없어 눈 녹은 물로 밭에 물을 댄다.(참고로 북정北庭은 투루판 북방의 베시발릭Beshbaliq, 즉 '수도首都'라는 뜻이다.)

이로 보아 쇄엽성은 세엽천 서쪽에 위치해 있었음을 알 수 있다. 그렇다면 세엽천은 오늘날의 악베심 근처를 흐르는 추 강이다. 길이가 1000리가 된다는 기록처럼 북으로 흘러 다른 여덟 개의 강과 함께 카자흐스탄 발하시 호로 흘러들어간다. 이 일대에 서돌궐의 맹주 투르기스Turgish가 자리 잡고 있었다.

위 기사에서의 안서安西는 당나라의 수도인 장안의 서쪽, 즉 서역西域을 관장하는 안서도호부를 가리킨다. 안서는 한나라 이후 서역으로 불렸던 지역이다. 참고로 안남安南은 장안의 남쪽 지방으로 인도차이나 지역이 여기에 해당한다. 이곳에서 생산되는 쌀이 바로 안남미安南米다. '알랑방귀'라는 말은 안남미로 밥을 해 먹으면 소화가 금세 되고 방귀가 쉽게 나오기 때문에 생겨났다. 지금처럼 찰지고 좋은 쌀이 나오기 전 안남미 먹고 이 나라 백성은 알랑방귀 깨나 뀌었다. 보리밥 먹고는 보리방귀를 푸지게 뀌어댔다.

안서도호부는 당 태종 즉위 15년이 되던 해인 정관貞觀 14년(640)에 후군집侯君集이 국麴씨의 나라 고창국高昌國(오늘날의 투루판 동남쪽 고창高昌 폐지廢址)을 평정한 다음 설치됐다. 처음 치소는 서주西州(고창)에 있었다. 그 후 태종의 뒤를 이은 현종 치세 현경顯慶 3년(658)에 치소가 구자龜玆(오늘날 중국 신장위구르 자치구 고차高車 동쪽 교외 피낭皮朗 구성舊城)로 옮겨졌다. 관할 구역은 알타이 산맥 이서已西와 이식쿨 이동已東, 아무다리아 유역과 파미르 고원의 동쪽과 서쪽, 타림 분지의 대부분 지역이었다. 그 후 고종 22년인 함형咸亨 원년(670)에 구자가 토번吐蕃에 점령되자 치소는 쇄엽진碎葉鎭으로, 장수長壽 2년(693)에는 다시 구자진龜玆鎭으로 옮겨간다. 무슨 일이 있었던 걸까.

정관 22년(648) 안서도호부 소관의 안서사진이 설치됐는데, 구자, 소륵疏勒(현 카시가르), 우전于闐(현 호탄), 언기焉耆(현 카라샤르)가 여기 해당된다. 함형 원년에 이 일대를 토번에게 빼앗기자 언기를 버리고 쇄엽을 4진鎭의 하나로 삼고 그곳을 치소로 정한다. 그러다 장수 2년에 토번을 격파하면서 다시 구자를 치소로 삼은 것이다. 개원改元 7년(719)에는 쇄엽성을 서돌궐의 십성가한十姓可汗에게 내어주고 언기를 4진의 하나로 되삼았으나 안사安史의 난 이후 토번에게 이 지역을 다시 뺏기면서 안서도호부는 완전히 폐지됐다.

어린 시절 읽은 『손오공』 혹은 『서유기』는 무한 환상의 무대였다. 말 깨나 안 듣는 손오공, 욕심쟁이 저팔계, 바보 사오정을 다독여 서역으

로 구법 여행을 떠나는 삼장법사가 나는 안타깝고 부러웠다. 당나라 초
기의 고승이자 번역가인 실제 인물 현장삼장玄奘三藏(602~664)의 천축
견문기『대당서역기大唐西域記』를 모티브로 하여 명나라 때 오승은吳承恩
에 의해 만들어진 소설이 바로『서유기』다. 현장이라는 법명 뒤에 오는
'삼장'은 경장經藏·율장律藏·논장論藏에 능한 승려에게 붙이는 별칭이다.
따라서 삼장법사는 특정 한 사람을 가리키는 게 아니다. 현장은 당시의
한문 불교 경전의 내용과 계율에 대한 의문점을 팔리어와 산스크리트
어 원전에 의거해 연구하려고 627년(혹은 629년)에 천축(Sindh의 음차
로 인도를 가리킴)을 향해 떠나 645년에 귀국했다. 이자가 중도에 고창
(투루판)과 구자를 거쳐 쇄엽에 당도한다.

『대당서역기』에서 현장은 쇄엽에 대해 다음과 같은 소식을 전한다.

> 쇄엽(현장은 소엽素葉으로 기록)은 서쪽으로 수십 개의 성이 있는
> 데, 성마다 장長을 두었다. 명령을 받고 있는 것은 아니지만, 모두
> 튀르크(돌궐)에 예속돼 있다. 쇄엽에서 카산나국Kasana/Kushane
> 에 이르기까지의 땅을 소그드라 이름하며, 사람 또한 소그드인
> 이라 한다. 문자, 언어도 그 명칭을 소그드 문자, 소그드어라고
> 일컫는다.

우리가 이곳에 가려고 하는 것이다. 토크목 서남쪽 약 8킬로미터 지
점에 이태백의 고향 쇄엽성터가 있다고만 알려져 있다. 현지어로는 악
베심이라 한다. 물 좋은 멜론으로 정신을 차리고 악베심을 찾아 떠났
다. 가이드도 기사도 정확한 위치를 몰랐다. 거길 왜 가는지 고개만 갸

우뚝했다. 날이 더우니 밖에 나와 있는 주민들도 없고, 마침 길 옆 펌프에서 물을 받아 머리에 끼얹으며 더위를 식히던 소년이 말귀를 알아듣고 손짓으로 위치를 잡아준다. 막상 도착한 쇄엽성터는 말 그대로 황량했다. 어디 가서 발굴 보고서라도 찾아봐야 정확한 역사적 사실을 알 수 있을 듯했다.

19세기에 악베심 유허는 카라키타이의 수도였던 발라사군Balasaghun으로 잘못 알려진다. 그러나 1938년 발굴을 시작해 1950년대에 이르러

악베심 유허 앞의 필자.

이곳이 11세기 이래로 폐허였다는 것이 확인됐다. 그러므로 오늘날의 악베심이 14세기까지 번성했던 발라사군일 수는 없다. 쇄엽성 유적지의 면적은 30헥타르 정도로, 과거 쇄엽성의 다양하고 활기차던 문화에 대한 증거로 당나라가 구축한 성채, 불교 사원과 네스토리우스 예배당, 조로아스터교 납골당, 돌궐족의 발발, 불상과 석비 같은 유물 유적이 발굴됐다. 특히 주목할 것은 소그드 문자와 위구르 문자로 기록된 비문이다. 이러한 사실을 통해 당나라가 지배했을 당시 이곳 주민 대다수는 소그드인이었음을 짐작할 수 있다. 삼장법사 현장도 거론한 소그드인, 그들은 대체 어떤 사람들이었을까.

3
페르가나 분지의 오아시스 도시,
오시

"사람은 도모할 뿐 이루는 것은 하늘이다."

여기가 어디인가. 우리네 자연환경과는 사뭇 다른 이곳에 첫발을 디디는 순간 제일 먼저 떠오른 생각이었다. 그건 무지막지한 더위 때문이었을 것이다. 코로 빨려 들어오는 열기를 감당할 자신이 없어졌다. 아프리카 사막의 도시 이집트 아스완에서 느끼던 열풍의 두려움이 다시금 상기되는 순간이었다. 이내 얼굴이 달아올랐다. 빨리 그늘을 찾아 쉬고 싶었다. 차 안은 후끈거리고 땀방울은 온몸을 적셨다. 오시는 땀 샤워로 손님을 맞이하나 보다. 역사의 강 나린을 찾아 풍덩 뛰어들고 싶은 마음이 간절했다.

잘랄라바드 주, 나린 주, 신장 성(중국), 타지키스탄 바트켄 주, 그리고 우즈베키스탄과 접해 있는 오시 주의 주도 '오시Osh'는 페르가나 분지의 동남 끝자락에 위치해 있다. 이곳에서 남으로 내려가면 알라이 산맥과 이웃 나라 타지키스탄과의 국경 역할을 하는 트란스알라이Trans-Alay 산맥 사이에 위치한 알라이 분지가 자리하고 있다. 동쪽으로는 페르가나 산맥이 나린 지역과의 경계 역할을 한다. 오시의 서쪽 가장자리에는 북서로 흘러 나린 강과 합류해 시르다리야를 형성하는 카라다리야Kara Darya('흑수黑水'라는 의미)가 지나고 있다. 흔히 카라수Kara-Suu라 한다. 물결은 거세다. 강을 건너면 우즈베키스탄이다. 강이 국경 역할을 하는 것이다. 예부터 이 일대에 살던 사람들은 국경이 뭔지도 모르고 구소련이 제멋대로 획정한 땅의 강 양쪽을 오가며 장사를 하고 농사를 짓고 가축을 놓아길렀을 것이다.

오시 주 전체의 인구는 2009년 현재 대략 100만 명이다. 그 가운데 도시 주민은 겨우 8만여 명이고, 사람들 대부분은 농촌 지역에 산다. 오시 주 주민의 3분의 1은 우즈벡인으로 키르기스스탄 거주 우즈벡인의 절반 이상(키르기스스탄 전체 인구의 약 15퍼센트)에 해당하는 숫자다. 이것만 보아도 과거 이 지역이 우즈벡인들의 주 생활 무대였음을 알수 있다. 구소련에 의한 억지 영토 획정 때문에 오시에서는 특이한 영토의 모습을 볼 수 있다. 키르기스스탄 땅이 본국에서 떨어져 이웃 나라 우즈베키스탄의 영토에 둘러싸여 있는 모양새인데, 오시 주 카라수 구역에 속하는 페르가나 계곡 내의 바락Barak 마을이 그 주인공으로, 주민은 고작 600여 명에 불과하다. 키르기스스탄 땅 오시에서 우즈베키스탄 코자아바드Khodjaabad에 이르는 도로상에 위치해 있는데, 우즈베키스탄 안디잔 방향으로 키르기스-우즈벡 국경에서 서북쪽 약 4킬로미터 지점이다.

오시의 역사는 3000년이다. 고고학자들은 이 일대에서 기원전 5세기경의 다양한 고대 기물을 발굴했다. 로마보다 역사가 오래됐다고 주장하는 이들도 있다. 좀 황당하긴 하지만 솔로몬이 이곳에 도시를 건설했다는 전설도 있다. 알렉산더 대왕에 의해 처음 도시가 만들어졌다는 이야기는 얼핏 그럴듯하다. 오늘날의 오시를 포함해 페르가나 분지를 다스리던 '대완大宛'이라는 고대국가 이름의 유래를 살필 때 그러하다. 어쨌든 도시의 기원에 관한 설왕설래와는 무관하게 오시는 실크로드라는 고대 교역로상의 주요한 교차점이었다. 사람들은 물자가 모이는 곳에 촌락을 이뤄 정착하는 경향이 있으므로 오시가 도시로 변모하는 건 시간 문제였을 것이다.

오시는 키르기스 민족의 영웅 서사시 『마나스Manas』에도 등장한다. 이곳 출신의 현자 Oshpur('오시성城'이라는 뜻)는 키타이 사람들의 압제 속에 고통받는 키르기스 민족을 구하는 영웅 미나스의 스승이었다. 10~12세기 오시는 페르가나 분지 내 제3의 도시였다. 1762년에는 코칸트한국에 편입돼 왕국 내 6개 무역 중심지 중 한 곳이 됐다.

왕국은 사라지고 현재 코칸트는 우즈베키스탄 동부 페르가나 주의 소도시로 페르가나 분지 (남)서부에 위치해 있다. 우즈베키스탄의 수도인 타시켄트 동남 228킬로미터, 안디잔 서쪽 115킬로미터, 페르가나 서쪽 88킬로미터 지점에 자리 잡은 이 도시의 인구는 대략 20만 명이며, '바람의 도시The City of Winds' 혹은 '멧돼지의 도시The Town of Boar'라는 별명을 가지고 있다. 고대 교역로상의 십자로에 위치해 페르가나 분지로 들어가는 두 개의 주요 도로가 여기서 만난다. 서북쪽으로 산악 지대를 지나 타시켄트로 가는 길과 쿠잔드Khujand를 경유해 서쪽으로 향하는 길이다.

페르가나 지역은 고대 중국 사서에는 '대완大宛'으로 기록돼 전해진다. 왜 대완일까? 대완에서의 '대大'는 '대월지大月支', '대하大夏'(박트리아),

'대진大秦'(로마)에서 보듯, '강국強國'을 뜻하는 수식어인 듯하다. '대완'이라는 명칭은 기원전 4세기 마케도니아 왕 알렉산더가 이곳에까지 이르렀다가 돌아간 뒤 사정상 뒤에 남은 휘하 병사 및 그 후손들이 이곳에 정착하게 된 데서 그 연원을 찾아볼 수 있다. 필경 페르가나에 남는 것을 선택한 그리스인들은 이오니아인이 주류였던 것 같다.

세계사 시간에 듣기는 했어도 자세히는 모르는 이오니아인들은 도리아인Dorian, 아이올리스인Aeolian(아이올리스 사람. 아이올리스는 소아시아 북서안 지방), 미케네인Mycenaean과 더불어 고대 그리스의 주요 4대 종족 중 하나였다. 이들 모두는 본래 한 뿌리로 고대 어느 시기에 네 집단으로 나눠졌다고 스스로 믿고 있었다. 이들에 대해 더 파고들지는 않겠다. 다만 짚고 넘어갈 사실은 일부 이오니아인들이 역사의 한 시점에 중앙아시아 페르가나 분지까지 왔었고 본향으로 돌아가지 않고 머물러 살게 되었다는 것이다.

오시 시내 한복판에 그 이름도 유명한 술라이만 투Sulaiman Too(솔로몬 산Solomon Mountain)가 있다. 산 정상에 박물관이 있으며 이곳에서 내려다보면 시내 전체가 파노라마처럼 펼쳐진다. 이 산을 16세기까지는 '바라 쿠치Bara Kuch'라고 불렀다는데, 그 뜻은 'Nice Mountain'이다. 그러다 현재와 같은 이름으로 개명된 것은 이 산기슭에 무슬림 예언자 술레이만 셰이크Süleyman Sheikh가 묻혔기 때문이다. 중앙아시아 지역이 8세기부터 이슬람화됐고 그 영향이 이런 식으로 나타나는 걸 보게 된다. 결국 이슬람을 믿는 사람들에게 오시와 술라이만 산은 종교적으로 큰 의미가 있는 성지聖地이며, 어떤 이는 무함마드가 여기서 알라께 기도를 드렸다고까지 믿는다. 우리나라 남해의 금산과 보리암이 이씨 조선의 개국주 이성계의 기도처라고 생각하는 것과 별반 다르지 않다.

술라이만 산꼭대기에 자리한 박물관 입구에서 아래쪽 오시 시내를 바라보고 왼편에 산허리를 감도는 길이 나 있다. 더운 날 걷기가 즐겁지는 않으나 일단 다녀오면 보람이 있다. 관광객들은 망설여도 현지인들은 느릿느릿 그 길을 순례자처럼 걷는다. 길을 따라 걷다보면 중간에 눈에 띄는 작은 동굴에서는 물방울이 위에서 똑똑 떨어지고 있다. 순진한 키르기스스탄 무슬림들은 이것을 술레이만의 눈물이라고 믿는다. 소박한 신앙이다. 그래서 병에 걸린 사람들, 현실의 문제로 걱정이 많은 사람들은 이곳에서 착하고 진지한 표정으로 촛불을 밝히고 기도한다. 신앙은 이렇듯 현실의 고난에 위안이 된다. 좀 떨어져서 보면 동굴의 생김이 얼핏 누워 있는 임산부를 닮았다. 그래서인지 아이를 낳지 못한 여자들이 이곳에서 자손 점지를 기원하며 비는 경우가 많다고 한다.

소원을 비는 미끄럼 바위도 있다. 여기서 다섯 차례 온몸으로 미끄럼을 타면 소원이 이뤄진단다. 나도 이런 일엔 빠질 수 없다. 한낮의 후끈한 더위로 열기가 더해진 바위 위를 어린애처럼 미끄러지며 남북통일을 빌었다고 하면 사람들이 믿을까.

이런 구경과 놀이를 즐기며 더위에 몸이 축축 늘어져도 꾹 참고 30분쯤 걷다보면 1497년 당시 14세 소년에 불과했던 바부르Bābur가 페르가나 분지의 왕으로 즉위한 직후 세웠다는 모스크와 깃대가 이내 눈에 들어온다. 사정을 모르는 이에게는 뜻밖의 사실이겠으나 문제의 바부르는 후일 인도에 내려가 무굴Mughul 제국의 개창자가 된 인물이다. 칭기즈칸과 티무르(1336~1405)의 혈통을 이어받은 이 유목민 집안 소

술라이만 산 정상의 소원 바위. 현지인들은 물론 오시를 찾은 관광객들이 즐거운 표정으로 미끄럼을 타며 소원을 빈다. 5가 행운의 숫자인지, 온몸으로 다섯 번 미끄럼을 타야 소원이 이루어진다고 한다.

년에 의해 중앙아시아의 역사는 거세게 요동친다. 무굴은 '몽골Mongol'의 페르시아식 표기다. 실타래처럼 얽힌 역사의 수수께끼는 말로 푸는 재미가 있다. 인도의 수도 델리와 타지마할의 도시 아그라를 이야기하며 바부르의 무굴 제국과 그 역사를 살펴보게 될 것이다.

오시의 명물은 뭐니뭐니해도 재래시장 카라수 바자르bazar다. 카라수의 문자적 의미는 '검은 물', 즉 흑수로 이 일대를 흐르는 강에서 그 이름을 따왔다. 많은 이가 이곳을 아시아에서 가장 아름다운 바자르로 꼽는다. 카라수 강변을 따라 약 1킬로미터에 걸쳐 온갖 상점들이 자리

술라이만 산 정상에서 내려다본 오시 시내 전경.

잡고 있는 이 시장은 워낙 넓기 때문에 이국적 인물상과 물품들에 한 눈팔다가는 자칫 함께 간 일행을 놓치고 홀로 헤매기 십상이다.

여기에서 마침내 금니를 한 여인들을 실컷 볼 수 있었다. 장을 보러 나온 아낙이나 물건 파는 여자 상인이나 나이 좀 들었다 싶으면 예외 없이 금이빨이다. 앞서 최 고문의 질문이 생각나 대놓고 물었다. "왜 금니를 하셨소? 충치 때문이오? 아님…" 일순 당황한 표정을 짓던 견과류 노점상 여인이 답한다. "예쁘지 않나요?" 우문현답이다. 이런 대화를 나눈 적이 언젠가 또 있었다. 흔히 목 긴 카렌족이라고 알려진 미얀마의 소수민족 빠동족을 만나 왜 천형처럼 무거운 황동 고리를 목, 팔, 발목에 끼고 사느냐고 물었을 때도 같은 대답을 들었다. 여자라면 모름지기 아름답게 치장해야 하지 않겠느냐는 것이 목에 건 무거운 18개의 고리 때문에 목이 굽은 빠동족 여인의 답변이었다. 중앙아시아 여인들의 금니는 황금 사랑에서 기인한 것일 수 있다. 햇살 아래 빛나는 황금을 본 사람이라면 그 색채가 얼마나 아름다운지 알 것이다. 스키타이의 황금 장식이 그러하고 사르마티아, 흉노의 장신구가 그러하다. 그렇다면 빛나는 금니로 자신의 아름다움을 더하고 싶은 중앙아시아 여인들의 욕구는 정당하다.

다양한 유목민이 혼거하는 여기 오시는 2000여 년 전 대완국 남부의 성읍 도시로 중국의 사서에 처음 등장한다. 사마천의 『사기』「대완열전大宛列傳」에서 장건은 자신이 보고 들은 대완에 대해 다음과 같이 전한다.

대완은 흉노의 서남쪽, 한나라의 정서正西 방향에 있는데 한나라로부터 약 만 리쯤 떨어져 있다. 그들의 풍습은 한곳에 머물러 살면서 밭을 갈아 벼와 보리를 심는 것이다. 포도주가 있고, 좋은 말이 많은데 말은 피와 같은 땀을 흘리고 그 말의 조상은 천마의 새끼라고 한다. 성곽과 집이 있으며 크고 작은 70여 개 성읍을 관할하고 인구는 몇십만 명 정도다. 대완의 무기는 활과 창이며 사람들은 말을 타고 활을 쏜다. 대완의 북쪽은 강거, 서쪽은 대월지, 서남쪽은 대하, 동북쪽은 오손, 동쪽은 우미抒采/拘彌, 우치(호탄)가 있다. 우치의 서방에 있는 물이 모두 서쪽으로 흘러 염택鹽澤(롭 노르)으로 흘러들어간다.

바로 '한혈마汗血馬' 혹은 천리마로 알려진 명마의 고향이 대완의 땅 페르가나 분지다. 오손에 선마善馬가 유명했듯 이웃한 대완국에서도 의당 좋은 말을 길렀다. 『태평환우기太平寰宇記』가 전하는 과거 대완국의 면모를 보자.

대완국은 한나라 때 중국과 문호가 열렸는데, 그 왕은 귀산성貴山城을 다스린다. 가구는 6만, 왕의 성은 소색닉蘇色匿이며 이름은 저실반타底失槃陁로 대를 이어 왕위를 계승하고 있다. 살펴건대 현재의 왕은 저실반타의 후손이다. (…) 이에 이광리李廣利를 이사장군貳師將軍으로 삼아 대완 이사성貳師城에 이르게 하니 선마를 취하고 수만 인을 인솔해 그 경내에 당도해 욱성성郁成城을 공격했으나 (적군을) 성 밖으로 끌어내지 못하고 소득 없이 돌아오니 2년의 세월이 걸렸다. 둔황에 이르러 살피니 살아남은 병졸이 불과 열 명 남짓이었다. 황제가 분노해 옥문관을 차단하고 이들이

카라수 바자르에서 만난 금니의 키르기스스탄 여인들. 종족과는 무관하게 중앙아시아 여인들은
금니에서 아름다움을 찾는다.

들어오지 못하게 했다. (…) 이사가 (다시 6만 군사를 이끌고) 대완에 이르니 그 나라의 새로운 왕 과수昧首가 말을 바친바 한나라 군대가 그 선마 십수 필과 중간 등급의 암수 말 1000필 도합 2000마리를 취했다. 대완의 귀인 매채昧蔡를 왕으로 세우니 그가 해마다 천마天馬 두 필을 바치기로 약조했다. (…) 후일 한 명제明帝 때 대완이 또 한혈기汗血驥(피 같은 땀을 흘리는 천리마 혹은 준마)를 바쳤다. (…) 수나라 때의 소대사나국藪對沙郍國은 한나라 때 대완의 다른 이름이다. (…) 장안으로부터 1만2550리 떨어져 있다.

위 글에 나타난 한나라 때의 욱성성이 바로 오늘날의 오시다. 한나라는 멀고도 먼 나라 대완의 욱성성까지 군대를 보내 초원에서 나고 자란 명마를 구하려 했다. 당시 말은 전쟁에서의 승리에 반드시 필요한 존재였기 때문이다. 한나라의 입장은 무척이나 절박했었다. 북방의 사나운 흉노와 대적하려니 그럴 수밖에 없었다.

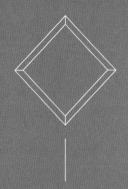

5장

동서 문명
교류의 시발,
탈라스 전투

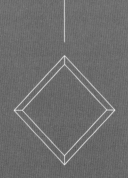

1
아랍군과 벌인
고선지 최후의 결전

"손을 뻗어 하늘의 별에 닿으려다가 인간은 번번이 발치의 아름다운 꽃들의 존재를 잊는다."—제러미 벤담(1748~1832)

밤 12시. 오시는 여전히 더웠다. 충격적인 한낮의 무더위에 시달렸으니 쉽게 잠이 올 거라 생각했으나 천만의 말씀이었다. 다행히 점심으로 한식을 먹어 몸과 마음이 행복해진 일행들은 지그시 눈을 감고 잠을 청했다. 오시의 숙소는 반가운 동포가 운영하는 게스트하우스였다. 이곳에서 며칠간의 낯선 음식과 고단한 여정으로 지친 몸을 위로받았다. 주인장의 말에 의하면 멀고 먼 이역, 거의 오지에 가까운 오시에 한국인이 70여 명이나 거주하고 있다고 한다. 며칠만 김치, 된장 못 먹어도 안달하는 한국 사람들인데…… 낯선 환경도 습관이 들면 익숙해지는 걸까. 아무리 케밥이 맛있어도 몸에 익숙한 삼겹살만 할까. 무슨 사연, 무슨 소명을 받고 이들은 고국을 떠나 여기까지 왔을까.

다음 날 새벽 3시에 떠나려니 잠은 어차피 모자랄 수밖에 없었다. 그래도 떠나야 했다. 오시를 출발해 잘랄라바드, 톡도굴, 탈라스를 경유해 비시켁까지 하루 만에 이동하려면 부득이한 일정이었다. 실제

탈라스로 가는 도중에 만나는 오트목 고개. 해발 3326미터.

탈라스로 가는 길에 마주친 키르기스 유목민 아낙.

로 20시간이 소요됐다. 탈라스는 751년 고구려 유민의 후손 고선지 장군이 이끄는 당나라 군대와 아랍군이 세기의 전투를 벌인 곳이다. 1000여 년의 세월이 흐른 지금 그곳에 무슨 흔적이 남아 있을까마는 세계문명사의 전환점이 된 탈라스 전투의 현장을 빼놓을 수 없었다.

탈라스 평원은 탈라스 강을 끼고 키르기스스탄과 카자흐스탄 두 나라에 걸쳐 있다. 몽골 제국이 남긴 최초의 세계사라 할 라시드 앗 딘의 『집사』 1권에 해당하는 『부족지』 서론에 튀르크 종족이 예전부터 거주하던 지역이 서쪽의 킵차크 초원부터 시작해 동쪽 방향으로 쭉 나열돼 있는데, 여기 튀르크의 주요 활동 무대로 탈라스가 등장한다.

킵차크 초원은 현재의 카자흐 초원으로 몽골 제국 당시는 칭기즈칸의 큰 아들 주치의 소관 영토였다. 탈라스 역시 마찬가지다. 탈라스 강이 흐르고 그 주변으로 광활한 분지가 펼쳐진 스텝. 이곳이 역사적으로 중요한 건 8세기 중반 동진하는 아랍군과 이를 저지하려는 중원中原의 당나라 군대가 최후의 결전을 벌였기 때문이다. 결과는 당나라의 동맹군이었던 돌궐의 지파 카를루크Kharluk 군대의 배반으로 인한 압바스 왕조 아랍군의 승리였다. 이 싸움으로 문명사는 아랍과 유럽에 호의적으로 변천한다.

당나라 연합군의 장수는 고구려 유민의 후손 고선지 장군. 누구는 힌두쿠시 산맥을 넘은 그를 '동방의 알렉산더'라 했고, 마르크 아우렐 스타인 같은 이는 알프스를 넘은 나폴레옹에 비교했다. 아랍 역사서에는 '힌두쿠시의 제왕'이라 기록됐다. 747년 소발률국 정복을 시작으로 패배를 모르던 그가 탈라스 전투에서 졌고, 그로 인해 동서양의 정치, 종교, 군사, 사회, 문화적 지형이 바뀐다.

역사의 무대를 중앙아시아 지역에서 우리와 관계있는 쪽으로 옮겨보자. 7세기 중반, 그러니까 600년대 중반 이후 동북아의 정치 상황은 크게 변모한다. 660년 공식적으로 백제가 나당 연합군에 의해 패망하고, 그로부터 불과 8년 후 만주벌의 패자 고구려가 맥없이 몰락한다. 물론 지배 왕조만 바뀌었을 뿐 주민들이 다 죽거나 어디 다른 곳으로 이주한 건 아니다. 바로 이 시점 실크로드와 중앙아시아도 전란의 소용돌이에 놓여 있었다. 그러나 정확히 말하자면 어느 시기 어느 장소에서든 인간은 싸우지 않은 때가 없다. 역사적 전환점이 됐느냐 그렇지 않느냐의 차이만 있을 뿐, 인간은 부단히 전쟁을 벌여왔다. 안서사진의 설치와 관련된 앞의 글에서 보았듯, 중원의 당나라는 서역 지배를 놓고 북으로는 돌궐, 서로는 티베트와 쉼 없는 갈등상태에 놓여 있었다. 이런 와중에 고구려를 패망케 한 것은 어쩌면 요행이었을 수 있다.

● 동진하는 아랍군과 당나라 군대의 최후 결전

후환이 두려운 당나라는 고구려 포로를 잡아간다. 무려 3만8300호戶, 어림잡아도 20만 명이 넘는 엄청난 숫자다. 포로가 된 고구려인 일부는 수도인 장안으로, 상당수는 강회남江淮南 등지의 오지로 끌려갔다. 가는 도중에 많은 이가 죽었을 것이다. 살아남은 이들이 어떤 굴욕의 삶을 살았는지, 얼마나 비참한 인생행로를 걸었는지 역사는 친절히 알려주지 않는다. 흑치상지黑齒常之와 같은 백제 장수가 당나라를 위해 공훈을 세웠음을 중국 남경박물관에 남아 있는 그의 묘지명을 통해 알 수 있을 뿐이다. 고선지에 대해서도 『구당서』 『신당서』 『자치통감』 등 당나라의 역사서를 통해 그의 출신과 업적, 사망 등을 대략적으로 알 수 있을 따름이다.

『삼국사기』는 보장왕 26년(668)에 있었던 고구려 패망 기사를 다음과 같이 전한다. "겨울 10월 이세적(당나라 장수)이 돌아가려 할 때 당나라 고종이 그에게 명해 우선 고구려 임금 등을 데려다가 소릉(당 태종의 능)에 바치고, 군사의 위풍을 갖춘 다음 개선가를 부르면서 장안으로 들어와 태묘에 바치게 했다. 겨울 12월 당 고종이 함원전에서 포로들을 받는 의례가 있었다. 고구려 왕은 정치를 그가 한 일이 아니라 하여 사면하고, 사평 태상백은 원외동정을 삼고, 천남산은 사재소경을 삼고, 승려 신성은 은청광록대부를 삼고, 천남생은 우위대장군을 삼았다. 이세적 이하에게는 벼슬과 상을 차등 있게 내렸다. 그리고 천남건은 검주로 귀양을 보냈다."(승려 신성은 이세적의 당군이 평양성을 공격할 때 천개소문의 아들 천남건의 수하로 군사에 관한 일을 맡았는데 부하들과 함께 비밀리에 이세적과 내통해 성문을 열어놓아 결국 고구려를 패망케 한 인물이다. 천남건은 이때 제 손으로 죽으려 했으나 미수에 그치고 당군이 보장왕과 함께 포로로 잡았다.)

인문학 기행이니만큼 짚고 넘어갈 사항이 있다. 사서가 고구려 말기의 대막리지 연개소문을 천개소문泉蓋蘇文, 그 아들들을 천남생泉男生, 천남건泉男建, 천남산泉男産 등으로 기록한 것은 당唐 고조高祖의 이름이 이연李淵이었음에 연유한 기휘忌諱 해프닝이다. 예부터 우리나라나 중국에는 임금이나 성현, 집안 어른의 이름을 언급하거나 그 이름을 따서 작명하는 것을 삼가는 관습이 있었다. 이것을 '기휘忌諱' 또는 '피휘避諱'라고 하며, 줄여서 '휘諱'라고도 한다. 휘는 한국·중국·일본 등 유교 문화권에서 왕이나 제후 등이 생전에 쓰던 이름을 말한다. 원래는 죽은

사람의 생전 이름을 삼가 부르지 않는다는 뜻에서 나온 말인데, 후에
는 생전의 이름 그 자체를 휘라 일컫게 된 것이다. 결국 김부식이 기휘
습속 때문에 연개소문의 성을 뜻이 같은 천泉으로 바꿔 적은 것이다.

알다시피 조선 태조의 초명初名은 성계요, 초자初字는 중결이었는데
임금이 된 뒤에 이름을 단旦으로 고쳤다. 이렇게 바뀐 이성계의 이름
'단' 때문에 이전까지 매달 초하루를 월단이라 하던 것을 월조月朝라 했
다. 임금의 이름을 함부로 부를 수 없는 제도에 어긋나는 기휘저촉 때
문이다. 같은 맥락에서 고구려 광개토왕이 백제 아신왕阿莘王에게 항복
을 받은 곳이자 온달 장군이 신라와 싸우다 전사한 아단성阿旦城 또한
태조 이성계의 이름인 '단'자가 있다는 이유로 비슷한 글자인 아차성阿且
城으로 바뀌게 된 것이다.

이런 기휘 습속과는 관계없이 현 중국 뤄양洛陽에는 고속도로를 사
이에 두고 위나라 효 명제 능묘 맞은편에 연개소문의 맞아들 천남생,
천남생의 둘째아들 천헌성泉獻誠, 연개소문의 고손자 천비泉毖의 묘가
나란히 있고, 효 명제 능묘 뒤편에는 셋째 아들 천남산의 묘가 있다. 당
에게 협조하지 않은 둘째 아들 남건의 묘는 없다. 역사는 냉정하다. 냉
정한 역사 기록을 좀더 읽어보자.

총장 2년(669) 기사己巳 봄 2월 왕의 서자 안승安勝이 4000여 호
를 인솔하고 신라로 갔다. 여름 4월 (당) 고종이 강회의 남쪽과
산남, 장안 서쪽 모든 주의 빈 땅에 (고구려 포로) 3만8300호를
옮겼다.

이렇게 포로가 돼 낯선 남의 땅에서 고난의 삶을 산 사람들이 물론 고구려인만은 아니었을 것이다. 고구려도 한때 이민족과의 싸움에서 승리하고는 패한 종족 사람들을 포로로 삼았을 것이다. 전쟁사의 관점에서 보면 세상엔 이런 일이 다반사였다. 573년 11월 페르시아는 동방에서 그리스도교의 중요한 교구인 티그리스 강변의 다리를 점령했다. 또한 그들은 거의 때를 같이하여 시리아를 침공해서 쑥대밭으로 만들었다. 역사가들에 의하면 페르시아군은 무려 (비잔틴 제국에서) 포로를 29만2000명이나 잡아갔다고 한다. 호스로우는 튀르크의 칸과 동맹을 맺을 때 그에게 선물로 주기 위해 포로들 가운데서 2000명의 아름다운 그리스도교 처녀들을 직접 골랐다. 그러나 이 처녀들은 칸의 진영에서 200여 킬로미터 떨어진 큰 강에 이르자 목욕을 하고 싶다며 호위 병사들을 멀리 떨어지게 하고는 신앙과 정조를 모두 잃느니 차라리 물에 빠져 죽는 길을 택했다.(존 줄리어스 노리치, 『비잔티움 연대기』 1권 '창건과 혼란', 남경태 옮김, 바다출판사, 444쪽)

비슷한 일이 조선 중기 우리나라에서도 있었다. 1636년 12월 한겨울에 발발한 병자호란 때의 일이다. 불과 두 달을 못 버티고 이듬해 1월 30일 인조仁祖는 남한산성의 서문을 나와 현재 서울 송파구 석촌동의 삼전도三田渡로 향한다. 이윽고 머리를 풀어 헤친 임금 인조는 수항단受降壇 위에 오만하게 앉은 누르하치의 여덟째 아들 청 태종에게 무릎을 꿇고 '삼배구고두三拜九叩頭' 항복의 예를 올린다. 이는 세 번 큰절을 올리는 것인데, 한 번 절할 때마다 세 번씩 머리를 땅바닥에 찧어대는 오랑캐식 항복 예식이다. 원래 조선의 식자층은 여진족들을 인간이 아닌 '금수'라며 경멸했다. 심지어 청 태종 '황태극皇太極'을 비슷한 음가의 '홍태시紅泰豕', 즉 '붉고 큰 돼지'라는 뜻의 홍타이지라고 불렀다. 그런데 인조가 '인간'도 아닌 '야만 돼지'에게 무릎을 꿇는 치욕을 겪어야 했던 것이다. 이렇게 남한산성에 갇혔던 인조와 조정 대신들은 굴욕적 항복을 선택한다.

그에 따라 조선의 백성이 포로가 돼 야만족의 땅 심양으로 끌려간다. 얼마나 비참했을지는 상상에 맡긴다. 최명길은 『지천집』에서 "50여만 명이 포로가 됐다"고 전하며, 나만갑의 『남한일기』는 "심양에서 속환한 사람이 60만 명이며, 몽고 군대에 포로가 된 자는 포함하지 않았다"고 해 우리를 더 큰 충격에 빠뜨린다. 또 누가 쓴 글인지 알 수 없는 『산성일기』 역시 "심양 시장에서 팔린 사람이 66만, 몽고에 남아 있는 자는 셈하지 않았다"라고 비슷한 내용을 전하고 있다. 후대 숙종 대의 학자 이중협李重協(1681~?)이 역대 군사관계의 자료를 모아 만든 총서 『비어고備御考』도 "심양으로 잡혀간 포로가 60만 명인데 몽고군에게 붙잡힌 자는 셈하지 않았다 한다"고 기록하고 있다. 당시 만주벌의 새로운 지배 세력이 된 청나라의 인구를 50만 정도로 추정한다니, 기가 막힐 노릇이다.

● 당나라 포로들이 역사에 남긴 흔적

이런 일은 또 있다. 앞서 노르만의 일파인 바랑고이족의 한 무리가 원 거주지인 스칸디나비아 반도(스웨덴)로부터 이동을 시작해 9세기 중후반 오늘날의 벨라루스에서 발원, 우크라이나 키예프를 관류해 흑해로 들어가는 드네프르 강 유역에 살고 있던 슬라브족을 정복 지배했다고 설명했다. 피정복민인 슬라브인들이 '이방인'이라는 뜻으로 '루스'라 부른 이 푸른 눈의 야만 침입자들은 종속 원주민들에게 부과된 공납에 생계를 의존했다. 자원이 풍부한 지역이라 구태여 외부로 진출하지 않아도 그곳에서 생산되는 물품만으로도 생활이 가능했다. 그러나 외부로부터 온 그들이 점거한 지역은 지형적으로 상업에 유리했기 때문에 곧바로 그들은 교환경제에 적극 참여했다. 돈 되는 데 마다할 사람 없는 법이다.

아랍 상인들과 유대 상인 및 비잔틴 상인들은 루스족이 남부 러시아로 진출하기 전에 이미 이곳을 자주 왕래하고 있었다. 루스족은 영리 추구 욕구에 따라 상업 활동에 뛰어들었다. 루스족이 점령한 지역에는 부유하고 세련된 생활을 하는 주변 제국들과의 교역에 아주 적합한 토산품이 많았다. 설탕이 없었던 당시로서는 아주 귀한 상품이었던 꿀, 기온이 따뜻한 남부 지방에서도 고급 의류와 의장품에 필수적으로 사용됐던 사치품인 모피 등을 광대한 산림지대에서 마련할 수 있었다. 또한 루스족은 쉽게 슬라브족 노예들을 포획할 수 있었다. 이런 노예들은 모슬렘의 하렘harem과 비잔틴의 상류층 집안이나 작업장 덕택에 판로가 보장됐을 뿐 아니라 이윤도 많았다. 따라서 9세기, 프랑크 왕국은 지중해가 폐쇄된 이후 고립돼 있었지만, 반대로 남부 러시아는 이 지역에 영향을 발휘하던 (아랍과 비잔티움이라는) 2개의 대시장에서 그들의 상품을 판매했다.(앙리 피렌, 『중세 유럽의 도시』, 강일휴 옮김, 신서원, 1997, 46~48쪽)

사라센에 의해 지중해 교역이 차단되다시피 했지만, 동방상인들은 메로빙거 왕조 프랑크 왕국에 드나들며 위험을 감수한 상업 활동을 벌였다. 이들의 선박은 마르세유 부두에 화물을 하역한 뒤, 프로방스의 해안을 떠나 귀환하면서 승객은 물론이고 회송 화물을 실었다. 그 화물의 성격에 대해서는 여러 추측이 가능한데, 가장 타당한 추측은 화물 상당 부분이 인간 상품, 즉 노예였으리라는 것이다. 프랑크 왕국에서 노예 매매는 9세기 말까지도 계속됐다. 작센, 튀링겐, 슬라브족 거주 지역 만족蠻族들과의 전쟁으로 많은 노예가 공급될 수 있었던 듯하다. 9세기에도 여전히 유대인이 열심히 종사하고 있던 노예무역은 분명 그 이전 시대부터 시작된 것이다.(앞의 책, 26쪽)

탈라스 전투는 어떻게 벌어졌으며, 싸움에 진 당나라 포로들은 역사에 어떤 흔적을 남겼을까. 고선지 장군을 만나러 탈라스로 가는 길은 멀고도 멀었다. 『왕오천축국전』을 쓴 혜초는 고선지보다 25년쯤 앞선 723년 오늘날의 중국 광주를 떠나 해로海路로 인도에 갔다가 4년간의 인도와 서역 순례를 마치고 727년 11월 상순 당시 안서도호부 소재지인 구자를 거쳐 장안으로 돌아왔다. 어쩜 이 둘은 먼발치에서라도 조우했을지 모른다.

2
'트란스옥시아나'의 패권을 차지한
이슬람 세력이 남긴 흔적들

> "말을 아껴야 할 때가 있다. 생각을 쉬어야 할 때가 있다. 화禍는 넘치
> 는 말과 생각이 불러오는 경우가 많다."—정자

내가 30년째 살고 있는 강릉은 사투리에 재미있는 어휘가 많다. '진셍이'라는 말도 그중 하나다. '바보'라는 뜻인데 사용상 의미는 '바보보다 더한 바보'를 일컫는다. 그래서 "저 진셍이 같은 기(것이)"라고 말하면 그 속에는 상당한 경멸의 의미가 담겨 있다. 한마디로 영어의 'stupid'처럼 듣는 이가 기분 나빠할 모욕적 언사가 '진셍이'다. 우리는 똑똑한 진셍이가 되지 말아야 한다. 그래서 소크라테스는 '무지의 지'를 설파했는지도 모른다. 바른 소리 하고서도 수치스러운 궁형宮刑을 당해야 했던 사마천은 각고의 세월 끝에 대역사서 『사기』를 완성했다. 그 첫 번째 책 「오제본기五帝本紀」를 통해 그는 오교五敎라는 우리 인류의 평범한 지향점을 제시한다.

오교가 사방에 있은즉 아버지는 의롭고 어머니는 자애롭고 형은 우애롭고 동생은 공경하고 자식은 효를 행해 안으로는 평온하고

바깥으로 성취하게 되는 것이라. 옛적 황제黃帝 홍씨鴻氏에게 못난 자식이 있었으니 의로움을 어그러뜨리고 나쁜 짓을 즐기며 간특한 짓을 즐겨 행하니 세상 사람들이 그를 혼돈混沌(즉환두야即讙兜也)이라 불렀다. 소호씨少皞氏에게도 못난 아들(공공씨共工氏)이 있어, 신의를 저버리고 충직함을 싫어하며 못된 말만 즐기고 잘 둘러대니 세상 사람들이 그를 궁기窮奇라 불렀다. 전욱씨顓頊氏에게도 못난 아들(곤鯀)이 있어, 제대로 가르치고 훈계하지 못하고 말의 좋고 나쁨을 분간하지 못하니 세상 사람들이 그를 도올檮杌이라 불렀다.

이 세 족속이 세세손손 걱정거리로 요堯임금에게까지 미쳤은즉, 요는 그를 어쩌지 못했다. 진운씨縉雲氏에게도 못난 아들이 있었으니 음식을 탐하고 화회貨賄(재물)를 욕심내는지라 세상 사람들이 이르기를 도철饕餮이라 한바, 천하의 악을 이 삼흉三凶에 비길 수 있다.

위에서 제전욱의 아들 곤이 왜 '도올'이라 불린 것인가.『신이경神異經』에 이르기를, "서쪽 대황大荒 중에 야수가 있은즉 그 모양새가 호랑이 같고 긴 터럭의 길이가 무려 2척이나 된다. 얼굴은 사람이며 발은 호랑이요, 입은 돼지를 닮았고 이빨과 꼬리의 길이가 1장 8척으로 뒤흔들어서 사람을 어지럽게 한다. 대황에 사는 사람들의 말로는 도올이라 한다. 일명 오흔傲很(오만하고 패려궂음 혹은 난훈難訓을 의미)이라고도 한다"고 한 것을 통해 곤이 도올이라는 야수의 성정을 닮았음에 세상 사들이 못난 그의 흙을 보느라 도올이라는 별명으로 부른 것이라 짐작된다. 이런 유래를 알고 나면 그 누구도 도올이 되기를 원치 않을 것이며, 혼돈, 궁기, 도철과 같은 존재 또한 되고 싶지 않을 것이다.

인류 역사상 최고의 베스트셀러는 단연 『성경』이다. 영어로는 'Bible'이라고 하는 이 말은 오늘날 레바논의 도시 비블로스Byblos에서 파생됐다. 이 도시는 고대 페니키아의 영토로서 레반트Levant(시리아·레바논·이스라엘 등 동부 지중해 연안 지역) 지중해에 면한 항구도시였다. 당연히 다른 지중해 국가들, 예를 들어 에게 해의 섬들 및 헬라스Hellas(그리스)는 물론 마그레브Maghreb 지역에 속하는 이집트(알렉산드리아), 리비아, 튀니지(카르타고) 등 지중해 연안 국가의 도시들과 활발한 교역 활동을 벌였다.

레바논 내륙 산간 지역, 칼릴 지브란의 고향 마을 브샤리Bsharri에서 가까운 와디 콰디샤 계곡Ouadi Qadisha에서 벌목돼, 비블로스 항구에 당도한 '신의 삼목杉木'이라 불리는 레바논 삼나무는 배편으로 이스라엘과 이집트 등지로 운송됐다. 이 삼나무는 솔로몬의 왕궁을 짓는 데 사용됐다. 나일 강에서 자라는 야생 갈대로 만든 파피루스papyrus는 당시 지중해의 상권을 장악한 수완 좋은 페니키아 상인들에 의해 비블로스를 거쳐 그리스로 보급됐다.

청동기 시대 비블로스는 구발Gubal 혹은 구블라Gubla라 불리는 가나안 지방의 도시였다. 철기 시대 페니키아의 명칭은 게발Gebal이며 히브리 성경에는 게왈Geval(גבל)로 등장한다. 훨씬 후대인 십자군 전쟁 때는 기벨레트Gibelet로 불렸다. 비블로스라는 그리스 이름은 고대부터의 무역항이었던 이 지역을 거쳐 파피루스가 에게 해 지역으로 수출된 데서 연유한다. 파피루스의 그리스식 명칭이 비블로스byblos 혹은 비블리노스byblinos였던 것이다. 결국 'Bible'은 '파피루스로 만든 책the papyrus book'이다.

우리말 '종이'의 한자어인 '지紙'의 기원은 무엇일까. 영어로는 'paper'라고 하는데, 이 또한 어디서 비롯된 말일까. 인간 언어의 특징 가운데 하나가 자의성이라고 하니 우연히 하나의 의미에 대해 다양한 어형이 존재하게 된 것일까. 그래도 어원을 따져보면 흥미로운 인간의 역사가 드러난다.

● 당군唐軍 포로, 이슬람에 제지술을 전하다

영어 paper, 불어 papier는 'paper-reed'라는 뜻의 라틴어 papyrus에서 파생됐다. 우리가 오늘날 사용하는 국어 어휘는 '종이<죵희<죵ᄒᆡ<죠ᄒᆡ'의 변천과정을 거친 것이다. 『훈민정음』(해례본, 1446)의 기록 이전에는 어떤 모습이었을지 정확히 알지 못한다. 따라서 어원이 명확치 않다.

한자 '지紙'는 금문金文, Bronze Characters과 갑골문甲骨文, Oracle Characters에는 보이지 않는다. 후한後漢 때 허신許愼이 편찬한 중국 최초의 문자학 사전 『설문해자說文解字』는 '지紙'에 대해 '絮一苫也從糸氏聲'이라는 설명을 달고 있다. 명주실로 만든 비단이 뜻이요, 소리는 紙를 따른다는 것이다. 종이가 만들어지기 전 고대 중국인들은 비단에 글을 썼음을 짐작할 수 있다. 목간木簡과 죽간竹簡이 있었으나 부피가 문제였다.

종이는 나침반, 화약, 인쇄술과 함께 중국의 4대 발명품 중 하나로 꼽힌다. 중국 고사에 따르면 종이는 후한 시대의 환관이었던 채륜에 의해 발명됐다고 전해진다. 그는 나무껍질, 삼베 조각, 헌 헝겊, 낡은 그물 따위를 사용해 종이를 만들어 105년에 이것을 화제和帝에게 바쳤는데, 당시에는 이 종이를 '채후지蔡侯紙'라 했다. 그러나 최근의 고고학 연구 결과로는 그보다 적어도 250년 이상 일찍 종이가 발명돼 기원전 140년경에 이미 사용되고 있었다고 한다.

이렇게 중국에서 발명된 종이는 중동을 거쳐 유럽으로 전파됐다. 기록에 따르면 제지술은 751년경 중앙아시아의 사마르칸트에 공장이 세워진 것을 기점으로 당시 압바스 이슬람의 신新수도 바그다드를 거쳐 카이로, 모로코, 스페인을 차례로 지나 서유럽에 퍼졌으며, 14세기에는 서유럽 각지에 종이 공장이 생겨났다. 중세의 중동과 아프리카 북부 및 유럽의 역사는 사라센, 혹은 무어인으로 불리는 아랍인들에 의해 영향을 받았다. 사마르칸트지로 첫걸음을 뗀 종이는 793년 바그다드 입성을 시작으로 다마스쿠스(795년), 이집트(900년경), 모로코(1100년경), 스페인(1150년), 프랑스(1189년), 독일(1312년)로 잇따라 전파된다.

종이가 널리 쓰이게 됨에 따라 중세 서유럽에서 기록 매체로 사용됐던 양피지는 이후 점차 자취를 감추었고, 종이는 15세기 이후 발전한 인쇄술과 함께 지식의 대중화 과정을 주도해 종교개혁—로마 가톨릭 교회의 관점에서는 종교분열—에 커다란 영향을 미쳤다. 종이와 인쇄술이 아니었다면 1517년 로마 가톨릭 교회의 부패와 타락을 비판하는 마르틴 루터의 95개조에 달하는 반박문(개혁선언문)은 빛을 보지 못했을 것이고, 종교개혁의 성패도 예단할 수 없었을 것이다.

이런 일들과 관련해 751년은 인류 문명 교류사에 중요한 전환점이 됐다. 바로 중앙아시아 대평원 탈라스에서 벌어진 세기의 결전, 이른바 탈라스 전투the Battle of Talas 때문이다. 이해 7월 고구려 유민의 후손으로 안서절도사라는 직함을 가진 당나라 장수 고선지 장군이 지휘하는 당나라군과 동맹 부족 카를루크('눈蜀의 주인'이라는 뜻)가 압바스 왕조의 이슬람군과 티베트의 연합 세력을 상대로 지금의 카자흐스탄과 키르기스스탄에 속하는 탈라스 평원에서 트란스옥시아나Transoxiana(중앙아시아의 하중河中 지방)의 패권을 두고 싸움을 벌인 것이다.

이 싸움에서 아랍군이 승리했고 당나라 군대가 패배했다. 그 원인과 전개과정은 차치하고 탈라스 전투의 결과로 아랍은 2만 명에 달하는 당나라 연합군 병사를 포로로 잡는다. 이 가운데에 종이 만들던 일을 하다가 전장으로 끌려온 사람이 있었고, 이 사람으로 인해 제지술이 아랍을 통해 서방으로 전파되기에 이른다. 당시 이슬람의 성전『코란』한 권을 적으려면 새끼 양가죽으로 만든 양피지 300장이 필요했다고 한다. 따라서 그 부피가 얼마나 됐을지는 쉽게 짐작이 될 것이고, 보관에 어떤 어려움이 있었을지도 상상이 갈 것이다.

● 중앙아시아의 패자霸者가 된 압바스 왕조

앞의 글에서 보았듯 당나라는 태종 때(628~649) 중앙아시아까지 세력을 확장했다. 그 목적은 당과 중동, 지중해 연안을 연결하는 실크로드를 지배하기 위함이었다. 8세기에 이르러 당은 힌두쿠시 산맥 일대까지 장안으로부터 무려 1610킬로미터나 떨어진 지역을 정복했다. 그러나 7세기 중반 이슬람으로 무장한 아랍인도 영역 확장의 야망을 성전聖戰이라는 미명하에 숨기고 서진 동진 양방향으로 전쟁을 벌였다. 우마이야 왕조의 아랍군은 709년 하중의 핵심 도시 부하라(안국)를, 712년에는 강거도독부康居都督府가 있던 사마르칸트(강국)를 점령했다. 당의 입장에서는 얌전히 묵과할 일이 아니었다.

750년 안서사진 절도사 고선지가 이끄는 당나라군이 타시켄트(당시 명칭은 석국石國)를 정복했다. 9국호胡와 돌기시突騎施도 무릎을 꿇렸다. 그리고 석국의 왕을 포로로 잡아 수도 장안에 압송했는데, 양귀비에 빠져 도올 같은 존재가 돼버린 당 현종은 튀르크 군주를 처형하고 말았다. 이에 타시켄트 왕의 아들은 당나라군을 몰아내기 위해 이슬람군에게 도움을 청했다. 이에 부응해 747년 우마이야 왕조 세력을 메르브Merb(오늘날의 투르크메니스탄 지역)에서 몰아낸 압바스 왕조 이슬람의 호라산Khorasan 총독 아브 무슬림이 부하인 지야드 이븐 살리흐를 파견했다.

결국 751년 지야드가 이끄는 압바스 왕조의 이슬람군과 고선지가 이끄는 당나라군은 톈산 산맥 서북쪽 기슭의 탈라스 평원에서 운명적으로 격돌했다. 싸움은 불과 5일 만에 의외로 싱겁게 끝났다. 카를루크 부중部衆의 배반과 작전 실패로 고선지가 이끄는 당나라 연합군이 속절없이 무너진 것이다. 고선지를 비롯한 지휘관 및 소수의 당나라 병사 약 2000명만이 겨우 목숨을 부지하고 전쟁터에서 탈출했다. 이에 비해 이슬람군의 피해는 미미했다고 전해진다. 전투에 참여한 이슬람군의 숫자가 중국 측 기록에는 20만 명이라 하나 근거는 박약하다. 차라리 존 헤이우드가 추산하는 대로 4만 명 정도가 맞을 듯하다. 한편 당나라 연합군은 4만5000명 정도로 이 중 절반이 당나라군이고 나머지는 토번을 비롯한 이민족 군사였다. 아랍 측 기록에는 10만 명으로 돼있다. 그중 5만이 죽고 2만을 포로로 잡았다는 것이다.

탈라스 전투의 승리로 압바스 왕조는 중앙아시아에서 이슬람 세력의 기반을 굳히게 됐고, 튀르크계 유목 민족들 사이에 이슬람교가 퍼지기 시작했다. 이후 안녹산의 난이 일어나면서 당나라의 국력은 쇠퇴했고 더 이상의 서역 경영이 어렵게 됐다. 이 무렵 몽골 초원과 중앙아시아의 맹주였던 돌궐도 그 힘을 잃고 역사의 무대에서 사라진다.(744년) 그리고 그 자리를 위구르가 차지하게 된다.

위구르는 안녹산의 난으로 위기에 처한 당나라 조정을 돕기 위해 장안과 낙양까지 원정에 나선다. 이후 당은 위구르의 눈치를 보며 명맥을 유지하다가 소금 밀매업자 황소黃巢 일당이 일으킨 난으로 치명타를 맞고 국가로서의 명운을 다한다. 역사의 무대에는 늘 이렇게 적당한 때에 새로운 주인공이 등장한다.

한 세기 뒤 위구르 제국의 북쪽 바이칼 호 서쪽 예니세이 강과 톈산 일대에서 유목 생활을 하던 키르기스족이 새로운 세력으로 등장할 거라고는 아무도 짐작하지 못했다. 하지만 이들 종족이라고 영원한 지배자일 수는 없었다. 오늘날의 땅으로 이주하게 된 데까지는 기구한 사연이 있다. 힘센 타 종족의 위세에 눌려 굴종의 삶을 살았던 이들을 일으켜 세운 영웅이 있었으니, 그 이름은 마나스Manas다. 고선지 장군을 만나러 가는 탈라스가 바로 마나스의 고향이라고 키르기스 사람들은 믿는다.

탈라스 전투의 패배에도 불구하고 살아남았던 고선지 장군은 755년 안사의 난을 진압하던 중 모함을 받아 환관 변령성에 의해 참수당하고 만다.

3
키르기스인의 민족 서사시,
마나스

"인간은 얼굴을 붉히기도 하며, 혹은 붉힐 필요가 있는 유일한 동물이다."—마크 트웨인

탈라스 전투가 벌어진 해(751년)가 문명교류사의 관점에서 중요하듯, 역사적으로 의미 있는 연도가 있다. 1492년은 콜럼버스가 신대륙 탐험을 떠난 해다. 조선에서 세종대왕이 훈민정음을 창제(1443년, 반포 1446년)한 지 50년 후의 일이다. 그가 대항해를 꿈꾼 계기가 됐고 험난한 대서양 파도에 휩쓸리는 와중에도 눈을 빛내며 읽었던 책이 마르코 폴로의 『동방견문록』이다. 콜럼버스는 스페인 여왕 이사벨라Queen of Castile(1451~1504)에게 청해 대서양을 건널 배를 얻었다. 콜럼버스와 동갑인 가톨릭 군주 이사벨라 여왕은 바로 그해 이베리아 반도에서 마지막 이슬람 세력을 몰아낸 여장부다.

남편인 아라곤의 왕 페르디난트 1세Ferdinand I, King of Aragon와 함께 그라나다의 사라센을 축출한 것이다. 콜럼버스는 당시 해상 무역을 놓고 베네치아와 치열하게 경쟁하던 제노바 사람이었다. 콜럼버스보다 197년 앞선 1254년에 태어난 마르코 폴로는 베네치아 출신이다. 정확

히 말하자면 오늘날의 베네치아는 아니다. 그렇다면 어딜까?

폴로 가문의 세 남자, 마르코 폴로와 아버지 니콜로Niccolo, 삼촌 마페오Maffeo의 출신지는 오늘날 아드리아 해에 면한 크로아티아의 섬 코르출라Korčula다. 마르코 폴로는 1254년에 태어나 17세에 아버지, 삼촌과 함께 동방으로 떠났다가 쿠빌라이칸의 대원大元 제국의 궁정에서 머무는 등 장장 24년간의 오랜 여행에서 돌아온 지 얼마 되지 않아 44세라는 나이에도 불구하고 베네치아-제노바 간의 해상권 전쟁(1298)에 참가했다가 18개월을 제노바 감옥에서 보낸다. 『동방견문록』은 여기에서 탄생한다. 개인에게는 불행이지만, 문명사적 관점에서는 행운인 이 사건의 배경이 되는 해전이 벌어진 지역이 바로 코르출라 섬 일대다.

마르코 폴로의 고향으로 추정되는 크로아티아 코르출라 섬.(출처: 위키피디아)

1298년 9월 9일 제노바와 베네치아 함대 간에 벌어진 '코르출라 해전'은 13~14세기 피사, 제노바, 베네치아 간 지중해와 레반트 무역을 둘러싸고 벌어진 일련의 전쟁 중 하나다. 이 전투는 (현재의 크로아티아) 남부 달마시아 해상, 정확히는 코르출라 섬과 본토의 사비온첼로 반도 Sabbioncello Pelješac 사이 해협에서 벌어졌다. 베네치아 해군을 이끈 인물은 조반니 단돌로 총독의 아들 안드레아 단돌로, 제노바군의 우두머리는 람바 도리아(1245~1323) 제독이었다. 양군의 함대 수는 거의 같았지만 도리아 제독은 뛰어난 전술로 베네치아 함대에 철저한 패배를 안겼다. 그 결과 베네치아의 함선 95척 중 89척이 파괴되고 도널드(즉 단돌로) 제독을 포함한 7000명의 병사가 전사하고 7400명이 포로로 잡혔다고 한다.

흥미로운 사실은 포로로 잡혀간 사람들 대다수가 몸값을 지불하고 석방됐는데, 마르코 폴로는 꽤 오랜 시간을 제노바의 감옥에 갇혀 있었다는 것이다. 아이러니하게도 그 덕분에 거기서 피사 출신의 루스티켈로라는 작가를 만나 베네치아를 떠나 원나라 궁정에서 쿠빌라이 황제와 함께 보낸 17년의 세월을 포함해 총 24년의 사정을 구술하고 루스티켈로가 이를 기록함으로써 『동방견문록』이라는 위대한 저술이 탄생하게 됐다. 1299년 프랑코 이탈리아어로 쓰인 최초의 판본 완성 직후 마르코는 출소한다. 원제목은 『세계의 기술記述』, 우리나라 사람들이 알고 있는 『동방견문록』이라는 제목은 일본에 번역되면서 붙은 것이다.

기원전 6세기 이오니아 해의 코르쿠라Corcyra(오늘날의 코르푸Corfu) 섬 출신의 그리스인들이 코르출라 섬으로 이주해 '멜라이나 코르쿠라 Melaina Korkyra'('검은 코르푸'라는 의미)라는 이름의 작은 식민지를 건설하고 정착해 살기 시작했다. 섬의 이름이 코르출라가 된 것은 미국에 식민지를 건설한 영국인들이 그들의 모국 이름을 본떠 그 지역 이름을 'New England'라고 한 일과 남태평양에서 신대륙을 발견한 화란(네덜란드의 또 다른 이름인 홀란드의 음역어)인들이 자신들의 고향 마을 이름을 따서 'New Zealand'라고 명명한 것과 마찬가지 이유에서다.

6~7세기 야만인으로 간주되던 슬라브족과 아바르Avar족이 달마시아 해안 지대에 정착을 시도하면서 그곳에 살던 로마화된 지역 주민들은 바다 건너 섬으로 이주할 수밖에 없었다. 이때 크로아티아계 슬라브 민족들이 아드리아 해로 유입되는 달마시아 해안의 네레트바Neretva 강 유역과 코르출라 섬을 장악했다.

12세기에 이르러 코르출라는 베네치아의 귀족 페포네 조르지Pepone Zorzi에 의해 정복당하면서 베네치아 공화국에 병합됐다. 일시적으로 헝가리와 제노바 공화국의 지배를 받기도 했지만, 결국 1255년 마르실리오 조르지Marsilio Zorzi가 이 섬을 완전 정복하고 다시 베네치아 공화국의 지배에 들게 했다. 서방 세계에서 이런 일들이 벌어지고 있을 무렵 몽골 초원에서는 9세기에 위구르 제국을 멸망시키고 새로운 지배자로 등극했던 키르기스인들이 거란족이 세운 요나라에 밀려 알타이 너머 톈산 북방의 중가리아 분지로, 이리 초원으로 이주하게 된다. 오늘날의 키르기스스탄 지역으로 들어가게 된 것은 16세기에 이르러서다.

구소련에 의해 '키르기스인Kyrgyz의 땅'이라 이름 붙여진 '키르기스스탄'은 사실 120여 민족이 혼재하는 다인종, 다문화 국가다. 엄밀한 의미에서 저마다의 언어와 풍속 습관, 문화와 전통을 지닌 서로 다른 종족들이 튀르크 국가라는 하나의 정치체제 안에서 사회, 문화, 언어의 조화와 융합을 꾀하는 하이브리드 사회인 셈이다. 이런 사정은 같은 '투르키스탄Turkestan'(돌궐족의 땅)에 속한 다른 중앙아시아 국가들의 경우에도 마찬가지다.

거듭 말하지만 오늘날 키르기스스탄 초원과 산악 지역의 주인공은 키르기스족이 아니었다. 오손과 강거가 살았고, 색종이 자리 잡고 유목 생활을 했다. 이곳에 기원전 2세기 월지의 서천을 시발로 흉노가 이주하고 돌궐이 들어왔다. 17세기에는 서부 몽골에 해당하는 오이라트Oirat 제 부족이 청나라 황제 강희제의 서역 정벌에 밀려 중가리아를 떠나 카자흐 초원에 칼미크Kalmyk이라는 이름으로 한국汗國을 건설하며 지역의 맹주가 됐다. 키르기스인도 원래 이 땅에 살던 종족이 아니었다. 이들의 고향은 먼, 그러나 스텝으로 연결돼 있어 상시 이동이 가능한 바이칼 호 서쪽의 삼림 지대였다. 이들은 어떤 과정을 거쳐서 당지當地

키르기스인의 민족 영웅 마나스 동상.

地에 이르게 됐을까. 키르기스인의 민족 영웅 서사시 『마나스』에 그들의 고단한 이주 노정이 그대로 담겨 있다.

창조적 인류 구전 전승의 축도縮圖라 할 수 있는 『마나스』는 키르기스 민족이 세계 최고라 자부하는 영웅 서사시다. 유목 민족인 키르기스인은 문자가 없었고, 자신들의 전통과 문화, 역사를 서사시라는 형태로 미래와 후손들에게 전달하는 방식을 택했다.

키르기스스탄에서는 해마다 '마나스 축전'이 열린다. 5일간 진행되는 이 행사는 전설상의 영웅 마나스의 고향이라 여겨지는 북부 산악 지역 탈라스에서 개최된다. 이곳 알라투 산속에 마나스가 묻혀 있다고 믿기 때문이다. 영웅 마나스에게 바치는 상징적 기념 축제를 통해 키르기스인들은 자신들의 고대 유목 사회의 역사와 문화를 자랑스레 펼쳐 보인다.

현재까지 다수의 마나스치manaschi(마나스 암송자)를 통해 채록한 마나스 버전은 대략 65종에 달한다. 그중 가장 긴 버전은 대大마나스치 중 한 사람인 고故 사야크바이 카랄라예프Saiakbai Karalaev(1894~1971)에 의한 것으로 총 50만553행에 달하는 분량이다. 이는 길이에 있어 호메로스의 서사시 『일리아드』(1만5천693행)와 『오디세이』(1만2110행)를 합친 것의 18배, 인도의 대서사시 『마하바라타』의 두 배 반에 버금간다. 티베트 서사시 『게사르 왕King Gesar』보다도 길다. 마나스는 방대한 분량보다 사용된 시적 언어와 그 안에 담긴 키르기스 민족의 풍부한 역사, 문화, 종교와 관련된 내용으로 그 가치를 인정받고 있다.

예로부터 유목 민족인 키르기스인들은 돌궐, 위구르, 칼미크, 여진, 거란 등 다른 종족들과 수많은 전투를 치렀다. 증거가 될 만한 문헌 자료는 부족하지만, 분명 흉노, 월지, 오손, 선비, 중국 등과도 전쟁을 했을 것이다. 역사적으로 전쟁에서 지게 되면 패한 세력은 정주지를 떠나 멀리 다른 곳으로 이주를 결행할 수밖에 없고, 이런 상황에서 사람들은 자신들을 이끌고 지켜줄 영웅을 고대하게 된다. 이와 같은 일이『마나스』에서도 나타난다.

『마나스』에는 이산과 수탈, 핍박의 환난에 처한 키르기스인들을 재결합시키고 보호해줄 영웅으로 자킵의 아들 마나스가 예언되고 출현한다. 중앙아시아 서사문학에서 영웅은 죽지 않는다. 때문에 마나스는 아들 세메테이에 의해, 그리고 세메테이는 또 자신의 계승자인 아들 세이텍을 통해 대를 이어 키르기스인들을 이끌고 보호하게 된다. 이런 관점에서 마나스는 영원하며, 영웅의 역할은 손자인 세이텍으로 끝나지 않는다. 현존하는 최고의 마나스치 중 한 사람인 현 중국 신장위구르자치구(이른바 동투르키스탄)의 유수프 마마이Yusuf Mamai는 17대代까지 암송하고 있다. 서사시『마나스』는 마나스와 그의 후손 및 추종자들의 이야기를 키르기스족의 역사와 결부시켜 다룬 일종의 설화다. 키르기스의 모든 부족과 거란 제국 지배하의 오이라트 부족들 간의 전투가 중심 테마를 이룬다. 3부로 구성된『마나스』는 과거 키르기스인의 위대한 칸들에 대한 칭송에 뒤이어 거란 황제의 명령에 따르는 토루가트, 칼미크 등의 오이라트 부족과 만주족의 침입으로 인한 살육과 파괴, 그리고 그로 인한 곤경으로 내러티브를 시작한다.

알로케칸이 침략했을 때/ 우리 족장들은 어쩌할 줄을 몰랐다./ 아르긴과 키르기스는 절망에 빠졌다./ 노이구트족의 악발타와 자

킵칸 등/ 카라한의 여덟 아들들은/ 서둘러 부족회의를 소집했
다./ 위룰모 습지 언덕에 모여/ 끝없이 끝없이 절망하며/ 회의를
진행했다.(ll. 500~)
그들 침입자들은 우리 키르기스 사람들을/ 사로잡아 노예로 만
들고/ 닥치는 대로 파괴했다./ 알티-샤르로부터 마르길란까지/
코칸트에 이르는 모든 곳에/ 재앙을 가져왔다./ 부하라와 사마르
칸트에서조차/ 백성은 살육되고 도시들은 파괴됐다./ 우리 키르
기스 사람들은/ 알로케칸에게 무릎을 꿇어야 했다.(ll. 890~)

키르기스인들은 몰토칸Molto Khan과 알로케칸Alööke Khan이 이끄는
키타이 침략자의 가혹한 수탈을 견디지 못하고 유랑의 험로에 오른다.
원치 않는 이주의 결과로 일부는 알타이 산악 지대로, 또 다른 이들은
항가이 산맥으로, 로마로, 크림 반도로 뿔뿔이 흩어지게 된다.

자킵과 키르기스의 부족장들은 백성을 이끌고 톈산 북단 알라투
를 거쳐 수차례 이주의 길에 오른다. 무력한 키르기스인들은 결국 칼미
크와 토루가트 등 오이라트 부족들의 본거지인 알타이에서 유배의 삶
을 살게 된다. 때로 용감한 부족장이 나타나 저항을 시도하기도 하지
만 실패로 끝나고, 그곳에서 오랜 기간 칼미크인들의 지배를 받으며 독
립을 꿈꾼다. 마침내 노인이 된 자킵의 늦둥이 아들 마나스가 태어나면
서 오랜 기도에 대한 응답으로 키르기스인들의 운명은 새로운 국면을
맞이하게 된다.

칼미크 등 4부족 연맹체인 오이라트의 칸은 키르기스인들을 압제에
서 해방시킬 어린 전사 마나스에 대한 소문을 듣고 그를 잡아 살해하

려 한다. 위기를 모면한 마나스는 자신의 종족 사람들을 하나로 모으는 데 성공하고 마침내 칸으로 선출돼 적과 대결을 벌이게 된다. 마나스는 중가리아 남쪽 변경에 자리 잡고 있던 위구르와 결탁해 세력을 확장한다.

마나스의 출현으로 희망과 용기를 얻은 키르기스인들은 알타이를 넘어 오늘날의 키르기스스탄 산악 지대에 있는 조상들의 땅으로 돌아갈 결심을 하기에 이른다. 친구 40인을 이끌고 주변 종족들에 대한 정복전을 성공적으로 치른 마나스는 남방의 아프간 사람들과 동맹관계를 수립하고 부하라 국왕의 딸과 혼인관계를 맺으며 하중 지방에 정착하게 된다.

키르기스스탄 정부는 1995년 마나스 탄생 1000주년 기념 행사를 개최했다. 키르기스인들의 마음속에 동일 명칭의 서사시의 주인공 마나스가 995년에 태어난 존재로 인식되고 있음을 상징적으로 보여주는 행사다. 동아시아 역사에서 10세기라는 시기는 시라무렌Xira Muren, 湟水 일대를 거점으로 하던 거란족이 만주의 패자 발해와 그의 속신屬臣 세력이던 여진 등 다수의 집단을 제압하고 만주와 장성長城 이북, 나아가 몽골 초원의 지배자로서의 지위를 공고히 하던 때다.

마나스가 다루는 시기가 10세기가 됐든 그 이후가 됐든, 튀르크어의 한 지파인 키르기스어로 구전되는 이 방대한 서사시에는 무수한 인물과 종족, 산하, 자연물의 명칭이 나온다. 페르시아와 아랍의 영향을 받은 흔적뿐만 아니라 이슬람 전파의 흔적도 곳곳에서 찾아볼 수 있다. 이슬람 유입에도 불구하고 여전히 키르기스인의 삶 속에 살아 숨 쉬는 고유의 신앙과 민속의 모습도 엿보인다. 키르기스스탄 여행길에 드는 마나스치의 암송은 때론 서글프고 경쾌하며 때론 엄숙하다. 시종 비장한 선율 속에서는 민족적 자부심도 느껴진다.

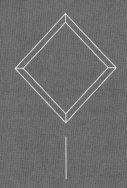

6장

파미르 고원에
세운 옥의 도시,
카시가르

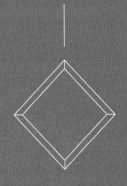

1
뿌연 모래바람이 일으키는 낯선 풍경, 그 속에 어떤 친숙함이 있었다

"우리가 보거나 생각하는 모든 것은 꿈에 지나지 않는다."
—에드거 앨런 포

길은 있었다.

사람 사는 곳, 사람 가는 곳에는 언제나 길이 있었다. 없으면 새로 만들었다. 깎아지른 절벽 위, 첩첩산중에도 길이 만들어졌다. 사람과 동물의 발길 따라 수많은 길이 탄생했다. 말 등에 소금과 차를 싣고 이동하는 마방馬房의 발걸음 하나하나가 모여 실타래 같은 차마고도茶馬古道가 됐다. 이 길이 얼마나 험했는지 조서지로鳥鼠之路라고도 불렸다. 하늘을 나는 새나 작은 틈새를 기어 다니는 쥐가 다니는 길.

낙타 등에 비단과 종이, 채색 유리병을 싣고 터덕터덕 열사의 사막길을 가는 카라반의 행렬도 사정은 마찬가지였다. 이들이 가는 중도에 카라반사라이라는 이름의 대상 숙소가 하나둘 생겼다. 오아시스 도시는 이렇게 탄생했다.

잠자리가 있고, 차와 음식을 파는 식당이 생기고, 대상들이 가져온 물건을 사고파는 시장이 열리고, 인종만큼 다른 종교 사원(교회, 절, 모스크 따위)이 건축됐다. 사람과 사람이 만나고 접촉하며 서로가 서로에게 영향을 미치고 영향을 받았다. 새로운 것을 보게 되고 차이점을 발견하게 되는 건 필연이었다.

우쭐대던 심사가 겸손함으로 바뀌는가 하면, 낯선 것에 대한 왕성한 욕구가 배태됐다. 소문은 소문을 낳는 법. 누군가 낯설고 진기한 것에 대한 소문을 안고 들어오면 남아 있던 사람들은 호기심에 몸살을 앓으며 길 위에 서기를 열망했다.

그리고 홀연 사막을 마다하지 않고 눈보라를 두려워 않고 여정에 올랐다. 가족을 부양할 상인으로서, 이방 세계의 순례자로서, 성지로 향하는 구도자로서, 혹은 그저 허황된 꿈을 좇는 낭만적 부랑자로서. 순전한 정복욕도 길을 나서는 이유가 됐다. 알렉산더와 고선지는 죽음도 막을 수 없는 고질적 여행벽의 소유자였다. 혜초와 법현, 현장 같은 이들도 기실 외로운 나그넷길이 생리에 맞았다. 마르코 폴로, 윌리엄 드 뤼브뤼크, 이븐 바투타 역시 왕성한 호기심으로 먼 길을 떠났다.

우리도 까닭 모를, 그러나 이유 있는 들뜸으로 길 위에 선다. 천 년을 기다린 듯 오랜 그리움을 안고 실크로드로 향한다. 이미 선인들이 밟고 또 밟은 길, 그 위에 우리의 발자국을 보탠다.

카시가르를 찾던 날 서역에서는 드물게 비가 거세게, 그리고 줄기차게 내렸다. 사막 지대에 비가 내리는 것은 흔치 않은 일이다. 며칠 전부터 내린 비였다. 무더운 사막 지대를 여행하는 중에 맞는 비는 신선한 기쁨을 준다. 사막 너머로 지는 석양은 눈물샘을 자극한다. 그런 장엄한 사막의 석양이 주는 감동에 무덤덤해질 때라면 더욱 그렇다. 언필칭 석양은 아름답다. 묘한 감성을 불러일으킨다. 쥘리 델피의 청순한 매력이 돋보이는 영화 「비포 미드나잇」에서는 바다 속으로 침잠하는 석양의 정경이 인상적으로 그려진다. 인도 평원에서 석양을 본 날 나는 밤새 뒤척였다. 게으름 때문에 이루지 못한 일에 대한 회한이 들었기 때문이다. 사막의 석양은 죽음과 재생의 이미지로 내게 다가온다.

연일 내리는 비가 카시가르에서는 멈출 것을 기대했다. 적어도 전날까지는 그런 기대가 현실이 될 것 같아 보였다. 꿈에 그리던 세계의 지붕 파미르 고원에 선다는 희망으로 오랜 친구들과 이역만리 실크로드까지 먼 길을 온 터였다. 해발 3600미터에 자리한 카라쿨 호수까지 올라갈 참이었다. 고대로의 여행을 꿈꾸는 사람들에게 실크로드는 쉽게 갈 수 있는 곳이 아니었다. 세상이 편해진 덕분에 국적항공사가 전세기란 이름으로 여름철에 인천과 중국 서북방에 위치한 신장 성의 성도 우루무치를 왕복하는 항로를 개설했다. 그래서 일단 우루무치로 들어와 실크로드 여정을 시작할 수 있게 됐다. 물론 북경이나 시안을 거쳐 간쑤 성의 성도 란저우蘭州, 이어서 하미哈密, 둔황을 지나 위먼관玉門關이나 양관陽關으로 통하는 코스가 있기는 하지만 인문학 기행 서역편은 세계의 지붕 파미르 고원 동편의 첫 실크로드 도시 카시가르에서부터 시작하려 한다.

혜초는 해로로 천축에 들어갔다가 중앙아시아를 거쳐 귀로에 총령을 넘어 소륵(카시가르)에 도착해 다음과 같은 흥미로운 기록을 남겼다. "다시 총령에서 걸어서 한 달을 가면 소륵에 이른다. 외국에서는 가사기리국伽師祇離國이라 부른다. 이곳 역시 중국 군사들(한군漢軍)이 주둔하고 있다. 절이 있고, 승려도 있으며 소승법이 행해진다. 고기와 파, 부추 등을 먹으며 토착민들은 모직 옷을 입는다."

✿ 파미르 고원 가장 동쪽의 세계

텐산 이남, 파미르 고원 최동편의 카시가르는 텐산 이북 초원의 나라 키르기스스탄과는 완전히 다른 별세계다. 우선 인종적으로 키르기스스탄이 대부분 키르기스인으로 구성되어 있다면, 여기는 온통 위구르족 천지라 해도 과언이 아니다. 이곳의 첫인상은 한마디로 복합적이다. 우선 눈에 띄는 것은 모스크(이슬람 사원) 둥근 돔을 장식하고 있는 청색 타일이다. 청색은 이슬람을 상징하는 색이다. 또한 무슬림 노인들의 은회색 수염이 있고, 한눈에 무슬림임을 알아보게 하는 둥근 빵떡모자가 있다. 예로부터 머리를 미는 풍습이 있어서인지 타고난 광두光頭(대머리)인지 모자 아래는 민머리가 태반이다. 키르기스 남자들은 악 칼파크Ak kalpak('white cap')라 부르는 고상한 느낌의 모직 모자를 쓰지

카시가르의 남자들은 거의 대부분 타키야라는 빵떡모자를 쓰고 있다.

174

만, 여기 남자들은 타키야taqiyah/tagiya(인도나 파키스탄에서는 토피topi라 부름)라는 이름의 귀여운 사발모자skullcap를 머리에 얹는다. 악 칼파크가 스키타이인들의 뾰족 모자 혹은 개구쟁이 스머프나 산타클로스 모자 끝부분을 잘라낸 모양과 닮았다면, 위구르 남자들이 애용하는 타키야는 핸드볼 공을 절반가량 자른 모양, 아니면 넓적한 대접을 엎어놓은 모양으로 생각하면 된다. 이 사발 내지 빵떡모자의 특징은 챙이 없다는 것이다.

후각적으로는 뭐니뭐니해도 바자르에 늘어선 위구르 식당의 숯불 위에서 구워지는 양고기 냄새를 빼놓을 수 없다. 양고기를 많이 먹어서 그런지 이곳 남자들 곁에 서면 야릇한 체취가 난다. 노린내라고 하는 사람도 있다. 결코 기분 좋은 냄새는 아니다. 우리나라 사람들에게서 김치 냄새 혹은 된장이나 마늘 냄새가 난다고 하는 것과 같은 맥락인 듯싶다. 낙후된 지역의 중국 남자들에게서 때에 전 기름 냄새가 나는 것도 다 사정이 있듯이. 재래시장인 바자르bazar(우리가 쓰는 '바자르회'가 여기서 나왔다)에 가면 동서 교역의 주요 도시답게 오만 가지 향신료를 보게 된다. 이것이 한데 어울려 때론 맵게, 때론 얼얼하게, 때론 향긋하게 코를 자극한다. 이것이 현 중국 신장위구르 자치구 소재의 대표적 서역 도시 카시가르의 냄새요 모습이다. 예고 없이 불어드는 까만 바람 카라 부란. 바람도 저마다 냄새가 있는데 그 냄새는 매캐하다. 일순간에 닥쳐와 시야를 깜깜하게 만드니 그런 이름이 붙었을 것이라고 짐작한다.

카시가르의 이미지를 결정짓는 데 중요한 것은 소리다. 이슬람 지역이다보니 사람들은 하루 다섯 번 메카를 향해 예배를 드린다. 기도 시간이 됐음을 알리는 사원 첨탑으로부터의 구성진 아잔 소리. 공명 좋은 사원 안을 울리는 코란 읽는 소리. 이곳 남자들이 조곤조곤 진지한 표정으로 성전을 중얼거리는 모습은 매력적이다. 바자르에서 왁자지껄 들리는 수다도 그 말뜻은 알아듣지 못해도 유쾌한 카시가르의 소리 중 하나다.

오늘날 이곳 카시가르는 중국 서북방 신장위구르 자치구에 속한 중국의 영토다. 민족과 언어, 문화, 풍습은 한족과 달라도 속지주의 원칙에 따라 중화인민공화국의 땅이다. 그럼에도 가히 인종의 전시장이라 해도 좋을 만큼 다양한 민족이 모여 산다. 그럴 수밖에 없는 역사를 지니고 있는 탓이다. 바자르에 나가보면 이방인의 눈에는 다 엇비슷해 보이지만 회족, 위구르족, 키르기스족, 타지크족, 우즈벡족 등의 사람들이 때론 한어로, 때론 자신들만의 언어로 소통한다.

13세기 이곳을 거쳐 쿠빌라이가 다스리는 칸발릭(황도皇都) 북경을 방문한 베네치아 상인 마르코 폴로는 자신의 구전 기술『동방견문록』제33장에서 낯선 이역 도시 카시가르를 다음과 같이 묘사한다.

이런 험한 길을 여러 번 지나며 드디어 카시가르라는 곳에 도착한다. 이곳은 전에 독립국이었다고 하는데 지금은 쿠빌라이 황제의 지배를 받고 있다. 주민은 역시 마호메트교를 믿는다. 이 지방은 매우 크며 도시와 성이 많은데 그중에서도 카시가르는 가장 크고 또한 중요하다. 이 지방에는 특유한 언어가 있으며 주민들은 상업과 조업操業으로 생활하고 있고, 훌륭한 화원, 과수원, 포도원 등도 있다. 또한 면화, 아마, 대마 등이 풍부하게 생산된다.

이 지방의 상인들은 세계 각국으로 행상을 하는데 사실 그들은 비참하고 천박한 인종으로 제법 변변한 것도 먹지 못하고 마시는 것도 더할 나위 없이 형편없다. 주민들로서는 마호메트교도 이외에 네스토리우스파의 기독교도가 있어 자기들의 교리에 따라 생활하며 또 교회를 세울 수 있게 돼 있다. 이 지방의 면적은 닷새쯤 가는 넓이다.

이븐 바투타는 자신의 여행기에서 13세기의 카시가르에 대해 다음과 같이 짤막한, 그러나 의미 있는 언급을 했다.

원래 틴키즈 한은 하탸al-Khata 지방의 대장장이였는데, 마음씨가 어질고 체구가 건장해 힘깨나 썼다. 그는 사람들을 모아놓고는 음식을 대접하기도 했다. 그래서 사람들이 그의 주위에 모이기 시작했고, 급기야는 그를 자신들의 두령으로 추대했다. 그러자 제고장을 장악하고 힘을 키웠다. 그의 위력이 일취월장 강화되자 드디어 거란 왕과 중국 왕을 차례로 통제하기에 이르렀다. 아울러 병력이 증강되자 후탄al-Khutan과 카시가르, 알말릭 등지를 공략했다.

짐작하겠지만, 위의 인용문에 나오는 '틴키즈 한'은 몽골 제국의 창건자 칭기즈칸을 가리킨다. 칭기즈Chinghis/Genghis가 틴키즈Tinkiz의 구개음화된 소리임을 추정할 수 있는 주요한 단서다. 그렇다면 칭기즈칸은 '뎅기즈Dengiz(바다)와 같은 황제'라는 뜻의 칭호가 된다. 그가 몽골 초원의 유목 부족들을 통합해 칸이 되기 전 하퇴 지방의 대장장이였다는 대목은 재론의 여지가 있다. 이로 인해 많은 서구 학자가 그의 아명 '테무진Temujin'을 '대장장이'라는 말이라고 하지만, 앞에서도 말했듯 내 생각은 다르다. 첫째, 나라와 민족마다 고유한 작명법naming convention 이 있는데, 초원 유목민들의 경우 대체로 환경친화적으로 이름을 짓고, 둘째, 언어학적으로 볼 때 temujin은 'temu(낙타)+jin(인명 접사)'으로 분석 가능하기 때문이다.

하퇴 지방은 거란, 후탄은 타림 분지 남부에 있는 실크로드 오아시스 육로 남도상의 요지인 호탄을 가리킨다. 호탄은 예로부터 유명한 옥玉의 산지로 악카시Ak-Kash, 白玉河와 카라카시Kara-Kash, 黑玉河가 흐르고 있다. 몇 차례의 언급을 통해 카라Kara가 검은색이고, 카시Kash가 옥임을 짐작할 터, 그렇다면 '카시가르Kashgar'의 어원도 부분적으로 이해할 수 있을 것이라고 믿는다.

파미르의 동편, 알타이에서 발원한 타림 분지의 서단에 자리한 실크로드 오아시스 육로의 북도(이른바 서역북로)상의 주요 지역인 카시가르가 10세기 초반 카라한조에 정복되면서부터 타림 분지 오아시스 국가들의 돌궐화가 시작됐다. 『한서』 96권 「서역전」 서문은 다음과 같이 언급하고 있다. "서역은 무제 때 처음으로 통했다. 원래는 36국으로, 그 후 차츰 나뉘어 50여 국이 됐다. 모두 흉노의 서쪽, 오손의 남쪽에 있다. 남북에 대산(톈산 산맥과 쿤룬 산맥)이 있으며, 중앙에 강(타림 강)이 있다. 동서 6000여 리, 남북은 1000여 리로 동방은 한 제국에 접하고 경계는 위먼관과 양관이다. 서방은 총령으로 그 한계를 이룬다. (…) 위먼관, 양관으로부터 서역에 이르는 길은 두 갈래가 있다. (하나는) 선선국鄯善國(본명 누란樓蘭)으로부터 남산을 따라 북은 타림 강을 따라 서행해 사처莎車(야르칸드)에 이르는 것으로 이를 남도라 한다. 남도는 서로 총령을 넘어 대월지, 안식(페르시아)에 이른다. (또 하나는) 차사전왕정車師前王庭으로부터 북산을 따라 서행해 소륵(카시가르)에 이르는 것으로 북도라 한다. 북도는 총령을 넘어 대완, 강거에 이른다." 여기 카시가르를 지나 파미르를 넘으면 또 다른 서역, 중앙아시아에 당도한다. 사람이 가지 못할 곳은 없다. 파미르를 동서로 넘으며 서방의 환술幻術, 기술奇術은 물론 천문, 역법이 동방으로 들어왔고, 동방의 비단과 옥이 인도로, 페르시아로, 로마로 전해졌다.

2

건륭제의 후비로 팔려간
'위구르 여인' 향비香妃

> "평화로운 시절에는 아들이 아비를 묻지만, 전시에는 아비가 아들을
> 묻는다."―헤로도토스

불교가 인도로부터 동방으로 들어오는 데 교두보 역할을 한 도시가 카
시가르다. 이곳을 거쳐 쿠처로 언기로 누란으로 미란으로, 마침내 중원
에까지 불교가 전파된다. 불교를 신봉한 전진왕前秦王(337~385) 부견苻
堅에 의해 파견된 승려 순도順道가 고구려에까지 오고(372), 명확하지는
않으나 튀르크계 불승 아도我道에 의해 신라에도 불법이 전해진다.

불교는 피안의 종교다. 때문에 처음부터 도시에 사원을 짓지 않았
다. 이 풍진세상風塵世上을 벗어나 도피안到彼岸의 경지, 즉 바라밀婆羅蜜
(바라밀다波羅蜜多. 산스크리트어 Pāramitā의 한자 전사)을 추구하는 것이
불법 수행자의 바람이었다. 그들은 도시를 벗어나 인적이 끊긴 산간으
로 숨었다. 벼랑을 파고 석굴을 만들었다. 석굴은 다름 아닌 석굴암자
혹은 석굴사다. '이진수행離塵修行'의 적지인 석굴은 속세의 탐진치[탐욕貪
慾, 진에瞋恚(성냄), 우치愚癡를 말함] 삼독三毒을 떨치고 명상을 수행하기에
알맞았다. 여름엔 시원하고 겨울엔 따뜻했다. 틈틈이 부처의 전생담인

자타카jātaka와 같은 불교의 고사와 가르침을 벽에 그렸다. 자타카란 석가가 전생에 수행한 일과 공덕을 547가지 이야기로 구성한 경전『본생경本生經』의 산스크리트어로, 한자로는 '사다가闍多迦'로 음역한다. 이들은 또한 석가모니 부처와 여러 보살상을 조각했다. 석굴 예술은 이렇게 탄생했다.

차안此岸의 고해를 벗어나 행복과 자유가 기다리는 피안彼岸에 이르고 싶은 것은 목숨을 가진 모든 존재의 열망일 수 있다. 바라밀은 완전한 상태, 구극의 상태, 최고의 상태를 뜻한다. 교리상으로는 미망과 생로병사 등 팔고八苦로 가득 찬 차안에서 해탈과 열반의 피안에 당도하는 것이다. 또한 이를 위한 실천적 덕목 혹은 수행 방법을 의미하기도 한다. 이러한 이유로 바라밀은 도피안 내지 도度라고 의역되는데, 도피안은 열반이라는 이상적인 상태로 들어가는 것을 의미하고, 도는 고해인 이 세상에서 이상적 상태인 피안의 저 세상으로 건너가기 위한 덕목이나 수행법이라는 의미다. 대승불교의 주요 논서 중 하나인『대지도론大智度論』에서의 도가 바로 파라미타Pāramitā의 의역어다.

우리는 어떻게 궁극의 경지에 도달할 것인가. 대표적 대승 경전『반야경』은 도피안의 해결책으로 여섯 가지 바라밀을 제시하고 있다. 보시布施, 지계持戒, 인욕忍辱, 정진精進, 선정禪定, 지혜智慧가 그것인데, 이 중에서 마지막의 지혜바라밀, 즉 반야바라밀은 나머지 다른 다섯 바라밀을 성립시키는 근거인 무분별지無分別智다. 대승 경전인『화엄경』에서는 6바라밀에 방편方便, 원顯, 역力, 지智의 네 가지 바라밀을 더한 10바라밀을 거론한다.

반야(지혜)는 불교 가르침의 중요한 요소로, 깨달음에 이르는 필수

요건이라고 할 수 있다. 무명無明(지혜롭지 못함)으로 인해 욕망의 그늘에서 벗어나지 못하고, 이것이 번뇌의 근원이 돼 행복한 삶을 꾸리지 못한다는 단순한 진리, 이런 불교적 다르마dharma(가르침)를 바탕으로 중생은 반야를 증득證得함으로써 번뇌의 삶과 절연하고 삼매三昧, samadhi의 경지에서 노닐 수 있다. 흔히 『금강경金剛經』이라고 알고 있는 불경의 원명은 『금강반야바라밀다심경金剛般若波羅蜜多心經』이며, 『반야심경般若心經』 역시 『반야바라밀다심경般若波羅蜜多心經』으로 모두 반야를 증득하기 위한 경전임을 밝히고 있다.

17~18세기 서역(오늘날의 동투르키스탄)은 격동과 격변의 장소였다. 카시가르도 예외는 아니었다. 발단은 만주에서 발원해 중원의 지배자가 된 만주족의 나라 청조淸朝 중화의 서진정책에 기인한 일이었다. 몽골 초원을 넘어 오이라트 제 부족이 세력을 떨치던 알타이 이서의 중가르를 아우르고 이리 초원까지 손에 넣은 청 황실은 톈산 이남의 서역을 장악하고자 했다.

부황父皇 옹정제의 갑작스런 사망으로 이른바 태자밀건법에 의해 청나라 제6대 황제가 된 건륭제의 만주어 본명은 아이신쥐러愛新覺羅 홍력弘曆이다. 아이신쥐러는 우리 식으로 하면 김씨, 김가라는 말이다. 만주어 '아이신aisin'은 '金'을 뜻한다. 아이신 집안은 황금 씨족이라는 말이다. 건륭제의 별명은 '십전노인十全老人'인데, 이는 열 번의 정복 전쟁에서 모두 승리한 위인이라는 의미다.

건륭제는 1711년에 태어나 20대 중반인 1735년 황위에 올라 60년 넘게 보위에 있다가 1796년 물러났으나, 이후 2년간 태상왕太上王으로 실권을 행사하다 1799년에 세상을 뜬다. 중국의 마지막 태평성세인 강

건성세康乾盛世를 장식한 황제로 중국의 역대 황제 중 최고로 장수한 황제이며 중국 최후의 태상황제였다. 이만하면 건륭제는 더없이 행복했던 황제다.

그에게 '십전노인'이라는 별명이 붙은 것은 1747년 대금천大金川을 시작으로 1791년까지 무려 40년이 넘는 세월에 걸쳐 중가르, 쓰촨 성 금천 지역, 네팔을 각각 두 번씩, 그리고 회부回部(회족 지역), 미얀마, 타이완, 베트남을 한 번씩 도합 10회에 걸친 원정을 통해 모두 승리를 거둔 십전무공十全武功 때문이다. 그로 인해 현재 중국의 영역이 확정된 셈이다. 또한 만주족과 한족, 몽골족, 장족藏族(티베트족), 회족의 다섯 민족을 아우르는 판도를 형성하는 결과를 낳았다.

이 시기에 이르러 중국요리의 최고봉 '만한전석滿漢全席'이 완성된 것은 우연이 아니다. 건륭제의 조부 강희제는 본인의 회갑을 맞아 천자로서는 보기 드물게 장수를 누리는 기쁨에 전국의 65세 이상 노인 2800명을 대궐로 초청해 이틀에 걸쳐 천수연千壽宴을 벌였다. 그리고 만석과 한석을 두루 갖춘 잔칫상을 가리켜 친히 만한전석이라 불렀기에 만한전석은 만족과 한족의 산해진미를 모두 갖춘 궁중 연회를 뜻하는 말이 됐다. 황제는 청 왕조의 지배 아래 다수의 한족과 소수의 만족이 서로 융화해 태평성대가 유지되기를 바라는 마음에서 그런 이름을 붙였을 것이다.

만한전석에 쓰이는 식기류가 온전히 남아 있는 것은 산둥의 공자 집안에 보관된 것이 유일한데, 이는 모두 404개로 놀랍게도 196가지의 음식을 담아낼 수 있다고 한다. 모두가 은제인 이 식기류는 1771년 신묘년 건륭제가 자신의 딸을 공자의 72대손에게 시집보내면서 혼수품으로 딸려 보낸 것이라 전해진다.

건륭제의 명을 받은 청군淸軍이 낙타 부대를 이끌고 타림 분지를 침공한 것은 1758년이다. 그리고 이듬해 분지 전역을 정복했다. 이렇게 해서 이리 분지, 중가르 등지를 망라한 동투르키스탄은 '새로운 강역'이라는 의미의 '신장新疆'으로 불리게 되고, 청 제국에 편입되기에 이른다. 청 제국은 이리 강 유역, 이르티시 강 일대, 우루무치에 타란치taran-chi라 불리는 타림 분지 일대 오아시스에 거주하는 인도-토하르계는 물론, 튀르크계(좀더 정확하게는 Karluk, 葛邏祿) 무슬림 정주민들을 이주시켰다. 사회경제적으로 청의 지배를 뒷받침하게 된 이들 타란치는 이렇듯 본래 오아시스 지역에서 농경 생활을 하던 농민이었다. 생산성 높은 관개농업의 경험이 풍부한 경작 기술자들인 셈이다.

'타란치'라는 말은 '농민'을 뜻하는 몽골어 '타리야치'(혹은 서몽골 오이라트어 '타란')를 차용한 차가타이·튀르크어다. 청이 타림 분지를 정복하기에 앞서 17세기 중후반 오이라트가 중심이 된 중가르는 이리 계곡을 점령한 후 농토 개간을 위해 톈산 남부의 오아시스 지역에서 수많은 타란치를 데려왔다.

이 무렵 타림 분지 서단 카시가르에 후일 향비香妃가 되는 아름다운 위구르 여인이 있었다. 그 지역의 이슬람 귀족 집단 호자Khoja 가문 출신이었다. 그녀는 슬펐을 것이다. 이십 대 초반의 꽃다운 아가씨가 말도 다르고 풍습도 다를뿐더러 오십 대에 임박한 노인(당시 50세는 이미 노인으로 간주됐다)에게 시집을 가야 하는 것이다. 그에게는 이미 다른 여자도 많았다. 그녀는 기막힌 팔자를 한탄하며 저 멀리 남의 땅 북경으로 끌려가다시피 건륭제의 후비로 팔려갔다. 정치 혹은 외교란 이런 것이다.

그러나 사람들은 진실을 말하기를 꺼린다. 그래서 역사적 실체는 대부분 망실되고, 대신 사람들은 자신들의 부끄러운 행위를 아름다운 이야기로 지어낸다. 역사는 미화된다. 대부분 그렇게 자신들의 과실을 변명하고 위로한다. 향비의 전설도 이런 맥락에서 탄생했을 것이다.

건륭제는 꿈속에서 한 아리따운 여인을 만난다. 꿈에서 깨어난 황제는 사방을 수소문해 그녀를 찾으라고 명한다. 그녀는 당시 위구르인의 땅이던 서역 카시가르에서 발견된다. 황명으로 그녀는 황제가 있는 북경 자금성으로 보내진다. 절세가인이기도 하지만 몸에서 매혹적인 향기가 감돌아서 향비라 불렸다는 이 여인은 황제와의 잠자리를 거부하고 항상 서쪽 고향만 그리워하며 눈물로 세월을 보냈다. 그러던 중 그녀를 못마땅하게 여긴 황태후가 황제의 부재를 틈타 그녀를 죽였다.

나는 그녀를 향비로 묘사한 위구르 무슬림들의 심정이 궁금했다. 그녀는 카시가르를 다스리던 이슬람 귀족 집단 호자 가문의 여인이었다. 호자 가문의 역사는 티무르의 후손임을 자처하고 사마르칸트로부터 카시가르로 이주한 이슬람 수피 호자 이스하크로부터 시작된다. '호자'는 이슬람 사회에서 신분을 나타내는 칭호 중 하나로 본래 사만조 시대의 관직명이며 '귀족'을 뜻한다. 호자 이스하크를 필두로 이슬람 신비주의 교단의 하나인 낙슈반디 교단에 속하는 마흐두미 아잠('위대한 스승'이라는 의미)의 후손들이 16세기 말 사마르칸트에서 카시가르로 이동해 점차 그곳에 세력 기반을 형성하고 종교 귀족으로서 성속聖俗 양면에서 지대한 영향력을 행사했는데, 이들이 바로 카시가르의 호자 가문이다.

카시가르에서 동북으로 5킬로미터 정도 떨어진 곳에 아파키야, 이샤

호자 아바흐의 영묘 전경.

니야, 혹은 악 타그리크Ak Tagliq로 불리는 이슬람교 백산당白山黨의 수
장 호자 아바흐Khoja Abakh(?~1693/1694)의 영묘가 있다. 아바흐는 카
시가르는 물론 주변의 호탄, 야르칸드, 쿠처, 쿠얼러, 악수 등을 통치한
인물로 그를 기리는 영묘에는 5대에 걸친 그의 가문 사람들의 무덤도
함께 있다.

향비묘도 바로 이곳에 있다. 호자 아바흐 영묘의 주묘실 안에는 사
람 키 절반 정도 높이의 테라스가 있어 거기에 크고 작은 관 58개가 자
리 잡고 있다. 향비묘는 테라스 동북쪽 모서리에 위치해 있는데 무덤

영묘 주변 일반 무슬림들의 묘지군.

앞에 위구르어와 중국어로 그녀의 이름이 적혀 있다. 황제의 여인이었
다면 의당 건륭제가 묻힌 북경 동쪽 쭌화에 있는 청 황실의 묘지 동릉
東陵에 매장돼 있어야 마땅하다. 따라서 향비가 실제 역사적 인물이었
다면 카시가르의 향비묘는 허묘에 불과하다. 그렇다면 위구르인들이 청
나라에 패한 굴욕의 역사를 보상하고 민족적 자존심을 되찾기 위해
향비라는 인물과 그에 관한 전설을 창조해낸 것인지도 모르겠다.

전설에 의하면 향비가 건륭제의 비가 된 것은 그녀의 나이 22세 때
인 1757년으로 위구르 무슬림의 오아시스 국가 카시가르가 청나라에

패망, 복속되기 두 해 전이다. 향수병에 잠겨 황제의 침소에 들기를 한 사코 거부하던 그녀가 자살을 했는지 미움을 사 죽임을 당했는지는 확실치 않다. 향비 전설의 대미는 향비가 죽자 카시가르 사람들 124명이 3년 반이나 걸려 북경에서 카시가르까지 향비의 시신을 실은 수레를 끌고(혹은 상여를 메고) 걸어서 운구해 왔다는 점이다. 자신들이 맥없이 청군에 굴복한 것과는 달리 끝내 수청을 거부하고 위구르 여인으로서 민족적 자존심을 지킨 향비는 카시가르인의 존경과 흠모의 대상이 되기에 충분했다.

그러기에 그녀는 향기로운 여인 향비여야 했다. 민족적 자존심의 향기, 그것이 어떤 것일까 궁금했다. 도시 외곽 도로변에 가로수로 심어진 키 큰 백양나무의 향기가 그러할까. 그러나 백양나무는 향기가 거의 없다. 파미르 고원 야생화의 향기일까. 알다시피 야생화 또한 향기가 옅다. 그렇다면? 바자르 과일 가게 앞을 지나다 하미과라는 타림 분지 특산의 멜론을 고르고 있던 젊은 무슬림 여인에게서 문득 향기가 전해져 왔다. 그건 다름 아닌 무르익은 멜론의 달콤한 향기였다. 그랬을 것이다. 향비의 몸에서 풍겨 나오던 향기는 멜론의 향기였을 것이라고, 나는 그렇게 향비의 향기를 결정지었다.

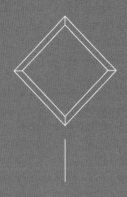

7장

불교 왕국 쿠처

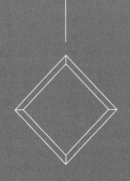

1

서역과 중원 문화의 융합지,
전진왕 부견이 쿠처를 친 까닭은 무엇일까

"여행은 일상을 벗어나지만 일상을 그리워하며, 종내 일상으로 되돌아오는 것이다."

파는 왜 파일까? 존재론이 아닌 언어학적 관점에서 다시 묻자면 파는 왜 파라고 불렸을까? 태초에 파가 있었다. 사람이 파를 목격한다. 그리고 그를 파라 부른다. 김춘수의 시 「꽃」이 생각나는 대목이다. 내가 너의 이름을 부르기 전에는 너는 그저 하나의 꽃에 불과했다. 네가 나에게로 와 하나의 의미가 됐다. 작명은 이렇듯 의미화를 수반한다. 이름이 부여됨과 동시에 의미가 결정되고, 아무것도 아닌 단순한 존재에서 의미 있는 이름 가진 존재가 되는 것이다.

우리 땅이 원산지는 아니지만 어느덧 파는 우리 음식 문화에서 빼놓을 수 없는 중요한 재료가 됐다. 심지어는 양파도 건강과 영양 면에서 즐겨 먹는 식재료가 됐다. 양파는 파만 먹던 사람들이 좀 묘하지만 파를 닮은 서양 물건이라 하여 양파라 이름 붙였다. 양상추, 양배추, 양다래(키위), 양담배, 양주 등 먹고 마시는 것 말고도 양복, 양장, 양다라, 양동이 심지어는 양색시, 양공주, 양놈, 양코배기라는 비하적 언사까지 등장했다.

파의 원산지를 시베리아라고 하는 사람이 있는가 하면, 중국 서부 지방을 원산지로 추정하며 2200여 년 전부터 재배·이용돼온 오래된 작물이라고 하는 이도 있다. 그런데 우리의 혜초 스님께서는 『왕오천축국전』에서 파미르 이동以東의 서역 소륵(카시가르)을 묘사하며 "고기와 파, 부추 등을 먹으며, 토착민들은 모직 옷을 입는다"라고 했다. 뒤이은 구자국龜玆國(오늘날의 쿠처) 조에서도 "고기와 파, 부추 등을 먹는다"라고 했다. 그 지역에서는 파와 부추가 흔히 먹는 식품이었음을 알 수 있는 대목이다.

파미르 고원을 흔히들 '세계의 지붕'이라고 한다. 왜일까? 파미르 고원을 중심으로 동북의 톈산 산맥, 동남의 쿤룬 산맥, 그 이남의 히말라야, 서쪽의 힌두쿠시 산맥이 퍼져 있기 때문이다. 달리 말해 파미르 고원의 오른편에는 타클라마칸이 있는 타림 분지가 있고 그 이동以東은 중국이다. 서쪽과 북쪽으로는 중앙아시아가 자리 잡고 있다. 남쪽으로는 히말라야, 힌두쿠시, 그리고 그 아래로 인도아대륙亞大陸이 위치해 있다. 가히 세상의 중심이라 할 만하다.

그런데 왜 하필 파미르Pamir일까? 언어학자의 사소한 호기심이 발동한다. 정수일 선생은 고대 이란어로 '평옥平屋 지붕'이라는 뜻이라고 했지만 내 생각은 좀 다르다. 파미르의 훈차어 총령蔥嶺이 말해주듯, 파미르는 '파의 고개-mir'다.

이번 글의 여정은 작지만 인문학적으로 커다란 의미를 지닌 파미르 동편의 도시를 중심으로 이뤄진다.

머나먼 서역, 톈산 산맥 이남 구자(오늘날의 쿠처)라는 나라에 쿠마라

키질 석굴 앞 쿠마라지바(구마라습) 청동상.

지바(344~413, 산스크리트어는 Kumārajīva, 한자 표기는 鳩摩羅什, 구마라습이라고 읽는다)라는 고승이 있었다. 그는 일곱 살 나던 해 구자왕의 누이였던 어머니를 따라 천축에 가서, 정확하게는 또 다른 서역인 카시미르에 가서 소승 경전과 베다 및 오명제론五明諸論을 수학했다. 후일 고국으로 돌아오는 길에 사륵(카시가르)에 1년가량 머물며 여기서 사차(야르칸드)의 왕자 야리소마耶利蘇摩를 만나 대승 경전인 『아누달경阿耨達經』을 연찬했다. 이런 인연으로 고국에 돌아와서는 열심히 대승을 설파해 명성이 동쪽의 중국에까지 퍼지게 되었다. 그 때문에 401년 후진後秦 왕 요흥姚興의 요청으로 국사國師가 돼 역경 작업에 매진한 끝에 경론經

論 74부 300여 권의 불경을 한문으로 번역했다. 그리고 삼론종의 조사가 된다. 내가 이십 대 후반 매료된 용수의 『중론송中論頌』도 쿠마라지바의 손을 거쳐 한역된 것이다.

비非한족을 격하시켜 부르는 명칭인 '오호五胡'는 흉노, 선비, 저氐, 갈羯, 강羌을 가리키는 말이다. 두려운 북방 이민족에 대한 일종의 콤플렉스가 반영된 표현이 아닐까 싶다. 그런데 갈족은 흉노의 일파이므로 따로 구분하기엔 무리가 있고, 갈족 출신 석륵이 후조後趙를 건국한 것이나 선비족 탁발부, 모용부, 독발부, 걸복부가 각각 독립적으로 나라를 세운 것을 생각하면, 이들 북방 민족의 수를 구태여 다섯이라고 하는 것은 별 의미가 없어 보인다. 16국이란 말은 북위 말엽의 사관 최홍崔鴻이 쓴 『십육국춘추十六國春秋』에서 유래했으며, 실제로 이 시기에 세워진 나라의 숫자는 16개가 넘는다.

어쨌든 이 무렵 요서에 근거지를 둔 선비족의 모용부가 모용을 중심으로 전연前燕을 세우고(337), 349년 이후 후조 멸망의 혼란을 틈타 중원에 진출했다. 같은 시기 섬서 지방에서 저족의 부건이 장안에서 전진前秦을 건국했다.(351년) 부건의 뒤를 이은 선왕 부생을 폐위하고 스스로 왕위에 오른 부견은 한족 출신 왕맹王猛을 등용해 내치를 다져 국력을 키우는 한편 대대적인 정벌로 각 나라를 정벌해 376년에 화북을 완전히 통일했다. 정도전을 만난 이성계의 모습이 연상된다.

간이 커진 부견은 천하를 통일하기 위해 동진 정벌을 계획하고는 383년에 100만 대군을 이끌고 남하했다가 비수의 전투에서 동진군에게 대패하고 만다. 이로 인해 전진의 국력은 일시에 쇠퇴하고, 눌려 지내던 각 민족이 우후죽순처럼 독립하기 시작한다. 하북·하남·산둥 일대에는 후연이 건국되고, 병주에는 대代(후일의 북위北魏)와 서연西燕이 세워졌다. 산시 성에는 후진과 서진西秦이 생겼고, 간쑤 성에는 후량後凉이 태어났다. 이게 끝이 아니다. 일련의 힘겨루기 과정 끝에 마침내 탁발선비족의 나라 북위가 436년에 북연을, 439년에는 북량을 차례로 멸망시키고 화북을 통일하니 이로써 오호십육국 시대는 끝나고 이른바 위진남북조 시대가 열리게 된다.

전편에서 말했듯, 372년 고구려에 순도를 보내 불교를 전한 것으로 알려진 인물이 바로 전진의 세 번째 왕 부견(재위 357~385)이다. 때마침 부견은 쿠처에 가면 명승 쿠마라지바가 있다는 소문을 들었다. 자신이 가진 힘에 취한 남자들이 그렇듯 부견은 383년 천하 통일을 꿈꾸며 대장군 여광呂光으로 하여금 서역 정벌에 나서도록 한다. 그리고 주변의 만류에도 불구하고 96만 명의 대군을 징집해 동진을 공격한다. 예상하듯 몰락의 시작이다. 세상의 주인이 될 욕망에 불탄 부견은 직접 참여한 비수대전에서 대패하고 만다.

이후 하북 지역에서 모용수가 후연을 건국하자 요장은 후진, 걸복국인은 서진, 모용충은 서연, 양정楊定은 구지仇池 등을 건국해 화북 각지가 분열된다. 하남 지역은 동진東晉이 점령해나간다. 385년 서연이 장안을 함락하자 부견은 서쪽으로 도망치다가 자신의 수하였던 후진의 요장에게 포로로 사로잡히고 만다. 그리고 요장의 선양禪讓 요구를 용감하게 거절하다 결국 죽임을 당한다. 그의 최후는 주객전도, 하극상의 완결판 드라마를 보는 듯하다. 과거의 주인을 딛고 새로운 주인이 된 요장은 승자의 아량으로 부견에게 장렬천왕壯烈天王이라는 시호를 내린다. 참으로 숙연하다.

이런 와중에 쿠마라지바는 부견이 꼭 모셔오라며 보낸 대장군 여광과 함께 중국에 왔으나 전진은 이미 멸망해버린 뒤였다. 이에 여광이 하서회랑에서 후량을 세우자 쿠마라지바는 잠시 그의 그늘에 머물렀다가 후진왕 요흥의 초청으로 후진에서 역경 사업을 시작한다. 이것이 중국 불교 제1의 황금기를 마련한 쿠마라지바가 중국에 도착했을 무렵의 시대적 배경이다. 중국 불교가 흥성한 것은 부견 말고도 중국 각지를 차지한 많은 북방 이민족 통치자가 새로운 종교 불교를 통치이념으로 받아들여 널리 유포했기 때문이다. 이런 상황에서 중국에 전해진 미비한 불교가 아닌 좀더 완벽한 불교를 알고자 하는 열렬한 구도자들은 나오게 마련이다. 이들은 불교의 고향이자 부처님의 나라 인도로 구법 순례를 떠난다. 법현, 혜생, 현장, 의정, 오공, 혜초 등이 역사에 이름을 남긴 승려들이다.

구자는 진정한 불교 왕국이었다. 현장의 『대당서역기』 12권 '거사국佉沙國 조'에 따르면, 당시 구자에는 가람 수백 소와 승려 만여 명이 있었으며, 사람들은 소승불교의 설일체유부說一切有部를 공부한다고 했다. 한편 『자은전慈恩傳』은 이 나라에는 대승 경전이 많아 십만 송頌을 알고 있는 사람이 수십 명이나 된다고 했다. 『자은전』은 당나라 때 혜립慧立과 언종彦悰이 저술한 『대당대자은사삼장법사전大唐大慈恩寺三藏法師傳』의 약칭으로 당나라 때 경·율·논에 두루 밝았던 대자은사의 고승인 현장에 대한 전기다. 이랬던 구자에서 불교가 쇠퇴하게 된 원인은 후일 돌궐이 서역을 지배하면서 조로아스터교가 유입되었기 때문으로 판단된다.

『한서』에 따르면 구자는 서쪽의 36왕국 중 최대의 나라로 인구가 8만 1317명이며 2만1076명이 무기를 지녔다. 무척이나 상세한 기록이다. 구자는 인도의 영향을 크게 받았다. 7세기 중엽 타림 분지 전역을 장악한 당나라는 구자에 안서도호부를 설치한다. 그리고 이곳을 중심으로 서역 안정화에 힘쓰면서 동서무역이 번창하게 된다. 고선지 장군이 바로 이곳 안서도호부의 절도사였다. 혜초도 천축 고행을 마치고 힘들게 파미르를 넘어 카시가르를 거쳐 여기 구자에 당도한다.

혜초는 소륵에서 동쪽으로 한 달을 가면 구자에 당도한다고 기록했다. 구자에는 당시 당나라가 설치한 안서 대도호부가 있었으며, 중국 병마의 대규모 집결지였다. 절도 많고 승려도 많으며 소승법이 행해지고 있었다. 사람들은 고기와 파, 부추 등을 먹는다고도 했다. 서쪽의 소륵(카시가르) 주민들과 똑같은 음식문화를 가지고 있던 것으로 짐작된다. 중국인 승려는 대승법을 행한다 한 것으로 보아 상당수의 중국 승려가 그곳에 거주하며 불법을 익히고 수행했던 듯하다.

이렇듯 불교를 신봉하는 이민족이 사는 땅 서역 36국 중 9대국의 하나였던 구자龜玆의 현 중국식 한자 표기는 '庫車'로, 18세기 후반 청나라 건륭제 때의 개명이다. 둘 다 쿠처Kuche의 음사音寫라고 한다. 佉沙, 曲先, 苦先, 苦叉, 屈支, 歸玆, 丘玆, 屈玆, 屈茨 등 이표기는 이 밖에도 많다. 무릇 말에는 다 나름의 뜻이 있으니, 구자라는 나라 이름에도 그럴 만한 의미가 내포돼 있음이 분명하다.

다양한 이표기를 바탕으로 고대음을 재구성해본다면, 구자龜玆는 /kuš/ 혹은 /kuč/에 가까운 음가를 지닌 말이었을 것이다. 이 점은 8세기 쿠처 출신의 승려 리언利言(禮言)이 편찬한 『범어잡명梵語雜名』에 구자에 대한 범어 표기가 'kushina'인 것으로 보아 나름 타당성 있다. 이를 일본 가타카나로는 구지낭俱支囊으로 옮겨 적었다. Kushina에서의

쿠처 외곽 톈산 산맥 남쪽 톈산 대협곡의 자연경관.

'-na'는 지명을 표기하는 고대 범어다. 다시 말해 '쿠시의 나라'라는 뜻이다.

그렇다면 /kuš/ 혹은 /kuč/라는 소리는 어떤 의미를 지니고 있는 걸까? 나는 옥玉이라고 생각한다. 공교롭게도 옥의 우리말이 구슬이다.

언어학적 진실과는 별개로 쿠처에 가면 편지를 써야 한다. 잊었던 친구에게, 가족에게, 연인에게 편지를 보내야 한다. 낯선 여행지에서 쓰는 편지는 받는 이에게 색다른 감동을 준다. 쓰는 이의 행복은 더욱 말할 나위 없음이다. 무얼 쓸까? 중원 문화, 서역 문화 및 외래 문화가 끊임없이 융합·발전하면서 풍부한 유적을 남긴 쿠처와 그 주변에는 볼거리가 많다. 실크로드의 중요한 기점으로 한당漢唐 이래 줄곧 서역의 정치·경제·문화의 중심지 역할을 하던 화려한 과거의 영화榮華는 사라지고 작금은 고작 인구 8만 명 정도에 불과한 소도시이지만 쿠처의 거리는 한족이 많은 신장위구르 자치구의 타 지역과는 달리 위구르만의 민족색이 뚜렷하다. 그러므로 자신이 보고 느낀 것을 자랑해도 좋다. 시내에서는 옛 거리와 박물관이 통합된 쿠처왕부, 신장 최대의 모스크인 쿠처대사庫車大寺가 500미터 이내의 인접한 거리에 있으므로 한나절이면 다 둘러볼 수 있다. 쿠처 시내를 벗어나면 톈산 대협곡과 홍산 대협곡이 독특한 아름다움으로 시선을 끈다.

톈산 남쪽 기슭의 자연경관에 빠지기보다 문화와 역사에 관심 있는 이라면 키질 천불동 방문은 필수다. 사실 쿠처 일대에는 쿠무투라 천불동을 포함해 7개의 천불동이 있다. 소 포탈라 궁과 키질야승경은 110킬로미터 이내의 거리에 모두 한 도로를 따라 늘어서 있으므로 쉽게 주유할 수 있다. '파미르 산악의 제왕' 고선지 장군의 유적 쿠처고성庫車古城은 쿠처대사에서 가까운데, 과수원 사이에 방치돼 있어 흔적을 알아보기 힘들다. 안타까운 인심人心이다.

2
세 번씩이나 결혼해야 했던
한漢의 공주, 그녀는 과연 행복했을까

> "사람은 운명의 지배를 받는다. 그러나 운명이 사람을 선택하는 것이
> 지 사람이 운명을 선택하지는 못한다." —정자

지금으로부터 2081년 전인 기원전 65년 제사弟史라는 이름의 오손 공주가 쿠처왕 강빈絳賓과 혼인한다. 이 여인은 누구일까? 과연 그녀는 행복했을까? 이번 글은 그녀의 이야기부터 시작하기로 한다.

먼저 색종塞種이 살고, 그다음에는 서천한 월지가 선주민 색종을 파미르 이서의 현도縣度(신두 지방) 너머로 몰아내고 살던 땅을 또 나중에 내습한 오손이 차지한 기원전 2세기, 이미 오손은 주변국들을 압도하는 최강국이 되어 있었다. 부유한 사람은 4000~5000필을 소유하고 있을 만큼 이 나라에는 말이 많았다. 곤미昆彌라는 칭호로 불리는 초기 왕 곤막昆莫 렵교미獵驕靡에게는 10여 명의 자식이 있었다. 이 나라의 왕족에게는 독특한 풍속이 있었는데, 누이인 공주를 처로 삼아 그를 곤제昆弟라 칭하는 것이었다.

이와 유사한 습속이 우리나라에서도 고려 초기 태조 왕건 사후 혜종惠宗(맏아들 왕무王武), 정종定宗(왕요王堯), 광종光宗(왕소王昭), 경종景宗(왕

주王胃)으로 이어지는 왕씨 집안에 있었다. 4대 임금 광종은 태조의 넷째 아들로, 신명순성왕태후 유씨 소생의 셋째 아들이자 요절한 왕태王泰와 정종 왕요의 동생이다. 그의 비는 대목왕후 황보씨인데 그녀는 태조와 신정왕후 황보씨 소생의 딸로 광종의 이복누이이며, 후궁인 경화궁부인 임씨는 배다른 형 혜종의 딸로 조카인 셈이 된다.

대곤미 렵교미의 태자가 일찍 죽었기 때문에 왕위는 태자의 유언으로 그의 아들이자 렵교미의 손자인 잠추 군수미軍須靡에게로 이어졌다. 화가 난 건 렵교미의 중자中子 대록大祿이었다. 이 때문에 일시 나라 안에 분란이 있었다. 자신을 제쳐두고 형의 아들인 조카를 태자로 삼으려는 아버지의 처사를 못마땅하게 여긴 부자간의 무력 충돌이 발생한 것이다.

그럼에도 오손국은 건재했다. 한漢나라에서는 공주를 연로한 오손곤막에게 시집보냄으로써 흉노를 견제하려 했다. 오손은 혼수로 말 1000필을 보냈다. 당시 이는 대단한 선물이었다. 그리하여 한漢 원봉元封 시기(기원전 110~기원전 105)에 강도왕江都王 유건의 딸 세군이 곤막의 왕비로 보내져 우부인右夫人이 됐다. 그러자 질세라 흉노 또한 여인을 보내 곤막의 처가 되게 하니 곤막은 이 여인을 좌부인左夫人으로 삼았다. 노인이 복도 많다. 이미 오손 출신의 부인이 있었을 것인즉 그에 더해 한과 흉노까지 부인이 둘이나 더 생긴 것이다.

연로한 곤막은 자신의 부인이 된 한의 공주를 손자에게 하사한다. 당시 유목민의 풍습이나 성性 습속으로는 이런 일이 가능했던 모양이다. 손자인 잠추 군수미는 한의 강도 공주 세군에게 장가들어 소부少夫라는 이름의 딸을 하나 낳았다. 세군이 죽자 한 조정에서는 또다시 초왕楚王 유무의 손녀인 해우를 공주로 봉해 잠추의 처로 보낸다. 잠추와 오손 부인 사이의 아들 니미泥靡가 아직 어린데 잠추가 세상을 뜨니, 잠추의 계부인 대록의 아들 옹귀미翁歸靡가 왕위를 이어받아 비왕肥王이 돼 또다시 한에서 시집온 해우를 부인으로 취한다. 그리고 아들 셋과 딸 둘을 낳는다. 장남은 원귀미元貴靡요, 차남 만연萬年은 후일 사차왕莎車王, 즉 오늘날의 야르칸드Yarkand(타림 분지 서남부의 오아시스 육로 남도의 종점)의 군주가 되고, 막내아들 대악大樂은 좌대장左大將이 된다. 옹귀미와 해우 부인 소생의 두 딸 가운데 장녀가 바로 이번 글의 주인공으로 나중에 쿠처왕 강빈과 결혼하는 제사요, 작은 딸 소광은 약호若呼라는 이름의 영후翎候(엽호葉護와 같은 관직명)의 처가 된다. 장남은 한 대 건너 오손왕인 대곤미가 되고, 차남은 톈산 산맥 이남 서남방의 나라 사차국을 통치했으니 당시 오손의 위세가 어느 정도였는지 가늠

기원전 1세기 쿠처왕 강빈과 오손 공주의 후손일 수도 있는 쿠처의 여인들.

해볼 만하다.

때가 돼 옹귀미도 세상을 뜬다. 그리고 전통에 따라 옹귀미 사후 오손의 왕위인 대곤미 자리는 귀인(귀족)들의 추대를 받은 잠추의 아들 광왕狂王 니미에게로 돌아간다. 니미는 또 당시 오손의 풍습에 따라 숙부인 옹귀미의 부인이었던 한의 공주 해우를 부인으로 맞아들여 외아들 치미雉靡를 낳는다. 그리고 치미는 아버지인 니미의 사촌이자 계승자가 되는 옹귀미의 장남 원귀미의 뒤를 이어 후대의 곤미가 된다. 복잡해 보이지만 나름 원칙이 있는 사촌, 숙질 사이의 순차적 왕위 계승이다. 사서史書는 니미와 해우의 사이가 별로 좋지 않았다고 전한다. 그럴 수밖에 없었을 것이다. 첫 남편 잠추가 죽자 그와 사촌 간인 옹귀미의 새 아내가 되고, 그가 죽자 또다시 계승자인 두 번째 남편의 조카(니미)의 아내가 되어야 하는 한 공주의 입장은 당황스럽다 못해 굴욕적이었을 것이다. 세 번씩이나 시집을 갈 수는 없다고 완강하게 윤리를 따져 거부할 수도 없고, 도저히 이해되지 않는 풍습을 부득불 따르는 것이 결코 쉬운 일은 아니었을 터이다. 그 사이에 낳은 자식들의 촌수를 따지는 건 이미 생각 밖의 일이 됐을 것이다. 말이 안 통하는 것은 말할 것도 없고 다소 충격적인 문화 차이를 억지로 수용해야 하는 여인의 심정은 죽음보다 못한 것이었는지도 모른다.

이때 전 남편 옹귀미와의 사이에서 낳은 큰딸 제사에게 장가들기를 청하는 인물이 등장한다. 기원전 65년의 일로, 청혼자는 쿠처왕 강빈이다. 오롯한 한의 공주 해우 부인과 오손의 남자 옹귀미 사이의 혼혈이었지만 그는 개의치 않았다. 순혈과 혼혈의 구별은 훨씬 후대를 사는 오늘날의 우리에게나 적용되는 것이지 싶다. 그리고 적어도 오손 왕녀 제사에게 한 왕실의 피가 절반은 흐르고 있었기 때문이다. 물론 그의 청혼이 제사가 아름답다고 소문이 자자했다거나 당시 강대국 오손과의 정치적 관계를 고려한 정략적 선택일지도 모를 일이다.

당시의 시대적 상황을 『전한서前漢書』 「서역전」 제66 '구자국 조'는 다음과 같이 전한다.

> 선제宣帝(재위 기원전 74~기원전 49) 때에 장라후長羅侯 상혜常惠가 오손에 사신으로 갔다가 돌아오는 길에 임의로 (오손 병사 7000명을 포함) 여러 나라의 병사를 징발해, 모두 5만 명으로 구자를 공격하고 과거에 교위뇌단校尉賴丹을 살해한 것을 질책했다. 구자왕이 사죄하며 말하기를 "이는 저의 선왕 때 귀인 고익姑翼이 저지른 잘못이고 저는 죄가 없습니다"라고 했다. 그러고는 고익을 붙잡아 상혜에게 보냈고 상혜는 그를 참수했다.

당시 오손 공주(초왕의 손녀 해우)가 딸(오손왕 옹귀미와의 사이에 낳은 장녀 제사)을 경사로 보내 북치고 거문고 뜯는 것을 배우게 했는데, 한나라는 시랑侍郞 악봉으로 하여금 공주의 딸을 호송토록 했고 구자를 지나가게 됐다. 구자는 일찍이 귀족을 오손으로 보내 공주의 딸을 청한 적이 있었다. 그가 아직 돌아오지 않았는데 그 딸이 구자를 지나가게 되니, 왕이 그녀를 머무르게 하고 보내지 않았다. 그리고 다시 공주에게 사신을 보내 보고하도록 하니 공주가 (혼인을) 허락했다. 후에 공주가 글을 올려 딸을 종실의 사람처럼 간주해 입조케 하기를 원했고, 강빈 역시 그 부인을 사랑해 글을 올려 말하기를 "한나라의 외손녀를 맞아들였으니 (한나라 황실의) 형제가 된 셈입니다. 원컨대 공주의 딸과 함께 입조하고 싶습니다"라고 했다. 원강元康 원년(기원전 65) 그는 마침내 입조해 경하를 드렸고, (한나라는) 왕과 그 부인에게 모두 인수를 하사했다.

부인을 '공주'라 칭하고, 수레와 말, 깃발과 북, 가수와 악사 수십 명, 수놓인 비단과 여러 종류의 비단 및 귀한 진품 등 수천만을 하사했다. 1년간 머물게 한 뒤 후한 선물을 줘 보냈다. 이후 여러 차례 입조해 경하드렸는데, 한나라 의복과 제도를 즐겼으며, 그 나라에 돌아가서는 궁실을 짓고 주위를 둘러싸는 길을 만들고 출입할 때에는 서로에게 전달해 부르면서 종과 북을 치니, 한나라 황실의 의례와 같았다. 바깥 나라의 호인胡人들이 모두 말하기를, "나귀인데도 나귀가 아니고 말인데도 말이 아닌 것이, 마치 구자왕과 같으니 (그것이 바로) 노새라고 부르는 것이다"라고 했다. 강빈이 죽자 그 아들 승덕永德이 스스로 한나라의 외손자라고 하면서, 성제와 애제 때에 왕래한 것이 또한 여러 차례이니, 한나라는 그에 대해서도 매우 친밀하게 대우해줬다.

구자국, 즉 쿠처는 오손만큼이나 오랜 역사를 갖는 나라다. 지정학적으로 쿠처는 실크로드 톈산 남로상의 주요 국가로 동쪽으로는 투루판과 가깝고, 북으로는 톈산 산맥을 사이에 두고 이식쿨 호수, 이리 강 일대 및 중가리아 초원을 무대로 한 오손과 접해 있었다. 때문에 흉노가 두려운 한의 입장에서는 전략적으로 지극히 중요한 위치를 차지하고 있었다. 한 무제와 장건 등 실크로드와 관련된 중요 인물들이 등장하는 기원전 2세기경의 일을 기록하고 있는 『전한서』 「서역전」 제66 '구자국 조'를 보면 한이 관장하는 서역도호부 소관의 구자국 관직명에 '호

胡'(흉노)나 '거사車師'(투루판)를 '물리치거나軋' 공격擊'하는 것을 임무로 하는 직책이 많은 것으로 미뤄 당시 시대 상황을 짐작할 수 있다.

(구자국의) 도읍은 연성延城(현 쿠처 동쪽 교외의 피랑고성)이고 장안에서 7480리 떨어져 있다. 호수는 6970호, 인구는 8만1317명, 병사는 2만1076명이다. 대도위승·보국후·안국후·격호후·각호도위·격거사도위·좌우장·좌우도위·좌우기군·좌우역보군 등이 각각 1명씩 있으며, 동서남북 각 부의 천장千長이 각각 2명씩 있고, 각호군이 3명, 역장이 4명 있다. 남쪽으로 정절, 동남쪽으로 차말, 서남쪽으로 우미, 북쪽으로 오손, 서쪽으로 고묵과 접해 있다. 주조와 야금에 능해 납鉛이 생산된다. 동쪽으로 350리를 가면 (서역)도호의 치소인 오루성에 도달한다.

이런 나라 구자국에 사는 사람들은 어떤 신앙을 갖고 어떤 방식으로 생활했을까. 『진서晉書』「사이전四夷傳」 제67 구자국의 기사가 흥미로운 내용을 전한다. 전편의 글에서 우리는 구자국이 불교와 관련해 중요한 지역임을 알았다.

구자국은 낙양에서 서쪽으로 8280리 떨어져 있다. 이 나라는 성곽을 짓고 사는 풍속이 있다. 성곽은 삼중으로 둘러싸여 있으며 그 가운데 불탑묘가 1000곳이나 된다. 사람들은 밭농사와 목축을 업으로 하며, 남녀 모두 앞머리는 자르되 뒷목으로 머리를 늘어뜨린다. 왕궁은 웅장하고 화려해 번쩍번쩍 빛나는 것이 마치

신이 사는 것과 같다.

　전진왕 부견이 서역 정벌을 명하며 장군 여광에게 쿠마라지바를 데려오라 했을 때 비록 패하기는 했지만 구자는 70만 대군으로 7만의 침략군과 맞섰다. 이만한 군세를 가진 나라가 구자였다. 물론 처음부터 강성했을 리는 없다. 전한대前漢代의 구자국은 비교적 세력이 약했고 때문에 한나라와 우호적인 관계를 유지하기 위해 기원전 65년 구자왕 강빈이 한의 공주와 오손왕 사이에서 태어난 딸 제사와의 혼인을 요청했는지도 모른다. 기원후인 후한대後漢代가 돼서야 비로소 구자국은 제도가 안정되고 강성해졌다.

　당 태종의 명으로 비서승秘書丞 영호덕분이 편찬한 주대周代의 역사서 『주서周書』「이역전異域傳」 하 제42 '구자국 조'는 오호십육국 시대 이후의 구자국에 대한 흥미로운 기사를 전한다.

　　구자국은 백산白山 남쪽 170리 되는 곳에 있으며, 동쪽으로 장안과는 6700리 떨어져 있다. 그 왕의 성은 백白인데, 후량의 여광(이전에는 전진왕 부견의 서역정벌군 대장군)이 세운 백진白震의 후손이다. 치소가 있는 성의 방은 5~6리다. 그 형법에 의하면 살인한 사람은 사형에 처하고, 도적질한 사람은 그 한 팔을 자르고 발도 하나 자른다. 부세는 토지를 기준으로 징세하고, 토지가 없는 사람은 은전을 세금으로 낸다. 혼인, 장례, 풍속, 물산 등은 언지焉支(馬耆)와 대략 동일하나, 오로지 기후가 약간 더 따뜻하다는 점에 차이가 있다. 또한 세전·경피·구수·요사·염록·자황·호분·양마·봉우(야크소) 등이 나온다. 동쪽에는 윤대가 있으니 곧 한나라의 이사장군 이광리가 도륙한 곳이다. 그 남쪽으로 300리 되는 곳에 큰 강이 있어 동류하는데 이름하여 계술수計戌水, kash-su(옥수玉水의 음차어)라고 하니 즉 '황하'다.

위의 기록에서 보듯 구자국의 왕족은 후량을 건국한 여광이 내세운 백진의 후예라 했으니 성이 백白이다. 그런데 『양서梁書』 54권 「구자전」에는 '백帛'으로 나타나고, 『진서』 97권 「구자전」에는 '백白'으로 되어 있으나 이와는 달리 122권 「여광재기呂光載記」에는 '백帛'으로 표기돼 있다. 문제는 백씨가 왕이 되기 전 구자왕의 가계가 어떠했을까 하는 점이다.

삼장법사 현장의 구법여행기 『대당서역기』 굴지국屈支國, 즉 구자국 관련 기사에 아주 흥미로운 내용이 나온다. 바로 굴지국왕이 굴지종屈支種이라는 것인데, 다시 말해 그 나라의 지배 집단이 굴지종, 즉 Kush(옥)의 집단이라는 것이다. 이들은 누구일까?

3

탁발 여인의 운명과 수바시 사원의 흥망:
잃어버린 과거, 그 영욕의 흔적

"용서는 과거를 바꾸지는 못한다. 미래를 밝힐 수는 있다."
—폴 보이저

　오손국 곤미 옹귀미에게 시집갔다 일부종사하지 못하고 유목민의
야릇한 풍속에 따라 남편을 세 번이나 바꾼 비련의 한나라 공주와 후
일 구자의 왕비가 된 그 딸의 운명을 살펴봤다. 인간에게만 영욕과 부
침이 있는 것이 아니다. 나라에도 흥기와 쇠락이 있고, 예술과 문화도
부침과 변전이 있다. 한때 옥玉의 종족 굴지가 지배하던 구자는 4세기
후반 전진왕 부견이 파견한 서역정벌군 장수 여광에 의해 무릎을 꿇었
고 그가 내세운 백씨에 의해 왕조가 바뀌었다. 이렇듯 세상사는 변화
무쌍하다. 불교 왕국 쿠처가 오늘날은 이슬람을 믿는 위구르의 땅이
된 것도 나름의 기구한 운명 때문이다. 쿠처 동북방 23킬로미터 지점의
고대 유적 수바시 불교 사원 유허가 이를 생생하게 보여준다.
　불교의 가르침 중에 삼법인三法印이란 것이 있다. 근본불교의 핵심 교
의인 삼법인은 팔리어로 틸락카나tilakkhaṇa라 하는데 '존재의 세 가지
특성three marks of existence'이란 의미다. 왜 법인인가. 법인은 문자적 의

수바시 사원 출토 사리함.(출처: 위키피디아)

미로는 '법의 인장'이라는 뜻인데 "법인이 찍혀 있으면 진짜이고, 그렇지
않으면 가짜다"라고 할 정도로 불교 교리의 진위를 판별하는 중요한 개
념이다. 삼법인은 일체개고一切皆苦(Dukkha), 제행무상諸行無常(Anicca),
제법무아諸法無我(Anatta)를 이른다. 간단히 고, 무상, 무아라고도 한다.
후일 일체개고를 열반적정涅槃寂靜으로 대체해 제행무상, 제법무아, 열
반적정을 삼법인이라고 하기도 했다. 또는 처음 삼법인에 열반적정을
더해 사법인四法印이라고도 했다. 존재하는 모든 것은 괴로움의 운명에
놓여 있다. 또한 변치 않는 것은 없다. 사랑도, 젊음도, 우정도 변한다.
고苦가 생기는 까닭이며 지혜, 즉 반야가 필요한 대목이다. 참다운 보리
bodhi(깨달음)를 통해 자기모순을 극복하고 지나친 욕망을 경계하고 집
착에서 벗어나는 것이 곧 열반적정의 경지에 도달하는 길이다. 이것이
먼저 깨달은 자, 고타마 붓다의 기본 가르침인 삼법인이다.

쿠처왕에게 시집간 오손 공주가 있는가 하면 이런 경우도 있다. 기원전 2세기 한 무제 휘하에 있던 장군 이릉李陵이 흉노에게 항복하고 낯설고 물설은 흉노 땅에 살기로 한다. 흉노선우는 그를 높이 사 그에게 자신의 딸을 준다. 탁발拓跋이라는 이름을 가진 여인이다. 拓跋은 /tabu/와 비슷한 소리로 불렸을 것이다. 사하Sakha어에 남아 있듯 '순록馴鹿'이라는 뜻이다. 부랴트 말로 '사하'는 '순록'이다. 어쨌든 피가 다른 두 남녀 이릉과 탁발은 혼인을 하고 이 둘 사이에는 자식이 생겼다.

오랑캐의 습속에서 자식은 어미의 성을 따랐다. 그래서 한 장군 이릉과 탁발 여인 사이의 후손들은 그 성이 탁발이라고 사서는 전한다. 처음부터 선비 계열이었는지는 확실치 않으나 후일 우문, 모용, 단, 독발 등과 함께 선비 제국을 구성한 주요 부족의 시원이다. 그리고 이들이 세운 북위北魏 정권은 당시 외부인들이 자신들이 접한 중국인을 가리켜 타부가치tabugach로 부르게 된 계기가 됐다. 북위는 탁발(선비)이 세운 나라다. 그리고 실크로드를 따라 중국에 온 사람들에게 있어 당시의 중국 지배 세력은 탁발인, 즉 타부가치였다. 오늘날 러시아 연방의 투바Tuva 공화국 명칭이 바로 탁발에서 비롯됐다.

『송서宋書』 95권 「외전」 제55 삭로索虜의 기록이 탁발선비의 족원族源을 밝히는 단서를 제공한다. 삭로는 삭두로索頭虜, 위로魏虜 등으로 기록돼 있는데 이는 전부 북위를 수립한 탁발선비 집단을 가리키는 말이다.

삭두로의 성은 탁발씨인데 그 선조는 한나라 장수 이릉의 후예다. 이릉이 흉노에 항복하매, (흉노에는) 수백수천종이 있으며 각기 자립해 명칭을 지니고 있는바, 삭두 또한 그중 하나다.

한나라의 장수로 북방의 흉노에게 투항한 이릉이란 인물은 어떤 자인가. 또 무슨 사연으로 조국을 버리고 야만의 민족으로 치부하던 흉노에 몸을 맡겼을까. 오호십육국 시대, 풀잎 같은 존재인 민초들의 고초는 아랑곳하지 않고 자신의 때임을 믿어 의심치 않는 풍운아들이 야욕을 드러내며 중원과 그 북쪽 초원을 뒤흔들던 시절, 그 난세를 평정한 세력이 바로 탁발씨가 주축이 된 유목 정권 북위였다. 그리고 탁발씨의 조상은 한나라 장군 이릉과 흉노 여인의 후손이다. 탁발과 흉노를 알아야 할 이유가 여기 있다.

『사기』「흉노열전」에는 이릉의 흉노 투항 사건을 전후한 당시의 상황이 이렇게 묘사되어 있다.

> 그 이듬해(한 무제 천한天漢 2년, 기원전 99년) 한나라에서는 이사장군(이광리)을 시켜 삼만 기를 거느리고 주천에서 나가 톈산에서 우현왕을 공격해 흉노의 수급과 포로 만여 명을 얻어 돌아왔다. 흉노가 이사장군을 포위하니 탈출에 어려움을 겪었다. 한나라 군대는 열에 예닐곱을 잃었다. 한나라에서는 다시 인우장군(공손)오를 시켜 서하西河에서 나가 강노도위彊弩都尉와 탁야산涿涂山에서 만났으나 얻은 바가 없었다. 또 기도위騎都尉 이릉李陵(?~기원전 74)을 시켜 보병과 기병 5000명을 거느리고 거연에서 북쪽으로 1000여 리를 나아가 선우와 만나 전투를 벌여 (이)릉이 (흉노병) 만여 명을 죽이거나 상하게 했다. (그러나) 병력과 식량이 다 떨어져 (포위를) 풀고 돌아오려고 하자 흉노선우가 (이)릉을 포위하니 (이)릉이 흉노에 투항하고 그의 병사가 다 항복하니 돌

아올 수 있었던 자가 겨우 400명이었다. 선우는 이에 (이)릉을 장하다 생각해 딸을 주어 아내로 삼게 하고 우교왕右校王에 봉했다.

위 기록처럼 한나라 장수 이릉은 사정이 여의치 않자 흉노에 투항해 흉노인 틈에서 산 인물이다. 한의 입장에서는 용서할 수 없는 배반자다. 그런 그가 위기 상황에서 선택한 삶의 방식은 선인가 악인가? 그런 판단과는 별개로 세상에는 이렇듯 뜻밖의 삶을 사는 이들이 많다.

사마천의 『사기』 109권 「이장군열전李將軍列傳」에 의하면 이릉은 명장 이광李廣의 손자로 병사 800기를 이끌고 흉노에 쳐들어가 2000리를 들어가 지형을 살피고 돌아와 기도위가 됐다. 하지만 5000명의 병사로 흉노를 공격하다가 사로잡히고 말았다. 그 이후 가족이 배신자로 낙인찍혀 죽임을 당하자 그만 흉노에 투항하게 됐다. 사마천은 이런 그의 입장을 옹호하다가 치욕적인 궁형을 당하는 비운을 맞았다. 그러고는 역작 『사기』를 남긴다. 나중에 태사공太史公이란 벼슬을 얻었지만, 그것이 과연 거세의 아픔을 보상하기에 족했을까?

필경 오늘날의 싱안링興安嶺 일대에서 순록 유목 생활을 하다 장성 북방 대동 지역까지 진출한 탁발선비는 4세기 중엽이 돼 북중국의 지배자가 된다. 북위를 건국한 탁발섭규拓跋涉珪 도무제道武帝의 황당한 죽음 또한 무상한 인생을 살펴보는 계기를 마련해준다.

만인萬人이라는 이름을 갖고 있는 개開(자섭규字涉珪)의 애첩이 개의 아들 청하왕淸河王 탁발소拓跋昭와 사통하니 일이 발각될까 두려운 마음에 개를 죽일 마음을 품고 개가 밤에 홀로 있는 틈을 타

그를 살해했다. 이때가 안제安帝 의희義熙 5년. 개의 차자次子 제왕齊王 탁발사拓跋嗣: 字木末가 청하왕을 잡아놓고 「인생소중자부, 운하반역人生所重者父, 云何反逆」이라며 호통을 치고 자살을 명했다. 사嗣가 뒤이어 위에 오르고, 개에게 도무황제道武皇帝란 시호를 내리다.

참 딱한 죽음이다. 그때 그의 나이는 불과 서른아홉. 어렵게 나라를 세웠으나 자신의 아들(16세)과 바람난 애첩에 의해 손 하나 까딱 못 하고 죽는다. 다른 각도에서 인간의 탐욕을 보자. 그 무상함을 보자. 혜비 무씨가 죽고 그녀와 미모가 흡사한 며느리인 자식(18황자 이모)의 부인(당시 22세)을 아내(첩인 귀비)로 삼은 당 현종이 있는가 하면(둘이 나이 차는 무려 35살이다), 위의 기록에서 보듯 색정에 눈이 멀어 아버지의 여자와 놀아난 자식과 남편의 아들과 바람이 나 급기야 남편을 살해한 모진 여자도 있다. 이에 반해 낯선 이방인 이릉을 남편으로 받아들인 여인도 있다. 그리고 그녀의 순명順命 혹은 현명한 선택이 역사에 지대한 영향을 미쳤다고 역사는 이야기한다. 사물의 명운도 인간의 그것과 비슷한 점이 많다.

고대 구자의 선주민은 구자어 혹은 토하리언 B라는 언어를 사용했다. 인도에서 문자를 취했다고도 한다. 이로 미루어 이들은 코카소이드Caucasoid계 혹은 인도-이란 계통에 속했던 것으로 보인다. 오손이 그러했듯 카시가르와 이곳 쿠처인들도 푸른 눈의 소유자였다는 기록이 남아 있다. 이들이 우리 동요 「구슬비」의 노랫말 "송알송알 싸리잎에 은구슬/ 조롱조롱 거미줄에 옥구슬/ 대롱대롱 풀잎마다 총총/ 방긋 웃는 꽃잎마다 송송송"에서도 보이는 '옥구슬'의 종족 굴지종屈支種이었을 것이다.

제행諸行은 무상無常하다 했은즉, 때가 돼 4세기 후반 굴지 집단은 백씨 왕가에게 지배권을 넘겨준다. 권력은 허망하다. 남북조에서 당대에 이르기까지 백씨 정권하에서 번성하던 구자는 또 6세기 말부터 톈산 북방 율두즈 계곡에 근거를 둔 서돌궐의 위협을 받는다. 얼마 후 서돌궐을 제압한 당나라가 진출해 658년 이곳에 안서도호부를 설치한다. 그 뒤 계속되는 토번吐蕃과 돌기시突騎施의 압력 속에 구자인들은 사는 게 고난의 연속임을 실감한다. 그런 중에도 그들은 불법佛法을 믿었고, 멀리까지 소문이 날 만큼 예술을 꽃피웠다.

『신당서』「서역전」에 전개된 구자의 습속에 대한 기록이 이채롭다. 여행은 이렇듯 다른 것을 목격하는 일이다.

민간에서는 가무와 음악에 능하며 글을 옆으로 쓰고 불법(부도법浮圖法)을 소중하게 여긴다. 자식을 낳으면 나무로 머리를 눌러놓는다. 풍속에 따르면 정수리까지 머리를 가지런히 삭발하는데 오로지 군주만이 머리를 치지 않는다. (왕의) 성은 백씨이고 이라로성伊邏盧城에 거주한다. 북쪽으로는 아갈전산阿羯田山('백산'이라는 의미인 악 타그Aq Tag의 음역어)이 솟아 있는데 백산이라고도 부르며 항상 불이 있다. 왕은 머리에 금모錦冒를 쓰고 금포錦袍와 보대寶帶를 착용한다. 한 해의 마지막이 되면 일주일 동안 양, 말, 낙타 싸움을 시키고 그 승부를 관찰하여 이듬해의 풍흉을 점친다. 총령 이동 지방의 풍속은 음란함이 넘쳐나고, 구자와 우전에는 여사女肆(女市/妓院)가 있어 그곳에서 매음이 이뤄진다.

수바시 불교 사원 유허의 모습. 과거의 영광은 스러지고 현재의 쓸쓸함만이 남아 있다.

불교 왕국이지만 사람 사는 곳인지라 홍등가가 존재했었나 보다. 투견과 투계, 투우가 우리네 풍속이라면 사막의 오아시스 도시에서는 양, 말, 낙타 싸움을 시키고 돈을 거는 남자들의 오락이 있었던 듯하다. 이렇게 놀다가 마음이 편치 않으면 사람들은 사원을 찾아 불상과 불탑에 예를 올리고 불순하나 몸과 마음을 정화하고자 했을 것이다. 대표적 불교 사원이었다는 수바시는 지금은 터전만 넓을 뿐 볼품없다. 톈산 자락 백산(악 타그)을 배경으로 쿠처 강 양편에 자리한 위치, 허물어진 수많은 불탑과 사원을 볼 때 과거의 위세가 대단했을 것임에 분명하다. 하지만 어쩌랴! 불교의 가르침대로 영광은 영원하지 않다.

수바시 불교 사원 유허는 쿠처 동북방 23킬로미터 지점의 잃어버린 과거다. 여기서 발견된 6~7세기 사리함을 보면 당시 토착인 남성들이 긴 모직 튜닉을 입었음을 알 수 있다. 끝이 뾰족한 모자를 쓴 여인의 미라인 일명 '수바시의 무녀Witch of Subashi'야말로 이 지역 고고학 발굴의 주요 성과다. 기원 1세기경에 지어진 것으로 알려진 이 사원은 당나라의 고승 현장법사가 인도로 가는 도중 이곳의 장엄함에 반해 2개월을 머물렀다고 할 정도로 웅장하기 이를 데 없었다. 절정기 때는 1만 명에 이르는 승려가 있었으며, 중국 내륙에서 많은 승도僧徒가 수행을 하러 이곳을 찾았다. 불행히도 9세기에 전쟁으로 파괴돼 다시는 복구되지 못했다. 이슬람 세력이 동투르키스탄을 장악하게 되는 13~14세기에는 완전히 방치됐다. 오늘날 우리가 빛나던 과거의 흔적만 보게 되는 이유다. 세상 모든 일에는 그럴 만한 원인이 있다. 과거를 용서하는 일, 그것이 미래를 밝히는 길이다.

4
현란하기는 했으되 깊이가 없다…
쿠처의 퇴색한 전통문화 앞에서

"과거는 결코 사라지지 않는다. 심지어 아직 지나가지도 않았다The past is never dead. It's not even past."—윌리엄 포크너, 『어느 수녀를 위한 진혼곡Requiem for a Nun』 중에서

수바시 유적을 보고 난 뒤 적잖이 마음이 스산했다. 집 떠난 지 얼마 되지 않았음에도 문득 두고 온 것들이 그리웠다. 때는 어김없이 저녁 먹을 시간임을 알렸다. 우리 어머니는 새댁 시절 장독대 옆에 핀 분꽃 잎이 입을 벌리면 그것을 보고 저녁밥 지을 때임을 알았다 했는데, 여기 사람들은 시계 없던 시절에 시간을 어찌 알았을까.

예정대로 미리 예약한 식당을 찾았다. 규모가 엄청났다. 땅 넓은 나라답게 통이 큰 밥집은 세련되지는 않았어도 나름 최선을 다해 실내장식을 해놓았다. 요리도 가지가지 향미가 제법 그럴싸했다. 밥만 먹자고 이곳을 찾은 건 아니다. 이곳은 관광객을 위한 극장식 식당으로, 쿠처를 대표하는 민속 공연이 열리기 때문이다. 쿠처를 찾은 이상 명성이 자자한 쿠처 음악과 무용을 놓칠 수는 없었다. 예로부터 이곳은 관악, 현악, 기악이 특별히 소문난 '관현기악특선제국管絃伎樂特善諸國'이었다. 그런데 이날 큰아이에게 일이 생겼다.

한밤중에 배가 뒤틀리고 아프다며 야단이 났다. 전전날 투루판에서 40도를 웃도는 폭염 속을 돌아다니다 그 지방 명물 건포도를 마구 먹은 것이 탈이었는지, 아니면 며칠간 익숙하지 않은 한족과 위구르족의 기름진 음식을 먹은 탓인지 어쨌든 토하고 또 토하고 아이가 거의 숨이 넘어갈 지경이었다. 병원 문은 다 닫았고 설탕물을 먹이면 좀 나을까 싶어 호텔 직원에게 설탕을 구해보려 했으나 말이 안 통했다. 짧은 여름밤이 길게 느껴졌다.

사적인 이야기를 쓰는 이유는 여행도 건강해야 즐겁고 위기 상황은 다양하므로 경험을 바탕으로 그 대처법을 공유하고자 함이다. 고산병에 맵고 뜨거운 국물(컵라면이 제격이다)이 효험 있다는 게 한 예다. 야속하게도 우리 아이의 속칭 토사곽란은 다음 날까지 계속됐고, 이러다 사람 죽을 수도 있겠다 싶었다. 딸이 기진맥진해 실로 사경을 헤매다 삶으로 돌아온 것은 그 동네의 민간요법 덕분이었다. 콜라에 생강을 넣고 끓여 마시는 것인데, 마치 기적처럼 아이가 나았다. 쿠마라지바의 청동상이 근처에 있고 쿠처의 천불동이 바라보이는 식당에서다.

우리나라 중요무형문화재 제15호는 북청사자놀음이다. 함경남도 북청군에서 정월 대보름에 사자탈을 쓰고 놀던 벽사진경辟邪進慶 목적의 민속 탈놀이에서 기원한 것으로, 사자에게 사악한 것을 물리칠 힘이 있다고 믿어 두 사람이 사자탈을 쓰고 집집마다 돌아다니며 춤을 추고 한바탕 노는데, 이렇게 하면 잡귀가 물러나 재액을 막고 복을 불러들인다고 믿었다. 현재 봉산탈춤, 통영오광대, 수영야류, 하회별신굿탈놀이 등에서 사자춤이 연행되고 있다. 이 춤놀이는 어디서 연유한 것일까.

사자는 극동 지역에는 없고 서역에 사는 짐승이므로 사자놀음 또한 서역에서 들어온 것으로 짐작된다. 한국은 물론 중국에는 민속사자무가 있고, 일본에도 민속사자무가 있는 것으로 보아 서역의 사자놀음이 중국을 거쳐 한국에 들어왔다가 다시 일본으로 전해졌지 싶다. 그렇지만 『삼국사기』에 이사부異斯夫가 우산국을 귀복시킬 때 목우사자木偶獅子를 사용했다는 기록이 있으니 과연 신라에 사자가 없었다고 단정할 수는 없다.

신라에 신라오기新羅五伎라는 다섯 가지 기예가 있었다. 신라 말의 대학자 고운孤雲 최치원(857~?) 선생의 시 「향악잡영오수鄕樂雜詠五首」를 통해 알려진 것이다. 그의 문집 『계원필경』과 『삼국사기』 「악지」에 수록돼있다. 내가 둘째 딸 이름을 고운이라 지은 것은 소금 밀매업자 황소를 나무란 「토황소격문討黃巢檄文」을 지은 선생의 당당함을 흠모했기 때문이다. 선생은 이렇게 말했다.

사람의 일이란 스스로 자신을 아는 것이 제일이다. (…)
너는 듣지 못했느냐? 노자가 도덕경에 이르기를, "회오리바람은
하루아침을 가지 못하는 것이요, 소낙비는 하루 동안을 내리지
못한다" 했으니, 하늘의 일도 오래가지 못하거늘 하물며 사람의
일이겠느냐?
또 듣지 못했느냐? 춘추좌전에 이르기를, "하늘이 잠깐 나쁜 자
를 도와주는 것은 복되게 하려는 것이 아니라 그의 흉악함을 더
하게 하여 벌을 내리려는 것이다" 했노라.
이제 너는 간사한 것을 감추고 사나운 것을 숨겨서 악이 쌓이고
재앙이 가득한데도, 위험한 것을 스스로 편하게 여기고 미혹하

여 뉘우칠 줄을 모르는구나.

옛말에 "제비가 장막 위에다 집을 지어놓으면 곧 허물어지게 되고, 물고기가 솥 속에서 노니면 곧 삶아지게 될 것이다" 했다.

때는 당나라 말기, 선생의 나이 불과 24세 되던 881년 여름의 일이다. 1130여 년 전 선생의 글솜씨와 기개를 나는 여전히 배우고 싶다.

신라 시대에 행해진 다섯 가지 탈춤 등의 악무樂舞인 신라오기에는 금환金丸, 월전月顚, 대면大面, 속독束毒, 산예狻猊가 있다. 이 가운데 산예가 바로 사자춤으로, 서역 국가 구자로부터 전해진 것으로 알려져 있다. '산예'는 사자의 이칭이다. 금환은 금칠을 한 공을 돌리는 곡예, 월전은 우전국의 탈춤, 속독은 속특국粟特國(소그드)에서 전래한 씩씩하고 빠른 템포의 춤인 건무健舞의 일종이다. 대면은 가면무이며 특히 귀신을 쫓는 구나무驅儺舞의 일종이라 하는데 정확한 기원은 알 수 없다.

길은 멀었어도 사람들은 이렇듯 색다른 것을 수입했고 이를 즐겼다. 인도의 유랑집단 돔바가 서양 집시 로마니가 됐듯, 처음에는 서역인들이 남사당패처럼 이 동네 저 동네 공연하다 신라까지 왔을 것이다. 고구려에도 갔을 것이다. 금환을 돌리는 곡예를 비롯해 이국적인 문화를 접한 신라인들은 서커스를 처음 본 아이들처럼 놀라고 재미있어했을 것이다. 사자춤놀이도 무척 흥미로웠을 것이다.

가야 가실왕嘉悉王/嘉實王과 신라 진흥왕(재위 540~576) 시대의 음악가 우륵이 지었다는 12곡 가운데 8번째로 사자기獅子伎가 나오는 것으로 보아 사자춤은 이미 가야에서도 연행되고 있었음을 알 수 있다.(『삼국사절요三國史節要』) 가실왕이 우륵에게 이르기를, "중국에는 악기樂伎가

있는데 우리나라에는 어찌 하나도 없을 수 있겠는가?"라고 하자 우륵
은 그의 뜻을 헤아려 가야금을 만들고 달기, 사물, 물혜, 하기물, 하가
라도, 상가라도, 보기, 사자기, 거열, 사팔혜, 이사, 상기물의 12곡을 지
었다고 전해진다.

> 우륵이 지은 12곡은 첫째는 하가라도, 둘째는 상가라도, 셋째는
> 보기, 넷째는 달기, 다섯째는 사물, 여섯째는 물혜, 일곱째는 하
> 기물, 여덟째는 사자기, 아홉째는 거열, 열째는 사팔혜, 열한째는
> 이사, 열두째는 상기물이었다. 니문이 지은 3곡은 첫째는 까마귀,
> 둘째는 쥐, 셋째는 메추라기였다.

산예라는 사자탈춤을 보고 고운 선생은 아래와 같이 「산예」라는 시
로 소감을 적었다. 속독에 대해서는 파미르 이동以西 소그디아나 지역
을 다룰 때 따로 소개하려 한다.

멀리 유사 건너 만리길 오느라	遠涉流沙萬里來
털옷 다 해지고 먼지 잔뜩 묻었네.	毛衣破盡着塵埃
흔드는 머리 휘두르는 꼬리에 어진 덕 배었으니	搖頭掉尾仁德馴
온갖 짐승 재주 좋다한들 이 굳센 기상 같으랴.	雄氣寧同百獸才

산예라는 사자탈춤이 어떠했을지 짐작되는 자료가 있다. 12세기 일
본 헤이안 말기에 만들어진 『신서고악도信西古樂圖』「무악도舞樂圖」에 나오
는 '신라박新羅狛'이란 사자춤이 그것이다. 이름에서 알 수 있듯 신라박

은 신라에서 유행하던 기악伎樂의 일종이었을 것이다. 박狛이 무엇인지 알기 위해 『대한화사전大漢和辭典』 견부犬部를 보면 "狛: 與高麗訓同, 狛音泊. 獸名. 按狛蓋貊之訛. 貊國名三韓之屬"이라는 해설이 붙어 있다. 일본에서 박은 '고마'로 읽히고 고려高麗, 즉 고구려高句麗를 뜻했음을 알 수 있다. 사자와 닮은꼴인 박이라는 명칭이 맥貊이라는 짐승의 와전이며, 삼한의 하나인 고구려의 국명으로 사용됐음이 확인되는 대목이다. 그렇다면 돌궐비문에 등장하는 '뵈클리Bök-li'가 바로 맥국인 고구려를 지칭함을 확실히 알 수 있다. 고구려는 맥이라는 짐승을 토템으로 하는 맥인의 나라였던 것이다. 혹시 고대 만주벌, 싱안링 산맥 자락에 사자 비슷한 짐승이 살았던 건 아닐까.

新羅狛

신라박. 12세기 일본 헤이안 말기에 만들어진 『신서고악도』 「무악도」에 나오는 사자춤.

한편 중국인은 박에 대해 좀 다른 견해를 지니고 있었다. 『설문說文』견부에 "박은 이리와 비슷하며 양을 잘 몬다"라 한즉, 중국 북방 초원의 짐승으로 인식하고 있었음이 짐작된다. 이에 더해 이태백이 20세 무렵 지었다는 호방한 시 「대렵부大獵賦」의 내용이 흥미롭다. 여기에 '토박'이 나온다. "……토박을 사로잡고, 천구天狗를 쓰러뜨리며, 소의 뿔을 뽑고 코끼리 이빨을 찾는다." 이에 대해 청나라 건륭 연간 『이태백전집李太白全集』을 펴낸 왕기王琦는 『고부변례古賦辨禮』를 인용한 주注에서 "박은 이리와 흡사한데 뿔이 있다"라고 했다.(『사해辭海』 견부 참고) 아무래도 박은 사자와는 다른 짐승인 모양이다.

짱아오藏獒라 불리는 티베탄 마스티프Tibetan Mastiff라는 개가 있다. 우리나라에서는 흔히 사자개라 부르는 모양이다. 털갈이 전 이 개는 목 주변의 긴 털이 뭉쳐서 딱딱한 뿔처럼 됐다가 털갈이를 하면서 뿔처럼 보이던 털이 떨어져나간다고 한다. 뿔이 있다는 목양견 박이 혹시 이 티베탄 마스티프를 말하는 건 아닐까 의심하는 사람도 있다. 털갈이하기 전 딱딱하게 뭉쳐진 털이 머리 위쪽에 생겼다면 무소의 뿔처럼 보일 수도 있다.

예로부터 쿠처는 악무로 유명했다. 인도, 페르시아의 영향을 받은 독특한 민족적 악무의 특징을 지닌 쿠처악龜玆樂은 고창악高昌樂, 우전악于闐樂과 더불어 서역 3대 음악의 하나로 손꼽혔다. 수나라의 구부기九部伎나 당나라 때 십부기十部伎에는 구자기龜玆伎, 즉 쿠처의 악무가 중요한 역할을 했다. 쿠처악은 당나라에서 크게 유행했다. 특히 현악기인 류트가 중국으로 들어가 비파로 알려졌다. 당 현종은 쿠처의 타악기인 갈고의 명수였다 전해지고, 쿠처의 악기는 고구려와 신라에도 전래됐다고 한다.

고려 시대에도 서역의 여러 악기樂伎가 들어와 사용됐다. 안국기安國伎가 그중 하나다. 고려 의종 때 법가위장法駕衛將과 팔관위장八關衛將이라는 국가 행사를 할 때 수행한 서역의 여러 기伎 가운데 하나였다. 수도 개성에 안국과 고창국, 천축국 등지에서 온 상인들이 자기네 고향의 기악을 연주했는데 이것들을 각각 안국기, 고창기, 천축기라고 불렀다.

신라까지 들어온 서역국 쿠처의 산예춤. 고대에도 세상은 통했나 보다. 누구에 의해서든 문화는 전파됐다. 21세기 쿠처의 위구르인들이 보여주는 악무가 옛 모습을 얼마나 담고 있을지 궁금해하며 나는 밥 먹는 것보다 무대에서 벌어지는 공연에 관심이 갔다. 그러나 현란하기는 했으나 깊이가 없어 보였다. 퇴색되고 변질된 전통문화 앞에서 나는 씁쓸함을 감출 수 없었다.

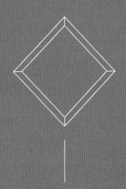

8장

카라샤르의 비밀:
'언기焉耆'의
말뿌리를 찾아서

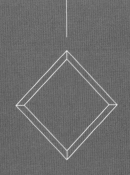

1
경운기 타고 찾아간
'사십리성' 유허

"신은 있다 없다? 있다. 없다. 있기도 하고 없기도 하다. 있지 않으나
없지도 않다."―용수龍樹(150?~250?, 중관中觀을 주창한 인도의 승려)

무심결에 넘어가는 일들이 많다. 'Greece'를 우리는 희랍 혹은 그리스
라고 한다. 현지인들은 'Hellas' 혹은 'Ellada'라고 한다. 나라 이름이
'Hellas'라면 그 주민을 가리키는 인명은 'Hellenes'다. 때문에 그리스
의 공식 명칭은 'The Hellenic Republic'이다. 이런 차이가 생기는 이
유가 궁금하다. 우선 'Greece'는 영어 명칭이다. 이오니아 해에 면한 헬
라스의 한 지역 명칭에 불과했던 '그라이코스Graicos'를 듣고 로마인들
이 차용한 라틴 명칭 Graecia(the land of the Greeks)에서 변모한 것
이다. 정확히는 이오니아 해안의 그리스인을 지칭하는 라틴어 'Graeci'
에서 유래한 것이다. 한자어 희랍希臘은 기실 'Hellas'에 대한 중국인들
의 음역어다. 이를 빌려 우리는 우리 식으로 희랍이라 읽은 것이다. 그
리스 문명을 가리켜 왜 헬레니즘Hellenism이라 하는지 이제 이해가 될
법하다.

잠깐 신화 속 이야기를 하고 넘어가자. 호메로스와 거의 동시대인 기

원전 750~기원전 650년경에 활동한 그리스 시인 헤시오도스는 자신의 저술 『여인 목록Catalogue of Women』에서 판도라와 제우스의 아들 중에 그라에쿠스Graecus라는 신이 있었다고 했다. 제우스에게는 부인이 많고 판도라에게도 만만찮게 남자가 많았음을 기억하자. 그라에쿠스 이 양반이 헬레네인들에게 자신의 이름을 주고, 그의 동생 라티누스Latinus는 라틴인들에게 자신의 이름을 줬다는 것이다. 한편 6세기경 비잔틴 제국의 수도 콘스탄티노플에서 문법학자로 활약한 스테파누스 비잔티우스Stephanus Byzantius는 고대 그리스와 관련된 지리, 신화, 종교적 정보를 담고 있는 지리서 『윤리Ethnica』에서 헬레네인들이 테살루스Thessalus의 아들 그라에쿠스의 이름을 빌려 자신들을 그라에키Graeci라 했다고 주장한다.

영국도 'Britain'이라고 하는가 하면, 'England'라는 명칭도 있다. 전자는 로마인들이 식민지 영국을 가리키던 명칭 'Breton'에서 파생된 말이고, 후자는 나중에 영국을 점령한 게르만족의 한 갈래인 'Angles'와 'land'가 합쳐져 만들어진 명칭이다. 이런 사정과는 관계없이 중국인들이 남의 나라 'England'를 영국이라 한 건 Eng-의 소리 '英'과 land의 뜻 '國'을 합친 결과다. 우리는 미국을 美國이라 표기하지만 중국 사람들은 고집스레 米國이라 적는다. 결코 쌀이 많이 나는 나라이기 때문이 아니다. America에서의 Ame-를 米로 적고 그다음에 나라를 뜻하는 한자 國을 붙인 것이다. 그들은 또 독일을 德國이라 한다. 'Deuchland'의 Deu-의 소리로 德을 취하고 거기에 나라를 의미하는 한자 國을 붙인 셈이다.

그런 중국인들은 자랑스러운 대한민국 사람을 조선족으로, 러시아 등 구소련권 나라에서는 카레이스키(고려인)로, 일본인들은 강코쿠진(한국인)으로, 혹은 경멸적 의미를 담아 조센징이라 부른다. 현대를 살아가는 우리는 스스로를 일러 한국인이라 한다. 남이 부르는 민족 명칭을 엑소님이라 하고, 내부 사람이 스스로를 일컫는 명칭을 엔도님이라 한다.

우리가 반만년 역사를 자랑하듯, 중국의 역사는 그 이상으로 오래됐다. 정권이 바뀌면서 나라 이름은 그때그때 달라졌지만, 스스로 황제黃帝의 후손, 한족漢族이라 믿고 그것을 내세웠다. 하지만 이들과 접촉하거나 소문을 들은 외부인들은 이들을 달리 불렀다. 기록상 최초의 타칭은 세레스seres다. 그리스 로마인들은 자신들이 직간접적으로 접촉한 페르시아 너머 동방의 중국인들을 그렇게 불렀다. 알렉산드리아의 지리학자들을 인용한 알베르토 헤르만Albert Herrmann에 따르면, 총령(파미르) 이동의 카시가르에서 실크로드는 길이 두 갈래로 나뉜다. 이른바 톈산 남로(사막 북로)와 사막 남로다. 카시가르에서 톈산 남로를 따라 북으로 가면 나오는 첫 번째 도시가 '잇세돈 스쿠티카Issedon Scythica', 즉 쿠처다. 알렉산드리아의 지리학자들은 카시가르에서 시작된 실크로드가 쿠처를 지나 담나Damna(카라샤르 혹은 언기), 잇세돈 세리카Issedon Serica(롭 노르 혹은 이 호수를 기반으로 한 고대왕국 누란을 가리킴), 닥사타Daxata(옥문관) 순으로 이어진다고 생각했다. 쿤룬 산맥 북쪽 기슭과 타클라마칸 사막 사이로 난 사막 남로를 따라서 카시가르에서 길이 시작돼 야르칸드를 거쳐 호탄, 니야, 미란, 그리고 롭 노르의 누란 왕국으로 연결된다고 보았다.

두 길은 둔황에서 만난다. 그리스, 로마의 지리학자들은 이곳을

'Throana'라고 했다. 둔황에서 길은 이어져 드로사케Drosakhe(주취안酒泉), 토가라Thogara(장예張掖)를 거쳐 세라 메트로폴리스Sera Metropolis(장안, 오늘날의 시안西安)와 사라가Saraga 혹은 티나에Thinae로 불린 하남 낙양洛陽(오늘날의 뤄양)에까지 이른다. 놀라운 일이다. 고대인들은 도대체 어디서 어떻게 이런 정보들을 얻은 것일까? 이번 인문학 기행의 목적지는 쿠처에서 동쪽으로 약 300킬로미터 떨어진 고대 도시국가 언기焉耆다. 키질 천불동(Kyzyl은 '붉은(색)'이라는 뜻의 튀르크어다) 등 불교 미술사적으로 중요한 쿠처 인근의 석굴 사원에 대한 이야기는 『서유기』에 등장하는 화염산으로 유명한 옛 고창국(오늘날의 투루판)과 누란 왕국(오늘날의 샨샨) 두 지역 사이에 위치한 협곡 위에 조성된 베제클리크Bezekliq, 柏孜克里 천불동 석굴을 살피며 언급하기로 한다. 언기 동방의 이 두 왕국은 한번 들어가면 살아나오기 힘들다는 타클라마칸 사막 북동쪽에 위치해 있다. 위구르어 '베제클리크Bezekliq/Bezeklik'의 의미는 'a place with paintings' 혹은 'a beautifully decorated place'라고 한다. 둘 중 어느 것이 정확한지는 모르겠으나 단단위리크Dandanyi-liq('상아의 거리'라는 뜻), 파지리크Pazyryk, 알말리크Almalyk('사과가 많이 나는 지역'이라는 뜻으로 우즈벡어로는 Olma-liq로 표기)와 같은 명칭에서 보듯 '-lik'(-lyk, -liq, -lig(h), -ryk, -lec)가 장소를 가리키는 말임은 분명하다.

언기는 10세기경부터 파미르 이동 서역 타림 분지의 오아시스의 주인이 된 위구르인들에 의해 카라샤르, 즉 '검은 도시黑城'라는 이름으로 개명돼 불렸다. 언기라는 한자어 명칭은 무엇이며 카라샤르로 바뀐 건 무슨 이유에서일까? 중국 기록에 의하면 언기왕의 성은 '용龍'이었다.

한족은 아니다. 그렇다면 이 성씨는 무엇을 이야기하는 걸까. 언기는 이웃 국가 구자와 친해 서돌궐과 손을 잡고 644년에는 조공을 거부하고 당나라에 반기를 들었다. 이 장에서는 주로 이런 명명법命名法을 살펴보려 한다.

불볕더위의 진수를 경험한 투루판 여정을 마치고 다음 목적지로 선택한 곳이 언기였다. 이곳에 사십리성四十里城 유적이 있다고 해서다. 이 성이 사실은 언기의 도성이었을지 모른다고 생각해 폐허 속에서 과거의 모습을 되짚어보기 위함이었다. 가는 길에 내륙해 보쓰텅博斯騰 호수를 찾았다. 중국 최대의 담수호로 수역 면적은 1만400평방킬로미터에 달한다. 해발고도 1048미터, 수심은 평균 8미터. 2007년에 내륙어항 건설을 시작해 붕어나 새우, 진주조개, 농어 등이 풍부하다. 여름철 이곳 진사탄金沙灘 해수욕장은 신장 지역에서 가장 인기 있는 피서지다. 옛사람들의 기록대로 호수에 물고기가 많아서인지 호숫가 식당은 온통 물고기 요리 천지였다. 보트를 타고 드넓은 호수를 가로지르는 재미는 지프나 말을 타고 초원을 달리는 재미 못지않았다.

남쪽으로 내려가 철옹성 철문관鐵門關에 가려 했으나 그러려면 타클라마칸 사막으로 내려가 샨샨(누란)을 지나 서역 남로의 길을 택해야 했고, 그러면 다음 목적지인 쿠처로 가는 길이 어려워져 아쉬운 마음을 접었다. 누란 유적은 남아 있는 것이 별로 없어 볼품이 없는데도 중국 당국이 입장료만 무척 비싸게 받는다는 것도 누란 답사를 과감하게 포기하게 만든 요인이다.

언기회족자치현은 현 중국 신장위구르 자치구 바인궈렁몽골자치주 북부에 위치한 자치현이다. 이곳이 한나라 때의 언기로, 위진남북조 시대에는 오이烏夷, 당나라 때는 아기니阿耆尼, 송원宋元 대에는 카라사얼喀喇沙爾로 불렸다. 한나라 때 서역 36국 중 하나였던 언기는 국세가 다른 국가에 뒤지지 않았다. 현장의 『대당서역기』는 언기에 대해 이렇게 적고 있다. "국방에 유리한 요새지요, 관개가 발달해 보리, 기장, 대추, 포도, 배, 사과가 풍성한 농산지요, 가람(사찰) 10여 곳에 승려가 3000명이 넘는 불교의 본산이다."

사십리성을 찾아갈 수 있도록
이정표 역할을 하는
'사십리성 파출소' 표지판.

그러나 9세기 후반 이후 몽골 초원의 지배자 자리를 키르기스에게 내주고 새로운 정착지를 찾아 이주한 위구르인들 때문에 오늘날 이곳은 현 중국 신장위구르 자치구 바인궈렁몽골자치주 북부에 위치한 언기회족자치현이 됐다. 이슬람교를 믿는 회족의 집단 거주 지역일 뿐 이렇다 할 역사 유적이나 유물이 없다. 단 하나, 사십리성 유허가 외롭게 남아 있다. 우리 일행은 어떻게든 이곳에 가야 했다. 누가 시킨 것도 아닌데 바쁜 일정에 사십리성 탐사를 필생의 과업이나 되는 것처럼 포함시켰다.

카라샤르 시내에서 만난 주민들은 사십리성을 알지 못한다며 고개를 가로저었다. 우리는 포기하지 않고 물어물어 마침내 위치를 알 것 같다는 회족 젊은이를 만났다. 자기 할아버지가 살고 계신 곳 부근이

사십리성으로 갈 수 있도록 수로에 사다리를 걸쳐놓느라 고생한 회족 남자들. 덕분에 성터에 가 볼 수 있었다.

라고, 한참을 가야 한다고 했다. 젊은이를 버스에 동승시키고 일단 떠났다. 전형적인 농촌 지역 도로변에 일단 버스를 세우고, 젊은이의 도움을 받아 마을 경운기를 빌렸다. 경작지 사이로 난 좁은 길을 따라 얼마를 갔을까. 경운기는 비좁아 불편하고 쉼 없이 덜컹거려 엉덩이가 들썩거렸지만 우리는 어린아이처럼 유쾌했다. 이윽고 낯설지만 드넓은 초지에 도착했다. 집이 한 채 있었고 예상 밖의 이방인 손님에 놀라 눈이 휘둥그레져 집 안에서 남자와 아이들이 몰려나왔다.

사십리 성터가 맞다고 했다. 다 허물어진 성곽터 앞에 현 당국이 세운 사각돌에도 그렇게 새겨져 있었다. 문제는 주변을 에워싼 개울이었

한·당대 사십리성 유지임을 알리는 표지석.

사십리 성터의 모습.

다. 과거에는 해자垓字였는지도 모른다. 해자는 적의 침입을 막기 위해 성 주위를 둘러서 판 못을 말한다. 영어로는 'moat'로 발음이 얄궂게도 우리말 '못'과 닮았다. 문제는 이 개울 같은 물길이 도약해 건너가기엔 폭이 너무 넓다는 점이었다. 물속으로 몸을 던지지 않고는 건너갈 방법이 없었다. 망설이고 있는데 집주인 남자가 사다리를 찾아 들고 나왔다. 안타깝게도 해자 폭에 비해 사다리가 짧았다. 가이드, 회족 젊은이, 경운기 주인, 현지 주민이 물속으로 풍덩 뛰어들어 거리를 가늠하며 사다리를 물가 양쪽으로 걸쳐놓으려 무진 애를 썼다. 모기가 복병이었다. 살다 살다 벌떼 같은 모기는 처음이었다. 머리와 팔다리를 사정없이 흔들며 제자리 뛰기를 해도 모기는 포기할 줄 몰랐다. 그래도 사다리는 걸쳐야 했다. 수차례 시도 끝에 마침내 좁은 수로를 발견하고 그곳에 사다리를 놓았다. 그 기쁨에 모기에게 어느 정도 헌혈하는 선행은 감수했다. 나무관세음보살!

우여곡절 끝에 사다리를 밟고 해자를 건너 오랜 세월에 걸친 풍화로 야트막해진 성벽 위에 올랐다. 몇 개의 돌덩이 외에 그 안에는 아무 것도 남아 있지 않았다. 사방의 둘레는 사십 리가 채 안 돼 보였다. 주변도 온통 망망한 초원이었다. 설마 여기가 고대 언기 왕국의 도읍처는 아닐 것이란 생각이 들었다. 언기라는 이름은 어떻게 해서 생겼을까? 이 말은 어느 종족의 말일까? 먼저 친한 이웃 국가 쿠처의 왕성王姓을 살펴봐야 한다.

수隋나라 말 각처에서 군웅들이 일어날 때 당고조 이연李淵은 아들 이세민李世民과 함께 태원太原에서 거병해 617년 장안을 점령한 뒤 양유楊侑를 공제恭帝로 세웠다가, 이듬해인 618년 공제를 폐위시키고 양위의 형식을 빌려 스스로 황제를 칭하고 당唐 왕조를 세웠다. 이때 수양제에게 이미 충성을 맹세했던 구자왕 소벌발결蘇伐勃駃이 사신을 보내 입조했다. 소벌발결이라는 이상한 이름은 산스크리트어 'Suvarna Pushpa'의 음역어로 그 뜻은 '금화金花'라고 한다. 레비L'evi(1913: 319~321)는 쿠처 부근에서 발견된 목간문서木簡文書에 Swarna-puspa로 나타난 이 이름을 구자어(토하리언 B)라고 보았다. 의미상으로는 현장의 『대당서역기』 1권에 "구자왕의 호는 금화다"라는 기록과 일치한다.

소벌발결이 죽자 아들 소벌첩蘇伐疊(쿠처어로 Swarna-tep, 산스크리트어 'Suvarna Deva'의 음역어로, 의미는 '황금의 신')이 뒤를 이었는데, 아버지와 마찬가지로 열렬한 불교 신자였다. 이 왕이 고창국왕 국문태麴文

泰처럼 구법길에 이곳을 지나던 현장을 환대한 인물이다.(630년) 이름으로 볼 때 이 부자의 성 Swarna는 황금 가문 출신임을 나타낸다. 혈통으로는 고인도계 인종이라는 의심이 든다. 지배 계층의 이름에 사용된 언어가 산스크리트어의 지역 방언이라고 여겨지는 쿠처어를 사용하고 있기 때문이다.

문제는 당 태종의 명으로 지어진 『수서隋書』에 "구자왕의 성은 백白이고 자는 소니질蘇尼咥"이라고 기록돼 있다는 점이다. 백이라는 성은 전진왕 부견의 명으로 서역을 정벌한 저족氐族 출신 여광(훗날 후량後凉 태조)이 구자왕으로 임명한 인물의 성이다.

그러나 앞에서 보았듯 구자왕들의 성은 인도계 Swarna이고 이는 '김씨'를 뜻하기 때문에 '백'과는 차이가 있다. 당조唐朝가 왕성을 왜 '백'이라고 했는지는 불분명하다. 마츠다 히사오松田壽男(1970: 278~279)는 소니질蘇尼咥이 서돌궐 십성十姓 가운데 하나인 서니시鼠尼施와 상통하며, 이는 언기의 왕위를 돌기시 출신이 차지했던 것처럼, 서니시 출신이 구자의 왕위를 차지한 것으로 보아야 한다고 했다. 나는 4세기 후반까지는 백씨가 왕권을 잡고 있다가 어느 시점에, 적어도 7세기 초반에는 소벌씨蘇伐氏인 Swarna로 정권 교체가 이뤄졌다고 생각한다. 구자의 지배 집단이 인도계였듯, 언기 역시 그리했을까, 아니면 돌궐계였을까? 그것이 자못 궁금하다.

2

역사의 저편으로 사라진 진실에
다가설 수 있는 몇 가지 방법

"나는 내가 생각하지 않는 곳에 존재한다."—라캉

"금강산도 식후경"은 우리의 문화요, "빵 한 조각이 새들의 노랫소리보다 낫다A loaf of bread is better than the song of many bird"는 영어 사용자의 문화다. 우리가 시각 중심이라면 저쪽은 청각 중심인 셈이다. 자고로 우리 한민족은 먹고 마시는 걸 좋아하고, 또 아주 중요시한다. 여행을 하다보면 그 사실을 실감하게 되는데, 우선 세끼를 꼭 챙겨먹어야 한다. 그것도 제때 먹어야 한다. 그리스 여행 중에는 항공기 도착 시간 때문에 밥때를 놓쳤다가 일행들의 원망을 듣기도 했다. 여행 중에는 예기치 않은 돌발 변수로 꼭 제 시간에 식사를 못하는 경우가 많은데 그러면 우리네 사람들은 골을 낸다. 몸에 알맞은 음식이 알맞은 시간에 들어가지 않으면 마음이 우울해지는 것이다.

보쓰텅 호수에서 점심을 먹고 '카라샤르'로 가다가 시장 앞 노점에서 중앙아시아와 소아시아 어디에서나 볼 수 있는 둥근 밀가루 빵 난naan을 사먹은 건 그런 사정을 감안한 것이다. 금방 구워낸 난은 따끈한 데

카라샤르 시장 입구에서 유목민의 주식인 난을 파는 노점.

다 무척이나 고소해 그냥 먹어도 맛있다. 또 누가 맛있게 먹으면 옆 사람도 덩달아 먹고 싶어지기 마련이다.

쿠얼러庫爾勒 시는 언기회족자치현 남방에 위치한 도시로, 중국에서 가장 큰 주인 바인궈렁몽골자치주의 주도다. 성도인 우루무치에서 남서쪽으로 200킬로미터 떨어져 있는데, 실제 도로 여행으로는 500킬로미터 이상을 이동해야 한다. 옛부터 실크로드의 오아시스 도시로 번창했지만, 최근에는 타림 분지에서 유전이 발견되면서 유전 개발 기지로 발전하고 있다. 이에 따라 한족漢族이 대거 유입되고, 한때 주민의 대다수를 차지하던 위구르족이 한족에 밀리면서 현재는 한족의 비율이 전체주민의 70퍼센트를 차지한다.

도시 이름은 때로 영어로 쿠를라Kurla 혹은 코를라Korla로 표기하기도 한다. 카라샤르로 통하는 철문관은 쿠얼러 북쪽 7킬로미터 지점에 있다. 철문관은 외부로부터의 공격을 막아내기 쉽기 때문에 고대에 북쪽의 유목민으로부터 비단길을 방어하는 데 중요한 역할을 했다. 쿠얼러 시내에는 일명 쿵췌孔雀 강이 흐르고 있다. 그렇다고 공작孔雀과 관련이 있는 건 아니다. 한자어 孔雀은 '무두쟁이'(제혁업자)라는 뜻의 위구르어 Konqi를 우연히 비슷한 소리의 한자어로 표기한 것에 불과하다. 이름을 왜 '무두쟁이의 강Konqi Darya'이라 했는지는 모른다. 이 강은 카이두Kaidu라고도 불리는데 이는 몽골 지배의 흔적으로 '(물이) 풍부하다'라는 의미를 지니고 있다. 고대 이름은 유사하流沙河였다.

카이두는 인명으로도 쓰였다. 몽골 제국의 창시자 칭기즈칸의 아들 오고데이칸Ögedei Khan의 아들인 카신Kashin의 아들, 그러니까 칭기즈칸의 증손자가 바로 카이두Kaidu, 海都다. 과거의 작명은 이렇듯 소박하고 단순했다. 카이두는 13세기 신장과 중앙아시아 지역을 지배했고, 숙부인 쿠빌라이와 각을 세웠다.

현대 도시 쿠얼러의 전신은 『삼국지』 「위지魏志」 '오환선비동이전烏丸鮮卑東夷傳 서융西戎 조에 등장하는 위리국尉梨國인 듯하다. "중도中道에서 서쪽으로 가면 위리국, 위수국危須國, 산왕국山王國 등이 있는데 모두 언기에 복속해 있고……"

위리국은 『한서』 「서역전」에는 尉犁로 표기돼 있으며 尉黎로 기록한 사서도 있다. 샤반느Chavannes는 위리와 위수를 각각 바그라시Bagrash 호수 혹은 보쓰텅 호수 부근으로 보았다. 황문필黃文弼은 쿠얼러 동북쪽, 이전 글에서 모기떼 수난과 함께 언급한 사십리성 남쪽에 있는 넓은 유적지가 위리국의 수도였을 것으로 추정한다. 과연 그러한가에 대해 흘러간 역사는 말이 없다. 『중국역사대사전』은 위리를 신장 성 언기 서남 자니천柴泥泉 일대로 기록하고 있다.

아래 글에서 보듯 『전한서』 66권 「서역전」 '위리국 조'에 미루어 판단해봐도 쿠얼러는 과거 위리국 위에 세워진 도시다.

> (위리국의) 도읍은 위리성尉犁城이고, 장안에서 6750리 떨어져 있다. 호수는 1200개이고 인구는 9600명, 병사는 2000명이다. 위리후·안세후·좌우장·좌우도위·격호군이 각각 1명씩 있고, 역장이 2명 있다. 서쪽으로 300리를 가면 도호의 치소에 이르고, 남으로는 선선·차말과 접해 있다.

3세기에는 언기에 복속됐던 위리국은 북위 시대에는 유려성柳驢城으로 불렸다. 그 후 돌궐의 지배 아래 놓였다가 648년에는 당나라에 점령돼 언기도독부의 지배를 받게 되었다. 나중에는 토번에 점령되었고, 840년 이후 위구르가 본거지 몽골 초원을 떠나 서쪽으로 이주하면서 이 지역의 지배 세력으로 정착했다. 그 후 카라키타이, 차가타이한국, 중가르 등에 점령당했으며, 마침내 1785년 건륭제에 의해 위리 일대는 물론 파미르 이동의 전 서역이 신장新疆이라는 이름으로 청나라 영토에 편입됐다. 그리하여 과거는 잊히고 새로운 유전 도시 쿠얼러가 숨 쉬고 있는 것이다.

많은 사람이 『삼국지』를 읽었을 것이다. 나는 국민학교 때 축약본으로 읽은 덕분에 유비, 조조, 손권, 관우, 장비, 제갈량은 물론 여포, 동

수염이 매력적인 위구르 노인과 천진난만한 위구르 소녀.

탁, 조자룡 등 주요 등장인물의 이름, 또 그들과 관련된 이야기의 골자를 머릿속에 담았다. 당시 적벽대전이니 제갈량의 '출사표'니, 삼고초려의 의미를 다 이해하지는 못했어도 남자들의 의리, 용기 뭐 이런 것의 중요성은 간파했던 것 같다.

어린 소년의 마음은 황족 유비가 천하를 통일한 주인공이 됐으면 하고 바랐는데, 역사는 간웅奸雄(당시는 그렇게 믿었다) 조조의 손을 들어줬다. 조조의 할아버지는 환관이었다. 당연히 조조의 아버지는 그의 양자였다. 삼국지의 무대가 된 시기에 중국은 황건적의 난을 거쳐 중화 본토 각처에 군웅들이 할거했다. 이 가운데 유비, 조조, 손권이 부상했다. 조조가 아닌 그의 아들 조비가 쇠락한 후한의 헌제로부터 제위를 물려받아 화북에 위나라를 세우고(220~265), 유비는 사천 지방에 촉(221~263)을, 손권은 강남에 오(222~280)를 수립하면서 역사는 바야흐로 삼국 시대로 돌입한다.

마침내 최강 위가 촉을 병합하지만(263년) 위의 장군이었던 사마씨가 서서히 세력을 확장해 사마염 때에 이르러 조曹씨로부터 나라를 빼앗아 국호를 새로이 진晉이라 칭한다.(265년) 역시 조위曹魏 원제元帝로부터의 선양이라는 형식을 취했다. 겉보기에는 아름답지만 이면에는 음험한 왕권 탈취의 야욕이 숨어 있는 시나리오가 선양이다. 15년 뒤에는 강남 정권 오吳마저 무너뜨리고 통일 왕조를 수립하니 삼국쟁패의 최종 승자는 뜻밖에도 사마씨의 진나라가 된다. 이것이 중국사에서도 가장 인기 있는 삼국지의 세계다. 시간적으로는 채 60년이 안 된다. 삼국 시대는 후세 역사에 거의 영향을 미치지 못한 혼란의 마무리 에피소드일 수 있다.

삼국 시대를 끝내고 낙양을 도읍으로 새로운 제국 진晉을 개창한 사마염은 진 무제武帝가 돼 진시秦始(265~274), 함녕咸寧(275~279)을 거쳐 태강太康(280~289)으로 연호를 정한다. '진시'가 촉을 병합한 위를 접수하고 새로운 진의 시작을 알리는 취지였다면, 오를 멸하고 중국을 통일한 280년 4월 새롭게 정한 연호 '태강'은 격동의 세상을 마무리하고 천하가 두루 다 평강하기를 바라는 마음이었을 것이다. 중원에서 혼란의 회오리바람이 잦아들 무렵 바깥세상에서는 그 나름의 역사가 전개되고 있었다. 이 무렵(태강 연간)에 서역 언기국의 왕 용안龍安이 아들 용회龍會를 보내 입시入侍했다. 일종의 인질이었던 셈이다. 용안의 부인은 쾌호獪胡 출신이었다. 쾌호는 구자 서쪽에 있는 나라 이름이라고 알려져 있는데 정확한 위치는 알 수 없다. 일설에는 부견의 명을 받은 여광이 서역을 정벌한 뒤 대완大宛을 쾌호라 불렀다고 하는데 전거典據를 찾지 못하겠다.

『태평환우기』181권 「사이四夷」 10 「서융西戎」 2 '언기국 조'의 주에 의하면, 獪의 음이 '고매절古邁切'이라 했은즉, 쾌호의 쾌獪는 '교활할 쾌'로 읽는 것이 타당할 것 같다. 쾌의 훈訓에 파랑강충이(곤충)가 있는 것으로 보아 아마 파랑강충이와도 같은 서역인이라는 의미에서 경멸적으로 그런 명칭을 사용했는지도 모르겠다. 쾌호는 『전한기前漢紀』12권의 서역 36국 가운데 27개 소국小國 중 하나인 호호국狐胡國의 이표기일 것으로 추정된다. 당시 소국은 가구 수가 700~1000호 정도였다. 명칭으로 보아 이때는 여우 같은 서역인 혹은 여우 토템을 가진 야만 집단으로 받아들여졌던 듯하다.

언기국왕 용안의 쾌호 출신 부인은 왕손을 잉태한 지 열두 달 만에 옆구리를 갈라 아들을 낳으니 그가 용회였다. 제왕 시저caesar도 어머니 배를 절개하고서야 세상 빛을 보았다. 영어로 제왕절개가 'Caesar's section'이 된 이유다. 회는 어려서부터 용맹스럽고 뛰어난 인물이었다. 용안은 병이 들어 목숨이 위독해지자 아들 회를 불러 다음과 같이 말했다. "내가 일찍이 구자왕 백산白山에게 모욕을 당한 적이 있다. 네가 나를 위해 능히 설욕할 수 있어야 내 아들이라 할 수 있다." 그리하여 회가 왕위에 오르자 백산을 습격해 멸망시키고 마침내 그 나라를 점거했으며, 아들 희熙를 본국으로 돌려보내 왕이 되게 했다. 회는 담대하고 지략이 뛰어나 마침내 서쪽 오랑캐를 제패하니 총령(파미르 고원) 동쪽에서 그에게 복종하지 않는 자가 없었다. 그러나 용맹함만 믿고 경솔했던 나머지 어느 날 밖에 나가 잠을 자다가 나운羅雲이라는 구자 사람에게 살해당하고 말았다.(『진서』「사이전四夷傳」 제67 '언기국 조' 참조)

앞서 4세기 말 위진남북조 시대 전진왕 부견이 파견한 서역정벌군 장수 여광에 의해 구자의 왕위가 백씨로 바뀌었다고 했다. 그러나 언기국에 대한 이야기를 살피다가 이미 한 세대 전인 태강 연간(280~289)에도 구자국의 왕권을 백씨가 쥐고 있었음을 알게 됐다.

사실 삼국 시대 조위曹魏 감로甘露 3년(258) 낙양 백마사白馬寺에 와서 역경일에 종사한 승려 백연白延도 구자인이었다. 아마 왕가의 인물이었을 것이다. 흥미로운 것은 구자 왕자로 출가해 고승이 된 백시리밀다라帛尸梨密多羅와 백법구帛法炬 같은 인물도 낙양에 이르러 포교와 역경 사업에 참여했다는 점이다. 전자는 백帛씨라는 성을 가진 사람의 인도식 불명佛名이고, 후자인 백법구는 백帛씨 성의 법구라는 한자식 불명인 듯하다. 그런데 백白과 백帛은 혹시 동일음의 이차자異借字가 아닐까.

이제 언기국과 관련해 숨겨진 비밀을 말로 풀어보자. 앞에서 보았 듯 언기국의 지배 세력은 그 왕의 성이 '용龍'이었다. 다시『태평환우기』 181권「사이」10「서융」2 '언기국 조'를 보자. "그 왕의 성은 용으로 돌궐 의 후예其王姓龍卽突厥之後"라는 기록이 보인다. 수양제가 중원을 호령하 던 수隋 대업중大業中(605~616) 그 나라 왕 용돌기지龍突騎支가 사신을 보내 방물을 바쳤으며 당唐 정관貞觀 6년(632)에도 '又遣使貢方物'이라는 기록이 나오는 것으로 볼 때 여전히 언기는 용씨의 나라였다.

고대 튀르크 문자로 표기된 돌궐비문(Terkh 비문 W2)에 나타난바 돌궐어로 '용龍'은 '울루ulu'라 했다는 사실을 통해 한자어 용은 돌궐어 의 음역어라고 짐작된다. 그렇다면 언기의 지배 세력은 진정 돌궐계였 던 걸까.

『태평환우기』에 따르면 그 나라 남자들은 전발剪髮을 했다고 한다. 머 리를 기르지 않고 깎았다는 말이다.『북사北史』「흉노우문막괴전匈奴宇文 莫槐傳」에 "사람들은 모두 머리를 깎되 그 정수리에 일부분을 남겨 장식 으로 삼는다. 그것이 자라 몇 촌寸이 되면 곧 이를 다듬어 짧게 한다" 했은즉, 흉노와는 다소 다른 두발 관리를 한 셈이다.『거란국지契丹國志』 에는 거란의 두발 풍속과 관련해 "또 발해 수령 대사리大舍利 고모한高 模翰이 있어 그에게 보병과 기마병 1만여가 있는데 다 같이 곤발좌임髡髮 左袵을 한 것이 거란식의 장식이 아닌가 한다"는 기록이 보인다. 곤발좌 임이 어떤 두발 형식이었을지는 명확히 알 수 없으나 유목민의 생활 특 성상 머리를 밀고 일부만 남겨 끈으로 묶어 머리 왼쪽으로 늘어뜨린 것 이 아닌가 싶다. 혹은 머리의 주변은 모두 깎고 가운데 부분만 상투를 틀거나 땋아 드리우는 형태를 취했는지도 모른다. 그러나 요묘벽화遼墓

불의 신 아그니.(출처: 위키피디아)

壁畫에 보이는 거란인의 두발은 머리를 길게 묶어 귀 양쪽의 앞 혹은 뒤로 늘어뜨리며, 이마 앞쪽에는 머리를 모아 늘이기도 하고 그렇게 하지 않는 경우도 있다. 어쨌든 고대 언기 사람들은 머리를 기르지 않고 밀었음이 분명하다. 변발이나 곤발과는 다소 다른 전발이라 했으므로 이들이 흉노, 선비, 거란, 오환 등과 종족적 차이를 보인다고 해도 좋을 듯하다.

언기를 접수한 위구르인들은 왜 언기를 흑성黑城이라는 의미의 카라샤르라 칭했을까? "언기의 경내에 위리성(옛 위리국)이 나라 남쪽 100리 지점에 있고, 위수성(옛 위수국)은 동쪽 100리 지점에, 흑산성은 동남남으로 166리 지점에, 누란성은 흑산성의 동쪽 지점에 위치해 있다"는 『태평환우기』 181권 「사이」 10 「서융」 2 언기국 토속물산편土俗物産篇의 기록으로 보아 위구르인들이 최초 정착한 지역이 옛 흑산국터가 아닌가 의심된다.

'언기焉耆'라는 명칭은 주로 중국 사서에 보이고, 불서佛書에는 오이烏夷, 오기烏耆 등의 형태로 등장한다. 다만 현장의 『대당서역기』에서만 아기니阿耆尼라 기록하고 있다. 범어로는 아그니데싸Agnideśa(불의 도시)라고 했다. 동일 대상에 대한 다양한 표기의 차이를 어떻게 설명해야 할까. 이것이 말로 푸는 언기의 마지막 비밀이다. 인도에서 아그니Agni는 불의 신이다. "에너지를 받아 간직하고 나눠주시는 불의 신 아그니에게 기도를 바치나니"로 시작하는 『리그베다Rig-Veda』의 첫 번째 찬가 첫 단어가 아그니다. 현장의 '아기니'는 바로 범어 Agni의 음역어였다. 언기를 포함한 나머지 음사音寫는 인간의 불완전한 인지 능력을 보여준다. 우리말의 불을 때는 '아궁이', 발리의 활화산 '아궁Agung' 산을 통해 알 수 있듯이 말은 사람에 의해 옮겨 다니며 다른 모습을 띤다.

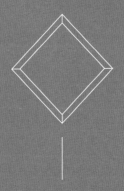

9장

축복의 땅
투루판을 찾아서

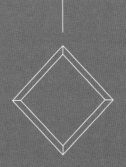

1
투루판의 호상들 ❶
불한당들이 만든 사막의 역사,
'소그드 상인들'의 금권金權

"세상은 넓고 사연은 많다. 그 사연들이 햇빛에 바래면 역사가 되고,
달빛에 젖으면 신화가 된다."—소설가 이병주

학생들에게 물었다. 장미의 원산지가 어딘지 아느냐고. 대체로 말이 없
었다. 모른다는 얘기다. 후추의 원산지는 아느냐고 물었다. 역시 침묵.
"서양 요리에 즐겨 쓰이는 향신료 중 하나인 정향丁香의 원산지는 어디
일까?" 학생들은 상냥한 눈빛으로 말이 없었다. 물론 모를 수 있는 일
이다. 숨을 고르며 휴대전화는 뒀다 뭘 하냐고, 먹방 검색, 새로운 게
임 출시, 신상 구두 이런 것만 찾아보지 말고 자신에게 진짜 유익한
정보를 찾는 일에 관심을 두라고 했지만 반응은 심드렁. 울화를 억누
르며 인자한 표정으로 가장 먼저 정향의 원산지를 알아내는 사람에게
는 선물을 주겠다고 했다. 5초도 안 돼 정답이 나왔다. 정답은 말루쿠
제도Maluku 諸島, 예로부터 해적의 출몰 지역으로 유명한 곳이다.

장미의 원산지는 페르시아(현 이란)다. 그러나 이라크, 터키 사람들
은 자신들의 나라가 고향이라고 한다. 후추의 원산지는 인도, 정확히는
남인도 말라바르Malabar 해안이다. 정향의 원산지가 인도네시아에 속하

는 말루쿠 제도라는 것은 몰랐을 수 있다. 정향이 무엇인지부터 알아야 하기 때문이다. 네덜란드 사람들은 인도네시아를 식민지로 삼고는 그곳의 밀림을 밀어내고 온통 정향나무를 심어 기르도록 했다. 당시 향신료 무역은 수지맞는 사업이었다. 후추 1그램이 금 1그램과 맞먹었다. 물론 후추를 구입해 판매하기 위해 오가야 하는 뱃길은 자칫 목숨을 내놓아야 할 정도로 여러 가지 위험이 도사리고 있었다. 풍랑보다 무서운 건 바로 해적이었다.

해적이든 산적이든 당하는 사람들 입장에서는 나쁜 부류의 불한당이긴 마찬가지다. 정당한 방법으로 돈을 벌지 않고 손쉽게 남의 재물을 강탈하기 때문이다. 도둑이나 강도가 없는 세상은 없다. 과거에는 국세가 기울 때 어김없이 도둑떼가 나타났다. 농민들이 도둑의 무리가 돼 나라에 반란을 꾀한 대표적 경우가 홍건적의 난, 황건적의 난 등이다. 명明을 세운 주원장(1328~1398)이 괴수가 돼 이끈 홍건적의 난은 결국 새로운 왕조의 탄생으로까지 이어졌다.

어려서는 중팔重八로 불리던 주원장은 호주濠州(현 안후이安徽 성 펑양鳳陽)의 빈한한 농사꾼 집안에서 태어나 곧바로 고아가 됐다. 마을에 전염병(흑사병)이 돌아 둘째 형과 중팔을 제외한 부모 형제가 모두 죽었기 때문이다. 살아남은 둘째 형의 이름이 중육重六인 것으로 보아 그는 여덟 째 아들이었고, 그의 부모에게는 아들 여덟에 여식이 둘 있었다. 자식의 수가 도합 10명. 가난한 집안에서 왜들 그렇게 자식을 많이 낳았는지 모를 일이다.

고아가 된 소년 중팔은 이웃의 주선으로 황각사皇覺寺라는 절에 맡겨져 겨우 굶주림을 면하다 나이 들어 탁발승이 돼 하북 지방과 그 주변

주원장의 초상.

지역을 전전하며 원나라 말기 곳곳에 만연한 불의와 어지러움, 재난을 목격한다. 당시 중국 중부와 북부 지방에서는 기근과 가뭄으로 700만 명 이상이 굶어죽었다. 이러한 상황은 민중 봉기를 촉진시켰고 1325년 경부터는 끊임없이 반란이 일어나기 시작했다. 아비규환의 처지에서 근근이 생존하던 그는 비적단匪賊團에 가담한다. 비적단은 무기를 가지고 떼를 지어 다니며 살인과 약탈을 일삼는 도둑의 무리를 일컫는 말이다. 평민 출신의 비적이 이끄는 반란군은 부유한 사람들의 집을 습격해 재물을 빼앗은 뒤 이를 가난한 사람들에게 나눠줬다.

1351년 때마침 백련교도白蓮教徒가 홍건적의 난을 일으킨다. 운명처럼 홍건적 무리에 참여한 그는 홍건적의 부장 곽자흥郭子興 휘하에서 활약하다 곽자흥의 양녀 마씨와 결혼해 그의 사위가 됐다. 이 여인이 주원장을 도와 원元 왕조를 북방으로 몰아내고 강남을 거점으로 한 신

왕조 주씨명국朱氏明國 개국의 공동 주인공이 된다.(1368년) 멸몽흥한滅
蒙興漢의 기치 아래 반反원, 반몽골과 한족의 국가 재건을 강조하며 북
벌군을 일으켜 몽골족을 만리장성 밖으로 축출하고 중원을 통일한 것
은 그로부터 20년이 지난 1388년의 일이다. 함경도 사나이 이성계가
고려에서 중요 인물로 부각되는 시점이다. 그 역시 적처인 한씨와 여장
부인 차처 강씨의 도움을 받았다. 이렇듯 남자의 명운은 상대하는 여
자의 힘 또는 운세에 좌지우지되는 경우가 많다.

　세상은 돌고 돈다. 악순환은 되풀이된다. 명말 청초의 사정도 원말
명초와 놀랄 만큼 흡사했다. 그 무렵의 유명한 학자이자 시인인 광동
출신의, 정확하게는 오늘날 광주의 한 구인 광동번우廣東番禺 사람 굴대
균屈大均(1630~1696)은 당시의 시대적 상황을 '월중다도粵中多盜'라 개탄
한다. 월은 월성粵省, 즉 광둥廣東 성을 가리킨다.

　소년 대균은 어려서 진방언陳邦彥의 문하에서 수업을 받고 남해南海
현 생원生員으로 보임補任된다. 순치 3년(1646) 청군淸軍이 광둥을 공격
해 함락시킨다. 이듬해 굴대균은 진방언, 진자장陳子壯, 장가옥張家玉 등
이 주도한 저항군에 참가했으나 결국 실패하고 만다. 순치 7년(1650) 청
병淸兵이 다시 광주를 포위하자 추적을 피해 판위番禺 원강향圓崗鄉 금구
산金甌山(뇌봉산雷峰山이라고도 함) 해운사海雲寺로 숨어들어 삭발하고 승
려가 돼 법명을 금종今種으로 한다. 이후 그는 죽을지언정 청조에 굴복
해 신하가 되지는 않겠노라 맹세하기에 이른다.

　명나라 말기 광둥 지방에 도적이 많았다는 것은 무슨 얘기일까. 당
시 다양한 유형의 범죄 단체, 오늘날의 조폭 혹은 흑사회黑社會(암흑가,
뒷골목 사회)가 존재했고, 행태가 고약했다는 뜻이다. 우선 산적이 있었

다. 이들은 깊은 산중에 산채를 짓고 그곳에 모여 살며 산길을 지나는 상인과 여행자들의 재물을 털었다. 물론 강탈이다. 때로는 인근 마을로 내려와 죄 없는 주민들을 괴롭히기도 했다. 바다에는 수비水匪가 있었다. 바다의 섬이나 강 위의 배에 숨어 살며 관염官鹽을 약탈하고 순순히 말을 듣지 않는 사상私商을 죽였다. 인간이되 인간이 아닌, 한마디로 나쁜 놈들이다. 그들은 해안을 장악하고 향료 밀수를 전담했다. 이런 산적과 수비 조직의 구성원은 적게는 수백 명, 많게는 만여 명에 이르렀다고 한다.

비교적 규모가 작고 조직의 구성이 느슨하면서 유동성이 큰 범죄 패거리도 있었다. 봉양방鳳陽幇이라는 재밌는 범죄 집단이 그중 하나다. 이 패거리의 특징은 방회幇會의 구성원이 모두 여자라는 점이다. 세상이 얼마나 어지러웠으면 여자만의 왈패 조직이 존재했을까 싶다. 활동 무대는 광둥이지만 실제로 이들은 안후이 성 평양에서 들어온 여성들이었다. 고향에서 살기가 어려워지자 구걸을 하며 떠돌이 생활을 하다 광둥에까지 이른 것이다. 이들은 거지 신분으로 위장하여 주, 현을 넘나들며 아동 유괴와 매매를 일삼았다.

전염병 환자로 구성된 풍인방瘋人幇의 행태는 기가 막히다. 인간 잔혹사의 단면을 보여주는 이들의 활동은 지극히 단순하다. 훔치지도, 강탈하지도, 시시하게 칼 따위를 들고 위협하지도 않는다. 그저 몸의 병을 과시하며 착한 사람들의 협조를 구한다. 범죄의 새로운 지평을 열었다 할 수 있는 이 개성 만점 환자들은 남의 집 앞에 가 이렇게 말한다. "좋은 말로 할 때 이 어르신께 돈을 가져오시게. 아니면 여기서 꼼짝 않고 움직이지 않겠네. 이 집안사람 모두에게 내 병을 옮길 때까지."

서역에도 무법자, 상식과 예절과는 거리가 먼 무뢰배 등 온갖 종류의 악당이 존재했다. 무뢰배 혹은 무뢰한無賴漢이란 본래 일정한 거주지와 하는 일이 없이 떠돌아다니는 무리를 가리키는 말로, 무뢰한의 '한'은 사내, 놈이라는 뜻이다. 엄밀하게 말하면 몽골어 qan 혹은 khan이 음 차용돼 쓰이다가 의미 타락pejoration의 결과로 통속적 어휘가 된 셈이다.

이들을 독일어로는 룸펜Lumpen, 영어로는 tramp, hobo, bum이라 부른다. 건달乾達은 범어의 한자 차용어 '건달파乾闥婆'의 축약형으로 추정된다. 건달파는 수미산 남쪽 금강굴에 사는 하늘나라의 신이다. 제석천帝釋天의 이악雅樂을 관장하는 신, 즉 음악의 신이다. 그는 고기나 밥 등의 음식은 먹지 않고 오직 향香만을 먹고 살며, 허공을 날아다니면서 노래를 즐긴다고 한다.

어느 날 딸아이가 문자메시지를 보내 느닷없는 질문을 했다. "제가 제일 좋아하는 빵은 뭘까요?" 애비의 입장에서 딸의 기호를 알고 있어야 아빠답다는 생각에 망설임 없이 "생 도넛"이라고 답을 보냈다. 돌아온 딸의 답이 허무했다. "아빵~" 나는 웃었다. 결코 건달이 좋아하는 떡이 아님에도 한자어로 건달병乾達餅 또는 한자어와 우리말이 합쳐져 오입쟁이떡이라는 이름으로 불리는 떡이 있다. 차전병(찹쌀가루로 만든 전병)에 채를 친 대추와 밤, 석이를 얹어 부친 뒤 마름모꼴로 썰고 그 위에 설탕과 계피가루를 뿌려 만든 웃기떡인데 하릴없이 온갖 모양을 낸 백수건달이나 바람둥이를 빗대 만들어진 이름이지 싶다.

도둑의 출현 무대를 서역, 실크로드 지역으로 옮겨보자. 사막의 사구砂丘 뒤편에도 행인의 봇짐을 노리는 음험한 눈길이 도사리고 있었다.

투루판 같은 오아시스 성곽도시의 안팎에도 남의 재물 탈취라는 악행을 도모하는 무리들이 있었다. 톈산이나 파미르 고원의 험준한 절벽이나 산길 어딘가에도 남의 물건을 군침 흘리며 탐하는 산짐승들이 있었다. 이들의 타깃이 되는 행인은 주로 실크로드를 오가는 상인, 여행자, 순례객 등이었다. 외교사절에는 호위군이 붙어 있어 쉽게 공격의 대상이 되지 못했다.

투루판 아스타나Astana 고분 등에서 출토된 고대 문서를 통해 과거 이 일대의 상인과 도둑들의 관계를 살펴보고자 한다. 신장위구르 자치구의 동편에 위치한 무척 더운 도시 투루판은 세계적인 포도 산지다. 이곳에서 건포도를 원 없이 먹었던 기억이 난다. 투루판이란 지명은 위구르어로 '움푹 파인 땅'이라는 뜻이다. 투루판 분지는 이름만큼이나 해발 표고가 낮은 지역으로, 그중에서도 아이딩 호艾丁湖의 수면은 평지보다 154미터나 낮다. 여름에는 너무 더워 화주火洲라고도 부른다. 두어 시간만 돌아다녀도 얼굴이 벌겋게 달아오르고 땀이 흘러내릴 새 없이 말라붙어 볼과 팔뚝에는 고운 소금이 맺힌다. 투루판은 실크로드의 요충지에 위치해 있으며 서한西漢, 즉 전한 시대부터 오랫동안 서역의 정치, 경제, 문화의 중심지 노릇을 해왔다. 북서쪽의 우루무치와 남서쪽의 카시가르, 남동쪽의 간쑤 성 등지로 연결되는 교통 요지라는 지리적 이점 때문이다. 총면적은 6.97제곱킬로미터, 50만 명의 주민이 살고 있다. 위구르족, 한족, 회족 등 25개 구성 민족 중 위구르족이 전체 인구의 73퍼센트를 차지한다. 이곳은 과거 고창 왕국의 근거지였다. 고창고성高昌故城은 고창국의 유적지로 3세기경 후한이 멸망한 후 번성했던 투루판의 중심지다. 투루판 시내 동쪽에서 40킬로미터 떨어진 화염

오늘날 남아 있는 고창고성의 흔적.

산 기슭에 위치해 있는데, 지금은 불타오르는 듯한 화염산을 배경으로 폐허만 남아 있어 황량하기 이를 데 없다.

『서유기』에 등장하는 화염산은 워낙 열기가 대단한 곳이다. 붉은색 일색인 이 산은 신장위구르 자치구 지역의 톈산 산맥에 속한 붉은 사암으로 이뤄진 황무지 산이다. 화염산은 총길이 98킬로미터에 너비가 9킬로미터로, 타림 분지를 동에서 서로 가로지르고 있다. 평균 높이는 500미터이며, 여름에는 기온이 섭씨 50도 이상 올라가 숨이 턱턱 막힌다. 이곳에는 중국에서 가장 큰 온도계가 있다.

『서유기』에 따르면 화염산은 잘난 척 대왕인 우마왕牛魔王의 아내(본처)이자 홍해아의 어머니인 나찰녀의 구역이다. 그녀는 화염산 인근의 취운산翠云山 파초동에 살면서, 10년에 한 번씩 화염산 주변에 사는 사람들에게 제물을 받고 파초선을 부쳐서 화염산의 불기운을 잠재워주고 있었다. 때문에 파초선의 주인인 그녀의 별명은 철선선鐵扇仙 또는 철선鐵扇 공주다.

삼장법사 일행이 천축으로 가는 길에 화염산을 지날 때 엄청난 열기를 감당할 수 없어 나찰녀로부터 파초선을 빌리려고 했는데, 전에 삼장법사 일행이 그녀의 말썽꾸러기 아들 홍해아와 싸운 일 때문에 나찰녀는 부탁을 들어주지 않는다. 손오공은 속임수를 써서 나찰녀의 뱃속에 들어가 난동을 피워 파초선을 받아냈으나 그것은 분하게도 가짜 부채였다. 다시 우마왕을 통해 부탁하려고 우마왕과 그 첩인 옥면 공주가 살고 있는 마운동으로 찾아갔으나 옥면 공주와 시비가 붙는 바람에 우마왕과 싸움이 벌어진다. 손오공은 우마왕이 타고 다니는 금청수를 훔쳐 타고 우마왕으로 변신해 다시 나찰녀를 찾아가서는 우마왕 행세를 하며 진짜 파초선을 얻어내는 데 성공한다. 하지만 이번에는 우마왕이 저팔계로 변해 손오공으로부터 파초선을 가로챈다. 손오공과 저팔계는 천신들의 도움을 받아 옥면 공주를 죽음에 이르게 하고 우마왕도 꼼짝 못하게 몰아붙이니, 아내인 나찰녀는 부득불 파초선을 바치고 만다. 손오공은 파초선을 49번 부쳐 화염산의 불길을 완전히 끈 후 나찰녀에게 돌려준다. 소설 속 이야기는 이렇지만, 실상 화염산 일대를 지나는 카라반 등의 행인들은 항시 오금이 얼어붙었을 것이다. 이곳을 무대로 강도짓을 하는 요괴 우마왕을 능가하는 무시무시한 무뢰배들 때문이다. 그래서 장사치들도 무사를 고용하고 적게는 몇십에서 많게는 수배 인으로 상단을 꾸렸다.

교역에 능한 카라반의 구성원은 대개 호상胡商 혹은 흥생호興生胡라 불리던 소그드인들이었다. 이들은 중앙아시아 하중 지역에 기반을 둔 소무구성국昭武九姓國 출신이었다. 이들의 활동은 가히 눈부신 것이었는데, 고래로 아랍 상인, 인도 상인, 중국 상인 뺨치는 장사의 귀재가 바로 이들 소그드 상인이었다. 아홉 나라 왕가의 성을 소무昭武로 정한 것은 눈물 속에 떠나온 고향의 소무성昭武城을 잊지 말자는 결연함에 따른 것이다. 이들이 바로 흉노에 패해 톈산을 넘고 파미르를 넘고 넘어 마침내 아무다리야 북쪽 하중 지방에 새로운 뿌리를 내린 바로 그 집단 월지의 후예들이다. 월지의 다른 부류는 흉노를 피해 서쪽으로 가되 남산(쿤룬 산맥) 기슭에 새로운 둥지를 틀었다. 전자가 소무구성의 주인공들이며, 후자는 다른 이름으로 남산과 총령 곳곳에 나라를 세웠다.

북위를 거쳐 수당 시대에 이르기까지 투루판에는 엄청난 숫자의 호상들이 자리를 잡고 경제력을 장악했다. 금권은 정치권력과 의기투합하기 마련. 투루판의 지배 세력인 한족은 사실상 이들 소그드 상인의 손아귀에 있었다. 삼장법사가 손오공의 모든 것을 손금 보듯 훤히 알고 있는 것처럼, 호상은 한족의 의중을 꿰뚫고 있었다.

2
투루판의 호상들 ❷
풍력발전기 펄럭거리는 고도古都,
새벽까지 이어진 사막의 뜨거운 밤

> 장자가 제자들에게 말했다. "옛날 바닷새 한 마리가 노魯나라 성 밖에
> 와 앉았다. 임금은 친히 이 새를 궁 안으로 데리고 와 좋은 음식과 술
> 로 융숭하게 대접했다. 새는 진수성찬을 하나도 먹지 않고 사흘 만에
> 죽었다. 이는 사람이 사람을 기르는 방법으로 새를 길렀지以己養養鳥,
> 새를 기르는 방법으로 새를 기르지以鳥養養鳥 않아서다." —『장자』「지락편」

중국 신장 성의 성도인 우루무치에서 동남쪽으로 차를 달렸다. 불타는
도시 투루판으로 가는 길(거리 187킬로미터)이다. 바람이 거셌다. 자칫
넋 놓고 서 있다가는 두둥실 하늘로 떠오를 만큼 바람의 강도가 대단
했다. 이에 머리 좋은 중국인들은 풍력발전기를 설치했다. 자연은 이용
하기에 따라 인간생활에 이로움을 준다. 허허벌판을 가득 메운 풍력발
전기의 장관을 구경하고자 도중에 차를 세웠다.

투루판의 한낮 기온은 섭씨 50도에 육박하는 듯했다. 차에서 내리
기가 무섭게 다들 얼굴이 벌겋게 상기됐다. 나는 머리가 빠질까 걱정하
며 양산과 우산으로 열기를 차단하고자 했으나 별 소용없었다. 사나운
바람에 뒤집히거나 날아가기 십상이었다. 묵묵히 참는 게 상책. 열내봤
자 백해무익이다. 폐허의 교하고성交河故城 일대에도 역시 뜨거운 바람

풍력발전기로 유명한 투루판. 사막 위에 세워진 무수한 풍력발전기가 눈길을 사로잡는다.

은 사정없이 불어댔다. 혼이 나갈 지경이다. 어떻게 꼭대기까지 갔는지 모른다. 전망대 위에서 내려다본 성 아래로는 '강물이 절벽을 휘감고 돌면서 교차해 흐르고' 있었다. 그래서 교하고성이라는 이름이 붙었다. 삭막한 풍경은 별 매력 없었기에 사정없이 아래로 내려와 더위를 가려 주는 천막 아래에서 당도 높은 수박을 허겁지겁 먹었다. 불볕더위를 견딘 데 대한 보상은 달콤했다. 달콤함에 마음이 풀리면서 생각이 포도에 미쳤다. 여기 투루판은 포도의 고장인데…….

현대 중국어 발음으로 '자오허구청'이라고 불리는 교하고성은 투루판에서 서쪽으로 13킬로미터 떨어진 아르나이즈 계곡 위 30미터 높이의 절벽 위에 배 모양으로 자리 잡고 있다. 전한 시대의 역사 기록에 등장하는 이 고성 유적지의 길이는 1650미터요, 폭은 300미터다. 이곳은 고대 서역 성곽제국城郭諸國 중 하나인 거사전왕정車師前王庭의 도시로 다른 서역국과 통하는 실크로드 톈산 남로상의 교통 요충지로서 정치, 경제, 군사, 문화의 중심지였다. 당시 인구는 6500명. 한 왕국 수도의 규모가 어떠했을지 짐작할 만하다. '교하'라는 이름은 성의 위치에 따른 것이요, '거사'는 왕가의 명칭에서 비롯된 것으로 나는 판단한다. '車師'를 '차사'가 아닌 '거사'로 읽는 연유가 그와 관련이 있다. 이곳 역시 쿠처, 카시가르와 마찬가지로 흉노에 내몰린 월지의 한 갈래가 앞서 거쳐 간 지역일 것이기 때문이다. 이들은 상당 기간 정착해 왕국을 수립했을 것이다. 이전 글에서 쿠처龜玆, 카스略什가 공히 '옥'을 뜻하는 '쿠시' 혹은 '카시'의 음역어일 것이라고 말했듯 거사 역시 그러하다.

투루판이라는 이름으로 불리기 훨씬 이전 이곳은 월지연맹체를 구

교하고성.

성하던 하위 집단 '카시' 부족이 다스렸다. 때가 돼 월지는 가고 한족이 오고, 토번, 돌궐, 마침내 위구르가 왔다. 이런 와중에도 사람들은 먹고살아야 했다. 지배 세력이 누구인지에 상관없이, 오갈 데 마땅찮아 정착을 선택한 사람들은 그때그때 지배 집단의 관리들에게 세금 바치고 눈치 보며 삶을 연명했다. 8세기, 키르기스에게 쫓긴 위구르가 몽골 초원을 벗어나 알타이 이서의 서역으로 진출하기 이전부터 톈산과 파미르를 오가는 상인 집단이 있었다. 이들을 흥호興胡(흥생호상興生胡商의 줄임말)라고 역사는 기록하고 있다. 흥호는 소그드 상인을 일컫는 말이다. 하중 지방에 근거한 소무구성昭武九姓이 다스리는 안국, 강국, 하국何國, 조국曹國 등 아홉 나라 출신으로 서역과 위진을 거쳐 수, 당으로 이어지는 중국을 오가며 상업 활동을 하던 무리를 말한다.(왜 소무구성이며, 여기서 '소무'가 무엇을 뜻하는지는 뒤에서 우즈베키스탄의 도시들을 다룰 때 살펴보려 한다.)

유능한 상인 집단 소그드인 흥호에 대한 재미있고 인상적인 기록이 이곳 투루판 아스타나 고분에서 발견됐다. 귀족들의 묘지인 아스타나 고분은 고대 고창국과 당나라 귀족들의 공동묘지로, 대략 3~8세기에 걸쳐 만들어졌다. 아스타나Astana는 '휴식'을 뜻하는 위구르어로, 결국 아스타나 고분은 '영원히 잠든 묘지' 또는 '휴식의 장소'라는 의미라 할 수 있다. 지금으로부터 1세기 전인 1916년 외국 탐험대에 의해 처음으로 이 세상에 모습을 드러냈다.

실크로드를 오가는 상인 집단에는 소그드 상인 외에 아랍에서 온 상인, 유대인 상인, 인도 상인, 토하리스탄(박트리아) 상인, 중국 상인, 로마 상인, 심지어 고구려, 신라 상인들도 포함돼 있었을 것이다. 이들은 무리 지어 목적지를 향해 이동하다 적당한 지점에 이르면 발길을 멈추고 하루의 여정을 접었다. 그들이 머무는 곳에는 대상 숙소, 즉 카라반사라이가 자리 잡고 있었다. 대개 사람과 짐 실은 낙타가 하루에 이동할 수 있는 거리인 25~30킬로미터 정도의 범위 내에 자연스레 오늘날의 여관 내지 주막이 형성된 것이다. 다양한 인종과 종교에 따라 오아시스 도시에는 시장을 중심으로 이들이 예배를 올릴 수 있는 각종 사원도 세워졌다. 시장이 있고, 사원이 들어서고, 숙박업소가 등장하니 대부업체 내지 금융기관도 문을 열었다. 색주가도 슬그머니 틈새를 파고들었다. 자고로 돈 되는 데 양심은 없다. 사람들은 돈을 쫓아 이동한다. 한인들의 투루판 이주 물결은 3~4세기경부터 시작됐다.

실크로드 무역의 중요 거점 지역 투루판의 상권을 쥐락펴락한 세력은 중국인들이 흥호라 부른 소그드 상인들이었다. 그러나 이들 전업 상인들은 투루판에 상주하지 않고 항시 자신들의 상품과 가재도구를 지니고 한 도시에서 다음 도시로 끊임없이 이동하며 살았다. 많은 사람이 서비스로 먹고사는 교역 도시 투루판 주민들의 상층부에는 교역 활동을 관리·감독·장려하며 세금을 징수하는 행정관리들이 있었다. 다양한 언어 사용자들이 모여들다보니 통역사의 역할이 무척 중요했다. 여행자 숙소 주인과 종업원들, 식당에서 일하는 사람들, 순례자들, 짐꾼들, 매춘부들, 온갖 군상이 투루판 경제를 움직였다. 도시 외곽에서는 농민들이 별개의 자립적 생계를 꾸렸다. 그러나 필요한 경우 대부업자로부터 돈을 빌리거나 상인들에게서 물건을 구입하기도 했다. 물건 중에는 말과 양 같은 가축은 물론 노예도 포함됐으며 구매계약서도 작성했다. 계약서 외에 법적 조서, 여행 허가증 등 남아 있는 기록들을 통

아스타나 고분 앞 복희여와상과 십이지신상의 모습.

해 과거 투루판 사람들의 생활상과 문화에 대한 이해가 어느 정도 가능하다.

투루판은 과거 기원전 2~3세기경만 해도 고거족高車族의 터전이었다. '고거高車'란 명칭은 이들이 높은 수레를 이용하는 것을 보고 중국인들이 붙인 이름이다. 이들 토착인의 성은 적翟이었다. 이들이 스스로를 가리켜 자신들의 언어로 말하는 소리를 듣고 이방인인 한족 사람들은 자신들의 문자로 거사車師 혹은 고사古師라고 기록했다. 이 둘은 한 소리의 이표기에 불과하다. '카시'와 '쿠시'의 음차인 이 어휘들은 옥을 의미하는 'kush'의 이표기다. 본래 이 땅의 주인이던 원주민은 반半 유

목민이었다. 밀농사와 같은 농업활동에도 종사했으며 중국 사서에 포
도주가 많이 생산된다는 내용이 나오는 것으로 보아 포도 생산에도 관
심을 보였던 듯하다. 『후한서』 88권에서는 "(이들은) 짐승털로 짠 천막에
살며 가축에게 먹일 수초를 따라 이동한다. 농사에 대해서도 잘 알고
있다"라고 그들의 생활상을 전한다. 본디 유목민이었음을 보여주는 구
절이다.

현재 우루무치 박물관에 소장돼 있는 투루판 아스타나 고분 출토
유물들을 보면 과거 투루판 주민들의 민족적 구성이 한족 일색이 아니
었음을 알 수 있다. 206호 무덤 속에 매장된 입상 중 마부상은 무덤의
주인이 중앙아시아 출신이었을 것임을 강력히 의심하게 만든다. 마부
들이 쓴 끝이 뾰족한 펠트 모자는 오늘날 키르기스 남자들이 쓰는 전
통 모자와 흡사하며, 더 오래전으로 거슬러 올라가면 스키타이의 뾰족
모자를 닮았다.

고고학적 증거가 불충분할 때 도움이 되는 것은 언어 자료다. 한족
외에 투루판 주민을 구성한 종족 내지 민족은 누구였을까. 각종 문서
에 남아 있는 이름이 단서를 제공한다. 이들 중 상당수가 당대의 사료
에 소무구성이라 기록된 소그디아나(파미르와 톈산 산맥 이서의 중앙아
시아) 출신들이다. 이들이 투루판 상권의 핵심 세력인 소그드 상인 흥
호다. 가장 흔한 소그드 성은 앞서 보았듯 강康, 안安, 조曹, 하何, 미米,
사史, 석石 등이었다. 그 밖에 적翟, 라羅라는 성도 눈에 띈다.

일본학자 요시다 유타카吉田豊는 '소무昭武'를 '보석'이라는 소그드어
jamuk의 음차로 보는데 이는 잘못되었다고 본다. 왜? 월지가 흉노에
쫓겨 소그디아나 지역으로 서천하기 전 원 거주지가 소무성이었다. 소

그디아나를 장악한 월지의 무리는 떠나온 고향을 한시도 잊지 말자는 의미에서 아홉 개국의 국성國姓을 소무로 삼기로 했다. 그래서 소무구성이다. 소무라는 고향의 성 이름을 국성으로 쓰기로 한 아홉 개의 월지 부족이 이들이다. 월지인들의 말을 한자어로 옮긴 것이 분명한 '소무'의 음가는 어떠하며 또 이 말은 무슨 의미를 지니고 있는 것일까. 아무 다리야 강 북안에 자리 잡은 중심 국가 강국(오늘날의 우즈베키스탄 사마르칸트 지역)의 왕성王姓은 본래 온溫이었다. 중국 학자들은 이주 전 월지족의 터전인 둔황과 간쑤 성 사이 치롄 산맥 북쪽에 있었다는 소무성을 오늘날까지 남아 있는 흑수성黑水城 유허에 비정한다. 과연 그러할지는 장담할 수 없다.

십중팔구 월지의 후손일 가능성이 매우 높은 소그드인을 왜 중국인들은 호胡라고 불렀을까. 처음에 '호'는 중국 북방, 막북漠北 혹은 장성 너머에 살고 있는 유목 기마 민족, 특히 흉노를 지칭했다. 나중에는 오호五胡를 비롯해 중국 동북방, 북방, 서북방, 서방의 유목민을 모두 호라 불렀다. 급기야는 중앙아시아 지역을 포함한 서역의 이민족마저 호의 범위에 집어넣었다. 한편 8세기 당나라에서 간행된 『범어잡명』에서는 호를 범어로 蘇哩(Suli)라 적어 관심을 끈다.

『범어잡명』의 편찬자인 쿠처 출신 승려 이언利言(혹은 예언禮言이라고도 한다)은 "고려, 즉 고구려는 무쿠리畝俱理, Mukuli"라 했다. 왜 무쿠리이며 이 말은 또 무슨 뜻일까? 범어 명칭이 존재하는 이상 당시 고구려가 서역 제국 못지않게 인도와 교류했다고 추측할 수 있다. 고구려를 지칭하는 Muk(u)li를 돌궐비문의 Bökli와 대비해 살펴볼 필요가 있다. 제2돌궐 제국의 제2대 가한可汗 묵철默啜(?~716)의 성은 짐작하다시피 아사나阿史那, 즉 아시씨다. 묵철은 보직명(소지방 장관) 내지 아명이고 황제가 된 후의 돌궐어 명칭은 '정복자'라는 의미의 카프간 카간Kapagan Kağan이다. 초대 황제 일테리시 카간Ilteriş Kağan, 즉 힐질리시의 동생으로 관직명 묵철은 돌궐어 'Bok-chor'의 음차다. 이렇듯 한자음 'ㅁ'은 돌궐어 'b'와 대칭을 이룬다.

몽골 초원을 중심으로 막강한 제국을 건설했던 돌궐은 범어로 親嚧娑迦(Turusaka)라 한다고 『범어잡명』의 편찬자는 말한다. 스키타이와 한 갈래일 것으로 의심되는 사하족과 무슨 친연관계가 있지나 않을까. 그러나 이런 추정이나 의심은 일단 뒤로 미루고 호胡를 가리키는 범어 蘇哩(Suli)가 구체적으로 어디를 지칭하는지를 아는 것만으로 족하다. 둔황과 투루판 출토 문서 연구 전문가인 동양사학자 모리야스 다카오 森安孝夫 같은 이는 蘇哩가 수그딕Suyδik의 한자 음차로 소그드를 가리키는 게 분명하다고 주장한다. 언어학자인 내 생각은 다르다. Muk(u)li 내지 Bökli가 맥貊을 토템으로 하는 사람들의 나라인 맥국貊國의 표기라면, Suli는 Su의 나라(li)여야 한다. Su는 돌궐어로 물이지만 Suli는 범어다. 그렇다면 Su는 소를 가리키는 것은 아닐까. 호국胡國은 털이 긴 소 야크를 많이 길렀다. 티베트인들은 방언에 따라 소를 So 혹은 Sog라고 불렀다. 세상에는 뜻밖에도 닮은 말이 많다. 이런저런 말 고민에 투루판의 뜨거운 밤은 새벽까지 이어졌다.

3
포도, 카레즈, 베제클리크 천불동:
사막 속에 황허 강이 있었다

"낮에는 모래를 먹고, 밤에는 모래를 덮고 잔다."—위구르 속담

투루판에 가면 만사 제쳐놓고 건포도를 먹어야 한다. 물론 배탈 나지
않을 정도로만. 투루판 시내에서 동북쪽으로 10킬로미터가량 떨어진
곳에 포도구가 있다. 화염산 서쪽 기슭에 남북 6킬로미터 길이, 최대
폭 2킬로미터 너비로 자리한 아주 넓은 지역이다. 8월 포도를 수확할
때 포도 재배 농가나 길가의 포도 가게 근처에만 가도 향긋한 포도 냄
새가 코를 찌른다. 건조대나 대형 바구니에 가득 담긴 형형색색의 포도
가 미각을 자극한다. 포도주도 빼놓을 수 없다. 우리 일행은 한 농가의
문을 열고 들어갔다. 주인의 안내로 마당 한 귀퉁이 평상에 자리를 잡
았다. 카레즈Kārēz(지하수로)를 둘러보고 오느라 모두들 더위에 지쳐 있
었다. "쭈쭈바가 먹고 싶어." 누군가가 간절한 목소리로 말했다. "나는
보석바." "나는 메론바." 각자의 취향이 메아리처럼 울려 퍼졌다. 쭈쭈
바 보석바 메론바를 대신해 몇 가지 종류의 건포도가 나왔다. 맛보기
는 공짜니까 열심히 먹다가 너무 달아서인지 슬그머니 손이 상 아래로

내려들 간다. 단것을 좋아하는 나만 부지런히 건포도를 즐겼다.

누군가로부터 대접만 받으면 마음이 편치 않다. 상술이란 이런 것이다. 우리 어머니 같은 노인들이 건강보조식품 판매원의 친절한 말투와 화장지 따위의 공짜 선물에 보답하기 위해 호주머니를 터는 심정과 마찬가지다. 우리도 건포도를 사야만 할 것 같은 의무감에 사로잡혀 지갑을 열었다. 기왕에 최상의 것을 사리라. 400년 묵은 포도나무에서 수확해 건조했다는 '왕중왕', 빛깔이 매력적인 '흑진주', 나무에서 자연 건조한 '수상건', 이름도 멋진 '여인향' 등 별별 이름의 건포도를 미련 없이 구입했다.

건조 지대의 특산 여름 과일로는 하미과(멜론)와 수박, 그리고 포도를 꼽는다. 포도의 원산지는 어디일까. 포도는 서양에서도 인간의 삶만큼이나 오래된 과실이다. 로마의 주신 바쿠스는 포도주의 신이다. 그리스 문명에서는 디오니소스라 불리는 이 행복한 신은 술을 마시고 엑스터시의 상태, 망아의 지경에 놓인다. 예술 탄생의 조건을 갖춘 것이다. 이태백 역시 술을 마시고 시를 지었다.

건조 지대 투루판에 포도가 유입된 것은 가히 신의 선물이라 할 만하다. 한나라, 위나라 때의 역사 기록에 포도가 등장하는 것으로 봐서 재배 역사는 2000년이 넘었다. 포도의 원산지는 이집트와 페르시아로 추정된다. 그리고 실크로드를 따라 투루판에 전래됐을 것이다. 그 시기는 언제일까. 흉노에 밀린 월지연맹의 구성원인 '옥의 부족' 카시(혹은 쿠스)가 현재의 교하고성을 중심으로 거사국車師國 또는 고사국姑師國을 세웠음을 우리는 안다. 월지의 한 갈래였던 거사국은 5세기 중엽 흉노계의 저거씨沮渠氏에 의해 멸망한다. 그리고 저거씨 세력은 교하고성 동편, 오늘날의 고창고성 자리에 고창국을 세운다. 그러다 6세기 초 한족 출신의 국씨가 고창국을 접수했다가 640년 당나라에 의해 멸망당한다.

이 무렵 포도는 이 지역 최고 특산물이 됐다. 연평균 강수량이 16밀리미터에 불과한 고온건조한 분지의 메마른 땅과 강렬한 햇볕, 극심한 일교차가 길러낸 투루판 포도는 당도가 무척 높아 웬만큼 단걸 좋아하는 사람도 한 송이만 먹으면, 건포도는 한 움큼만 먹으면 머리가 아프다 할 정도다. 씹는 맛은 단연 최고다.

'포도'라는 한자어는 고대 페르시아어 'budawa'의 음역으로 보인다. 그렇지만 현대 페르시아어는 'angur'다. 이 말은 말레이시아어, 우르두어, 힌디어에도 비슷한 음가로 남아 있다. 타지크족이 중심이 된 중앙아시아 타지키스탄 사람들도 포도를 '앙구르angur'라 한다. 한편 이웃한 나라와 민족들은 '우줌uzum' 또는 이 말의 변이형을 사용한다. 왜일까. 타지크인은 이란계 주민이라는 의미다. 그리고 6~8세기 몽골 초원에서 중앙아시아와 흑해 일대까지의 드넓은 지역을 석권했던 대人돌궐 제국, 그 이후 셀주크튀르크 제국, 오스만튀르크 제국의 영향으로 중앙 유라시아 제국에는 돌궐의 후예들이 곳곳에 퍼져 있다. 이 때문에 9세기 중엽 이후 투루판을 위시한 타림 분지의 주인공이 된 위구르를 포함한 돌궐의 후손들은 포도를 같은 말로 지칭한다. 카자흐도, 키르기스도, 우즈벡도, 타타르도, 몽골도, 바시키르도, 칼미크도, 터키는 물론 아제르바이잔도 그렇다. 몽골도 제국의 주인공이 되기 전에는 돌궐의 한 지파에 불과했다.

한편 포도 재배의 역사가 6000년이 넘는 캅카스 지역의 조지아Georgia 사람들은 포도를 'qurdznis'라고 한다. 이웃한 동편의 아제르바이잔과 아나톨리아 반도의 터키 사람들이 돌궐어인 'uzum'을 사용하는 것과는 대조적이다. 거친 세상, 외부로부터의 침탈과 그로 인한 문명의 혼종 속에서도 어쩌면 토박이 종족의 문화적 주체성을 간직했기 때문인지도 모른다. 조지아 지역은 고대에는 '이베르인Iber의 땅'이라는 뜻의 이베리아Iberia라 불렸다. 스페인과 포르투갈을 포함한 지역 역시 이베리아라고 부르는데 무슨 연고가 있지 싶다. 이렇듯 역사 연구에는 언어적 지식이 도움이 된다. 조지아, 아르메니아, 아제르바이잔을 포함한 캅카스 지역의 이베리아 남쪽에는 메디아 왕국의 페르시아가 힘을 과시하고 있었다.

강수량의 절대 부족이라는 극도로 불리한 자연환경 속에서 투루판 주민들은 어떻게 물 부족을 해결하고 포도 경작에 성공했을까. 지구상에서 가장 뜨겁다는 화염산에서는 나무 한 그루, 풀 한 포기 자라지 않는다. 위구르어로는 '키질탁Kyzyl-tag', 즉 '홍산'이란 뜻이다. 한여름 이곳의 지표 온도는 섭씨 80도를 웃돈다. 화염이라는 말에서 짐작할 수 있듯 물이나 물에서 생명을 부여받는 수목과는 거리가 먼 산이다. 오죽하면 삼장법사 일행이 파초선의 위력을 빌려야 했을까.

● 인공수로 카레즈의 장관

자연의 도전에 인간은 응전한다. 톈산 이남 타림 분지 내의 모든 오아시스 도시가 그렇듯 투루판에서도 생존을 위해서는 물이 필요했다. 그래서 약 100킬로미터 정도 떨어진 톈산의 물을 끌어왔다. 톈산에는 해마다 9월이면 눈이 내리기 시작해 이듬해 3~4월까지 계속된다. 이 눈이 녹지 않고 쌓여 만년설을 이룬다. 해빙의 봄이 되고 무더운 여름이 되면 만년설이 녹아 생명수가 된다. 물이 있는 장소를 알게 된 사람들은 이 물을 투루판까지 끌어오기로 마음먹는다. 비장한 결의와 불굴의 끈기로 사람들은 톈산부터 자신들의 거주지까지 지하수로를 판다. 설산의 눈 녹은 물을 끌어오기 위한 인공수로를 '카레즈Kārēz'라 한다.

카레즈는 건조하고 무더운 기후로 인한 물의 증발을 최소화하고, 풍사로 인한 수로의 막힘을 방지하기 위해 땅 속에 물길을 낸다. 마냥 지하 물길만 낼 수 없으니 사람들은 적당한 지점에서 땅 위로 구멍을 낸다. 그래야 수로 정비를 위해 사람들이 들락날락할 수 있기 때문이다. 준설과 보수작업을 하지 않으면 수로는 이내 막힐 수밖에 없다. 이러한 지혜, 자연과의 싸움에서의 인간 승리는 투루판 이전 페르시아 사막 지역에서 먼저 있었다. 언제 어떤 경로를 거쳐 그들의 노하우가 투루판 주민들에게 전해졌는지 명확한 기록은 없지만 아마 이슬람교의 전파와 관계가 있지 않을까 짐작할 뿐이다.

카레즈가 없다면 투루판에는 사람이 살지 못했을 것이다. 롭 노르가 메마르며 주변 지역이 사막화되자 누란 왕국이 역사의 저편으로 사라졌듯, 투루판도 진즉 운명을 달리했을 것이다. 그러나 불굴의 도전 정신으로 사람들은 멀리 떨어진 톈산으로부터 불의 도시 화주까지 물을 끌어오는 데 성공했다. 카레즈는 지표면에서 대략 30미터 아래 지점에 있으며, 수로는 대충 1000여 개에 달한다고 한다. 총연장은 5000킬로미터가 넘는다니 길이가 황허 강과 맞먹는다. 카레즈 덕분에 투루판은 포도의 고향이 됐고, 도시의 밤 곳곳에서 분수대가 아낌없이 물을 내뿜는다.

쿠처에 키질 천불동이 있다면, 여기 투루판에는 베제클리크 천불동이 있다. 이 석굴사원군은 국씨 고창국 시대부터 위구르 왕국 시대에 걸쳐 조성됐다. '아름답게 장식한 장소'라는 뜻을 가진 이름 베제클리크를 통해 짐작하듯 석굴 벽면마다 화려한 불화가 그려져 있었으나 이는 11세기 초 이슬람의 서역 침공으로 대부분 훼손됐다. 또한 20세기 초 동양 문명에 광신적으로 심취한 서양의 약탈자들에 의해 남은 것이 거의 모두 망실됐다. 이런 문명 파괴와 약탈은 어떤 명분으로도 용인되어서는 안 되지만, 인간은 끊임없이 똑같은 행위를 되풀이한다. 반달족이 그 선두주자라고 해 반달리즘vandalism이라는 이름이 붙었지만, 칭기즈칸의 군대도, 나폴레옹의 군대도, 이슬람군도, 병인양요와 신미양요를

화염산 골짜기에 조성된 불교 석굴 사원 베제클리크 천불동의 전경.

일으킨 프랑스와 미국도 이런 일에서 자유로울 수 없다.

불교 벽화는 천불동 사원 건립에 위구르 왕족과 귀족들이 참여했음을 보여준다. 이를 통해 위구르인들이 이슬람 이전에는 열렬한 불교 신자였음을 알 수 있다. 역사적으로는 서방의 카라한 왕조가 침입하며 억지 개종해 오늘날 이슬람 위구르가 된 것이다. 칭기즈칸이 제국을 세우기 전 위구르 왕의 칭호가 이디쿠트Idiqut였다는 사실 역시 불교 왕국 위구르의 존재를 입증한다. '이디쿠트'는 '축복'이라는 뜻이다.

9세기 중엽 돌궐의 한 갈래였던 위구르인들이 투루판 분지에 오기 전, 아니 좀더 정확히 말해 키르기스에 밀려 본거지 몽골 초원을 벗어난 유목 집단 위구르가 간쑤 성에서 톈산까지, 그리고 타림 분지 오아시스 지역에 정착하기 전 투루판 분지에는 나름의 굴곡진 역사가 전개되고 있었다. 이미 말했다시피, 기원전 2세기경 거사전국(혹은 거사전왕정)과 거사후국(혹은 거사후왕정)이 오늘날의 교하고성을 중심으로 투루판 분지를 장악했다. 이들 거사족, 즉 옥의 부족은 흉노에 쫓겨 본거지 간쑤 성과 둔황을 떠난 월지의 지파가 아닐까 의심된다. 거사국은 4세기 중반까지 나름대로 평화롭게 살았다.

중원에서 삼국 시대가 막을 내리고 위진남북조 시대가 시작된 4세기 후반 탁발선비의 나라 북위(386~534)와의 싸움에서 패한 흉노계 국가 북량(397~439)의 저거무휘沮渠無諱와 저거안주 형제가 서쪽으로 도주해 오늘날의 고창에 자리를 잡았다.

한편 이들이 떠나온 간쑤 성은 오호십육국 시대에 이르러 한인계 왕조 전량(313~376)이 지배하고 있었다. 327년, 전량은 투루판 분지까지 세력을 확장한다. 이로 인해 이 지역에서 한어가 사용되고 유교 문화가 널리 보급된다. 이어서 티베트계의 저족氏族 부견 가문이 건립한 전진 (351~394)이 간쑤 성 일대를 장악하고 동계인 여광을 서역정벌군 장수로 세워 언기와 구자를 정복하게 한다. 후일 여광은 자립해 간쑤 성에 후량(386~403)을 세운다. 모두 단명한 왕조들이다.

후량이 기울 무렵(397년), 흉노계 노수호족盧水胡族 출신의 무장 저거 몽손沮渠蒙遜이 장예 일대의 간쑤 성을 차지하고 단업段業을 왕으로 추대한다. 북량北涼(397~439)의 탄생이다. 영웅호걸들의 기개가 참으로 대단하던 시절이었다. 후량의 무장이었던 저거몽손은 사촌 간인 저거남성沮渠男成과 힘을 합쳐 건강建康(지금의 난징)의 태수 단업을 건강공建康公으로 추대했으며 저거몽손은 장액태수, 저거남성은 보국장군이 됐다.

이런 과정에서 저거몽손은 서진과 맞서기 위해 하夏, 북위北魏와 연합하는 한편 동진東晉, 송宋에도 복종해 양주자사涼州刺史에 임명되기도 했다. 그러나 431년 서진과 하가 멸망하고 북위의 영향력이 커짐에 따라 북위에 인질을 보내고 양왕涼王으로 임명됐다. 433년 저거몽손이 병사하고 아들 저거목건沮渠牧犍이 뒤를 이었다. 저거목건은 하서왕을 자칭하고 문치文治를 펼쳤으나, 439년 선비족이 세운 나라 북위의 침공을 받아 멸망하게 된다. 그리고 북량의 멸망으로 마침내 오호십육국 시대는 막을 내리게 된다.

북량의 멸망 후, 목건의 동생 저거무휘가 동생 저거안주와 더불어 주취안 지방에서 반란을 일으켰다가 북위에 패해 서쪽으로 달아나 투루판 분지의 고창에 자리를 잡았다. 송은 저거무휘를 하서왕河西王으로 봉한다. 동생 저거안주는 448년 교주를 쟁취하고 거사전국을 포함한 투루판 분지 일대를 지배하기에 이른다. 고창국은 이렇게 탄생한다. 흉노계 정권 고창국이 들어서며 거사전국은 종말을 고하고 이에 따라 월지 부족 거사인들은 서쪽의 언기로 이주한다.

450년 고창국왕이 된 저거안주는 460년 초원의 새로운 실세 유연의 공격을 받아 살해되고 저거씨 고창국은 결국 2대 만에 멸망했다. 이어서 유연을 배경으로 한 한족의 괴뢰정권 감백주 정권이 수립됐다. 감씨 정권은 초원의 유목 집단 고차와 에프탈의 간섭을 견디지 못하고 491년에 붕괴된다. 이에 고차는 둔황 출신의 장맹명을 고창왕으로 세운다. 그런데 장맹명의 뒤를 이은 마유가 북위와 친하고자 내통을 꾀하자 그를 살해하고 500년경 국가라는 인물을 내세워 왕으로 삼는다. 이렇게 하여 초원 부족 고차에 의한 국씨 고창국이 성립된다. 비록 왕은 국씨가 계승했지만 국가 운영에는 장씨 등 한인 명족이 참여했다.

460년 초원 세력에 의해 수립된 한족의 국가 고창은 그 후 640년 멸망하기까지 180년 동안 무탈했을까? 절대 그럴 리 없다. 유목 세력과 중원의 압력하에 외교적 줄타기를 할 수밖에 없었다. 552년 유연의 대장장이 역할을 하던 돌궐이 주인을 격파하고 초원의 새로운 실력자로 등극하는 대사건이 발생한다. 돌궐은 카간의 딸을 고창왕 국보무에게 시집보내며 그에게 '일테베르Il Teber'라는 돌궐 고유의 칭호를 부여한다. 거창한 이름이 뭐 대수인가. 돌궐의 흑심은 혼인동맹으로 투루판 분지에 대한 영향력을 확대하려는 데 있었다. 동서 교역로의 거점을 장악해 통상의 이익을 확보하는 일도 중요한 고려 사항이었을 것이다.

7세기 전반에는 북방 초원의 서돌궐이 타림 분지 일대에 영향력을 행사했다. 이런 가운데 630년 당나라가 동돌궐을 무너뜨리고 타림 동쪽의 하미 일대를 장악하자 당의 진출을 두려워한 고창의 마지막 왕국문태는 서돌궐의 통야구브 카간과 연대를 꾀했다. 이 무렵 삼장법사 현장이 구법길에 고창국을 지나다 국왕 국문태에게 융숭한 대접을 받는다. 국문태는 서돌궐로부터 일테베르라는 칭호를 받고 자신의 누이를 통야구브 카간에게 시집을 보낸다. 이렇듯 당시 여자는 흔히 외교적 수단으로 이용됐다. 그러나 국문태의 노력은 별 성과를 거두지 못하고 결국 고창국은 당의 원정군 앞에 무릎을 꿇는다. 640년의 일이다.

당은 고창을 서주로 개명하고 이곳에 안서도호부를 설치한다. 군대를 상주시켰음은 물론이다. 당의 타림 분지 지배의 발판이 마련된 것이다. 8세기 후반 이후 안녹산의 난 등 당이 휘청거릴 때 당시 몽골의 지배자이던 위구르가 위협적 세력으로 역사의 무대에 등장한다. 톈산과 타림 분지의 지배 세력이 되는 것은 아이러니하게도 9세기 중반 키르기스에게 쫓겨 몽골 초원을 벗어나면서부터다. 도대체 위구르는 누구인가. 위구르는 회흘回紇이라 기록되어 있다. 이슬람교를 회교, 회회교라 부르는 것은 이 종교가 위구르, 즉 회흘인들을 통해 중국에 전파되었기 때문이다.

4
국수의 탄생지:
2500년 전 국수 맛을 추구한 욕망의 흔적

눈이 많이 와서

산엣새가 벌로 나려 멕이고

눈구덩이에 토끼가 더러 빠지기도 하면

마을에는 그 무슨 반가운 것이 오는가보다

한가한 애동들은 어둡도록 꿩사냥을 하고

가난한 엄매는 밤중에 김치가재미로 가고

마을을 구수한 즐거움에 사서 은근하니 흥성흥성 들뜨게 하며

이것은 오는 것이다.

이것은 어느 양지귀 혹은 능달쪽 외따른 산 옆 은댕이 예데가리

밭에서

하로밤 뽀오얀 흰김 속에 접시귀 소기름불이 뿌우현 부엌에

산멍에 같은 분틀을 타고 오는 것이다.

이것은 아득한 옛날 한가하고 즐겁든 세월로부터

실 같은 봄비 속을 타는 듯한 녀름 속을 지나서 들쿠레한 구시
월 갈바람 속을 지나서
대대로 나며 죽으며 죽으며 나며 하는 이 마을 사람들의 의젓한
마음을 지나서 텁텁한 꿈을 지나서
지붕에 마당에 우물 둔덩에 함박눈이 푹푹 쌓이는 여늬 하로밤
아베 앞에 그 어린 아들 앞에 아베 앞에는 왕사발에 아들 앞에는
새끼사발에 그득히 사리워오는 것이다.

이것은 그 곰의 잔등에 업혀서 길러났다는 먼 옛적 큰 마니가
또 그 집등색이에 서서 자채기를 하면 산넘엣 마을까지 들렸다는
먼 옛적 큰아바지기 오는 것같이 오는 것이다.

아, 이 반가운 것은 무엇인가
이 히수무레하고 부드럽고 수수하고 슴슴한 것은 무엇인가
겨울밤 쩡하니 닉은 동티미국을 좋아하고 얼얼한 댕추가루를 좋
아하고 싱싱한 산꿩의 고기를 좋아하고
그리고 담배 내음새 탄수 내음새 또 수육을 삶는 육수국 내음새
자욱한 더북한 삿방 쩔쩔 끊는 아르굳을 좋아하는 이것은 무엇
인가

이 조용한 마을과 이 마을의 으젓한 사람들과 살틀하니 친한 것
은 무엇인가

이 그지없이 고담枯淡하고 소박한 것은 무엇인가

　─백석, 「국수」

　나를 아는 동료 교수들은 어쩌다 교정에서 마주치게 되면 "언제 국수나 한 그릇 먹으러 가지"라고 친절하게 제안한다. 채식주의자와 함께 할 먹거리라고는 국수밖에 없다는 생각에서다. 그들이 딱히 국수를 좋아하는 건 아닐 것이다. 비 오는 날 별식으로 즐길 정도의 뒷전 음식이 국수다. 그들의 관점에서 고기는 물론 멸치를 포함한 물고기도 입에 대지 않는 내가 별나도 너무 별난 인물일 터이다. 식성이 다르니 함께 식사할 자리가 마땅찮다. 그래서 썩 내키지는 않지만 국수라는 게 매일 먹는 음식은 아니니 한 끼쯤이야, 하고 감당하는 것이다.

　어려서 나는 국수를 싫어했다. 잔칫집에 가서도 국수가 나오면 고개를 가로저었다. 가늘고 길쭉한 국수가 영 마음에 들지 않았다. 그러다 어머니가 밀가루 반죽을 홍두깨로 밀어 넓적하게 썰어서 호박 채를 넣고 푹 끓여주신 뜨끈하고 구수한 칼국수를 통해 국수 맛을 들였다. 국민학교에 다닐 때 아버지가 사주신 짜장면은 겁나게 맛이 있었다. 20대 중반 채식주의자가 되며 식성이 완전히 바뀌면서 국수가 입에 당겼다. 국수뿐만 아니라 밀가루로 만든 수제비와 같은 음식도 사랑하게 됐다. 이제는 여름철이면 메밀국수 잘하는 집을 열성적으로 찾아다니기까지 한다.

　불가에서는 국수를 승소僧笑라 한다. 수도에 열심인 승려들이 맛있는 국수만 보면 절로 웃음이 난다 해서 붙은 이름이다. 국수는 귀한 음식이었다. 먼 길 떠나는 가족에게 해 먹이는 별식, 먼 길 마다 않고 찾아온 반가운 손님에게 대접하는 특식이 바로 국수였다. 그래서 잔칫날 축하 음식으로 국수를 내는 건 너무나 당연한 일이었다. 왜 국수가 귀한 음식이 된 걸까? 쌀과 보리, 좁쌀, 수수 등을 주식으로 하던 사람들에게 물로 반죽해 탄성과 점성이 높아진 밀가루의 매력은 끊기 어려운 유혹이었을 것이다.

국수란 밀가루나 메밀가루를 반죽해 얇게 밀어서 가늘게 썰거나 국수틀로 가늘게 뺀 먹거리를 말한다. 국수라는 말의 어원은 미상이다. 경상도 사람들은 국수를 국시라 하는 것으로 보아 어느 것이 원형인지도 불확실하다. 하지만 14세기경 고려와 조선의 외국어 통역 기관인 사역원司譯院에서 교재로 사용한 『번역노걸대飜譯老乞大』에 습면濕麵을 설명하는 구절에 '국슈'란 이름이 처음 등장하는 걸로 봐선 국시보다는 국수를 원형으로 봐야 옳겠다. 인류 최초의 국수가 말린 국수인 건면이었을 가능성으로 보아 우리나라에서는 뒤늦게 습면인 '국슈'를 먹지 않았나 싶다. 한자어인 '면麵'은 국수와 더불어 한민족의 면 문화를 총칭하는 단어로 사용되어왔다. 면이란 단어는 국수를 지칭하는 단어이자 밀가루라는 이중의 뜻으로 사용된 탓에 종종 혼란을 불러일으킨다. 이런 혼란은 면이란 말과 면 음식 문화를 완성시킨 중국에서도 마찬가지다. 후한 시대 허신許慎이 지은 한자 사전인 『설문해자』에는 면이 '맥의 가루麥粉'라고 설명돼 있다. 즉 밀가루에 불과했다. 그리고 이 밀가루를 반죽해서 만든 먹거리를 '병餠', 한마디로 떡이라고 허신은 말한다.

중국의 대부분의 면식麵食문화는 송나라, 특히 남송南宋 시대 (1127~1279)에 강남과 국수 천국 섬서陝西 성을 포함한 화북華北의 문화가 섞이면서 시작된 것이다. 여진족의 금나라에 밀려 남으로 내려온 하북 사람들의 발달한 면식문화가 강남 지역에 전해지면서 강남 사람들이 밀가루를 지칭하던 면을 밀가루로 만든 음식을 통칭해 부르기 시작한 것이다.

면이라는 말은 우리나라에 유입돼 정착하기 시작하면서 중국에서보다 더 광범위하게 사용된다. 밀가루로 만든 면 음식뿐만 아니라 메밀이나 곡물 가루로 만든 모든 음식을 면으로 부르게 된 것이다. 하지만 쌀을 중심으로 기장이나 조 같은 낟알을 그대로 먹는 농경 전통이 완전히 자리 잡은 한반도에서 갈아서 가공해 먹는 국수는 낯선 별식의 위치에 머무를 수밖에 없었다. 이와는 다른 각도에서 보자면 밀은 귀한 식품이었다. 그래서 아무 때나 먹을 수 없었고, 그렇기 때문에 환갑연이나 결혼식 같은 중요한 의례에 손님 접대용으로 쓰였다. 이렇게 잔치에 가장 많이 사용된 탓에 오늘날까지 국수는 잔치 음식으로서의 이미지가 강하게 남아 있다.

『고려도경高麗圖經』 '향음鄕飮 조'를 보면, "나라 안에 밀이 적어 장사치들이 경동도京東道로부터 사오므로 면 값이 대단히 비싸서 큰 잔치가 아니면 쓰지 않는다"라고 했다. 사정이 이러했으니 우리나라에서 국수나 면은 20세기 초까지만 해도 메밀이 주된 지위를 차지하고 있었던 것이다.

인류는 언제부터 국수를 만들어 먹기 시작했을까. 국수의 재료는 밀가루. 그렇다면 밀이 있어야 했다. 요즘 우리나라에는 밀을 경작하는 곳이 드물다. 오히려 메밀을 더 많이 가꾸는 것 같다. 밀의 원산지로 알려져 있는 메소포타미아 지방은 기원전 7000년 무렵부터 이곳 주민들이 인류 역사상 최초로 밀 재배를 시작한 곳으로 전해진다. 바로 이 사람들의 일부가 동쪽으로 이동하며 밀 종자를 가져왔다. 지금으로부터 5000년 전인 기원전 3000년경의 일이다. 서쪽으로부터 동쪽 중앙아시아 방향으로의 민족 대이동이 시작된 것이다. 이들은 코카소이드Caucasoid라 불리는 백인종으로 초원을 이동하며 유목 생활을 하는 집단이었다.

이들 원시 유럽인종이 정든 땅을 떠나 이주를 감행하게 된 이유는 단순하다. 메소포타미아 지역은 물론 우크라이나 초원이나 킵차크 초원 등지에서 거주하며 유목 생활을 하던 이들이 인구의 증가로 좀더 넓은 목초지가 필요해진 것이다. 해결책은 동쪽으로의 이주였다. 이주 과정에서 마음에 드는 곳을 택해 정착한 사람도 있었을 것이고, 어떤 이들은 톈산을 넘거나 타클라마칸 사막을 가로질러 오늘날의 신장위구르 자치구 투루판 분지에까지 이르렀을 것이다. 지금은 열사의 땅이지만, 과거에는 기후 조건이 사뭇 달랐다. 이곳에 정착하며 사람들은 떠나온 땅에서 했던 대로 밀농사를 짓기 시작한다. 고고학적 유물이 그 증거로 나오고 있다.

고대의 신장 지역은 지금과 달리 강과 호수가 있고 숲이 우거진 비옥

신장위구르 자치구를
여행하면 위구르 식당에서
이런 종류의 국수를 자주 접하게 된다.

한 땅이었다. 19세기까지만 해도 이곳 건조 지대 곳곳에 강물이 흐르고 롭 노르가 있었다는 기록이 남아 있다. 사정이 이러한즉 초원을 떠돌며 말과 양, 염소 등을 키우며 유목 생활을 하던 새로운 이주민들이 더 이상의 이동을 삼가고 점차 한곳에 머물며 농경과 유목을 병행하게 된 것은 지극히 당연한 결과다. 이렇게 해서 티그리스, 유프라테스 두 강을 끼고 발달한 메소포타미아 문명의 본거지에서 유래한 밀농사가 새로운 땅에 이식된다. 그리고 인류 최초의 국수가 탄생하게 된다.

우리나라에서 사람들이 즐겨 먹는 국수 이름을 대자면 열 손가락이면 얼추 다 된다. 그렇다면 중국의 경우는? 놀랍게도 중국에는 무려 1200여 종의 국수 요리가 존재한다. 가히 국수의 천국이라 할 만하다. 중국이 대규모로 밀농사를 짓기 시작한 것은 지금으로부터 2000년 전 한漢나라 때다. 밀농사가 시작된 건 그보다 앞선 기원전 3000년경으로 추정된다. 야만이라 부르던 서역 투루판 등지에서 전래된 것이다. 중원의 한족漢族이 쌀과 조를 주식으로 하던 2500년 전 무렵 타림 분지 오아시스의 주민들은 이미 밀을 주식으로 생활하고 있었다.

중국 땅에서 겨우 밀농사가 시작될 무렵 멀리 아프리카 대륙의 이집트에서는 밀가루를 가공해 화덕에 구운 발효빵을 만들어 먹고 있었다. 그보다 앞선 기원전 4000년경에는 인류 역사상 최초로 빵이 만들어졌다. 물론 모양만 빵에 가깝지 밀가루를 반죽해 납작한 형태로 만든 비발효의 빵이었다.

밀이 대량 경작되기 시작하면서 중원의 음식 문화도 변한다. 별나게 맛있는 음식, 국수가 문명의 땅 중국의 식탁에 오르게 된 것이다. 서역과 가까운 산시 성이 국수의 본향이 된 건 서역과 상시 교류가 이뤄진

화염산. 도로 공사 중에 화염산 골짜기에서 2500년 전의 것으로 추정되는 국수 유물이 발견됐다.

다는 지리적 위치 때문이었다. 한번 국수에 맛을 들이니 더 맛난 국수를 찾아 다양한 국수 뽑기 방식에 이채로운 국수 조리법이 생겨났다. 수타면은 국수 뽑기의 일대 혁명이라 할 만하다. 몇 차례의 손놀림으로 가늘고 긴 국수, 게다가 탄성과 점성이 매우 높은 명품 국수발이 만들어진다. 맛있는 것을 추구하는 인간의 건강한 욕망이 국수의 진화를 가져온 셈이다.

놀랍게도 화염산 자락에서 2500년 전의 국수가 발견됐다. 양손으로 비벼 만든 건조면이었다. 오늘날의 가늘고 긴 국수가 아니라 둥글되 길이가 짧은 국수였다. 1991년의 일이다. 화염산을 지나는 도로 공사를 하던 인부들이 골짜기에서 직경 1.5~2미터가량 되는 30여 개의 웅덩이를 발견했다. 조사 결과 이는 2500년 전 이곳에 살았던 주민들의 무덤으로 판명됐다. 14구의 미라와 함께 부장품들도 다수 발굴됐는데 미라와 함께 묻힌 유물들 중에는 용기에 담긴 음식이 있었다. 구운 양고기, 좁쌀, 밀로 만든 빵, 그리고 밀과 좁쌀을 섞어 만든 국수가 그것이었다. 이 국수는 동서로 전파돼 어느 시점에 이르러 유럽인의 식탁에 모습을 드러내게 된다. 10세기 무렵의 일이다.

파스타의 최초 발생지는 마피아의 본거지로 알려진 이탈리아 남부 지중해의 섬 시칠리아다. 파스타는 달걀을 섞은 가루 반죽을 재료로 한 이탈리아 요리를 말하는데 스파게티도 파스타의 일종이다. 정어리나 홍합, 대하 등의 해산물과 함께 푸짐하게 나오는 시칠리아 파스타 요리는 보기만 해도 입에 군침이 돈다. 맛도 일품이다. 시칠리아 주민이 1년 동안 먹는 파스타의 양은 평균 44킬로그램. 일주일에 약 800그램의 파스타를 소비하는 셈이다. 미국 사람들의 10배가량을 먹어치운다. 중요한 사실은 19세기까지 유럽에서 파스타를 먹는 곳은 이탈리아 남부 지역뿐이었다는 점이다. 오늘날처럼 파스타가 인기 메뉴가 되기까지는 상당한 시간이 걸렸다. 시간만이 아니다. 실크로드 혹은 초원의 길이라 불리는 문명의 이동 통로가 있었기에 먹을수록 맛있는 식품 국수가 동서로, 또 남북으로 전파될 수 있었다. 전파의 주역은 물론 소그드 상인 집단이 핵심인 카라반caravan이었다. 아랍 상인 역시 중요한 역할을 했다.

시칠리아에 국수가 등장한 것은 827년 사나운 아랍군의 침탈이 계기가 되면서부터다. 그로부터 약 200년의 사라센 이슬람의 지배 아래 아랍의 국수 문화는 새로운 모습, 색다른 조리법의 옷을 입는다. 그리

고 시칠리아라는 새로운 땅에서 '실처럼 가늘게 생긴 국수'라는 의미의
이름 이트리야Itriya로 재탄생하게 된다. 때가 돼 마침내 이탈리아 전역
으로 퍼져나간 이 기묘한 식품이 오늘날 유럽인의 입맛을 사로잡는 파
스타다.

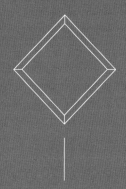

10장

반갑고야 파미르, 서쪽으로 간 월지의 행방

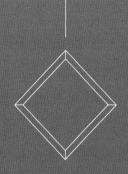

1
열사의 땅을 벗어나 '~스탄' 지역으로, 세계의 지붕 파미르를 넘어서

"만들어진 습관은 우리가 지속적으로 존재하는 방식이라고 할 수 있다. 습관은 단지 어떤 상태일 뿐 아니라 어떤 경향이자 능력이기도 하다."—라베송, 『습관에 대하여』

중앙아시아 우즈베키스탄에 처음 간 것은 2001년의 일이다. 1980년대 중반부터 시작된 해외여행이 습관이 될 무렵이었다. 우즈베키스탄이라는 나라 이름이 우즈벡족을 중심으로 만들어진 나라인 '우즈벡의 땅'이라는 뜻임을 알고 호기심이 생겼다. 이런 호기심, 새로운 것에 대한 관심이 나의 여행벽을 만들었고, 학문에 싫증을 느끼지 않게 했다. 우리말 '땅'의 중세어가 '삳'인데 어떻게 수만리 떨어진 중앙아시아 국가들에서도 이와 흡사한 '–stan'이 사용되고 있을까? 저들과 우리 사이에어떤 연관이 있는 걸까? 호기심을 충족시키려는 이런 오래된 습관이나의 세상살이 경향이자 대단찮은 능력이라고 나는 믿는다.

우즈베키스탄은 물론 다른 중앙아시아 국가들도 대부분 다종족 사회다. 100여 개의 민족이 혼재해 있고 따라서 인종적 혼혈hybrid이 꾸준히 이어져왔다. 그 결과는 사람들의 다양한 생김새다. 또 한 가지, 미인이 많다. 우즈베키스탄에 다녀오니 친구들이 "그 동네 여자들 모두가 영화배우라며?" 하고 호기심 어린 질문을 했다. "에이 뭘!"이라고 답은 했지만 속으로는 '그렇긴 해'라고 수긍을 했던 기억이 있다.

이런 가벼운 호기심과는 달리 이번 글에서는 조금 무거운 주제를 다루려고 한다. 무겁다는 것은 참담한 슬픔에 처한 월지가 억지로 이주할 수밖에 없었던 비극적 운명에 공감하며 그들의 심정을 진지하게 헤아리고 그들의 행방을 가급적 소상히 추적하려는 의도를 말하는 것이다. 월지의 서천이라는 역사적 사건의 배경과 결과를 다시 한번 개관해보고자 한다.

기원전 176년 월지는 선우 모돈이 이끄는 흉노 연합군에게 치욕적으로 패배한다. 다시 몇 년 뒤 이번에는 모돈의 아들 노상선우에게 월지 수령이 죽임을 당하는 최악의 일이 벌어진다. 어디 그뿐이랴. 수급首級이 베어지고 그것도 모자라 두개골이 술잔으로 만들어지는 가공할 시련에 봉착한다. 원수는 갚아야 하거늘, 그러기에 상대해야 할 적은 너무나 강했다. 회복하기 어려운 치명타를 입은 월지는 어떻게 됐을까. 그들은 바로 정든 곳을 떠났다.

월지는 본디 치롄 산맥을 배후지로 간쑤 성과 둔황 등지에 주거지를 두고 하서河西는 물론 타림 분지의 지배자 노릇을 하고 있었다. 따라서 서역과 중국의 교역 중개 역할을 담당하고 있었음은 물론이다. 뿔뿔이 흩어지는 이산離散은 기득권인 상권을 포기하는 것이다. 이주 후의 삶은 익숙한 것, 누리던 것과의 이별을 뜻한다.

흉노에 쫓긴 이들은 어디로 갔을까. 본거지에서 내몰린 이들이 톈산 산맥 북쪽 이리 강 일대 초원과 이식쿨 호수 주변 지역으로 이동했음을 우리는 알고 있다. 그로 인해 톈산 주변의 선주 세력이던 색족塞族이 마지못해 서천과 남천을 결행했다는 사실도 문헌 기록을 통해 확인했다.

짐작컨대 쫓기는 무리의 행렬은 분명 하나가 아니었을 것이다. 둔황에서 서쪽으로 나서면 톈산 이남의 오아시스 지역과 통한다. 그곳에 성곽도시들이 있었다. 그리고 양관陽關을 나서면 가까이에 소국 약강婼羌이 있고, 이곳을 통해 남산南山 북안의 오아시스 지역에 쉽게 이를 수 있다. 가깝고 멀다는 것은 상대적이다. 실제 약강은 감주甘州로부터 서남방으로 1500리, 양관으로부터는 1800리나 떨어져 있었다. 장안으로부터는 6300리 길이었다.

중국 한자음으로 뤄창이라 불리는 약강의 위구르 명칭은 차르클리크다. 고대 미란 유적이 있는 곳이다. 당나라 때는 토번吐蕃(티베트족)의 땅이 됐다. 이렇듯 땅의 주인은 수시로 바뀐다. 그렇다면 한漢나라 때 명칭은 왜 약강인가. 약강이라는 지명은 이곳의 주민이 약인婼人과 강인羌人으로 구성돼 있었기 때문에 지어진 이름이다. 이들이 거주한 지역은 오늘날 신장 성 뤄창 일대다. 명나라 때까지도 이곳에서는 유목 생활이 이뤄졌다. 사서에 따르면 여기 사람들이 거주하는 곳은 성곽이 없었고 그들은 모전毛氈, 즉 양모 섬유로 만든 장막을 설치하여 거처로 삼았다. 산물은 대부분 낙타, 말, 소, 양이었다. 약강에서 서북쪽으로 가면 선선국鄯善國, 즉 모래 속에 묻힌 전설의 왕국 누란에 이른다. 그리고 강릉에도 서울에도 경주에도 있으며, 중국 곳곳 어디에나 있는 남산은 여기서는 웅장한 쿤룬 산맥을 가리킨다.

패망한 월지는 부족 중심으로 움직였을 것이다. 이주 경로로 톈산 남로를 선택한 집단은 옥의 부족 쿠시 혹은 카시로 추정된다. 거사전왕정車師前王庭(및 후왕정後王庭), 구자국, 이전에는 소륵국이었던 카시가르의

車師, 龜滋, 喀什의 음이 대체로 그와 같은 추정을 뒷받침한다. 이들 쿠시 부족이 후일 파미르 고원을 넘어 오늘날의 인도 북서부 카시미르로 이동해 왕국을 건립하기에 이른다. 이들이 살던 산악 지역은 힌두쿠시라는 이름을 얻게 된다. 박트리아 왕국의 소흡후小翕侯에 불과했던 이들이 마침내 인도 북부를 지배하는 귀상貴霜 왕국, 즉 쿠샨 왕조를 수립하게 되는 것은 시간 문제였다. 이 쿠샨조를 중국은 여전히 월지라 불렀다.

사막 남로, 즉 쿤룬 산맥 북쪽 기슭을 따라 이주한 집단은 어찌 됐을까. 『삼국지』 「위지魏志」 '오환선비동이전 서융 조'에 자로貴虜와 월지月氏의 여종餘種에 대한 설명이 나온다.

둔황과 서역의 남산 가운데에는 약강에서부터 서쪽으로 총령에 이르는 수천 리에 걸쳐 월지의 여종인 총자강葱茈羌, 백마강白馬羌, 황우강黃牛羌 등이 있고 각자 추호酋豪를 갖고 있다. 북으로는 여러 나라와 접하고 있는데, 그 거리와 광협은 알 수 없다. 전해지는 바에 의하면 황우강은 여러 종류로 돼 있으며, 아이를 잉태하여 6개월이 되면 출생하고, 남쪽으로는 백마강과 인접하고 있다고 한다……

그랬다. 비록 흉노에는 패했지만, 월지가 전멸한 것은 아니었다. 살아남은 자들이 저마다 길을 달리해 생존의 길을 모색했다. 그리고 총자강, 백마강, 황우강이라는 이름으로 새로운 삶을 살고 있었음을 중국 사서는 말해주고 있다. 왜 강羌일까? 그 지역의 선주민이 바로 강족羌族

이었다. 손님으로 찾아간 월지는 이들 부근에서 혹은 이들 속으로 들어가 마침내 섞여 살게 됐다. 혼인도 하고 문화도 교류하면서 말이다.

중앙아시아 인문학 기행을 시작하며 나는 기원전 2세기 월지의 서천이 중앙아시아의 인문학적 지평에 미치는 영향을 검토하고자 했다. 치렌 산맥을 배후지로 간쑤 성과 둔황의 패자였던 월지가 같은 유목 집단 흉노에 패해 서쪽으로 이동하게 된 사연을 우리는 알고 있다. 그리하여 새로운 영토에서 일부는 정복자로, 또 다른 일부는 남아서 혹은 인근 지역으로 이주해 피정복 주민으로서의 삶을 살았다는 것을. 후자의 경우 세월이 흘러 점차 잊힌 존재가 됐을 것임도 짐작할 수 있다. 강족과 동화된 월지 집단이 그러하다.

역사는 산 자의 기록이며 자기 옹호의 산물이다. 앞서 이 글은 원 거주지를 벗어나 파미르 고원 이동의 사막 오아시스 지역과 톈산 산맥 초지로 삶의 터전을 옮긴 월지의 좀더 정확한 위치를 살펴보고자 한다는 취지를 밝혔다. 이 말은 마침내 사막을 떠나 세계의 지붕 파미르를 넘게 된 월지의 부류가 누구인지를 알아보려 한다는 의미도 내포한다. 왜 이들에 주목해야 하는가? 이들이 한때 '소그드인의 땅'이라는 의미의 소그디아나로 이주해 중앙아시아 역사의 새로운 장을 열었기 때문이다. 이들의 이주 및 정착 과정을 살피면서 소그드인에 대한 다양하고 흥미로운 이야기가 거론될 것이다. 드디어 열사의 땅을 벗어나 인문학 기행의 행선지는 '-스탄' 지역으로 진입하게 된다.

몽골 초원을 중심으로 한 초원의 지배자는 흉노, 선비, 유연, 돌궐, 위구르, 키르기스, 키타이, 몽골 등의 순으로 수시로 바뀌었다. 이들은 항가이 산맥 서쪽에 자리 잡은 외트겐을 시원지 혹은 성산으로 삼았

다. 양과 말을 치며 유목 생활을 영위했다. 바이칼이나 싱안링 산맥 주변의 종족들은 추위에 강한 순록과 더불어 살았다. 그래서 순록을 자신들의 족명族名으로 삼았다. 선비의 한 갈래인 탁발부拓拔部가 바로 저들 언어로 순록을 가리키는 tabu를 족명으로 사용했다. 이들은 싱안링 산맥과 훌룬 부이르 일대에서 유목 생활을 하던 집단이었다. 대代나라

비단길 교통로의 요충지 둔황. 이곳을 넘어서면 어떤 세계가 펼쳐질까. 간쑤 성과 둔황의 패자였던 월지는 흉노에 쫓겨 세계의 지붕 파미르를 넘어 이동해야 했다.

땅으로 이주해 오호십육국 시대를 거치며 하북을 평정하고 위魏를 세웠다. 대나라는 지금의 네이멍구 자치구 후허하오터呼和浩特 서남의 성락盛樂을 수도로 한 제후국이다. 탁발선비가 세운 위나라를 우리는 북위北魏라 부른다. 저들 스스로 삼국 시대 조조 부자의 위를 계승한 것으로 자임하기 때문이다.

과연 '소그드'는 무엇일까? 한자어로 粟特, 束毒 등으로 표기된 이 집단 혹은 국가의 명칭은 어떻게 해서 생긴 것일까? 束毒, 즉 Sogd_Soghud_를 나는 '소'를 뜻하는 말 sog와 명사 복수형 어미 -ud~ut의 결합으로 이해한다. 즉 Sogd라는 종족명은 소를 기르는 집단을 가리키는 명칭이다. 시베리아의 사하족을 주변 종족들이 야크를 기르는 집단이라 해서 야쿠트라는 타칭으로 부르는 것과 마찬가지다.

그런데 Sogd 혹은 Soghud가 과연 소종족일까? 이를 알기 위해서는 티베트에 관심을 가질 필요가 있다. 토번은 강족羌族과 번족蕃族 간의 혈연적 융합의 하이브리드다. 얄루짱푸雅魯藏布 강 유역을 제외한 티베트 지역은 거의가 고대 강족의 땅이다. 토번은 중국 사서의 기록이고, 이 말이 서양에 전해지면서 티베트가 된 것이다. 티베트인 스스로는 농업인이라는 뜻의 뵈파博巴라고 불렀는데, 유목민 조파卓巴와 차별을 두고자 하는 의도가 엿보인다. 토번의 '번蕃'은 '농업'을 뜻하는 '博'(뵈)과 발음이 같다. 암소와 숫야크 사이의 하이브리드인 조(dzo, dzho, zho, zo)는 노새처럼 이종교배의 산물로 짐을 싣는 데 주로 이용된다. 조는 수컷이고 암컷은 조모dzomo라 부른다. 조모는 번식 능력이 있는데 비해 수놈 조는 생산 능력이 없다. 슬픈 존재다.

농사를 생업으로 하던 사람들의 입장에서는 야크나 혼혈종 소의 등에 물자를 싣고 북방으로부터 내려온 소몰이 집단이 야만인으로 보였을 것이다. 농업사회에서 소는 귀한 동물이다. 배가 고프다고 함부로 잡아먹을 수 없다. 그럴 경우 다음 해 농사를 짓기 어려워진다. 사람은 굶어도 소는 먹여야 한다. 티베트에는 3대 방언 지역이 있다. 먼저 위장衛藏 방언 지역의 '위장'은 수도인 라사가 위치한 얄루짱푸 강 하류 유역의 정치적 '중심지'를 가리키는 티베트어 '위'와 쉬가체 등지를 포함하는 얄루짱푸 강 상류 유역의 종교적 중심지의 '성결聖潔'을 가리키는 '장'의 합성어다. 그런데 동남 지역에 해당하는 바옌카라巴顏略拉('풍요롭고 검다'는 뜻) 산 이남 지역의 캄파康巴들이 사는 캄康 방언 지역에서는 소를 so라 부른다. 치롄 산과 바옌카라 산 사이 칭하이 호 주변과 하서회랑 일대의 티베트 북부 안다 방언 지역에서는 소를 sog(~sok)라 한다.

So/Sog는 중국 사서에 등장하는 모우강牦牛羌을 가리키는 데 사용된다. 모우, 즉 야크를 기르며 사는 강족이기 때문이다. 이렇듯 티베트인들에게 so는 야크에 다름 아니었다. 13세기가 돼 몽골인들이 과거 모우강의 땅으로 들어왔다. 티베트 사람들은 자신들을 문명과 세련됨의 표준으로 삼고 북쪽의 몽골을 야만인, 오랑캐의 땅이라는 뜻에서 So(의 땅)라고 비하해 불렀다. 그렇다면 Sogd는 소sog, 즉 야크를 유목하거나 방목하는 집단이라 할 만하다.

티베트인들은 야만스런 오랑캐를 호르Hor라고 부른다. 다른 지역 티베트인들에게 캄파는 '호르'로 불리기도 한다. 캄파들이 사는 참도 지역에 고대에는 서강西羌 부족들이 살았기 때문이다. 티베트 사람들에게 강족은 오랑캐인 호르였다. 『번한대조동양지도蕃漢對照東洋地圖』에서는 회골국廻骨國, 즉 위구르의 나라를 Hor로 적고 있다. 북방의 이민족은 다 호르인 셈이다. 칭기즈칸의 조상도 호르라 불렸다. 칭기즈칸은 '호르 장겔제뽀'라 불렸다. 한족을 호르라 부르는 일은 없다. 『번한대조동양지도』에 의하면 토번의 자칭은 Po다. 『범어잡명』은 토번을 부타Bhuta라고 기록한다. 머리가 복잡해진다. 그러고 보니 우리도 '호래자식'이라는 말을 사용한다. 이 말은 어쩌면 티베트에서 수입됐을지도 모른다. 물론

한자어 호로胡虜에서 들어왔을 가능성도 있지만, 정확한 진실을 알기에
는 옛일이 너무나 막연하다.

2
서천이 만든 여인들의 운명,
목숨을 건 생존 방식

뿌리 없이 흔들리는 부평초 잎이라도

물 고이면 꽃은 피거니

이 세상 어디서나 개울은 흐르고

이 세상 어디서나 등불은 켜지듯

가자 고통이여 살 맞대고 가자

외롭기로 작정하면 어디든 못 가랴

가기로 목숨 걸면 지는 해가 문제랴

　—고정희(1948~1991), 「상한 영혼을 위하여」

　11월이 가고 12월이 온다. 한 해가 가는 시점에 가슴 찡한 시 한 편 읽지 않을 수 없다. 근래 몸이 전만 못함을 느끼며 정신도 늙어감을 안타까워하고 있었다. 가기로 마음먹으니 지는 해가 문제인 듯했다. 그런데 어느 시인은 나와 다른 생각으로 삶을 대했다. 목숨 걸고 감행하면

파미르의 눈길.

시간이 문제되지 않는다는 그의 말에 나는 숙연해졌다. 그래, 가야 하면 목숨 걸고 길을 나서야 한다. 해 지고 날 저물어 밤이 된다한들. 외로움은 이내 익숙해진다. 밤길은 의외로 걷기에 즐겁다.

선택이 아닌 운명으로 낯선 곳을 찾아야 하는 인간의 비극을 월지의 서천에서 목격했다. 그러나 어디 월지뿐이랴! 모세Moses의 인도로 가나안Canaan으로 향하는 유대인들의 엑소더스Exodus(출애굽)는 최근까지 영화로 만들어지기도 했다. 월지는 잊힌 존재. 험준한 파미르를 넘었을 그들의 행로를 이번 글에서도 더듬어본다. 가도 가도 끝없어 보이는 험로에 지쳐 중도에 산간 마을을 이루고 정착한 집단도 있었을 것이다. 그들 중에 탁월한 지도자가 있어 여기저기 산중에 혹은 산간 계곡에 흩어져 사는 동족을 통합해 파미르의 소왕국을 건설했을 것이다.

새로운 삶의 터전을 일구는 무리 중에는 당연히 여자와 아이들이 포함돼 있었다. 그들은 전부터 살아온 생활방식을 고수했을 것이다. 남자를 받아들이고 아이를 낳아 기르고, 가사노동을 숙명으로 받아들이고 살았을 것이다. 전쟁으로 남자들이 부족한 형편에 농사를 짓는 노동력으로 여자와 아이들은 무척 중요했다. 과거에는 사람 수가 부의 척도였다 해도 과언이 아니다. 사정이 이와 같으니 한 여자가 형제를 남편으로 받아들이고 살아야 했다. 그와 같은 일이 당시에는 매우 자연스러운 것이었다.

◉ 윤리와 도덕, 시대와 자연환경의 산물

천하의 나폴레옹은 "여성의 역할은 침대와 가족, 교회에 한정돼야 한다"고 믿었다 한다. 그러나 그건 어디까지나 생각에 불과할 뿐, 실제로는 그처럼 되지 않는다. 생전에 그가 황후 조제핀에게 쩔쩔 맸다고 전해지지 않는가. 그런데 나폴레옹과 유사한 사고방식을 가진 사람들이 오늘날에도 있다. 파미르 고원 너머 아프가니스탄, 타지키스탄, 파키스탄은 물론 중동 지역 이슬람 근본주의자들 역시 여자는 애 낳고 살림하는 것 외에 별 쓸모없는 존재라는 인식을 갖고 있다. 그래서 무학이 상책이라고 믿는다. 이는 여자가 남자의 소유물이라는 인식이 반영된 결과다. 이런 탐욕을 교묘하게 위장하기 위해 그들은 푸르다 purdah(여성의 사회적 격리)라는 이름으로 여성을 보호한다고 주장한다. 여자의 공간은 오직 집 안에 국한될 뿐, 나가서 돈 벌고 외부의 적과 싸우는 등 힘든 일은 남자가 다 한다. 그러니 군말이 있을 수 없다. 여자가 부득이 바깥출입을 하려면 부르카burka와 같은 쓰개옷으로 머리부터 발끝까지 온몸을 감싸야 한다. 내 것은 그 누구에게도 노출시키고 싶지 않다는 남성의 욕심과 질투심의 극단을 엿볼 수 있다. 일부다처제를 수용하고 있는 무슬림들이 한 여자가 여러 명의 남자와 더불어 사는 문화를 이해할 수 있을까?

『신당서』「서역전」은 읍달국挹怛國에 대해 다음과 같이 기록하고 있다.

> 읍달국은 한나라 때 대월지의 종족이었다. 대월지가 오손에게 빼앗겨 서쪽으로 대완大宛을 지나서 대하大夏를 공격해 신하로 삼았다. 치소는 람지성藍氏城이었다. 대하가 곧 토하라吐火羅다. 엽달嚈噠은 왕성王姓인데 후손들이 성으로서 나라(의 이름으로) 삼았고, 그것이 와전돼 읍달이 됐으니, 읍전挹闐이라 부르기도 한다. 풍속은 돌궐과 비슷하다. 천보 연간에 사신을 보내 조공을 바쳤다.

읍달은 흔히 백흉노로 알려진 에프탈Hephtal을 가리킨다. 이 에프탈이 대월지의 한 갈래라는 것이다. 그리고 대월지는 본거지를 떠나 일시 톈산 북안의 이식쿨을 점거했다가 다시 오손에게 패해 서쪽의 대완을 지나 아무다리야 강 남쪽의 대하(=토하라)를 신하국으로 삼았다고 당서는 말하고 있다. 그렇다면 대월지라는 부족연맹체에는 쿠시(혹은 카시) 외에 읍달(에프탈)이 있었다고 봐야 한다. 허나 읍달은 역사적으로 후대에 등장하는 세력이다. 먼저 우리가 주목해야 할 월지의 갈래는 왕성이 온溫인 이른바 소무구성昭武九姓, 달리 말해 구성소무九姓昭武다. 이들은 힘든 이주의 노정을 트란스옥시아나의 오아시스 지역에 정착하는 것으로 마감하고 그곳에서 반농·반유목 생활을 시작한 과거 치롄 산 소무성 출신의 월지민이다. 이들이 세운 나라로 시간 여행을 떠나 한참 지나고 보면 현대에 이르러 그 영역이 우즈베키스탄, 타지키스탄, 아프가니스탄에 속해 있음을 발견하게 될 것이다.

쫓기는 월지의 갈래는 가는 길이 저마다 달랐다. 쿠시의 무리 대다수는 톈산 이남의 오아시스 지역을 경유해 파미르를 넘었다. 후일의 에프탈과 소무성 출신 월지는 이리 초원을 거쳐 이식쿨과 페르가나 분지를 지나 마침내 남쪽으로 아무다리야 강을 넘어 대하까지 복속시키기에 이르렀다.

옛 기록에 월지의 한 갈래인 엽달의 이채로운 풍속이 전한다.

읍달국의 도읍은 烏滸水(아무다리야 강) 남쪽 200여 리 되는 곳에 있다. 대월지의 종류에 속한다. 정예병이 5000~6000명이며 전투에 능하다. 과거 나라가 혼란했을 때 돌궐이 자第를 힐강詰強이라고 하는 통설通設('통', 즉 '호랑이'라는 이름의 shad)을 보내서 그 나라를 다스리게 했다. 도성은 사방이 10여 리이고, 사탑이 많은데 모두 금으로 장식했다. 형제가 부인을 같이 둔다. 한 사람의 남편을 갖는 부인은 뿔이 하나 달린 모자(일각모一角帽)를 쓰고, 형제 여러 명을 남편으로 둔 사람은 그 숫자에 따라 뿔을 만든다. 남쪽으로 조국漕國과는 1500리, 동쪽으로 과주와는 6500리 떨어져 있다. 대업 연간(605~618)에 사신을 보내 방물을 바쳤다.

같은 취지의 기록이 『주서』 「이역전異域傳」 하 제42 '엽달국嚈噠國' 조'에도 보인다.

엽달국은 대월지와 같은 종류이며, 우전의 서쪽에 있고, 동쪽으로 장안과 1만100리 떨어져 있다. 그 왕의 치소는 발저연성拔底延城인데 대저 왕사성王舍城이다. 그 성의 방은 10여 리다. 형법과 풍속은 돌궐과 대략 동일하다. 그 풍속도 형제가 하나의 부인과 동시에 혼인한다. 대저 형제가 없으면 그 부인은 뿔 하나 달린 모자를 쓰고, 만약 형제가 있으면 그 수의 다소에 따라 뿔을 단 모자를 쓴다. 그 사람됨은 흉힌하며 전투에 능하다. 우전과 안식 등 대소 20여 국이 모두 그들에게 복속하고 있다.

월지의 풍습이 이랬다. 현재를 살아가는 남자들이 손사래 치며 마다할 일처다부제가 월지에서는 자연스러운 습속이었던 것이다. 이 습속이 험한 세상 살아남기 위한 이들의 생존 방식이었다. 재미있는 것은 남편의 수에 따라 착용하는 모자의 뿔 개수가 달라진다는 점이다. 열 명의 남편을 둔 여성은 모자에 뿔을 열 개 달아 본인의 인기 있음을 과시했을 것이다.

● 월지의 일처다부제 풍습

이런 통실通室의 풍습은 월지의 한 갈래인 읍달인만의 고유한 것이 아니었다. 오손인도 그랬지만 대하인도 이와 유사한 혼인 풍속을 지니고 있었다. 다만 여기 여자들은 남편의 수대로 목걸이에 뿔을 매달았

전통 의상을 입고 염소젖을 짜는 파미르의 아낙. 그녀는 월지의 후예일까.

을 뿐이다. 인기가 미모인지 다산성인지는 따져볼 필요가 있겠지만 남편의 수는 아마 인기에 비례했을 것이다.

『북사』「서역전」제85 '토하라국吐火羅國 조'가 전하는 내용은 다음과 같다.

토하라국의 도읍은 총령에서 서쪽으로 500리 되는 곳에 있고, 읍달과 잡거하고 있다. 도성의 방은 2리이고 병력은 10만 명이며 모두 전투에 능하다. 그 풍속은 불교를 신봉한다. 형제가 한 명의 부인을 같이하고 번갈아 동침하는데, 한 사람이 방에 들어가면 문 밖에 그 옷을 걸어서 (동침) 의사를 표시하며, 아들을 낳으면 그 형에게 속한 것으로 여긴다. 그 산의 굴에는 신마神馬가 있어 매년 굴이 있는 곳에 말을 놓아기르면 반드시 좋은 망아지(명구名駒)를 출산한다. 남쪽으로 조국과 1700리, 동쪽으로 과주와 5800리 떨어져 있다. 대업 연간에 사신을 보내 조공했다.

그런데 이와 흡사한 풍습이 쿤룬 산맥 이남의 티베트에 남아 있다는 것이다. 물론 중국 윈난 성과 쓰촨 성의 경계를 이루는 루구 호 일대에 거주하는 모쒀족도 이와 비슷하면서 한편으론 남다른 혼인 풍습을 지니고 있다. 아마 이들이 혈통적으로 상호 관련이 있어서 그럴 수도 있고, 종족 간 문화 융합의 결과 때문일 수도 있다. 모쒀족은 다름 아닌 소牛 집단을 가리키는 말이다. 여기서의 소는 털이 긴 야크를 말한다. 야크와 더불어 유목 생활을 하는 집단은 비슷한 혼인 습속을 공유했다고 한다면 지나친 일반화일까.

우리나라에서도 소를 소라고 부른다. 티베트인들도 소(야크)를 소(혹은 쏙)라고 부른다. 이는 우연의 일치일까? 세상에 우연은 없다 했는데, 풀어야 할 숙제가 많다. 생활환경에 따라 사람들이 중요하게 여기는 가축은 각자 다르다. 몽골 사람들에게는 양, 염소, 소, 말, 낙타 등이 중요하다. 몽골어로 양은 '호니honi', 염소는 '야마yamaa', 소는 '우헤르üher', 말은 '모린morin' 혹은 '아두aduu', 낙타는 '테무temu'라고 한다. 앞에서도 이야기했지만, 서양 학자들의 해석과는 달리 칭기즈칸의 아명 '테무진'의 의미는 '대장장이'가 아니라 '낙타돌이'다.

티베트인들에 의해 야만인으로 취급받으며 '소'라고 불린 몽골인들은 소를 '우헤르'라고 부른다. 그렇다면 과연 우리말은 몽골어와 필연적인 친연관계에 있다고 할 수 있을까. 우리말의 계통은 어디일까. 우리말은 우랄알타이어족 퉁구스어파에 속한다고 배웠다. 퉁구스어를 사용하는 퉁구스인은 시베리아 동부에 거주하는 사람들로 몽골인들과는 차이를 보인다. 퉁구스인에 대한 최초의 기술은 1612년 네덜란드 상인이자 여행가 아이작 마사Isaac Massa에 의해 이뤄졌다. 막스 뮐러Max Müller에 의하면 퉁구스라는 말은 '사람'을 뜻하는 퉁구스어 'donki'에서 왔거나 '돼지'라는 말 'tungus'에서 파생됐다고 하고, 그런가 하면 동호東胡에서 비롯됐다고 보는 사람도 있다.

파미르, 새로운 주인
월지를 만나다

> "나에게는 세 가지 보배가 있어 그것을 고이 지니고 아끼나니 하나는
> 인자함이요, 다음은 근검함이요, 세 번째는 남 앞에 나서지 않는 것이
> 다."—노자, 『도덕경』

나는 잠정적으로 소그드인을 '소(야크)를 기르는 사람들'이라는 의미로
파악했다. 그리고 이 말이 티베트인들에 의해 북방의 야만인을 지칭하
는 데 사용되었음을 논의했다. 소를 기르는 집단이 어째서 야만인이
되어야 할까? 누가 뭐래도 농경 위주의 사회에서는 소가 무한히 귀하
고 친근한 동물인 법. 하나의 가설이 존재한다. 소이되 소가 아닌 소가
있었다. 추운 지방에서 생존하기 위해 긴 털로 몸을 덮고 있는 야크. 무
언가 불길한 느낌을 주는 검은색 털과 몸을 가진 그 짐승은 소이되 소
가 아니었다. 그래서 그런 짐승을 가까이하는 사람들을 오랑캐라고 부
를 수밖에 없었다.

또 다른 가설은 이렇다. 초원보다 북쪽, 흔히들 툰드라(동토대)라고
부르는 무척 추운 지방에도 사람이 산다. 여기 사람들이 소처럼 이용
하는 야생 동물이 있다. 짐을 부리는 데 이용되고, 가축과 고기가 인간
생존에 적극 활용되는 짐승, 바로 순록이다. 순록을 모르거나 처음 보

는 이들에게 순록은 소의 다른 형태로 인식되었을 것이다. 그래서 그들을 오랑캐라고 불렀다. 정확히 말해 오랑캐는 순록치기라는 말의 와전이다.

이제 서천한 월지를 따라 톈산과 파미르를 넘어 중앙아시아로 가보자. 흉노에 쫓겨 타림 분지를 지나 험준한 파미르를 넘었거나 톈산 북쪽의 이리 초원과 이식쿨 호수를 거쳐 페르가나 분지의 대완大宛을 지나 강거 땅을 차지한 월지의 제부족諸部族들도 저마다의 독특한 족칭이 있었을 것이다. 그들은 자신들의 이름으로 도시를 세우고 급기야 제국을 건설하기도 했다. 앞에서도 거론했고 앞으로 자주 듣게 될 하중河中 지방 '소그드인의 땅' 소그디아나를 차지한 월지의 후예 소무구성昭武九姓도 저마다 자부심 넘치는 동물 토템으로 자신들의 족칭을 삼았을 거라는 걸 어렵지 않게 짐작할 수 있다.

월지의 일부가 흉노의 편이 된 오손에 밀려 이식쿨 호수를 벗어나 오늘날의 중앙아시아 하중 지방으로 새롭게 이주해 그곳 오아시스 지역에 정착하면서 중국 사서는 그곳의 왕가를 소무구성이라 지칭한다. 강국康國을 포함하여 안安, 조曹, 석石, 미米, 하何, 화심火尋, 무지戊地, 사史의 아홉 나라를 속칭 소무구성이라 한다.

월지의 무리가 점거한 곳의 옛 중심지는 오늘날의 우즈베키스탄 사마르칸트를 중심으로 하는 강국, 강거康居(혹은 강고康固)의 땅이었다. 왜 강康인지는 잘 모르겠으나 이는 소그디아나의 한역漢譯으로 여겨진다.(최근에 알아낸 바로는 康居가 kanger족의 음차였다.)

『구당서舊唐書』 148권 「서융열전西戎列傳」 '강국 조'는 강국의 선조 및 풍속에 대한 설명 중 월지인에 대한 흥미로운 사실을 전하고 있다.

파미르의 가을.
아득한 시절, 민족의 이동이란
아픔을 겪었을 이들에게도
이 하늘이 펼쳐졌으리라.

파미르 선경仙境.

그 나라 왕의 성은 온溫씨이며, 월지月氏 사람이다. 사람들은 눈이 깊고 코가 높고 수염이 많았다. 장부丈夫는 머리를 깎거나翦髮 혹은 변발辮髮을 했다. 그 나라의 왕관은 모직물로 만든 모자氈帽에 금과 보배로 장식했다. 부인은 상투처럼 머리를 땋아 올리고, 조건皁巾을 덮어썼으며, 금으로 만든 꽃으로 장식했다. 사람들은 술 마시기를 좋아하고, 길에서 노래하거나 춤추는 것을 좋아했다. 아들을 낳으면 반드시 석밀石蜜(깊은 산의 절벽이나 바위틈에 모아 둔 꿀)을 입안에 넣어주고, 손바닥에 아교를 두는데, 이는 아이가 성장하여 입은 항상 달콤한 말을 하고, 돈은 아교에 붙은 물건처럼 움켜쥐기를 바라는 것이다. 그들은 호서胡書(소그드문자)를 익혔다. 장사를 잘하여 매우 적은 이익도 다투었다. 남자는 나이가 스물이 되면 멀리 이웃 나라로 가고, 중하中夏로 왔다 갔다 했으며, 이익이 있는 곳이라면 가지 않는 곳이 없었다. 12월을 새해로 삼았다. 브라만이 그들을 위하여 별의 모습을 관찰하고 절기의 변화를 살펴서 길흉을 정했다. 자못 불법佛法이 흥성했다. 11월이 되면, 걸한乞寒(동짓달 추위 속에 서로 물을 끼얹으며 노는 놀이)을 하며 성대하게 즐겼다.

한편 『전한서』 「서역전」 제66 '강거국 조'에 의하면, 강거국은 대월지와 풍속이 같고, 동쪽으로 흉노의 견제를 받고 있다고 했다. 대월지의 풍속이 강거와 같은 이유는 무엇일까? 월지가 서천하는 중에 강거 땅에 들어가 종당에는 주인 자리를 꿰차고 지배 세력이 되었기 때문일 것이다. 그리고 본디 유목민이던 월지는 드넓은 초원 국가 강거를 전부

손에 넣지 않고 오늘날의 사마르칸트를 중심으로 한 오아시스 지역만을 선택해 소무구성이라는 아홉 나라를 건설하기에 이른 것이다.

도대체 소무구성이란 무엇일까? 과거 치롄 산맥 북쪽의 소무성을 근거지로 하던 온성溫姓을 위시한 아홉 개 월지 부족이 함께 서천하며 연합 세력을 형성하면서 만들어진 명칭인 듯하다. 월지든 흉노든 선비든 고대 유목국가는 대개 부족연맹체의 성격을 띠고 있었다. 한자어로 표기된 소무성昭武城의 '소무昭武'는 분명 월지어의 음역어일 텐데, 그 정확한 음가와 의미를 아직 잘 모르겠다. 다만 칭기즈칸의 죽마고우였다가 적이 된 자무카의 이름에서 자무의 의미가 소무와 관계되어 있지 않나 싶다. 자무카는 '자무라는 사람'이라는 말이다. 오랑캐(~우랑허〈오론+커)가 '순록 치는 사람'이라는 말이듯이.

에티엔느 드라 바시에르Etienne de la Vaissiere는 소무를 소그드어 jamuk, 즉 '보석'에 대한 중국어 음차라고 한다. 이에 근거해 밸러리 핸슨Valerie Hansen은 소무구성을 '보석으로 장식한 아홉 부족'이라는 뜻으로 파악했다. 분명한 것은 과거 중앙아시아 지역의 중심지가 된 사마르칸트(강국) 등이 소무성 출신의 월지 아홉 부족에 의해 건설되고 영위되었다는 사실이다. 소그드인으로 부르든 흥호興胡로 부르든 이들이 실크로드 교역의 중심 세력이 되어가는 과정은 자못 흥미롭다. 우리는 이를 따라갈 것이다.

월지라는 부족연맹체가 흉노의 공격을 받고 와해된다. 구성원이던 쿠시 부족은 톈산 이남의 오아시스 도시들을 차지해 세력을 유지한다. 타클라마칸 사막 남단, 쿤룬 산맥 북쪽 기슭에 자리한 소국들의 지배 세력이 된다. 그러면서 선주민이던 강족羌族들과 뒤섞인다. 역사는 이들

파미르 고원 와칸 계곡 초입의 마을 풍경.

을 소월지라고 기록한다.

또 색종이 살던 땅에 들어가 정착했다가 원수를 갚겠다며 덤벼든 오손을 당해내지 못하고 이식쿨 호수 서북쪽 강거의 땅을 거쳐 대완 서쪽 1000킬로미터 지점에 강국을 세운 집단이 있다. 과거 치롄 산을 무대로 활약하던 유목 집단이다. 소무성이 근거지였다. 온씨溫氏가 강국의 왕족이 된다. 지서枝庶는 주변 국가의 지배자가 된다. 이들을 일러 소무구성이라고 한 것이다.

후일 월지의 후손들은 군장君長 없는 박트리아(대하) 땅에 들어가 지방자치제의 단체장처럼 오흡후의 하나가 된다. 그중 하나가 쿠시(혹은 쿠샨)다. 이들이 나머지 흡후를 통합하고 북인도에 쿠샨 왕조를 수립, 불교 문화를 꽃피운다.

흡후는 돌궐어 Yabghu를 옮긴 말로 추정된다. Yabghu(葉護)는

322

shad(設, 啜)와 함께 돌궐 제국 시대 카간 다음으로 높은 사람을 부르는 말이었다. 대월지에 복속한 이 다섯 흡후는 파미르에서 발원하여 오늘날의 타지키스탄과 우즈베키스탄을 지나는 아무다리야 강 남쪽에 위치하며, 고선지의 연운보 전투로 유명한 와칸Wakhan 계곡에서 시작하여 발흐Balkh에 이르기까지 점재點在해 있었던 것으로 추정된다. 바로 파미르 고원 일대다.

우리말이 몽골어, 만주/퉁구스어, 돌궐어(튀르크어)와 함께 알타이어족에 속한다는 가설을 세운 사람은 핀란드의 역사언어학자 람스테트G. J. Ramstadt다. 지금으로부터 100여 년 전인 1907년에 발표한 「알타이어의 수사에 관하여」라는 논문을 통해서다. 그러나 부단한 노력에도 불구하고 확실한 증거가 부족하여 그의 가설은 이론으로 확립되지는 못했다. 사정이 이와 같음에도 우리나라 학자들은 너무 성급하게 우리말의 알타이어족설을 수용해버렸다.

다시 정리하자면 퉁구스어파는 동부 시베리아, 만주 지역의 퉁구스 민족이 사용하는 언어 분류다. 그러나 야속하게도 세월이 흘러 퉁구스어파의 많은 언어가 사멸 위기에 처해 있으며 이들의 미래는 불투명하다. 청나라의 주인공이던 만주족의 언어도 이미 언어로서 사망 선고를 받은 상태다. 전통적으로 람스테트를 위시한 많은 언어학자가 퉁구스어파는 튀르크어파, 몽골어군과 함께 알타이어족에 속한다고 믿고 있지만, 최근의 연구 결과들은 알타이어족이 계통관계를 가지지 않는 언어 동조대라는 주장을 펼치고 있다. 이건 또 무슨 소리인가? 학문의 세계는 갈수록 오리무중이다.

퉁구스는 과연 무엇이고 누구인가? 이 말은 무슨 뜻을 지닌 것일까? 퉁구스라는 족칭은 예니세이 강의 지류인 퉁구스카란 강 이름에서 비롯되었을까? 아니면 퉁구스족 때문에 퉁구스카라는 강 이름이 생겨난 걸까? 아마 후자일 가능성이 더 크다고 본다. 예니세이 강과 앙가라를 포함한 퉁구스카 강이 서로 만나는 삼림 지대는 일찍이 키르기스, 타타르, 투메드, 우랑커 등이 잡거하던 동토 지역이었다. 이곳에 퉁구스가 자리 잡았다고 해서 하등 이상할 까닭이 없다.

돌궐어가 돌궐족이 사용하는 언어이고, 만주어가 만주족이 사용하는 언어이듯, 퉁구스어란 퉁구스족이 사용하는 언어임이 마땅하다. 문제는 역사 기록에서 퉁구스라는 이름의 종족을 찾을 수 없다는 데 있다.

17세기 시베리아 극동 지역으로 진출한 러시아인들은 튀르크어를 사용하는 야쿠트족 사람들이 인근 부족인에 에벤크Evenk족(실제 발음은 어원커에 가까움)을 '퉁구스Tunguz/Tungus'라고 부른다는 사실을 알았다. 한편 야쿠트란 사하Saha족 혹은 사카Saka족에 대한 주변 종족들의 타칭으로 '야크(소)를 기르는 사람들'이라는 뜻이다. 이렇게 주변 종족들에 의해 야쿠트라 불리는 사하족은 11세기경 바이칼 호 주변의 주거지에서 오늘날의 북만주 지역으로 이주했다.

에벤크족은 중국과 러시아 및 몽골에 분포하며 전통적으로 샤머니즘을 믿고 순록 사육과 수렵 활동으로 살아간다. 몽골에서는 캄니간Khamnigan이라는 이름으로 불린다. 종족 명칭 에벤크는 '순록(어원)을 기르는 사람(커)들'이라는 뜻으로 알려져왔다. 그런데 『몽어유해蒙語類解』에서 산뢰山籟, 즉 '너구리'를 '얼벙쿠'라 한 것을 볼 때 이 집단은 '너구리족'이라고 해야 맞다.

나는 퉁구스라는 말이 송나라에서 원나라 시대의 서하인西夏人을 부르던 명칭 당올척唐兀惕의 와전이라고 본다. 당올척은 Tangut의 한자어 전사다. '-우트'는 사람을 뜻하는 복수형 어미다.

당올척, 즉 탕구트라는 명칭은 6세기 후반부터 당항黨項이라는 이름으로 중국 사서에 등장하기 시작했다. 이들은 칭하이 성 동남부와 오르도스 지방에 거주하던 강족 계통의 사람들로, 7세기에 들어와 토번, 즉 티베트의 압박을 받자 당항탁발부唐項拓跋部의 주도하에 당나라에 귀부歸附했다가, 당말唐末 오대五代의 혼란기를 틈타 평하부平夏部를 중심으로 다시 세력을 키웠다. 때문에 1032년 이원호李元昊가 서하를 건국하고 황제를 칭한 뒤 송宋, 요遼, 금金 세 나라의 역사서에 서하 왕실의 종족적 기원을 '북위를 세운 탁발선비의 후예魏拓跋氏後'라 기록함으로써 이들이 탁발선비의 후손임을 밝혔다. 간쑤 성, 칭하이 일대에 살고 있는 암도(안다) 티베트족도 최근까지 탕구트로 불렸다.

그렇다면 퉁구스는 칭기즈칸의 몽골군에 패하고 겨우 목숨을 부지한 탕구트인들 일부가 몽골 초원을 넘어 바이칼 일대에서 순록과 더불어 생활하면서 주변 종족들에 의해 에벤크란 명칭으로 불리고, 스스로는 탕구트의 와전인 퉁구스란 이름으로 생존을 영위한 것이 아닌가 싶다.

이 대목에서 부족 내지 종족 연맹체인 월지가 패망한 후 서쪽으로의 이주를 선택한 무리(대월지)가 있는가 하면, 멀리 가지 않고 하서회랑 주변의 강족들 틈에서 더부살이를 하던 집단(소월지)이 있었다는 기록이 의미심장하게 다가온다. 월지의 뒤를 이어 흉노가, 그리고 흉노의 뒤를 이어 선비가 북방 유목 제국을 계승하는 과정에서 월지의 후예들이 탁발선비의 구성원으로 살아남았을 가능성을 배제할 수 없기 때문이다.

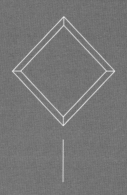

11장

문명의 교차로,
사마르칸트

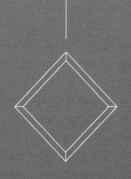

1

중앙아시아 교역의 중심에서
천하를 호령하다

"이 세상에서 천국을 볼 수 있다면, 그건 사마르칸트다."
—아타말릭 주바이니Ata-Malik Juvayni

십수 년 전 여름 사마르칸트에 처음 갔을 때의 일을 나는 지금도 잊지 못한다. 티무르 영묘 코발트 빛 돔의 황홀한 아름다움과 어느 교차로에서 산 두툼한 밀가루 빵 난의 고소함이 나를 완전히 사로잡았기 때문이다. 이슬람은 왜 청색에 열광할까? 중앙아시아 사람들은 어떻게 해서 이렇게 맛있는 빵을 만드는 것일까? 즐거운 의문 아닌 의문은 고대 페르시아 제국의 영광을 물려받은 이란 땅에 가서도 여전했다. 자칫 나는 이슬람으로 귀의할 뻔했다.

도시는 강을 따라 형성된다. 물 없는 인간의 삶은 상상하기 어렵다. 고도 사마르칸트 역시 자라프샨Zaravshan 강 유역에 자리 잡고 있다. '황금이 뿜어져 나오는 도시the sprayer of gold'라는 페르시아어에서 유래했다고 알려진 이 강의 상류는 사금이 섞인 모래밭이다. 통상 제라프샨Zeravshan이라고도 하는 이 강은 현재 우즈베키스탄과 타지키스탄을 지난다. 그리스인들은 이 강을 폴리티메투스Polytimetus라고 했으며, 초기 이슬람 시기 아랍인들은 'Nahr Ṣughd'(the river of Sogdia, 소그드인의 강)라고 불렀다. 사마르칸트가 소그디아나의 중심이었음을 시사한다.

5~7세기 중국 사서는 사마르칸트의 위치를 나밀수那密水(the Nami River) 남쪽으로 기록하고 있다. 얼핏 상이한 자라프샨과 나밀수는 뜻이 서로 일치해야 한다. 그러나 지금으로서는 확인할 방법이 없다. 만약 두 명칭이 각각 별개의 것이라면 문제는 심각하다. 도시의 위치 비정이 잘못된 것이기 때문이다.

그런데 공교롭게도 현 중국 신장위구르 자치구 서쪽, 파미르 고원 동쪽에 자리한 오아시스 도시 야르칸드를 지나는 다림 깅(카시가르 남쪽 카라코람 산맥에서 발원)의 원류 중 하나인 야르칸드 강(총길이 970킬로미터) 또한 '황금이 솟아나는 강'이라는 뜻의 자라프샨 강으로 불리기도 한다. 왜일까? 이 일대도 사마르칸트 주변처럼 예로부터 황금이 많이 나는 곳이었다. 그리고 옥으로 유명한 호탄Khotan, 和田과 더불어 이 지역은 호탄 사카Khotan Saka로 알려진 유목민의 터전이었으며, 한때는 강성했던 훈자Hunza 왕국의 통치 영역에 속하기도 했다.

Saka는 Sughd(혹은 Sogd)의 이표기다. 한자어로는 索이나 塞으로 표기한다. 그렇다면 자라프샨 강은 페르시아어 명칭이라기보다는 소그드어일 가능성이 크다. 페르시아인이 파미르 고원을 넘어 진출했다는 기록을 찾을 수 없기 때문이다. 아랍인들은 사금으로 반짝이는 강 일대를 무대로 살아가는 종족의 이름을 따서 '소그드인의 강'이라 불렀을 것이다.

소그드인, 즉 사카, 스키타이인은 황금의 민족이었다. 그들은 황금으로 치장하기를 즐겼다. 칼에도 허리띠에도 그릇에도 주변의 동물을 새겨넣었다. 대표적인 것이 순록이다. 일용할 우유와 모피, 고기를 제공함은 물론 이동 수단이기도 한 순록은 고마운 동반자이자 경배의 대상이었다. 이른바 순록 토템이라고 할 수 있다. 순록을 따라 종족의 이동이 이뤄졌다. 이끼를 먹고 사는 순록은 이끼가 자라는 초원을 따라 이동한다. 이들의 뒤를 따르며 유목 생활을 한 종족 스키타이는 그 명칭이 여기에서 비롯되었을 것이다. '스키타이'의 의미에 대해서 혹자는 '궁수archer'라느니, '방랑자wanderer/roamer'라느니 하는 해석을 내놓지만 누구도 방증을 제시하지는 못하고 있다. 이 말의 의미와 다양한 변이형에 대해서는 다시 검토하게 될 것이다.

짐작컨대 총칭 스키타이(달리 말해 사카) 종족 중에는 오아시스를 중심으로 촌락을 이루고 정주하는 삶을 택한 집단이 있었을 것이고, 또 다른 한편으로는 본래의 유목 이주의 삶을 선호한 집단이 있었을 것이다. 역사학의 아버지 헤로도토스가 농경 스키타이를 묘사한 것을 보아도 어느 정도 확실하다. 지배 집단도 있었을 것이며, 예속된 무리도 있었을 것이다.

원시 경제는 대개 자급자족적인 형태였다. 그러나 필요에 따라 물물교환이 이뤄졌고 여기서 교역이 시작됐다. 수요는 이익에의 관심을 불러일으킨다. 고대의 오토바이였던 말은 이동을 신속하고도 용이하게 했다. 중앙아시아에 사는 박트리아 낙타는 물자 운반에 적합하여 운송 수단으로 주로 쓰였다. 현재는 고비 사막(정확히는 the Gashun Gobi), 히말라야 고산지대 라다크 누브라Nubra 계곡 등지에서 서식하고 있다.

어쨌든 소그디아나(고대 그리스나 로마 등에서 볼 때의 소그드인의 활동 영역)의 맹주로 군림한 사마르칸트는 자라프샨 강을 끼고 발전했다. 한 무제의 명을 받고 월지를 찾아 서역을 헤매고 다닌 장건은 이곳을 강주康州라 불렀다. 중국 사서에는 흔히 강국이라는 이름으로 기록되고, 모체는 강거 혹은 강고라고 전한다.

자라프샨 강은 현재 타지키스탄 쪽 파미르 고원 가장자리에서 발원해 정서방으로 약 300킬로미터를 흐르고 펜지켄트Penjikent를 지나 우즈베키스탄으로 들어가 서북서쪽으로 방향을 틀어 사마르칸트를 통과한다. 그 후 다시 왼쪽으로 구부러져 나보이Navoiy 서북쪽으로 흐르다 다시 서남쪽으로 방향을 틀어 부하라Bukhara를 지나고 카라쿨Karakul을 벗어나며 마침내 사막 속으로 사라진다. 과거에는 그 지류였던 아무다리야 강에는 종내 이르지 못한다.

한때 소그디아나의 중심 국가이자 중세에는 티무르 제국의 수도였던 사마르칸트는 바빌론이나 로마만큼이나 오랜 2500년의 역사를 지니고 있다. 알렉산더 대왕(대왕이라는 칭호는 다소 모순이다. 그리스인들에게는 당연하고도 어울리는 것이겠지만, 정복당한 지역 사람들에게는 모욕이 될 수 있기 때문이다)의 침략 이후 아랍, 칭기즈칸, 그리고 마침내 티무르의 정복에 이르기까지 무참한 살육과 수많은 침탈의 과정을 묵묵히 목격하고 인내하며 오늘날에 이르렀다. 그런 와중에 페르시아, 인도, 몽골은 물론 서양과 동양의 인종, 언어, 문화가 유입되고 혼용되기에 이르렀다.

세월이 흐른 탓에 퇴색되긴 했어도 여전히 장엄하고 아름다운 이 도시는 첫눈에 사람을 끌어당기는 놀라운 매력이 있다. 과거의 음유시인과 역사가들은 이곳을 일러 '동방의 로마' '지상 최고의 미인' '동방 무슬림 세계의 진주'라며 칭송을 아끼지 않았다. 이곳이 중앙아시아 오아시스 도시국가 가운데 최고의 번성을 누리고 발전하게 된 데에는 도심을 흐르는 자라프샨 강이 그 중심에 있다.

이러한 지리적 위치 때문에 이 도시는 실크로드의 주요 교역 지역이 되었다. 그리고 중국에서 온 비단은 페르시아를 거쳐 시리아, 로마로 팔려나갔고, 로마의 옥은 이곳을 거쳐 중국, 마침내 신라에까지 이르렀다. 남쪽의 인도를 향해서도 상인들은 길을 떠났고 거기서 향신료를 가지고 돌아와 동방과 서방으로 장삿길을 재촉했다.

751년 탈라스 전투의 결과로 제지술이 서방에 전해지는 과정에서 아랍에 의해 이곳에서 처음으로 사마르칸트지紙가 만들어진 것은 문명사적으로 획기적인 사건이다. 재료는 뽕나무다. 이는 과거부터 이 지역에 뽕나무가 많았다는 얘기가 된다. 현재도 이 지역에는 뽕나무가 많은데, 오늘날 뽕나무는 이 일대에서 재배되는 목화보다도 대접을 받지 못한다. 근래 건강에 관심 많은 한국인 관광객들 때문에 상황버섯만이 때아니게 귀한 대접을 받는다.

사마르칸트는 초입에서부터 느낌이 남다르다. 구시가지의 수많은 모스크(이슬람 사원)와 마드라사(신학원), 그리고 바자르(재래시장)는 이곳이 현재가 아닌 과거의 공간인 듯한 착각을 불러일으키게 한다. 이 중세 도시는 2001년 동서 '문화의 십자로Crossroads of Cultures'라는 수식어와 함께 유네스코가 지정한 세계 유산으로 지정되었다. 여기서 약 290킬로미터 정도 떨어진 타시켄트보다 역사가 500여 년이나 앞선다. 대부분의 도시가 그렇듯 이곳 역시 2300여 년 전 알렉산더 대왕의 침략 이후 페르시아, 아랍, 칭기스칸, 티무르 등 수많은 정복자가 이 땅을 유린하고 지배했다. '살아 숨 쉬는 것은 모두 없애버리라'는 칭기즈칸의 명령으로 폐허가 된 이후 티무르에 의해 제국의 수도로 재건된 것이 오늘날의 구시가지다. 티무르는 푸른색을 좋아했다고 한다. 그래서 사원 돔을 위시해 도시 전체가 푸른빛을 띠고 있다. 하늘도 푸르고 사원도 푸른 도시 사마르칸트에 가면 왠지 마음이 숙연해진다.

여기서 외곽으로 20~30분쯤 걸어가면 고대의 사마르칸트가 나온다. 바로 아프라시압 언덕이다. 이 언덕에 오래 숨어 있던 고대 도시 유적이 있다. 그리고 이곳 궁궐 벽화에 신라 혹은 고구려 사신으로 추정되는 동방의 인물이 그려져 있다. 무슨 일이 있었던 걸까?

사마르칸트는 두 가지 면에서 아주 이색적인 도시다. 첫 번째는 현재 속에 과거가 그대로 존재한다는 것이다. 사람들이 살아가는 모습과 도시의 모습이 그러하다. 두 번째로 이슬람 예술과 건축의 백미가 존재한다는 것이다. '세상의 절반'이라는 별명을 가지고 있는 이란(과거 페르시아 제국)의 이스파한을 제외하고 이만한 이슬람 건축의 아름다움을 보여주는 곳은 없다.

칭기즈칸을 닮고 싶었던 남자, 천하를 호령하던 절름발이 황제, 그래서 이름도 칭기즈칸의 아명兒名 테무진을 따서 티무르라 했던 불세출의 영웅인 그의 시신이 안치된 '구르 아미르'(1404년 건축)의 푸른 돔은 크기와 상관없이 감동을 불러일으킨다. '구르Gur-e'는 '무덤'이라는 뜻의 타지크어이고, '아미르amir'는 '지배자, 수령'을 뜻하는데 영어로는 'emir'로도 표기하며 아라비아·아프리카의 족장族長, 대공大公, 토후土侯, 모하메드Mohammed의 자손을 가리킨다. 이 말을 알면 아랍에미리트가 아랍 지역 토후들의 연맹국임을 쉽게 짐작할 수 있다.

구르 아미르 영묘 내부의 천장과 벽면.

구르 아미르 외관. 푸른 돔은 이슬람이 선호하는 빛깔이다.

사마천의 『사기』에 따르면 한 무제의 명을 받고 서역 탐사에 나선 장건이 강주라 했던 이 도시의 이름 사마르칸트는 소그드어로 'stone fort(ress)' 혹은 'rock town'이라는 의미다. 희랍어로는 maraqanda라고 하는데, 고대 희랍인들이 현지어를 차용하는 과정에서 어두의 /s/ 음이 빠진 것으로 보인다. 중세 소그디아나 지역의 맹주 역할을 했던 이 도시는 7세기 중엽 이후 이슬람 제국의 영향 아래 들어가면서부터 학문의 중심지로 자리매김하게 된다. 그리고 14세기에 이르러 티무르 제국의 수도가 되면서 절정을 구가하게 된다. 지금 남아 있는 유적은 대부분 화려했던 과거의 쓸쓸한 흔적이다.

2

이슬람 세계에서 만난 번쩍이는 금이빨…
타지크족은 누구일까

> "어려서는 예의를 배우라. 젊어서는 스스로를 절제하라. 중년이 되어
> 서는 공평하라. 노년에는 좋은 조언을 주라. 그리고 후회 없이 죽으
> 라."—아프가니스탄 아이하눔 유적 키네아스의 묘에 새겨진 다섯 개
> 의 금언

내 이름은 연호탁延昊鐸. 연이 성씨요, 돌림자는 쇠金 변이 들어간 마지막 글자 鐸이다. 짐작하듯이 우리 부친의 돌림자는 이름 첫 글자에 흙土 변이 들어가야 한다. 다른 집안에서는 奎를 쓰지만, 우리 집에서는 基를 돌림자로 사용했다. 이렇듯 오행의 상생원리에 따라 자손의 이름을 짓는 것이 전형적인 조선식 작명 관습이다. 조카의 이름 첫 글자에는 당연히 삼수변이 들어가야 하고 그래서 濟가 돌림자다. 손자의 이름 끝 글자에는 나무 목木 자가 사용될 것이다. 마치 조부님 함자衛字 끝 글자에 불火이 사용되듯, 증손자의 이름 가운데 글자에도 불이 들어갈 것이다. 이렇듯 위에서 아래로 오행이 순환하는 이치가 집안 이름 짓기에 반영되어 있다. 이것이 한국인의 문화다. 이름으로서 조상이 후손을 생육하고자 하는 바람이 담긴 눈물겨운 문화. 서양인들이 위인이나 성인의 이름을 모방하는 것과는 성격이 다르다.

사실 성姓과 씨氏는 구별되어야 한다. 문자적으로 보면 성은 모계母系

를 반영하고, 씨는 부계父系를 나타낸다. 이에 대해 『위서魏書』「관씨지官氏志」는 말한다. "自古天子立德, 因生以賜姓, 胙之土而命之氏." 『좌전左傳』 또한 같은 얘기를 하고 있다. "天子建德 因生以賜姓." 자고로 천자는 덕을 쌓아야 하고 출생한 바에 따라서 성을 하사하며, 영토로서의 땅을 주고 그 영토에 인연해서 씨를 명명한다는 것이다. 그래서 진시황제는 성이 영嬴이고, 씨는 조趙다. 강태공姜太公 여상呂尙의 성은 강姜이고, 씨는 여呂다. 중국인의 조상이라고 일컬어지는 황제黃帝는 희성姬姓의 헌원씨軒原氏다.

다시 말해 성은 개인의 소속 혈통을 분별한다. 그러나 동일한 혈통을 가진 자가 각지로 흩어질 때 각 지역에 분산된 일파를 표시하기 위한 표지가 필요한데, 이것이 바로 씨라고 할 수 있다. 한마디로 씨는 지명에 의해 명명된 것이다. 씨가 분화된 혈통, 즉 각 성의 지연地緣을 나타내는 표지이므로 그 본래 의미는 성의 분파를 뜻한다. 중국의 고전에서 말하는 성은 혈통의 연원을 표시하는 것으로 요즘 우리가 사용하는 성에 해당되며, 씨는 같은 성에서도 주거 지역으로 분별한 것이므로 우리 본관에 해당된다. 결국 경주 김씨, 김해 김씨, 강릉 김씨 등에서의 씨는 본관을 표시하는 기능을 하는 셈이다.

앞서 흉노 제국을 계승해 초원의 지배자가 된 집단의 중심이 탁발선비라 했다. 이들이 중원의 진晉을 압도하며 위魏(386~557, 북위北魏 혹은 대위代魏, 원위元魏라고도 함) 정권을 수립한 부족이다.

사서에 따르면 탁발선비는 흉노에 투항한 한나라 장수 이릉의 후손이다. 흉노선우의 명에 의해 이릉에게 탁발拓拔이라는 이름의 흉노 여인이 주어지는데 그 둘 사이의 소생이 바로 탁발씨의 선조가 된다. 당시 흉노의 풍습은 어미의 이름으로 성을 삼는 것이었다.

탁발선비의 나라 대代의 군주였다가 후일 아들인 도무제 탁발규에 의해 헌제獻帝(?~371)로 추존된 탁발식拓跋寔이 큰형을 흘골씨紇骨氏로 삼았다가 후에 고쳐 호씨胡氏로 했다. 또한 막내 형은 탁발씨拓拔氏로 삼았다가 나중에 다시 고쳐 장손씨長孫氏로 했다. 그에게는 세 명의 형과 네 명의 아우가 있었다. 이들 모두의 성은 당연히 탁발이었다. 탁발선비는 탁발 지역을 기반으로 하는 선비 일족인 셈이다. 이는 성씨를 구별 짓는 단적인 예가 될 것이다.

『남제서南齊書』「위로전魏虜傳」에 "위로魏虜는 흉노종匈奴種이다. 성이 탁발"이라고 했는데, 이로 미루어 『남제서』의 편찬자와 그 당시 중원 정권이 선비족을 흉노의 한 갈래로 인식하고 있었음을 알 수 있다. 위로魏虜의 '虜'는 유목민을 얕잡아 부르는 말이다. 위로를 달리 지칭하는 명칭 삭두로索頭虜 혹은 삭로索虜에 쓰인 虜, 호로胡虜에서의 虜도 마찬가지다. 위로는 탁발선비가 세운 나라 이름으로서 헐뜯는 것이요, 삭두로 혹은 삭로는 각각의 명호名號를 지닌 수백천 종이나 되는 흉노족 중에 성이 탁발씨인 종족(부족 내지 씨족)의 이칭異稱에 야만인이라는 뜻을 지닌 虜를 가져다 붙여 모욕적 언사를 만든 것이다.

신원황제神元皇帝 때 탁발선비에 신복臣僕하는 70여 부족의 씨를 바꾸는데, 이 가운데 해두로씨奚斗盧氏를 삭로씨索盧氏로 바꿨다는 기사가 있다. 성은 다른 부족들과 마찬가지로 탁발이면서 해두로 지역을 본거지로 하던 일족을 삭로씨로 바꾼 것이다. 이로써 삭두로 혹은 삭로는 우리가 사용하는 본관과 같이 지명에 근거를 둔 명칭임을 알 수 있다. 탁발도 그런 관점에서 이해할 수 있다. 신원황제라는 칭호는 선비족 탁발부의 군주(재위 219~277)였던 탁발력미拓跋力微(173~277)의 시호로, 그는 북위 황제들의 선조이며 탁발규 도무제는 그의 현손이다.

삭두로 혹은 삭로를 지역과 관련짓는 대신 언어학자인 나는 부족의 토템으로서 이해하고자 한다. 사슴보다 긴 뿔을 제외하고 영락없이 소를 닮은 짐승 순록과 더불어 사는 동토의 주민을 시베리아 바이칼 호 동남편을 주 무대로 살아가는 부랴트, 에벤크 등 주변 종족들은 사카 혹은 사하, 즉 순록유목민이라 불렀다. 부랴트어로 '순록'을 가리키는 '사카'는 한자로는 '索'(頭)으로 표기된다. 사카족의 오늘날의 타칭은 야쿠트다. 순록 대신 야크를 방목하며 생활하기 때문이다. 그런데 정작 본인들은 스스로를 타부가치tabugach, 拓拔人(오늘날의 투바공화국)라 한다. 사카족은 순록을 '타부'(탁발)라 한다. 결국 사카와 타부는 소리는 달라도 모두 순록을 의미하는 말이다. 요즘에서야 야크를 키우며 살기에 야쿠트라 불리지만, 정확하게는 과거부터 순록을 토템으로 하던 순록유목민 사카족이 다름 아닌 탁발족이 아닐까 싶다.

다시 희성인 연延을 성으로 부여받은 내 얘기로 돌아와서, 황해도 곡산군을 본관으로 하는 곡산 연씨의 시조는 중국 홍농弘農 출신 연계령延繼笭으로, 고려에 와서 문하시랑門下侍郎과 신호위상장군神虎衛上將軍을 역임했다고 한다. 그의 7세손인 연수창延壽菖이 고려 충렬왕의 비인 제국대장공주齊國大長公主를 배종陪從하여 고려에 와 곡산谷山에 정착하면서 곡산 연씨는 시작된다. 그 후 연계령의 11세손인 연주延柱가 광록대부光祿大夫로 삼사좌사三司左使에 오르며 곡산군에 추봉되자 후손들이 곡산을 본관으로 삼은 것이다. 본관은 이렇듯 우연히 정해진다. 화산 이씨는 베트남 왕자가 화산에 자리를 잡으며 시작되었고 영도 하씨는 로버트 할리라는 외국인이 자신의 주거지인 부산 영도를 본관으로 삼은 것이다.

결국 내 성인 연延은 이 땅이 아닌 중국 것인 셈이다. 탁발선비 관련 책을 읽다가 우연히 연씨의 탄생 경위를 알게 되었다. 그 내용에 따르면 나는 탁발선비가 세운 위나라를 구성한 어떤 유목 부족의 먼 후손이 되는데, 알고 나니 기분이 묘했다. 월지의 서천을 시발점으로 중앙아시아 인문학 기행을 쓰는 이 작업이 유목민의 후손으로서 혹 내 운명인 것은 아닌지 엉뚱한 생각을 하며 헛웃음을 웃었다.

탁발씨가 건호建號를 대위大魏라 하며 대代를 도읍으로 삼은 도무제道武帝 탁발규 이래 북방의 맹주가 되었을 때, 그 기치 아래 모여든 부족은 수없이 많았다. 그 후 탁발 집안은 6대 효문제孝文帝 탁발굉拓拔宏이 493년 수도를 평성에서 낙양洛陽으로 옮기며 명실공히 천하의 지배자가 된다. 이들은 중원 문화를 흠모한 나머지 자신들이 토덕왕土德王 황제黃帝의 후손이라 칭하며, 흙이 황중지색黃中之色으로 만물의 으뜸이므로 황실의 성인 탁발씨를 원씨元氏로 바꾼다.(496년) 그 이후 나머지 부족도 성을 바꾸는 경우가 아주 많았다. 그러자 조정에서는 선비족의 복장과 언어 사용을 금했다. 이런 한화漢化가 유목민의 정체성에 혼란을 가져오고 급기야 제국의 몰락을 초래하게 된 것은 역사의 아이러니라 하지 않을 수 없다.

이보다 앞서 신원황제(탁발력미拓拔力微) 때 여러 부족이 앞다투어 성을 바꾸는데, 그중 가지연씨可地延氏도 연씨延氏로 성을 바꾸게 된다. 마침내 연씨가 역사에 처음으로 등장하게 된 것이다. 시대의 흐름이든 황제의 명에 의해서든 유목민이 본래의 복성複姓을 버리고 단성單姓을 채택한 일은 절대로 필연이 아닌 순전한 우연이다. 그리고 이런 우연의 운명에 따라 20세기 중반 어려운 현실 여건 속의 한국에서 태어나 연씨 성을 부여받은 것도 우연 외에 다른 것일 리 없다. 나는 진정 유목민 가지연 부족에 뿌리를 둔 연씨일까?

유목민의 땅 소그디아나를 차지한 강국의 왕은 월지국 출신의 온성溫姓을 가진 인물이었다. 위魏의 신원황제 때 신복하는 70여 부족의 씨를 바꿨다 했다. 그중 올분씨嗢盆氏를 고쳐 온씨溫氏라 했다는데, 여기서의 올분씨가 월지의 구성 집단이었던 건 아닐까 하는 즐거운 고민을 하며 사마르칸트의 명소를 찾아본다.

방문객들이 눈여겨볼 첫 번째 장소는 영묘靈廟(모솔륨mausoleum) 구르아미르Gur-e Amir다. 이슬람 예술을 대표하는 코발트 돔의 선명한 아름다움이 돋보이는 이 지하 무덤에는 위대한 아미르 티무르와 그의 후손들의 석관이 안치되어 있다.

비비하눔 모스크the Bibi-Khanym Mosque는 이 도시의 랜드마크 역할을 한다. 이 모스크에는 전쟁에 나간 남편을 위해 모스크를 지었으나 사원 건축가의 구애와 위협에 굴복해 정절을 잃었다는 이유로 살해당한 왕비의 이름을 딴 것이라는 전설이 전해진다. 빼어난 건축미와는 별개로 이 이슬람 사원에 얽힌 전설은 눈물겹게 안타깝다.

이슬람의 유입 이후 사마르칸트의 중심은 레기스탄Registan이었다. 이 경건한 이슬람 건축은 세 개의 건물로 이루어져 있는데, 울루그 벡 마드라사Madrasa of Ulugh Beg, 일명 '사자의 문Lions Gate'이라 불리는 세르도르 마드라사Sher-Dor Madrasah, 틸랴코리 마드라사Tilya-Kori Madrasah다.

사마르칸트의 중심지 레기스탄의 세르도르 마드라사.

    (내 눈에는 호랑이로 보이는) 입구 상단의 사자 문양이 대칭을 이루는 세르도르 마드라사는 중세 이슬람 신학교였다. 그러나 과거 이슬람 신학의 전수가 이뤄지던 이곳은 오늘날 그 역할을 전혀 하지 못하고 있다. 거룩하신 알라와 선지자 모하메드 및 그의 사촌이자 사위인 알리('사랑받는 사람'이라는 뜻)의 가르침을 익히고 칭송하던 성소는 더 이상 존재하지 않는다. 초라한 기념품 가게와 전통 악기 및 음반을 판매하는 점포가 자리 잡고 있을 뿐이다. 이곳에서 듣는 타지크족의 전통 음악과 이슬람 신비주의 음악은 시대를 거슬러 과거로 사람을 이끈다. 마드라사에서 장사를 하는 현지 여인들의 생김새와 옷차림은 우리나라 여인들과는 사뭇 다르다. 수를 놓으며 이런저런 이야기를 나누는 그들이 환

푸른 아름다움이 돋보이는 비비하눔 모스크의 돔.(출처: 위키피디아)

하게 웃을 때 드러나는 번쩍이는 금이빨, 굵게 그은 일자눈썹은 타지크족 여인들의 전형적 아름다움이다.

『부족지』에 따르면 칭기즈칸 시대에 카를루크 종족의 군주는 아르슬란칸Arslan Khan(사자왕)이었다. 칭기즈칸이 바룰라스 종족 출신의 쿠빌라이 노얀Qubilai Noyan을 그 지방으로 보내자 아르슬란칸이 쿠빌라이에게 귀순했다. 칭기즈칸은 가문의 딸 하나를 그에게 시집보내며 "어찌 그를 감히 칸이라 부를 수 있느냐?"며 힐난했다. 그러면서 앞으로는 아르슬란 사르탁타이Arslan Sartaqtai, 즉 '타지크 사람 아르슬란'이라고 부르도록 명했다.

당시 몽골인들이 중앙아시아의 타지크인들을 부른 말 사르타울Sarta'ul은 사르트Sart, 사르탁Sartaq에서 연원한 것으로, Arslan Sartaqtai는 '사르탁 사람(=타지크 사람) 아르슬란'이라는 뜻의 이름이 된다.

이쯤에서 나는 혼란스러워진다. 혜초의 『왕오천축국전』에도 등장하는 대식大食(tajik의 음사어音寫語)이 아랍이 아닌 돌궐의 한 갈래인 타지크를 지칭할 수도 있기 때문이다. 게다가 몽골인들은 타지크인을 사르타울, 사르탁타이로 불렀다고 한다. '사르탁 남자'라는 몽골어 사르탁타이(Sartaq+tai)로 미루어봤을 때 Sart(aq)는 종족명이다.

그런데 공교롭게도 우리 역사와 관련해서 아주 중요한 종족인 사타족沙陀族이 돌궐족의 한 갈래에 있다. 백제 무왕의 부인으로 알려진 인물이 신라 진평왕의 셋째 딸 선화공주가 아니라 백제의 귀족 좌평 사택적덕沙宅積德의 딸이라는 것이 최근의 발굴 결과를 통해 알려졌기 때문이다. 사택과 사타는 동일음의 이표기다. 사(택)씨沙(宅)氏는 백제의 8대성大姓 가운데 하나를 차지할 만큼 왕실과 가까운 가문이다. 유목민의 용광로 중앙아시아 지역의 인문학 기행은 이래서 흥미진진하다.

사마르칸트의 명소는 더 있다. 이슬람 수학과 천문학의 진수, 이슬람의 죽음에 대한 태도, 사마르칸트 건설 이전의 역사와 문화, 타지크인들의 활기찬 삶의 현장을 각각 울루그 벡 천문대Observatory of Ulugh Beg, 시내 외곽의 샤히진다 공동묘지Shah-i-Zinda necropolis, 아프라시아브 유적지Historical site of Afrasiab, 그리고 재래시장 바자르에서 만날 수 있다.

이밖에도 과거의 강국이었던 사마르칸트는 느릿느릿 둘러볼 곳이 많다. 바쁜 시간을 쪼개 갔다면 아침이나 저녁에 산책을 즐길 일이다. 익숙한 삶에서 벗어나 낯선 곳에서 홀로 사색하는 일도 기행에 포함되니까 말이다. 다음 글에서는 소그디아나에 자리 잡았던 소무구성 중 하나인 안국, 오늘날의 부하라를 찾아간다.

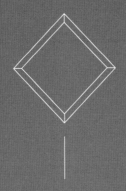

12장

고도古都 부하라:
중앙아시아의
이슬람화와 르네상스

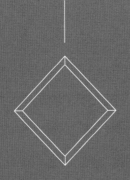

1
부하라에서 만난
두 명의 역사 인물 '록산'

"자연 속에 있으면 외로울 틈이 없다. 외로움이 가슴 떨리는 기쁨으로
변한다."—정자

날이 추워지면 뜨끈뜨끈한 아랫목에 앉아 화롯불에 고구마를 구워먹
고 싶다는 생각이 든다. 그러나 시대는 달라져 아궁이에 불 때서 구들
장을 덥히던 것이 보일러 난방으로 바뀌고, 군고구마를 직화 냄비에 구
워먹는 좋은 세상이 됐다. 물론 편한 것이 다 좋은 것은 아니다. 어린
시절 증조할머니는 겨울철이면 옛날이야기를 들려주셨다. 그리운 일이
다. 요즘은 문화의 전승 방식이 달라졌기 때문에 그런 일을 기대하기
어렵다. 할머니의 이야기 중에는 여우가 사람이 버린 손톱을 먹고 사
람이 된다는 해괴한 이야기도 있었는데 당시 전혀 이상하다고 느끼지
않았다. 세상에 가능하지 않은 일은 없는 법이니까. 『수서隋書』「서역전」
에도 설마 할 흥미로운 이야기가 나온다.

안국은 한나라 때의 안식국安息國이다. 왕의 성은 소무씨昭武氏이
고 강국의 왕과 동족이며, 자는 설력設力이다. 처는 강국왕의 딸

이다. 도읍은 나밀수 남쪽에 있고, 성은 다섯 겹인데 흐르는 물로 둘러싸여 있다. 궁전은 모두 평평한 지붕平頭으로 돼 있고, 왕좌는 황금 낙타 모양으로 돼 있는데 높이는 7~8척이다. 정사를 논의할 때는 항상 부인과 함께 마주 앉아서 하며, 3명의 대신이 국사를 논의하고 처리한다. 풍속은 강거와 동일하나, 다만 자기 자매를 부인으로 삼고 같은 어머니의 자식들이 상호 간에 금수 같은 짓을 하는 점이 다를 뿐이다.

누이를 아내로 삼는 것을 보고 짐승 같은 행태라 했다. 왕씨의 나라 고려의 초기 왕실 혼인도 이와 별반 다르지 않았다.

그렇다면 여기서 말하는 안국은 어디인가. 안국은 오늘날 우즈베키스탄에 자리한 도시 부하라Bukhara다. 부하라라는 이름은 '행운의 장

칼리안 미나렛을 중심으로 한 부하라 전경.

소Place of Good Fortune'라는 의미의 소그드어 'βuxarak'에서 생겨났다. 또 이 소그드어는 '불교 승원Buddhist moansteries'이라는 뜻의 산스크리트어 vihara에서 파생됐다. 과거 이 도시에서 불교가 흥성했음을 보여주는 이름이다.

중국 사서에 안국安國으로 기록된 고도古都 부하라의 여름은 무척 덥다. 한낮의 기온이 섭씨 50도 이상 올라가기도 하는데 이는 반半 사막지대에 자리 잡고 있기 때문일 것이다. 과거 대상隊商이나 순례자, 외교 사절들의 이정표 내지 사막의 등대 역할을 했던 칼리안 미나렛에서 사방을 둘러보면 과거 이곳이 황량한 사막 속 오아시스임을 알게 된다.

십여 년 전 처음 부하라에 갔던 날, 호텔 로비에서 고단한 여행자의 마음을 자연스레 끄는 아름다운 바이올린 선율이 들렸다. 한 남자가 바이올린을 연주하고 파트너인 젊은 여성이 피아노를 치고 있었는데 나는 예사롭지 않은 연주 솜씨에 감탄했다. 멋진 음악을 들을 수 있는 행운에 기뻐하며 한참을 바이올린 선율이 선사하는 아름다움에 빠졌다. 청중은 나를 포함한 한국인 셋이 전부였다. 연주가 끝난 후 아낌없는 박수를 보내고는 무슨 일을 하는 사람이냐고 물어보니 부하라 대학음악과 교수라고 했다. 호텔에서의 연주는 부업이라는 그의 말에 동업자로서 씁쓸한 심경이 되었다.

기원전 327년 알렉산더는 군대를 이끌고 당시 페르시아의 속주였던 발흐Balkh라는 이름의 박트리아 지방(오늘날의 아프가니스탄 발흐 주)을 침공한다. 부하라와 지리적으로 멀지 않고 문화적으로 일치하는 지역이다. 역사는 그의 편이었다. 마침내 '소그드의 바위Sogdian Rock'라는 난공불락의 성채를 함락시키고 그곳의 지배자 (박트리아인) 옥시야르테스Oxyartes의 딸을 아내로 맞는다. 문득 요즘 시리아에서 생겨난 테러리스트 집단 IS가 용병, 이른바 지원병에게 70명의 여인을 주겠다는 황당한 미끼로 소영웅주의에 빠진 젊은이들을 유혹하는 현실이 떠오른다.

뜻하지 않게 이방인의 아내가 돼야 했던 당시 16세 여인의 이름은 록산나Roxana, '눈부신 아름다움luminous beauty'이라는 뜻을 지닌 소그드어다. 이듬해인 기원전 326년 록산나는 알렉산더의 북인도 정벌 길에 동반했다. 그로부터 3년 뒤 알렉산더가 급작스럽게 죽고 그녀는 후일 아에구스Alexander IV Aegus라 불리게 되는 유복자를 낳는다. 그리고 알렉산더의 다른 아내들인 스타테이라Stateira 2세와 그녀의 자매 드뤼프테이스Drypteis 혹은 파뤼사티스Parysatis 2세(알렉산더의 세 번째 부인)를 죽이려 한다. 마케도니아에 있었던 알렉산더의 모친 올림피아Olympia의 비호 덕분에 가능했던 일이다. 그러나 기원전 316년 올림피아가 시해당하고 카산데르Cassander가 왕권을 손에 넣는다. 그렇지만 여전히 록산나의 아들 아에구스가 제국의 합법적 계승자였기 때문에 마침내 카산데르는 눈엣가시였던 두 사람을 암살하도록 지령을 내린다.

세월이 흘러 기원전 3세기 중반경, 카스피 해 동남쪽에 해당하는 코페트다우 북쪽 기슭의 테젠Tejen 강 유역에서 히르카니아Hyrcania에 걸쳐 유목 생활을 하고 있던 스키타이계 혹은 박트리아계 혈통의 파르니족the Parnis 추장 아르사케스 형제가 부족민을 이끌고 셀레우코스 왕조의 농경 박트리아 지방의 사트랍satrap(고대 페르시아의 태수太守)을 공격하고 독립하는 사건이 발생한다. 이 왕조가 바로 아르사케스 왕조의 파르티아Parthia다.

이 파르티아가 바로 안식국이요, 안국이 바로 안식국이라고 중국 사

알렉산더와 록산나. 이탈리아 바로크 미술가 피에트로 로타리Pietro Rotari의 1756년도 작품이다.

서는 말하고 있다. '조선왕조'는 '이씨'가 세운 '조선'이었다. 이씨는 지배 집단이고 조선은 국명이다. 마찬가지로 안식安息은 부족장 아르삭Arsak 의 한자 전사이고, 'Parth(=Parni)의 나라'라는 의미의 국명 파르티아는 부족의 명칭에서 비롯된 것이다. 예전에는 지배 세력이 교체됨으로써 동일 지역을 통치하는 국가의 명칭이 바뀌었다. 아직도 신비의 종족으로 여겨지는 Parni라는 부족과 아르삭이라는 인물의 정체에 대해서는 월지의 이동과 관련해서 다시 살펴볼 것이다.

잠시 무대를 중원으로 옮겨보자. 양귀비와의 로맨스로 유명한 현종 때 당唐이 대외적으로 절정기를 구가하고 있던 시절, 겨울 추위가 한창이던 12월 중순 안북절도사 안녹산이 난을 일으킨다. 그는 간신 양국충을 토벌한다는 명분을 내걸었다. 이른바 '안사의 난安史之亂'이다. 755년 12월 16일부터 763년 2월 17일에 걸쳐(햇수로 9년, 실제적으로는 7년 2개월) 안녹산을 필두로 그 부하인 사사명史思明과 자식들에 의해 일어난 대규모 반란 때문에 중국은 크나큰 홍역을 치른다. 천하의 명장 고선지의 목숨을 앗아간 계기가 되기도 했다.

'안사의 난'이란 안녹산과 사사명의 성을 따서 지은 명칭으로 '안녹산의 난' 또는 '천보의 난天寶之亂'이라고도 한다. 안녹산은 거란, 철륵 등 이민족으로 구성된 정예 8000여 기騎를 중심으로 한병漢兵과 번병蕃兵 도합 20만의 대군을 이끌고 범양范陽(오늘날의 베이징)에서 거병해 동도東都인 낙양으로 진격했다.

난을 일으킨 지 채 한 달이 안 돼 낙양을 점령한 안녹산은 나라 이름을 연燕이라 하고 스스로 황제를 칭했다.(756년 1월) 당은 속수무책이었다. 파죽지세로 장안까지 쳐들어오는 것은 언제든 가능했다. 장안을 지키는 동쪽의 요충지 동관도 안녹산 일당의 수중에 들어갔다.

부리나케 피란길에 오른 황제는 자신을 호위하던 친위대의 거센 항의에 부딪혀 눈물을 머금고 양귀비에게 목을 매 죽을 것을 명령하기에 이른다. 결국 양귀비는 서른일곱의 젊은 나이에 자살하고, 양귀비가 죽고 불과 열흘 뒤인 다음 달 5월 장안이 함락된다. 그러나 방심과 오만은 화를 부르는 법, 스스로 황제가 되고 겨우 1년 뒤인 757년 1월 안녹산은 자신의 맏아들(안경서)에게 살해당한다. 실명과 등창으로 건강이 악화된 데다 성격이 횡포해졌다고는 하나 권력욕은 부자간의 천륜을 외면하게 만드는 것인지 모른다. 부자간이 이럴 바에야 다른 인간관계에서는 더 이상의 신의를 기대하기 힘들다.

하북河北 13군을 장악하고 8만 명의 병사와 함께 당에 투항했던 안녹산의 부장 사사명(703~761)은 758년 반란을 일으켜 스스로 제위에 올라 토벌군을 상주에서 대파한 안경서를 죽이고 낙양을 점령했다.(759년) 그러나 사사명 또한 자신의 맏아들 사조의에게 살해당한다.(761년) 이런 와중에 당 현종도 사망한다.(762년) 763년 1월 사조의가 자살함으로써 난은 평정되기에 이른다. 그가 죽은 이유는 범양절도사 이회선과 당나라를 도운 몽골 초원의 새로운 맹주 위구르군의 공격에 대한 심리적 압박감 때문으로 보인다.

기나긴 내란으로 인해 중국의 인구는 3600만 명이나 줄어들었다. 전국의 인구는 293만 호로 13년 전 890만 호였던 데 비해 인구가 약 70퍼센트나 감소했다. 753년 5288만488명이던 인구가 764년에는 1690만 명으로 기록됐다. 역사상 최초이자 최악의 킬링필드였던 셈이다. 이 전란으로 597만 호가 사라짐으로써 한 호당 6인 기준으로 삼아도 애꿎은 농민 병사들이 3600만 명 넘게 죽었던 것이다.

내란의 원인으로 당나라 중기 율령제의 변질, 균전제와 조용조의 변화, 부병제의 붕괴 등을 든다. '개원開元의 치治'(713~741)를 이끌었던 현종은 양귀비의 미색에 빠져서 정치를 고력사 등의 환관들에게 넘겼고, 이로 인해 양국충 등의 외척과 환관들의 본격적인 환관-외척 정치가 시작됐다. 환관과 외척들의 전횡과 부패 속에서 제도는 유명무실해지고 관리들은 타락할 수밖에 없었으며, 염치를 모르는 권력 다툼은 결국 755년 안녹산에게 난을 일으킬 명분을 제공했다. 작금 한국 땅에서는 십상시十常侍 논란이 일고 있다. 십상시는 중국 후한 말 영제靈帝 때 정권을 잡아 조정을 농락한 열 명의 중상시中常侍, 즉 환관宦官들을 말한다. 민주주의 사회라고는 하나 우리나라 정치를 책임지는 인사들이 적극 참고했으면 하는 대목이다.

일찍이 안녹산은 천보 원년(742) 새로 설치된 평로절도사가 되고 천보 3년에는 범양절도사를 겸했다. 그는 체중이 무려 230근(약 200킬로그램, 우리나라의 근과는 다르다)이나 나가는 보기 드문 거구로, 뚱뚱하다 못해 늘어진 배가 무릎을 덮을 정도였다. 양귀비는 이런 안녹산이 마음에 들었나 보다. 익살스럽고 털털하며 모나지 않고 수수한 성격의 안녹산은 손쉽게 현종과 양귀비의 마음을 사로잡는다. 그는 양귀비의 수양아들을 자청한다. 얼마나 듬직한 제안인가. 그는 입궐하면 먼저 양귀비에게 인사를 올리고 그다음에 현종을 배알했다.

황제의 신임 속에 안녹산은 수시로 궁중에 출입했으며 때로는 궁중에서 밤을 지새우는 경우도 있었기 때문에 양귀비와의 추문이 세상에 널리 알려졌다. 그래도 현종은 의심하지 않고 다시 안녹산에게 하동河東

절도사를 겸하게 했다. 현종은 장안에 호화로운 주택을 지어 안녹산에게 주는 등 그를 친자식처럼 생각하고 있었고 안녹산이 모반을 일으키리라고는 꿈에도 생각하지 못했다. 현종은 안녹산이 반란을 일으켰다는 보고를 받고도 처음에 믿으려 하지 않았다. 그 정도로 안녹산에 대한 현종의 믿음이 두터웠던 것이다.

명분과는 별도로 안녹산이 난을 일으킨 원인이 어쩌면 양귀비와의 사사로운 사랑 때문이 아닌가 하는 의심을 지울 수 없다. 두 사람이 눈먼 사랑에 빠지게 된 배경에는 출신 지역이 같다는 점이 강력한 요인으로 작용했을 수 있다. 황제는 35세나 연상인 노인에다(22세와 57세) 생김새와 문화가 다른 한족(이씨)이었다. 이런 판단에는 나름의 근거가 있다. 서시, 왕소군, 초선과 더불어 중국의 4대 미인 중 한 사람으로 손꼽히는 양귀비는 서역 출신의 여인이다. 오늘날 중국 쓰촨 성에 해당하는 그녀의 고향 촉蜀은 당시 이민족의 땅이었고 그곳에는 서역에서 이주한 여러 종족이 모여 살았으며 안녹산 역시 서역 출신이었다. 두 사람의 나이 차는 스무 살이다.

안녹산의 성인 '안'은 그가 소그디아나의 한 나라였던 부하라의 중국식 이름인 안국 출신임을 나타낸다. 정확히 말하면 안녹산의 아버지는 소그드인, 어머니는 돌궐족이다. 녹산이라는 이름이 앞서 알렉산더의 부인 록산나에서 보았듯 '빛나는 아름다움'이라는 뜻의 소그드어 록산느roxanne 혹은 록산나roxana를 중국식으로 표기한 것이라고 하는 일본 학자도 있지만, 기실 '사자'라는 뜻의 튀르크어 arslan의 음역이라고 보는 것이 더 합당하다. 아르슬란이 사자라는 것을 어떻게 알았는지 요즘 사자를 등장시켜 광고하는 우리나라 자동차 이름도 아르슬란이다.

안녹산이 고향 안국을 떠나 중국으로 이주하게 된 것은 그가 속한 부족의 지도자 카파간 카간이 716년 사망하면서 일족들이 혼란을 피해 중국으로 망명했기 때문이다.

사사명 역시 서역인으로 중앙아시아(당시 소그디아나, 이웃한 페르시아인들은 'Tur의 땅'이라는 의미로 'Turan'이라고 부름) 사국史國 출신이다. 본래 이름은 경간窣干이었는데, 현종이 사명이라는 이름을 내렸다고 한다. 사사명 역시 서역인답게 외국어에 능통해 6개 국어를 구사했다. 현재 사마르칸트 남쪽 80킬로미터 지점에 위치한 도시 샤흐리사브즈 Shahr-i-sabz가 과거 사국이다. 이 도시의 페르시아어 말뜻은 '녹색의 도시green or verdurous city'다. 이곳은 티무르가 태어난 곳이기도 하다. 기원전 6~기원전 4세기에는 페르시아 아케메니드Akhemenid 제국의 일부였다.

사실 안녹산의 성씨에 관한 기록들은 안安과 강康으로 서로 엇갈린다. 어느 쪽이든 안녹산이 소그드 출신인 것은 분명하지만, 안녹산의 친부가 강씨이고 계부가 안연언이기 때문이다. 어찌 됐든 안녹산과 사사명 일가는 당시 서역인 소그디아나로부터 이주한 집단이다. 거처의 이동은 전쟁의 결과 때문이기도 하지만 경우에 따라서는 장사를 목적으로 하기도 한다. 소그드인은 장사에 능한 사람들이었다. 줄여서 흥호라고 불리는 흥생호상, 즉 상업에 종사하는 상인들이 바로 소그드인이다. 이들에게는 아이가 태어나면 입에는 석청(꿀)을 먹이고 손바닥에는 아교를 바르는 풍습이 있었다. 꿀처럼 달콤한 말로 사람의 마음을 움직이고, 한번 수중에 들어온 재물은 놓치지 말라는 의미였다.

2

나그네여, 빛나는 이스마일의
영묘에서 무엇을 찾고 있는가

"오래전 사람의 소식이 궁금하다면 어느 좁은 집 처마 아래서 비를 그
어보라. 파문 부재와 부재 사이에서 당신 발목 아래 피어나는 작은 동
그라미를 바라보라."—권혁웅, 「파문」

어느 땅이든 주인이 있다. 어느 날 무력을 앞세운 외래인이 침입한다.
낯선 침입자들은 정복자가 돼 피정복자인 원주민을 학살하고 재물을
약탈한다. 그리고 의기양양 떠나는가 하면 어떤 부류는 아예 새 땅에
정착한다. 자신의 땅에서 주인 노릇을 하지 못하게 된 선주민은 새 삶
을 찾아 다른 곳으로 떠나거나 비겁한 굴종의 삶을 선택해야 한다. 인
생살이는 이래서 어렵다.

전에도 그랬지만, 7세기 후반 이후 소그디아나 혹은 '마와라 안 나흐
르māwarā an-nahr'(옥수스, 즉 아무다리야 강 너머)라 불리던 중앙아시아
하중 지방은 외부 세력의 침탈뿐만 아니라 외세 간 갈등으로 편할 날
이 없었다. 전란이 이곳 오아시스 도시국가와 그 주민들에게 미친 부정
적 영향은 죽음, 이별, 빈곤만이 아니었다. 원수인 정복자들의 비위를
맞추는 일이 무엇보다 견디기 어려웠다. 문화가 다른 그들의 예법을 알
아야 하고 듣도 보도 못한 낯선 종교를 억지로 수용해야 했다. 더 큰 문

제는 말이 통하지 않는다는 것이었다. 정복자의 입장에서도 의사소통은 난제였다. 정복 집단과 피정복 집단은 상호 간에 어떻게 말을 주고받고 뜻을 전했을까. 과거 페르시아의 속주였던 이 지역 소그디아나에 기원전 4세기 알렉산더의 동방원정군이 왔다. 기원전 2세기 동쪽에서는 월지가 왔고 순차적으로 질지가 이끄는 흉노 집단이 왔다. 사산조 페르시아가 위세를 떨치던 시절에는 서양 학자들에 의해 에프탈이라 불리는 백흉노가 한동안 이곳의 주인 행세를 했다. 이후 돌궐이 이 일대를 지배했다. 중국도 필요에 의해 톈산을 넘어 쇄엽성과 강국, 안국, 석국 등의 도시국가를 기미지배羈縻支配하려 들었다. 7세기가 되자 낯선 종교를 들고 무함마드의 신봉자인 아랍 무슬림들이 왔다. 중앙아시아의 이슬람화가 시작된 것이다. 동서의 예술, 철학, 과학, 의학 등에 심대한 영향을 미치는 일련의 문화 혁명의 불꽃이 이곳에서 빛을 발한다.

아랍인들은 정복 지역을 통치하면서 과거부터 그곳에서 사용되던 언어를 그대로 채용했다. 697년 5대 칼리프인 압둘 말리크는 아랍어를 사용하기 위한 개혁을 시행했지만, 742년이 돼서야 아랄 해 주변의 호라산과 중앙아시아에서 팔레비Pahlavi(중세 페르시아어)가 아랍어로 교체되기 시작했다. 한편 정복자 외 피정복주민이 사용한 공통의 구어는 다리Dari어였다. 다수의 페르시아인이 망명자 또는 정복군 병사로서 트란스옥시아나(시르다리야와 아무다리야 강 사이의 하중 지방, 즉 마와라 안 나흐르)에 유입되면서 다리어 보급이 가속화됐다. 이렇게 해서 10세기경 다리어가 사마르칸트와 부하라의 언어로 자리 잡았다.

중앙아시아에 토착 소그드인과 외래의 아랍인 및 페르시아인 등의 다인종이 혼거하고, 공식 언어로 아랍어, 공통의 구어로 다리어가 사용되는 상황에서 새로운 페르시아어가 탄생한다. 아랍어 어휘를 차용하면서 풍부한 표현력을 갖추게 된 이 언어는 파르시Farsi/Farsee라고 불리지만, 다리어의 옛 고향 이란이 아닌 중앙아시아에서 성립된 것이었다.

현재 아프가니스탄과 이란 동부 지역에서 사용되는 다리어는 파슈토어와 함께 아프가니스탄의 공용어 중 하나다. 다리어는 본디 아주 초기의 고대 페르시아어에 붙여진 이름이었으며 10세기 이후 아랍어 및 페르시아 문헌에 그 모습이 보인다. 역사적으로는 사산 왕조의 중세 페르시아 궁정 언어를 가리킨다. 인도의 성전聖典 언어 산스크리트어와 같은 위상을 갖는다. 이렇듯 다리어는 기본적으로는 페르시아어의 방언 중 하나이지만, 발음과 어휘 측면에서 페르시아어와 다소 차이를 보인다. 어휘는 대부분 페르시아어와 같지만, 무엇보다 다리어에는 파슈토어나 우르두어로부터의 차용어가 많다.

아랍 정복 이전 페르시아의 언어 상황은 이렇다. 문어文語는 중세 페르시아어인 팔레비어였고, 공식적인 구어口語는 팔레비어 혹은 사산조의 본거지인 이란 서남부 파르스Fars 지방의 이란어가 사용됐는데 후자가 바로 다리어다. Dari는 '궁정court'을 뜻하는 페르시아어 dar 혹은 darbar를 가리킨다고 한다. 우연인지는 모르겠으나 나는 이 대목에서 아케메네스 왕조 페르시아의 위대한 군주 다리우스Darius 1세(기원전 550~기원전 486)가 떠오른다. 그의 이름 어간도 'Dari-'이기 때문이다.

Dārīus와 Dārēus는 그리스어 Dareîos의 라틴어형이고, 그리스어 Dareîos는 또 고대 페르시아어 Dārayava(h)uš의 축약형 Dāraya(h)uš에서 비롯된 것이라고 한다. 'hold'라는 의미의 어간 dāraya와

'good'이라는 의미를 지니는 형용사 vau가 결합된 이 이름의 의미는 'holding firm the good'이다. 그리고 이 말의 뿌리는 'hold'라는 뜻을 갖는 산스크리트어 dhar나 dharan과 같다고 한다. 결국 다리어와 다리우스는 별개의 어원을 갖는 어휘인 셈이다.

아랍이 오기 전 이란 지역은 사산 왕조가 지배하고 있었다. 주민들은 중세 페르시아어로 이-란-샤르_Erānshahr나 이-란-_Erān이라고 불렀다. 파르티아를 계승해 224~651년까지 400여 년간 지속된 이 왕조가 이슬람 이전 마지막 이란 왕조다.

사산조 페르시아가 강성하던 시절 주변 나라의 여러 종족은 제국의 경제력에 이끌려 변경무역에 참여했다. 이들과 생김새도 말도 다른 상인들은 어떻게 물건을 사고팔았을까. 그 당시에도 통역사가 있었을까. 당시 사회경제적 상황으로 봤을 때 생존을 위해서는 자신의 모어_母語를 익히는 것만으로는 안 됐을 것이다. 안녹산과 사사명 등 중앙아시아 출신 인물들이 다수의 언어에 능통했다는 점이 이해가 간다. 사산조에서는 이라크에 거주하던 '타이_Tay'라는 부족에서 유래하는 '타지크_Tazik'라는 말로 아랍인을 통칭했다. 또 페르시아 북동부 호라산의 중심 도시 메르브에는 소그드 상인들의 주거 지역이 있었는데, 이곳에서의 교역은 다리어로 이뤄졌다고 한다. 물론 어느 곳에선가는 아랍어와 소그드어, 중국어, 로마어 등이 쓰였을 것이다.

20년 전 겨울 중국 윈난 성과 쓰촨 성 접경지대에 살고 있는 모쒀족 마을을 찾아갔던 일이 떠오른다. 모쒀족은 윈난 성에 거주하고 있는 26개 소수민족 중 하나로 현재까지 모계사회 전통을 유지하고 있는 것으로 유명하다. 그 동네 남자들은 여자 가장을 떠받들며 그녀가 주도

하는 삶을 살아간다. 모쒀족의 독특한 풍습에 따라 아이가 열세 살이 되면 모쒀 사회의 성인으로 인정받는 성년식을 치른다. 아직 어리지만 성년식을 치른 여인에게는 혼자만의 방이 주어진다. 비로소 남자를 볼 사회적 권한이 부여되는 것이다. 루구 호로 물고기잡이를 나가거나, 인근의 밭에서 농사일을 하거나 혹은 라마교 사원에 예불 드리러 갔다가 맘에 드는 남자를 만나면 얼마든지 자신의 '아쭈'로 정할 수 있다. 아쭈는 연인이라 볼 수 있는데 그 수에는 제한이 없다. 그렇기 때문에 인기 있는 여자에게는 수십 명의 아쭈가 있다.

　나는 모쒀족의 말을 모른다. 그들의 언어, 풍속에 대해 알고 싶은 마음이 간절했다. 의사소통의 방법을 찾아야 했다. 나는 중국어를 제대로 못하고 나를 안내한 이족彛族 안내인은 한국어는 물론 영어도 모른다. 다행히 내가 이족 언어를 좀 알아서 이족어로 질문을 한다. 이족 안내인은 한어漢語로 나시족納西族 현지 가이드에게 말을 옮긴다. 모쒀족과 의사소통이 가능한 나시족 가이드는 모쒀족 말로 모쒀족 사람에게 내 질문을 전하고 모쒀족이 그들 말로 대답을 한다. 그 말을 듣고 이해한 나시족 가이드는 이족 안내인에게 한어로 말을 한다. 한어를 들은 이족 안내인은 내게 이족말로 의사를 전한다. 과정은 복잡하지만 이런 식으로 의사소통을 할 수 있었다.

　페르시아를 수중에 넣은 아랍은 언제 어떻게 중앙아시아를 침공했을까. 7세기 말인 674년 봄 호라산 총독에 임명된 우바이둘라는 아무다리야 강을 건너 오아시스 도시 부하라를 침공한다. 우바이둘라는 부친인 지야드 이븐 아비히('그 아비의 아들 지야드'라는 뜻)가 사망하면서 그 자리를 이어받았다. 당시 부하라는 선왕先王의 비妃인 카툰Khatun(왕

미르 아랍 마드라사 입구. 이 이슬람 신학원은 우바이둘라칸과 그의 아들 압둘 아지즈칸의 정신적 멘토였던 예멘의 셰이크 압둘라 야미니가 지은 것이다. 그래서 미르 아랍(아랍의 왕자)이라는 이름이 붙었다.

비)의 지배 아래 있었다.

　이슬람 세력의 중앙아시아 진출은 먼저 페르시아 제국의 붕괴가 있었기에 가능했다. 이슬람 팽창 시기 페르시아는 사산조(224~651)의 통치하에 있었다. 637년 오늘날의 이라크 영역인 카디시야에서 벌어진 전투the The Battle of al-Qādisiyyah와 642년의 이란 서부 고대 도시 니하반드에서 벌어진 전투the Nihavand Battle, 이어진 헤라트 전투로 사산조 페르시아는 역사 속으로 사라진다. 사산조의 마지막 황제 야즈디기르드 3세는 비잔틴 황제와 연합해 아랍 무슬림을 상대하려 했으나 운명은 이슬람의 편이었다. 야즈디기르드 황제는 메르브에서 사망했다. 죽은 것이 어쩌면 다행인지도 모른다. 살아서 포로로 잡혔다면 이리저리 끌려 다니며 온갖 수모를 당하다 비참한 최후를 맞이했을 것이다.

사산조 페르시아 정규군을 격파한 아랍군은 페르시아 제국 동부 영토인 호라산과 시스탄Sistan 방면으로 진출한다. 페르시아를 이겼다는 승리감에 도취된 이들의 원정은 약탈적 성격이 강했다. 일종의 광기 어린 힘자랑이다. 쳐들어가 쑥대밭을 만들고 전리품을 안고 돌아오는 것으로 만족해했다. 때문에 정복지를 항구적으로 지배하지 못했다. 설사 지배하려 했다 해도 실효적 지배는 어려웠을 것이다. 656년에 시작된 제1차 아랍 내전 때문이다. 내란을 극복하고 우마이야 왕조(661~750)를 개창한 우마이야 가문의 무아위야는 665년 총신 지야드를 바스라Basra 총독에 임명해 그에게 부하라 일대를 포함하는 호라산 지역 통치를 위임하면서 체계적인 중앙아시아 원정을 전개한다. 지야드는 부하라를 침략한 우바이둘라의 아버지로 673년 사망했다. 그는 671년 아랍 전사 5만 명을 가족들과 함께 바스라와 쿠파(이라크의 고대 도시)에서 호라산으로 이주시키고, 메르브를 동방 진출을 위한 새로운 교두보로 삼았다. 아랍인들의 호라산 이주는 그 후 대략 10년간 지속됐다.

지야드의 아들 우바이둘라는 부하라 침공 직후 이라크 총독에 임명됐는데, 바스라로 귀환할 때 '부하라의 사수射手' 2000명을 데리고 가서 자신의 호위대로 삼았다. 이들은 대개 포로로 잡힌 돌궐 유목민 병사들이었다. 우바이둘라의 후손들도 한결같이 이런 관행을 따랐다. 이들이 후일 압바스 왕조에서 맘루크Mamlūks('재산' '소유노예'라는 뜻)의 기원이 됐다. 맘루크는 칼리프 직속의 노예 출신 군인을 말한다. 물론 우바이둘라에 의해 바스라로 끌려간 부하라인들이 소그드인인지 돌궐인인지는 확실하지 않다.

이렇듯 서쪽으로 강제 이주된 중앙아시아 사람들이 있는가 하면, 동방 정복에 따라 호라산으로 이주한 아랍인들도 있었다. 페르시아인들도 있었다. 앞서 사산조 페르시아 시대부터 페르시아인들은 아랍인을 '타지크'로 불렀다고 했다. 이 명칭이 중국 사서나 구법 수행승들의 기록에 大食이나 大寔으로 전사돼 나타난다. 처음에는 아랍계 부족인 타이를 가리키던 어휘가 페르시아인들은 물론 중앙아시아 주민들에 의해 아랍인에 대한 범칭으로 사용되다가 후일 발음이 타지크로 바뀌고 의미도 이란계 무슬림, 즉 이슬람화한 중앙아시아 정주민을 지칭하는 말로 달라진다.

앞선 글에서 거론했지만, 나중에는 카를루크 등 돌궐계 유목민까지도 타지크라고 불렀다. 『칭기즈칸기』를 읽어보면 칭기즈칸이 주치, 차가타이, 우구데이, 툴루이 등 자신의 아들들과 군사를 이끌고 타지크 지방을 정복하기 위해 출정하는 대목이 나오는데, 아무다리야 강 일대의 부하라, 사마르칸트, 호라즘, 발흐 등이 타지크인들이 사는 곳으로 기록돼 있다. 그렇다면 13세기 초 몽골인들은 위 지역에 살던 주민들을 모두 타지크인으로 인식했다는 말이다. 출신과는 상관없이 이슬람화한 사람이면 다 타지크였던 셈이다.

바그다드에 기반을 둔 압바스 왕조 칼리프의 통제를 받기는 하지만 부하라가 소그디아나의 중심 도시로 부각하게 된 것은 사만 왕조(819~999)의 아미르amir('지배자') 이스마일이 892년 수도를 사마르칸트에서 이곳으로 옮기면서부터다. 아랍의 침공으로 사산조 페르시아 제국이 붕괴한 후 이란과 중앙아시아 지역에 출현한 토착 페르시아 왕조인 사만조Sāmān朝는 발흐 근처 사만 지방의 디흐칸dehqan('지주')이었던 사만 후다Saman Khuda('사만의 영주')로부터 시작된다. 그의 증손자가 이스마일Abu Ibrahim Isma'il ibn Ahmad이다. 그로 인해 부하라는 10~11세기 문화 예술의 꽃을 피우게 된다. 그러므로 부하라에 가면 이스마일 사마니라 불리는 그의 영묘를 찾아가볼 일이다. 하중 지방에 사만조의 기틀을 확고히 하고 북방 초원 지대까지 진출한 이스마일은 문화 예술 활동의 보호자로서 이슬람 세계에서 명 군주로 칭송받고 있다. 중앙아시아를 대표하는 건축물인 이스마일 영묘는 벽면 장식이 독특하다.

서양 의학에 큰 영향을 미친 인물로 라틴어 이름 아비센나Avicenna로 잘 알려진 아부 알리 이븐시나가 태어난 곳도 부하라 근처의 작은 시골 마을이었다. 그의 본명은 부르다 숨이 찰 만큼이나 길다. 아비센나와 대수학의 아버지라 불리는 알 호라즈미를 비롯해 중앙아시아의 문예부흥기를 이끈 인물들에 대해서는 다음 글에서 살펴보자.

3
위대한 스승으로 불린
'아비센나'를 생각하다

I have sent for thee, holy friar:

But 'twas not with the drunken hope,

Which is but agony of desire

To shun the fate, with which to cope

Is more than crime may dare to dream,

That I have call'd thee at this hour:

Such father is not my theme?

Nor am I mad, to deem that power

Of earth may shrive me of the sin

Unearthly pride hath revell'd in?

I would not call thee fool, old man,

But hope is not a gift of thine:

If I can hope (O God! I can)

It falls from an eternal shrine.

—에드거 앨런 포, 「태멀레인Tamerlane」

　사람이 세상을 살아가는 데는 이중 잣대가 필요하다. 남에게 적용할 엄격하고 가혹한 막대 자와 자신에게 부과할 느슨한 고무줄 자. 근래 보기 드문 기이한 집단 IS의 폭력에 대한 태도가 이러한 인간의 이중성을 단적으로 보여준다. 중앙아시아에 거대한 제국을 세운 티무르의 잔혹함은 지하드聖戰라는 명분으로 미화됐다.

　그런 그에게 내적 갈등이 없었을까. 밥 먹듯이 살상을 하고서도 마음 편할 사람은 없을 것이다. 그런 그의 심사를 헤아리고 고뇌에 찬 독백의 장시를 쓴 사람이 있다. 젊은 날 음습한 분위기의 그의 소설을 머리가 쭈뼛거리는데도 밤새 이불 뒤집어쓰고 읽었거니와, 사랑에 관심이 많았던 시절에는 「애너벨 리」 「헬렌에게」 같은 시를 절절한 심정으로 읊조리기까지 했다. 심미주의 시인으로만 알고 있던 그가 동양의 역사적 인물에 관심을 갖고 그의 내면을 간파하는 시를 지을 줄은 미처 몰랐다. '절름발이 티무르'라는 어원을 갖는 태멀레인Tamerlane을 주인공으로 내세운 이 기묘한 시는 에드거 앨런 포의 「태멀레인」이다.

　이 시의 역사적 사실이 정확한 것은 아니다. 반드시 그럴 필요도 없다. 티무르가 잔인함으로 유명한 14세기 투르크메니스탄의 정복자라는 사실 정도만 알고 있어도 충분하다. 시의 내레이터 역할을 하는 남자 티무르는 권력을 위해 젊은 날의 사랑을 무시한다. 그런 그가 죽음의 침상에서 왕국을 건설하고자 하는 야심 때문에 아프게 사랑을 포기했던 자신의 결정을 후회한다. 시에서 그가 사랑한 여자의 이름은 에이다Ada였다. 바이런을 흠모한 포였기에 그의 딸 에이다 러브레이스Ada Lovelace의 이름을 빌린 것이려니 싶다.

비가 부슬부슬 내리는 저녁 문득 이런 생각이 들었다. 나의 학문적 스승은 누구인가. 여태껏 학문의 길에 있으면서 이제야 스승을 묻는다니 기가 막힐 노릇이라고 놀릴 사람들도 있겠지만 내게는 새로운 자문이었다. 물론 내가 배움의 길에 서 있을 수 있도록 학문적으로 이끌어주신 전공 분야의 은사님들이 계시다. 그러나 내가 말하는 학문적 스승은 직접적인 가르침이 없어도 내가 닮고 싶고 존숭하는 그런 인물이다. 고타마 싯다르타 같은 위대한 구루를 본받고 싶었다. 언어학을 공부하면시도 정직 촘스키가 되고 싶지는 않았다. 대신에 러셀이나 비드겐슈타인 같은 학자가 되고 싶었다. 러셀의 자서전을 읽고부터는 특히 그가 내 학문적 길의 모범이 됐다. 케임브리지대에 갓 입학한 젊은이로서 그가 세운 인생의 3대 목표—진리 탐구, 열렬한 사랑, 고통받고 있는 이웃에 대한 연민—는 단숨에 나를 사로잡았다. 훌륭한 사람에 대한 그의 인식은 내가 롤모델로 삼기에 손색이 없었다. 그가 말하는 훌륭한 사람이란 친절하고 다정하고 상냥한 사람이다. 사람의 진정한 가치를 그런 것에 두는 사람은 나의 스승이 되기에 족했다.

플라톤에게는 소크라테스라는 괴짜 스승이 있었다. 아테네 감옥에 갇힌 스승에게 감옥에서 벗어날 길을 제시하는 제자의 딜레마는 참스승에 대한 존경심으로 극복할 수 있었을 것이라 믿는다. 이슬람이 낳은 수많은 위대한 학자들 중 서양 의학에 심대한 영향을 미친 아비센나Avicenna(980~1037)에게도 위대한 스승이 있었다. 아비센나는 아랍인이 아니다. 아랍의 침공으로 사산조 페르시아 제국이 붕괴한 뒤 이란과 중앙아시아 지역에 출현한 토착 페르시아 왕조인 사만조 시절 부하라 근처의 작은 시골 마을에서 태어난 페르시아 혈통의 인물이다. 이 사람이 서양 중세를 거쳐 르네상스로 넘어가면서 유럽의 의학자들의 위대한 스승으로 자리 잡는다.

'초기 근대 의학의 아버지'로 불리는 아비센나는 의학자인 동시에 철학자, 자연과학자, 수학자였으며 시인이자 신비주의 사상가이기도 했다. 450여 권의 저술 중 현재 남아 있는 것은 약 240권인데, 이 가운데 의학서가 40권, 철학서가 150권이라고 하니 그의 학문적 관심과 깊이가 어떠했는지 짐작할 수 있다. 역작 『의학전범醫學典範』은 이슬람 세계는 물론 유럽에서도 가장 권위 있는 의학서 역할을 했다. 이슬람 세계에 전승된 아리스토텔레스의 철학을 구사해 이슬람 철학을 수립한 노작勞作 『치료의 서The Book of Healing』는 사실 육신의 질병이 아니라 영혼의 무지를 치료할 목적으로 집필한 방대한 철학적·과학적 백과사전이다.

그는 페르시아인이었지만, 피지배 계층은 오아시스 정주민인 소그드인과 여전히 유목 생활을 고수하는 돌궐인이 주를 이뤘다. 당시 종교적으로는 유목민의 텡그리즘tengrism(천신숭배)이 아랍에서 시작된 새로운 종교 이슬람으로 완전히 대치되고 있었다. 아랍 역사가 이븐 울 아시르에 의하면, "960년에는 20만 호(천막)의 튀르크인이 모두 이슬람으로 개종했다"고 한다. 물론 종교적으로는 이슬람을 수용하면서도 일상생활에서는 여전히 유목인의 방식을 유지하고 있었다. 사만조 통치하에 꽃피기 시작한 학문과 예술의 르네상스는 이들의 삶과 무관한 일이었다.

그러나 이런 시대적 여건이 학문의 발전, 예술의 개화에는 극히 의미 있는 일이었다. 우마이야 왕조의 뒤를 이어 새롭게 등장한 이슬람 압바스 왕조가 수도를 다마스쿠스에서 신도시 바그다드로 옮기며 학문과 예술을 장려한 것은 인류를 위해 여러모로 유익한 결과를 낳았다. 이들 이슬람이 아니었다면 그리스와 로마의 위대한 철학과 사상, 과학과 예술이 과거로 사라졌을 것이고, 당연히 르네상스는 없었을 것이다.

이슬람 골든 에이지의 정점에 알파라비Al-Fārābi라는 아랍 이름을 가진 학자가 있다. 서방 세계에는 알파라비우스Alpharabius로 알려진 그는 872년경에 태어났으며 '초기 근대 의학의 아버지'란 명성을 얻고 있는 아비센나기 태어나기 30년 전인 950년에 사망했다. 당시 세상의 중심인 바그다드에서 수학하고 시리아 다마스쿠스에서 거주하다 그곳에서 세상을 떠났지만, 그는 현 카자흐스탄 시르다리야 강 중류의 파라브Farab(오늘날의 오트라르)가 고향인 돌궐인이었다. 그의 부친은 칼리프 친위대에 속한 군인이었다. 그의 관심 영역은 무한대에 가까웠다. 형이상학, 정치철학, 논리학, 음악, 과학, 윤리학, 신비주의, 인식론 등 그의 학문적 호기심은 그 끝을 몰랐다. 그의 철학은 아비센나를 위시한 이슬람 세계의 철학자뿐만 아니라 서양의 스콜라 철학자들에게도 심대한 영향을 미쳤다. 그렇기에 '첫 번째 스승'인 아리스토텔레스에 버금가는 위대한 철학자인 그를 '두 번째 스승' 혹은 '제2의 아리스토텔레스'라 부른다. 그는 학문적 선배로서 아리스토텔레스, 플라톤, 프톨레마이오스, 알킨디, 포르피리 등의 영향을 받고 아비센나, 마이모니데스와 같은 후학들에게 영향을 끼쳤다.

이슬람의 영향 아래 중앙아시아의 문예부흥기를 이끈 중요 인물에

'대수학의 아버지'라 불리는 알 호라즈미Al-Khorazmi가 있다. '호라즘 Khorazm 출신의 사내'라는 뜻이다. 앞에서의 알파라비도 '파라브 태생의 사내'라는 의미의 이름이다. 호라즘은 현재 우즈베키스탄 히바Khiva 지역이다. 이슬람 압바스 왕조 때의 페르시아 수학자로 페르시아 최초의 수학책을 쓴 이 인물 역시 수학자인 동시에 천문학자요 지리학자였다. 대수학을 영어로 algebra라고 하는데, 이 말은 호라즈미가 2차 방정식을 푸는 데 사용한 두 개의 연산법 중 하나인 al-jabr에서 파생된 것이다. 연산법을 알고리즘algorism이라고 하는 것도 호라즈미의 라틴어 이름 Algorismus에서 비롯된 것이다. 이 수학자는 기하학자이자 대수학자인 이집트 태생의 아부 카밀Abu Kamil(850?~930)에게 학문적 영감을 줬다고 알려져 있다.

중앙아시아 페르시아 왕조인 사만조 치하 호라즘에서 태어나 가즈니 왕조 시기 가즈니Ghazni(오늘날 아프가니스탄 지역)에서 활동하다 사망한 백과사전적 학자 또한 주목할 필요가 있다. 수학, 물리학, 천문학, 지리학, 측량학, 광물학, 역사학, 인류학, 비교사회학, 화학, 의학, 심리학, 철학, 신학 등 그의 학문적 호기심 또한 만만치 않았다. 그는 응용수학의 한 분야인 측지학Geodesy과 인도학Indology의 창시자 아부 라이한 알비루니Abū Rayhān Muhammad ibn Ahmad al-Bīrūnī(973~1048)다. 이슬람 전파 이전의 호라즘과 하중 지역(마 와라 알 나흐르)에 대한 그의 저술은 이 지역 역사와 문화 연구에 극히 귀중한 자료로 평가받고 있다. 가즈니조의 술탄 마흐무드의 인도 원정길에 동행한 그는 이때 산스크리트어와 여타 인도어를 배워『인도사』를 집필했다. 그 역시 아리스토텔레스, 프톨레마이오스 등 희랍 학자들의 영향을 받았고, 아비센나와는 상호 학문적 영향을 주고받았으며, 오마르 하이얌 등 미래 세대에게 엄청난 학문적 감화를 줬다.

이슬람 제국은 이슬람교를 받아들인 이민족에게는 비교적 관대했다. 인종과 피부색에 관계없이 형제 무슬림으로 평등하게 대했다. 이슬람 세계에서만 탄생한 독특한 왕조가 있는데 다름 아닌 노예 왕조다. 노예 왕조는 노예가 왕이 되어 세운 왕조를 말한다. 이슬람 제국의 노예들은 주로 슬라브인이나 튀르크인이 많았는데 왕의 노예가 돼 궁궐에서 생활하는 경우도 있었다. 궁궐에서 생활하던 노예 중에 왕의 신임을 얻은 노예들은 자유민의 신분을 얻어 국가의 주요 직책에 임명되기도 했다. 또한 용병이 되기도 했는데, 용병에서 시작해 장군의 위치에 오른 자도 있었다. 군의 실권을 장악한 튀르크계 용병 장군들은 왕을 위협하는 위치에까지 올라 직접 왕이 되기도 했다. 그들이 세운 왕조가 이집트의 맘루크조, 중앙아시아의 가즈니조 등이다.

가즈니조(975~1187)는 튀르크계 용병들이 세운 왕조로 호라산, 아프가니스탄 및 인도 북부 지역에 자리 잡은 튀르크 왕조다. 사만조의 궁정 노예 출신 알프티긴Alptigin('용감한 왕자'라는 뜻. 재위 962~963)이 중심이 돼 전 왕조를 멸망시키고 권력을 잡았다. 그러고는 거대한 영토를 다스렸으나 얼마 안 있어 셀주크튀르크에게 영토를 빼앗기고, 구르Ghur 왕조에게 멸망당한다. 가즈니조의 중심지였던 가즈니는 지금의 아프가니스탄 수도 카불에서 멀지 않은 곳에 위치해 있다. 인도인들은 그들을 튀르크계 아프가니스탄 국가로 생각했다.

가즈니조는 술탄 마흐무드 시절에 전성기를 구가했다. 마흐무드는 이슬람 세계에서 최초로 술탄Sultan이라는 칭호를 사용했다. 그는 가즈니를 중심으로 북으로는 시르다리야 강을 경계로 카라한조와 경쟁했으며, 서로는 현재 이란 영토까지 세력을 확장했다. 그는 인도 북부 지역도 침략해 들어갔다. 그러나 그가 인도 북부 지역을 침탈한 목적은 단순한 영토 확장보다는 노예, 황금 등 인도의 부富를 약탈하기 위해서였다. 때문에 인도인들에게 마흐무드는 잔인한 약탈자라는 인식이 크다. 그가 부유한 사원을 수차례 약탈했기 때문에 더욱 그러하다. 특히 솜나트Somnath 사원을 철저히 유린한 것은 인도인들에게 큰 상처를 남겼다. 그러나 마흐무드가 사원을 파괴하고 약탈한 데에는 그의 종교적 신념도 일부 작용했던 것으로 보인다. 힌두교 사원을 파괴한 뒤 가즈니에 돌아가서는 이슬람 문화의 수호자로서의 역할에 충실했기 때문이다.

솜나트는 인도 중서부 구라자트Gujarat 주 남서부에 있는 고대 도시 유적이다. 신성한 음료인 '소마soma 주酒의 주인', 좀더 넓은 의미로는 '달의 주인'을 가리키는 솜나트 시바 신전이 있는 곳이다. 이 신전은 1024~1025년 튀르크 가즈니 왕조의 술탄 마흐무드가 이끄는 군대에게 침탈당했다. 고대 인도의 대서사시『마하바라타』에는 이곳이 야다바 씨족이 대량 학살당하고, 비슈누신의 8번째 화신인 사랑의 신 크리슈나가 죽은 장소로 등장한다.

최근의 발굴 결과 기원전 1500년경 사람들이 살던 거주지가 드러났다. 가즈니조의 인도 침략은 북인도의 일부 지역에 국한된 것이었지 인도 전체에 영향을 줄 정도의 정복 전쟁은 아니었다. 그럼에도 술탄 마흐무드의 인도 침략이 중요한 이유는 그의 인도 진출이 후일 구르 왕조, 할지 왕조, 투글루크 왕조로 이어지며 북인도에 튀르크 술탄나트 the Turkic Sultanate를 여는 토대가 됐다는 점이다. 고르 왕조라고도 불리는 구르 왕조는 아프가니스탄의 구르 지역을 기반으로 한 튀르크계의 이슬람 왕조다. 처음에는 가즈니 왕조에 예속돼 있었으나 차차 세력을 얻어 1186년에 기야스 웃딘 무함마드(재위 1163~1202)가 자신이 섬기던 집안인 가즈니조를 전복시키고 아프가니스탄에서부터 서북인도에 걸친 영토의 지배자가 된다. 할지 왕조는 1290~1320년까지 델리 술탄 왕조의 전성기를 이끈 왕조다. 투글루크 왕조는 할지 왕조를 무너뜨린 중세 인도의 튀르크계 이슬람 왕조(1320~1414)다. 이러한 튀르크계 무슬림의 북인도 지배는 후일 무굴제국으로 이어지며 인도에 이슬람을 전파시키는 역할을 한다. 이렇듯 역사는 연결돼 있다.

전쟁은 수많은 희생을 낳는다. 전쟁 포로로 잡혀 노예가 되는 비인간적 숙명이 그중 하나다. 657년을 기점으로 서돌궐이 역사의 뒤안길로 사라지고 난 후 중앙아시아 북방 초원 지대에는 튀르크계 유목 집단이 저마다 세력을 떨치고 있었다. 이들은 이슬람 세계에 노예를 공급하는 악덕업자들이었다. 아랍 지리학자 이스타흐리는 이들 이슬람으로 개종한 튀르크인들이 같은 종교를 신봉하는 무슬림 형제들의 편에 서서 이교도인 동족들과 전쟁을 하고 노예를 약탈하는 역할을 수행했다고 전한다. 민족보다 종교가 앞선 것이다. 암흑과 빈곤의 중세를 살아온 유럽이 흥성하게 된 것도 노예무역이 있었기에 가능했다. 서양 학자들은 인간성은 무시한 채 이런 일이 벌어지던 때를 대항해 시대라는 진취적인 용어로 포장한다.

이보다 훨씬 오래전 몽골 초원을 중심으로 유목 세력들이 걸핏하면 싸우고 노략질하고 그러다 화해하는 일이 되풀이되던 시절, 흉노인들도 외부 집단과 싸워 포로를 사로잡았을 것이다. 이들이 포획한 노예들은 대부분 노비 신분으로 살았다. 이들 노비를 흉노인들은 '자(訾)'라고 불렀다. 이들이 한데 모여 집단을 이뤘고, '자로(訾虜)'라는 이름으로 불렸다. 노비, 종이라는 의미의 '노(虜)'는 중국인들이 붙인 중언부언이다. 여기서 한족 역시 인종적 편견에 사로잡혀 있음을 엿볼 수 있다. 자신들은 정당하고 유목민이나 전쟁 포로는 야만스런 오랑캐로 노비가 되기에 합당한 비인간이라는 황당한 편견이 인간을 변함없이 어리석은 존재로 만드는 것은 아닐까.

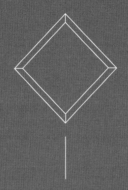

13장

중앙아시아의
중심 도시,
돌의 나라 타시켄트

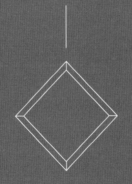

1
지상의 바람에는 우즈벡의 땀 냄새, 지하에는 이채롭게 장식된 메트로 역

헬렌, 그대의 아름다움은 내겐

Helen, thy beauty is to me

마치 옛날 천국의 섬 니사에서 온 니케의 범선 같아

Like those Nicean barks of yore,

부드럽게, 니사 섬을 에워싼 향기로운 바다를 지나

That gently, o'er a perfumed sea,

긴 여정에 지친 방랑자 디오니소스를 싣고

The weary, wayworn wanderer bore

고향 바닷가 아말테안 곳으로 돌아오는.

To his own native shore.

오랫동안 떠돌던 절망의 바다 위에서

On desperate seas long wont to roam,

그대의 히아신스 닮은 보랏빛 머리칼, 고귀한 얼굴,

Thy hyacinth hair, thy classic face,

물의 요정 같은 자태를 떠올리며 알았지

The Naiad airs have brought me home

그리스의 영광과

To the glory that was Greece

로마의 장엄이 얼마나 아름다운지.

And the grandeur that was Rome.

보라! 저기 빛나는 창 벽감 속

Lo! in yon brilliant window-niche

마치 조각처럼 그대 서 있음을

How statue-like I see thee stand,

손에는 마노 램프 들고!

The agate lamp within thy hand!

아, 성스러운 땅에서 온

Ah, Psyche, from the regions which

사이키 요정이여!

Are Holy Land!

　　-에드거 앨런 포, 「헬렌에게」(1831)

　위 시에서는 오랜 여정에 지친 나그네를 디오니소스로 보는가 하면 율리시스로 보기도 한다. 그러나 그게 누가 됐든 무슨 상관이랴. 인생을 사는 이라면 누구나 삶의 여정으로 힘들고 지친 표랑의 나그네인 것을. 이런 이를 누가 위무慰撫해줄 것인가. 에로스에게 프시케가 있었고 디오니소스에게 레아 여신이 있었듯, 사랑으로 지지해줄 누군가가 있어야 사람은 앞으로 나아갈 수 있다.

애초 노예가 아니었는데 노예가 된 사람은 어떻게 삶을 견뎠을까. 불시에 예기치 않은 운명으로 가족과 이별하거나 사랑하는 사람을 잃고, 정든 거처를 떠나 낯선 곳에서 친절하지 않은 주인의 종으로 살아야 한다는 사실을 어떻게 받아들였을까. 사람은 어떻게든 살게 마련이라는 말은 질문의 본질을 제대로 헤아리지 못한 것이다.

9세기 중반, 대代의 북쪽 지역에 살던 안安씨 성을 가진 경사敬思라는 어린 남자아이가 있었다. 『신오대사新五代史』 「의아전」에 의하면, 대주代州 비호飛狐(지금의 허베이 성 라이위안淶源) 출신이라고 한다. 당나라 말 혼란기를 오대십국五代十國 시대라 한다. 오대의 두 번째 왕조로 당나라의 후계자임을 자임하고 후당後唐(923~936)을 건국한 인물 이존욱李存勖에 의해 태조太祖로 추숭된 아버지 이극용李克用(856~908)이 일찍이 대의 북쪽 땅을 노략할 때 이 아이를 얻었다. 기실 훔친 것이다. 남의 아이를 무단으로 포로로 잡아와 성명을 내리고 아들로 삼았다. 자신과 같은 성에 이름은 친자 존욱과 같은 항렬로 존효存孝(?~894)라 했다. 이렇게 안씨 성을 가진 다른 종족의 사내아이가 죄수 아닌 죄수로 억지로 낯선 집안에 들어와 수양아들이 됐다.

이극용에게는 수양아들이 많았다. 그는 아들들을 모아 십삼태보十三太保(13명의 친위무사)라는 호위무사군을 만들었다. 이극용은 본디 주야朱耶 혹은 주사朱邪라는 성을 쓰는 사타 돌궐인이었다. 그의 아버지 이국창李國昌의 본명은 주사적심朱邪赤心이었다. 변방을 지키는 이민족 장수로 삭주자사를 지내다 '방훈龐勛의 난'을 진압한 공적으로 국성國姓인 이성李姓을 하사받고 이씨로 변성變姓한 것이다. 이국창의 3남 이극용은 태어날 때부터 한 눈이 작아 '독안용獨眼龍'이라 불렸다. 작호는 아아鴉 兒, 군에 있을 때 불리던 명칭은 비호자飛虎子였다. 범상치 않은 인물임을 나타내는 이름이다.

아버지를 닮아서인지 용감하고 무공이 빼어난 이극용은 '황소의 난'이 일어나자 정예병으로 구성된 흑아군을 이끌고 난을 평정하는 데 큰 공을 세웠다. 당나라 조정은 그를 진왕晉王으로 봉했다. 이극용의 동료이자 라이벌 관계에 있던 주전충朱全忠과 이극용의 권력 쟁탈전은 자못 흥미롭다. 주전충은 원래 황소군의 중책을 맡았었는데 후일 황소를 배반하고 당의 편을 들었다. 주전충이 당나라를 멸망시키고 후량을 세우자 이극용은 이를 인정하지 않고 대대적인 전투를 벌였으나 패배했다.

유목민의 피를 타고난 진왕 이극용이 어느 날 대주 북쪽 지역으로 노략질에 나섰다가 잡아온 아이가 이존효다. 위에서 말했듯 본명은 안 경사였다. 성으로 미뤄볼 때 그의 출신은 어쩌면 소그디아나 오아시스 국가 소무구성의 아홉 나라 중 안국일지 모른다. 중요한 건 의도치 않은 노예로서의 삶, 마른하늘에 날벼락을 맞은 듯 참담한 심정에 혼비백산의 나날을 보냈을 어린 소년의 고통과 슬픔에 찬 삶이다. 다행히 그는 살아남았고, 의부義父 이국용의 호위무사가 됐다. 열세 명의 친위무사 중 그의 무술 능력이 제일 뛰어났다.

또 다른 수양아들 중에 이존신李存信이라는 사내가 있었다. 평소 이존효를 시기했던 그는 존효를 꼬드겨 의부인 이극용을 배신하고 달아나게 했다. 화가 난 이극용이 유주幽州에서 그를 잡아 대완으로 데려온

384

후 오마분시五馬分屍(혹은 오우분시五牛分屍)라는 가혹한 형벌을 내렸다. 이존효는 같은 의자義子인 존신에게 속아 엄청난 고통 속에 삶을 마감한다. 이런 인생이 부지기수다. 노예로 태어나지 않았는데, 어느 날 노예가 된 자신을 발견했을 때 그 사람의 심정은 어떨까. 노예를 포획하고 시장에 내다 팔고 그렇게 먹고사는 노예상인이나 노예 중개인, 그리고 전쟁이나 약탈로 노예를 양산하는 전쟁광과 도적들은 항시 있다.

의자가 됐음에도 이들은 여전히 노예였다. 한때 위기 상황에 처한 이극용이 성을 떠나 달아나려 하자, 계모 유씨劉氏가 그의 어리석은 결정을 나무랐다. 극용이 이존신의 의견에 따른 것이라고 하자 유씨는 이존신 등을 가리키며 이렇게 말한다. "저 양치기 노예들이 어떻게 원대한 계책을 낼 수 있겠는가?彼牧羊虜 安辨遠計" 주군을 지키는 친위대의 호위무사가 됐고 의자로 입양된 신분이었지만, 그래도 이들은 변함없이 노예였던 것이다. 변변한 집도 없이 양가죽으로 만든 헐렁한 천막집에 살며 수초를 따라다니면서 양이나 치는 오랑캐 출신의 노예 말이다.

노예는 어디에나 있었다. 노예를 가리키는 영어 단어 slave가 Slav에서 왔을 가능성을 이야기한 적 있다. 그런가 하면 영어 단어 family의 어원은 참으로 아이러니하다. 노예, 노비를 뜻하는 라틴어 familia에서 파생됐기 때문이다. 앞의 글에서 『삼국지』「위지」'오환선비동이전 서융조'를 바탕으로 흉노인들이 외부 집단과 싸워 포획한 노예들 대부분을 종으로 삼았고, 흉노어를 한자로 음차해 이들 종을 '자僣'라고 표기했음을 거론했다. 과연 당시 흉노어는 어땠을까. 우리말 종의 고대 음은 '좀'이었다.

퇴계 선생(1501~1570)이 손자들에게 나눠준 노비의 수가 무려 367명이라는 사실을 듣고 놀라지 않을 사람이 있을까. 성학聖學인 성리학이 국가 이념으로 세워진 조선에서 16세기를 넘어서면 전체 인구의 절반 가량이 노비가 된다. 신사임당의 친정집 노비만도 162명이었다 한다. 『징비록』의 저자 유성룡 집안도 임진왜란에다 기근과 돌림병으로 많은 수가 죽고 뿔뿔이 흩어졌음에도 남아 있는 노비가 146명이었다니 당시 유세깨나 하는 집안의 노비가 군 일개 중대는 넘었음을 알 수 있다.

노예 출신이 왕조를 창업하는 경우가 있다 했는데, 맘루크Mamluk가 그 대표 사례라 할 만하다. 맘루크는 이른바 칼리프에 직속된 노예 신분의 군인을 가리키는데, 본래 '소유된 자'라는 의미의 말이다. 비슷하게 사용되는 말로 굴람Ghulam이라는 아랍어가 있다. 종복servant, 시동boy, 청년youth이라는 뜻이다. '천국의 젊은 하인'을 가리키는 말이지만 압바스, 오스만, 사파비, 무굴 왕조의 노예 병사를 가리키는 데도 쓰였다. 맘루크는 주로 이집트를 비롯한 중근동 지역, 굴람은 이란 너머 중앙아시아와 서아시아 쪽에서 쓰이는 경향이 있다.

맘루크의 출현 배경은 이렇다. 앞서 호라산 총독에 임명돼 부하라 등지를 침공한 우바이둘라가 곧바로 이라크 총독에 임명돼 바스라로 귀환할 때 '부하라의 사수' 2000명을 데리고 가 자신의 호위대로 삼았다고 했다. 이렇듯 압바스 왕조를 비롯한 이슬람 왕조에서는 중앙아시아나 기타 지역에서 잡아온 노예들을 무슬림으로 개종시키고 군사 훈련을 시켜 맘루크로 육성했다. 맘루크 중 상당수가 튀르크인이거나 소그드인이었다. 이들은 자신들을 고용하고 훈련시킨 고용주 외에는 아랍-이슬람 제국에 별다른 연고가 없었기 때문에 군사력을 원하던 아랍 군주들에게 환영받았다.

맘루크 집단은 13세기 이슬람 제국이 해체되는 과정에서 부패, 권력 집단화하거나 지방에 할거하는 세력이 됐다. 그러다가 아예 나라를 세우고 지배층이 되기도 했는데, 그중에서 특히 북인도의 델리 술탄 왕조와 이집트에서 아이유브 왕조를 무너뜨리고 세워진 맘루크 왕조가 유명하다.

이제 장소를 부하라에서 타시켄트로 옮겨가보자. 중앙아시아 한복판에 우즈베키스탄이 있다. 우즈베키스탄은 우즈벡족이 중심이 된 나라로 수도는 '돌의 도시'라는 의미의 타시켄트Tashkent다. 옛 중국 문헌에는 자지柘支, 자절柘折, 자시赭時 등 다양한 한자어로 기록돼 있다. 그러나 이는 다 'tash'(돌)의 이표기다. 한나라 때는 오늘날의 페르가나 분지에 자리한 대완국 북쪽의 작은 도시에 불과했다. 소무구성의 하나였으나, 이곳을 다스리던 왕의 성은 석石이었다. 『신당서』 「서역전」에 따르면, "안서절도사 고선지가 그 나라 왕이 번신藩臣의 예를 갖추지 못한다고 탄핵하며 토벌할 것을 청했다"고 한다. 번신이란 대국의 책봉을 받은 소국의 친왕親王이나 군왕郡王을 말한다. 따라서 번왕藩王은 번신으로서의 예를 갖출 것이 요구됐다.

중앙아시아 지역이 1991년 구소련연방이 해체되며 예속상태에서 벗어나 저마다의 독립국가로 자립하기 전, 타시켄트는 구소련 네 번째 도시였다. 모스크바, 레닌그라드(오늘날의 상트페테르부르크), 키예프(우크라이나의 수도) 다음가는 발전된 도시였던 타시켄트는 지금은 경제력이 카자흐스탄에 밀려 중앙아시아 지역 맹주로서의 위상을 잃었다. 돈을 벌고자 우즈베키스탄 사람들은 알마티(카자흐스탄의 이전 수도)로 이주를 하기도 한다.

타시켄트에서 감동받은 일 중 하나는 바로 지하철역이다. 티무르 박물관에서 만난 타시켄트대 영문과 학생의 안내로 타시켄트 시민의 자부심인 지하철을 탔다. 역 하나하나가 글자 그대로 예술작품이었다. 현지인들은 자신들이 사는 곳을 Tashkent라 하지 않고 Toshkent라 한다. 그리고 지하철을 우즈벡어로 토시켄트 메트로폴리테니Toshkent metropoliteni라고 한다. 중앙아시아에는 카자흐스탄의 알마티 지하철과 우즈베키스탄의 타시켄트 지하철이 있다. 타시켄트 지하철은 총연장 36.2킬로미터에 노선은 3개, 지하철역은 29개다. 타시켄트 방문 시 반드시 지하철을 타야 하는 이유는 우리나라보다 훨씬 깊은 땅 속에 지어진 지하철역이 저마다 독특하고 이채롭게 장식돼 있기 때문이다.

사마르칸트가 타지크족의 도시라면 타시켄트는 우즈벡족의 도시다. 물론 긴 유랑 끝에 물설고 낯선 이국땅에 정착한 고려인도 20여만 명이나 있다. 우즈벡인은 누구인가. 우즈벡인이 역사의 전면에 등장한 것은 16세기 무함마드 샤이바니Muhammad Shaybani(1451~1510)라는 걸출한 지도자 덕분이다.

15세기 초 주치 울루스the Ulus of Juchi 동부에서 우즈벡이라 불리는 유목민 집단이 활발하게 움직였다. 이 집단의 리더는 칭기즈칸의 큰아들 주치의 다섯 번째 아들 샤이반Shiban/Sheiban/Shayban의 후손인 아불카이르칸Abu'l-Khayr Khan(1412~1468, 재위 1428~1468)이었다. 열일곱 살 때인 1428년 그는 백장한국白帳汗國의 벡beg(chief or commander)으로서 샤이반 가문의 다른 경쟁자들을 타도하고 종가宗家인 사라이 정권(킵차크한국)으로부터 독립을 선언했다.

몽골 제국 네 개 한국汗國 중 하나인 킵차크한국(1243~1502)을 사라

타시켄트 지하철역 내부의 모습.
(출처: 위키피디아)

이 정권이라고 하는 이유는 수도가 사라이 바투Sarai Batu('바투의 왕궁')
이기 때문이다. 킵차크한국을 세운 바투Batu(1207~1255)는 칭기즈칸의
장남인 주치의 차남이다. 주치에게는 열네 명의 아들과 두 명의 딸이
있었다. '단호한'이라는 뜻의 이름을 지닌 바투는 부친의 속령 통치권을
계승했다. 바투가 세운 이 나라를 달리 금장한국金帳汗國이라고도 한다.
그리고 백장한국은 몽골 제국의 여러 한국 중 하나로 킵차크한국의 서
부에 속했다. 첫 번째 칸은 주치의 장남인 오르다Orda였다. 수도는 발
하시 호에 있었으나 후일 카자흐스탄의 시르다리야 강변의 시그나크로
옮겼다.

칭기즈칸의 장남인 주치의 5남 샤이반의 후손으로 백장한국의 벡이
었던 아불 카이르칸은 열일곱 나이에 투라 강을 거점으로 하는 튜멘족

바자르에서 만난 우즈벡 여인.

을 중심으로 샤이반 울루스의 유목 집단을 연합해 킵차크한국으로부터 독립했다. 그런데 1466년 같은 주치 가문 출신인 자니 벡칸과 케레이칸이 시르다리야 강 중류 유역을 근거지로 하던 일단의 유목민들을 이끌고 무굴리스탄 변경으로 떠나 새로운 한국을 건설했다. 이들을 우즈벡-카자흐 또는 그냥 카자흐라 부르는데, 이들이 바로 오늘날 카자흐족의 기원이 됐다.

1468년 아불 카이르칸이 세상을 뜨자 우즈벡 울루스는 곧바로 분열 상태에 놓인다. 아들 샤 부다크마저 같은 해 사망했다. 그때 아불 카이르의 손자이자 샤 부다크의 아들인 무함마드 샤이바니는 열일곱 살이었다. 그의 본명은 아불 파스 무함마드Abul-Fath Muhammad. 그는 뿔뿔이 흩어진 유목민들을 규합해 우즈벡의 부흥을 도모하기 시작했다. 무척 힘들고 긴 세월이 흘렀다. 처음에는 여러 지역을 떠돌며 망명 생활을 했다. 37세가 된 1487년 무굴 한국의 마흐무드칸의 신하가 돼 그로부터 야씨시의 통치를 위임받은 후 샤이바니는 흩어져 있던 우즈벡 유목민들을 재규합할 수 있었다.

2

샤이바니와 바부르의 용쟁호투,
카불로 돌아가 북인도로 눈을 돌리다

"관 뚜껑을 덮은 후에야 비로소 한 사람의 생전 공과가 결정된다丈夫蓋
棺事方定."―『진서晋書』에 기록된 진晋나라 유의劉毅의 말

어떤 이에 대해 함부로 말할 일이 아니다. 위의 말은 사람은 죽은 후에
야 진가나 공과功過를 평가할 수 있다는 것이니, 살아 있는 사람의 행적
을 눈에 보이는 대로 경솔하게 힐난하거나 비판하지 말라는 교훈이 담
겨 있다. 신춘맞이로 어울리는 경구이지 싶다.

중앙아시아의 관문 우즈베키스탄의 수도 타시켄트에 첫발을 디딘 순
간 나는 기쁨으로 놀랐다. 거리를 오가는 승용차의 절반 이상이 우리
나라 대우 자동차였다. 15년이 지난 지금은 어떨까. 때는 한여름이었고
타시켄트에 가기 전 체류증명서를 작성해야 한다는 당부의 말을 들었
다. 타시켄트에는 3대 명물이 있다고 한다. 멜론, 분수, 다리……. 더운
여름 과즙이 뚝뚝 떨어지고 설탕보다 더 단맛이 나는 멜론은 사람을
미치도록 행복하게 한다. 또한 40도가 넘는 더위 속에 시원하게 물줄기
를 뿜어올리는 분수는 순간이나마 더위를 잊기에 충분하다. 그리고 다
리. 매디슨 카운티의 다리나 콰이 강의 다리나 밤비 내리는 영동교를

상상했다면 오산이다. 120여 민족이 모여 사는 다민족국가 우즈베키스탄 주민들의 대부분은 혼혈이다. 혼혈은 미남미녀를 만드는 걸까. 이곳 젊은 여인들의 미끈한 다리가 바로 3대 명물 가운데 하나다. 티무르 광장을 끼고 있는 젊은이의 거리(그들은 브로드웨이라고 부른다)를 오가는 타이트하고 아슬아슬한 옷차림의 젊은 여성들의 각선미는 눈을 어디다 두어야 할지 모르게 한다. 그런데 세상에 이런 일도 있다.

얼굴 생김새는 고려高麗와 비슷하고 변발辮髮해 등 뒤로 내려뜨렸다面貌類高麗, 辮髮垂之於背.

중국 25사 중 하나인 『남사南史』 「이맥전夷貊傳」 하 제69 '고창국 조'를 읽다가 맞닥뜨린 내용이다. 『남사』는 7세기 중반 당唐나라 이연수李延壽가 지은 총 80권의 역사서로, 남조南朝의 남송南宋, 제齊, 양梁, 진陳 네 나라의 170년 역사를 기록한 것이다. 한편 역시 이연수가 지은 『북사』는 북조北朝 네 왕조의 242년 역사를 기록한 것으로, 본기 12권과 열전 88권 총 100권으로 돼 있다.

위에서의 고려는 고구려를 말한다. 고구려와 고창국(오늘날의 중국 신장 성 투루판 지역)은 먼 나라다. 그런데 고구려인의 면모가 고창국 사람들과 비슷하다고 이연수는 말하고 있는 것이다. 고구려 사람들과 고창국 사람들 사이에 무슨 연관이 있는 것일까. 이연수는 도대체 무슨 근거로 이런 말을 한 것일까. 고구려인의 면모 특징이 궁금하다. 뜻밖의 일이 이것만은 아니다. 이 역시 예기치 않은 발견이다.

고창국은 처음에는 감씨闞氏가 주인이었는데, 그 뒤 하서왕河西王 (『양서梁書』「고창전高昌傳」에는 하남왕河南王으로 돼 있다) 저거무건沮渠茂虔의 동생 저거무휘沮渠無諱가 습격해서 파괴했다. 그 왕 감상闞爽은 연연蠕蠕으로 달아났다. 저거무휘가 그곳을 점령해 왕을 칭했으나 1대만에 위魏에게 멸망당했다. 국인들이 또다시 국씨麴氏를 왕으로 추대했는데 이름이 가嘉였다. 북위에서 거기장군車騎將軍 사공공司空公 도독진주제군수都督秦州諸軍事 진주자사秦州刺史 금성군공金城郡公을 제수했다. 재위 24년 만에 죽자 시호를 소무왕昭武王이라 했다. 아들이 국자견麴子堅이었는데, 자견이 왕위를 계승하자 북위는 사지절使持節 표기대장군驃騎大將軍 산기상시散騎常侍 도독과주자사都督瓜州刺史 서평군공西平郡公('平西郡公'의 오기?) 개부의동삼사開府儀同三司 고창왕高昌王을 제수했다. 이 나라는 옛날 거사국車師國이 있었던 곳으로 남으로는 하남에 접해 있고 동으로는 둔황과 가까우며, 서로는 구자龜玆 다음이며 북으로는 칙륵敕勒과 이웃해 있다.

⑧ 방랑 전사로 떠돌다 자신의 왕국을 세운 샤이바니

과거 거사국이었던 이 나라 고창국의 주민은 인도유럽어족에 속했고, 언어는 언기-구자어를 사용했다. 한족漢族과는 무관한 서역국가 고창국의 왕 국가麴嘉가 죽은 뒤 그에게 부여된 시호가 소무왕이었다는 점이 내 눈을 번쩍 뜨이게 만들었다. 월지의 서천을 따라가는 이 기행에서 소무昭武는 굉장히 중요한 단어다. 월지의 본거지가 둔황과 간쑤 성 사이, 치롄 산맥 일대였으며 흉노에 밀려 어쩔 수 없이 서쪽으로 이주한 월지 세력이 오늘날의 중앙아시아 오아시스 지역(아무다리야와 시르다리야 강 사이의 하중 지방)에 정착해 아홉 국가를 세우고, 떠나온 고향 소무성을 잊지 말자는 뜻에서 소무를 성姓으로 삼았다는 사실 때문이다. 그런데 고창국 왕의 시호가 소무왕이라 한다. 가야국 시조 수로 왕비 허황옥의 시호는 보주태후普州太后다. 여기서 보주는 출신지 이름이다. 소무 역시 그렇게 추정할 수 있다. 그렇다면 고창국의 지배 세력은 서천 중 이 지역에 정착한 소무성 출신의 월지족이라고 할 수 있겠다. 그런데 또 지금은 생각이 바뀌었다. 여기서의 소무昭武는 '무공이 빛나는 (인물)' 정도의 뜻을 갖는 시호에 불과할 뿐이다. 오호십육국 시대 후진後秦을 세운 요장姚萇의 시호도 무소황제武昭皇帝였으며, 스스로 대민국왕大閩國王을 칭한 연한延翰의 직위도 소무절도昭武節度였다.

인문학 기행의 무대를 다시 중앙아시아 하중 지방, 즉 오늘날의 중앙아시아 지역으로 옮겨보자. 1468년 조부 아불 카이르칸과 부친 샤부다크가 세상을 뜨면서 우즈벡 울루스가 분열 상태에 놓이기 시작할 때 후일 샤이바니 왕조의 창건자 무함마드 샤이바니칸이 된 아불 파스 무함마드는 열일곱 젊은이였다. 그는 청년 시절을 이 지역 저 지역을 떠도는 방랑 전사로 보냈다. 이미 말했다시피 그는 36세가 된 1487년이 되어서야 무굴 한국 마흐무드칸의 신하가 돼 그로부터 야씨시의 통치를 위임받은 뒤 흩어져 있던 우즈벡 유목민들을 재규합할 수 있었다. 그가 세운 부하라한국은 1697년까지 호라즘(오늘날의 히바 일대) 지역을 통치했다.

1500년, 샤이바니는 할아버지인 아불 카이르칸이 그랬듯 티무르 왕조를 사마르칸트에서 쫓아냈다. 이후 그는 페르가나 출신 티무르 왕조

무함마드 샤이바니 초상화.

의 지도자 바부르(무굴 제국의 창건자)에 대한 여러 차례의 군사 원정을 성공적으로 이끌었다. 1505년 그는 사마르칸트를 재점령하고, 1506년 에는 부하라를, 1507년에는 헤라트마저 점령해 샤이바니 왕국을 세우 는 데 성공했다. 1508~1509년 그는 북쪽의 카자흐한국을 공격했으나 성공을 거두지 못했다. 몽골족의 후예로 추정되는 아프가니스탄의 하자라족에 대한 공격도 실패했다. 1510년, 샤이바니는 마침내 카심칸이 이끄는 카자흐인들에게 대패했다.

당시 이란(페르시아)의 사파비 왕조 샤 이스마일 1세는 샤이바니의 승승장구에 위협을 느껴 우즈벡인들에 대해 적대적 태도를 보이기 시작한다. 그는 1510년 대규모의 원정군을 이끌고 호라산의 메르브에 체류 중이던 샤이바니를 기습했다. 당시 샤이바니는 카자흐한국과 하자라족에 대한 군사 원정을 마치고 군대를 해산한 상태였다. 그의 신하들은 병력이 열세임을 이유로 퇴각해 지원군을 기다릴 것을 주장했으나, 그는 이를 무시했다. 우즈벡 군대는 크게 패하고 샤이바니는 전사했다. 이스마일 황제는 그의 시신을 토막 내 사파비 제국 각지에 전시하고, 두개골은 보석으로 장식해 술잔으로 만들었다. 기원전 162년 사자왕 노상선우가 이끄는 흉노군의 공격을 받고 월지의 왕이 참담하게 살해된 후 두개골이 술잔으로 만들어졌다는 옛 기록을 떠올리게 한다.

이런 일련의 전쟁사를 들으면 항상 마음이 아프다. 지도자를 자처하는 사람들의 권력욕, 지배욕의 희생물이 된 민초들의 들풀 같은 삶이 안쓰러워서다. 끽소리 못하고 전쟁터로 내몰린 피지배 계급의 애달픔을 누가 알고 보상할까. 지금 내가 서 있는 이 자리에도 죄 없고 힘없는 수많은 사람의 피가 흘렀을 것이다.

샤이바니가 죽었을 때 우즈벡인들은 트란스옥시아나(하중 지방) 전역을 지배하고 있었다. 샤이바니는 바부르에게서 사마르칸트를 빼앗은 뒤 바부르의 여동생 한자다 베굼Khanzada Begum과 결혼했다. 정략결혼임이 분명한 이 혼인으로 그녀는 샤이바니의 두 번째 부인이 된다. 바

무굴 제국 초대 황제 바부르의 초상화.

부르가 살아서 사마르칸트를 떠나도 좋다고 샤이바니가 허락한 이유는 이 결혼 동맹 때문이다. 샤이바니가 죽은 뒤 바부르는 샤 이스마일 1세에게 베굼을 석방해줄 것을 요청했고, 그녀는 아들과 함께 바부르의 궁정으로 돌아왔다. 그 후 샤이바니의 왕좌는 그의 삼촌, 조카, 형제 등에게 전해졌다. 샤이바니 왕조는 1687년까지 호라즘 지역을 다스렸다.

'호랑이'라는 뜻의 바부르로 불린 자히르 앗 딘 무함마드 바부르 Zahīr-ud-Dīn Muhammad Bābur(1483~1530)는 페르가나 왕자로 태어났다. 과거 중국 사서에 대완으로 기록된 페르가나는 우즈베키스탄의 수도 타시켄트에서 동쪽으로 약 420킬로미터가량 떨어져 있다. 중앙아시아 출신의 이 사나이가 인도아대륙에 들어가 기존 세력을 몰아내고 새로운 이슬람 술탄 왕국을 세우게 된다. 이 사람 역시 풍운아였다. 몽골 바를라스 씨족Barlas clan인 그는 부계로 티무르의 후손이며 모계는 칭기즈칸의 차남 차가타이의 혈통을 잇는 인물이었다. 유전적으로는 이러했지만 문화적으로는 페르시아의 영향을 받았고, 그의 후손들 역시 마찬가지였다.

나중에 그는 '몽골'이라는 말에서 유래한 무굴(혹은 무갈) 왕조를 세우게 되지만, 종족적으로는 튀르크계였다. 열두 살 되던 해 아버지가 세상을 떠나면서 어린 나이에 왕국을 물려받은 그는 처음 10년 동안 시련을 겪었다. 그는 티무르 왕조 말기의 내분과 샤이바니가 이끄는 우즈벡족의 침입으로 중앙아시아에서 향유하던 것을 포기하고 여러 곳을 떠돌아다녀야 했다. 견디기 어려운 치욕이었을 것이다. 그의 운명이 바뀐 것은 1504년 카불을 차지하면서부터다. 어린 나이에 힘의 열세로 달아나기는 했지만, 미련을 버리지 못한 바부르는 28세가 된 1511년 페르시아 사파비 왕조의 샤 이스마일 1세의 도움을 받아 사마르칸트를 되찾는다. 그러나 그것도 잠시였다.

그의 정치적·군사적 기반은 상당히 취약했다. 4만~5만 명 정도로 추산되는 그의 군대에서 가장 세력이 강한 집단은 이스마일 황제가 보낸 투르크멘 유목민 부대 '키질 바시Kyzyl Bash'였다. 이들은 이스마일 황제가 사파비 왕조를 건설할 때 결정적 도움을 준 일곱 부족으로 구성된 부대였다. 키질 바시(붉은 머리)라는 뜻의 별칭은 이들이 머리에 붉은 터번을 두른 데서 연유한다. 중국 사서에는 赤帽回로 나타난다. 이들 외에 무굴과 차가타이 혼성 부대가 바부르의 군대를 구성했고, 바부르 휘하의 직속부대는 소수에 불과했다.

더 큰 문제는 종교적 갈등이었다. 그가 도움을 청하고 종주권을 인정한 페르시아인들, 즉 키질 바시군은 시아파였다. 반면에 부하라와 사마르칸트 주민들은 독실한 수니파였다. 이들은 바부르가 종교적 양심을 팔고 이단과 어울리는 것을 비난하며 그와의 관계를 단절하고 협력을 거부했다. 이런 판에 바부르는 군대를 유지하기 위해 동전을 개주改鑄해 경제적 혼란을 야기했다. 이런 종교적·사회적 갈등을 틈타 다시금 우즈벡인들이 등장한다. 그리고 마침내 1512년 수적으로 열세인 우즈벡군이 바부르군을 이기고 바부르는 패자가 된다.

더 이상 미련은 두지 않기로 결심한 바부르는 사마르칸트와 페르가나 일대의 중앙아시아를 포기하고 카불로 돌아가 그곳을 거점으로 삼아 북인도로 눈을 돌렸다. 수차례 인도로 쳐들어가 마침내 1526년 4월 델리 북쪽 약 137킬로미터 지점의 파니파트 전투The First Battle of Panipat

에서 그때까지 북인도를 지배하던 로디Lodi 왕조의 술탄 이브라힘Ibra-him을 물리치고 델리와 아그라 함락에 성공한다. 인도 침공의 명분은 과거 티무르가 인도를 점령했었고, 자신은 티무르의 후손이므로 인도를 지배할 정당한 군주라는 것이었다. 이슬람의 주일인 금요일에 행한 그의 설교 '힌두스탄의 제왕'을 시작으로 '힌두의 땅' 힌두스탄의 제왕이 된 바부르가 세운 무굴 제국은 이로부터 1857년 영국이 인도를 병합할 때까지 250년간 인도의 가장 강력한 지배자가 된다. 그의 증손자인 '세상의 제왕' 샤자한Shahjahan이 죽은 왕비를 못 잊어 지은 건축학적 백미 타지마할은 세계 8대 불가사의 중 하나로 세상 사람들의 탄성을 자아낸다.

◉ 제왕으로 죽었지만 '노천묘'에 묻힌 바부르

카불을 무척이나 사랑했던 바부르는 도시 곳곳에 나무를 심고 수조水槽를 만들어 아름다운 정원을 조성했다. 1530년 48세라는 아까운 나이에 알라의 품에 안긴 그는 평소 바람대로 카불의 한 정원에 묻혔다. '바그 이 바부르Bagh-e Bābur'(바부르의 정원)가 그곳이다. 무굴 제국은 물론 인도 이슬람 왕조의 여느 제왕들과는 달리 여기에 마련된 소박한 노천묘에 누워 있는 바부르는 마음껏 햇볕을 쬐이고 비바람을 즐길 수 있으니 대단한 행운이다.

인간 심리와 관련해 흥미로운 사실 하나. 앞서 하중 지방의 지배자였던 사만조는 형식적으로는 바그다드를 수도로 한 압바스 왕조 칼리프의 권위에 복종하고 공물을 바치며 술탄이 아닌 아미르라는 겸손한 타이틀에 만족했다. 아미르는 본래 '명령하는 자'라는 의미의 아랍어인

데, 이 말은 무슬림 전체 수장首長을 가리키는가 하면, 때로는 원정군 총사령관, 지휘관, 정복지 지사, 총독 등을 지칭하는 데도 사용됐다. 티무르는 칭기즈칸 가문의 공주를 아내로 받아들였다. 티무르 제국 시대에는 칭기즈칸의 후예가 아닌 사람은 결코 칸이 될 수 없었다. 그래서 칭기즈칸의 후손들을 허수아비 칸으로 내세우고 실질적 지배와 통치는 티무르 자신이 행했다. 그리고 '칸'이라는 칭호 대신에 '아미르'(지휘관, 총독)를 사용하면서 때로는 그 앞에 부주르그buzurg 또는 칼란kalan을 붙여 '위대한 아미르'라 자칭했다.

칭기즈칸의 혈통보다는 티무르의 후손임을 강조한 무굴 제국 황실은 자신들의 왕조를 구르카니Gurkani라고 불렀다. 이 말은 부마, 사위라는 뜻의 몽골어 큐뢰겡kürügän의 와전이다. 당당하게 황제인 칸이라 주장하지 않고 겸손하게 사위 국가라는 취지의 큐뢰겡으로 자칭하며 몸을 낮춘 이들의 저의나 저력은 무엇일까. 형식보다는 내용을 강조하는 유목민의 현실주의일까? 완장에 집착하고 쥐꼬리 같은 권력을 남용하는 속물주의가 만연해 있는 우리네 과거, 그리고 오늘날의 모습이 쓸쓸하게 그려진다.

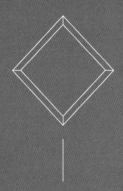

14장

중앙아시아
초원에서

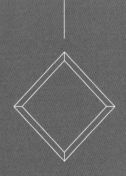

1

러시아의 탄생,
중앙아시아 및 시베리아로의 진출

"실패에는 명수名手가 있을 수 없다. 사람은 누구나 다 실패 앞에서는
평범한 사람에 불과하다."—알렉산드르 푸시킨

어린 시절 읽었음직한 동화 한 편의 줄거리를 소개하며 글을 시작하려
한다.

옛날 어느 나라에 돈 많은 농부가 살았다. 그에겐 세 아들과 벙
어리 딸 마라냐가 있었다. 큰 아들 시몬은 군인이라 전쟁터에 나
가고, 둘째아들 뚱보 타라스는 장사꾼이라 장사하는 법을 배우
러 집을 나갔다. 셋째아들 이반은 농사꾼이었는데, 흔히 말하는
'바보'였다. 바보 이반과 누이 마라냐는 집에 남아 열심히 일했다.
어느 날 시몬과 타라스가 아버지를 찾아와 자기들 몫의 재산을
나누어달라고 했다. 아버지 농부와 그의 아내는 두 아들에게 재
산을 떼어주고는 바보 이반과 마라냐와 함께 살았다. 한편 늙은
마귀는 이반 형제들이 사이좋게 재산을 나눠가지는 게 못마땅했
다. 그래서 작은 마귀 셋을 불러 이반 형제들을 싸우게 만들라고

명령했다. 세 악마는 형제 한 명씩을 맡아 요술을 부려 형제들을 불행하게 만든다. 하지만 이반을 맡은 악마는 실패하고 마는데, 이반을 괴롭히기는커녕 오히려 이반에게 들키게 된다. 이반은 악마를 죽이려 하다가 악마에게서 약초를 받는 조건으로 풀어준다. 나머지 악마들이 다시 이반을 공격하려 하지만 결국 이반에게 걸려든다. 악마들은 이반에게 도움이 되는 요술을 알려주고 풀려난다. 이반이 그 요술을 형들에게 가르쳐주어 형들은 모두 부자가 되고 그 돈과 권력으로 왕이 되지만 이반은 돈에는 관심이 없었다. 그러다 마침 나라의 공주가 병에 걸리게 되고 이반은 에진에 악마에게서 받았던 약초를 주어 공주의 병을 낫게 한다. 그래서 이반은 공주와 결혼하고 왕이 된다. 이 사실을 안 늙은 악마는 화가 나서 이반의 형들을 망하게 한다. 그리고 이반에게도 백성을 못살게 하고 나라를 망하게 하려는 술수를 쓰지만 백성이 모두 이반을 닮게 되어 늙은 악마의 묘수가 통하지 않는다. 결국 늙은 악마는 이반의 나라를 망하게 하려는 수만 생각하다 결국에는 죽고 만다.

러시아의 대문호 레프 톨스토이의 작품 『바보 이반』(1876)의 대략적인 줄거리다. 이반Ivan이 영어로는 John에 해당된다. 왕이 되거나 높은 자리에 오를 생각은 없지만, 나이 들어가며 나는 바보 이반의 순진함을 배우고 싶다. 그러고 보니 도스토옙스키의 작품에도 『백치』가 있다. 진눈깨비 섞인 찬바람 속 모스크바 거리에 세워진 그의 동상 앞에서 사진을 찍던 때가 생각난다. 그의 작품 이름을 딴 한 카페에서 따뜻

모스크바 붉은 광장 뒤편에 자리한 성바실리 대성당의 눈 쌓인 모습.

한 코코아를 마시던 순간도 떠오른다. 도시의 설계자 표트르Pyotr(영어로는 Peter) 대제의 이름을 따 상트페테르부르크로 불리다 1917년 러시아 볼셰비키 혁명 이후 레닌그라드로 개명되고, 최근 다시 원래의 이름으로 불리게 된 역사의 도시에서다. 마침 그날은 남자의 날인 2월 23일이었다. 남자의 날이 있는데 여자의 날이 없을 리 없다. 러시아 여자의 날은 세계 여성의 날인 3월 8일이다. 러시아에서는 이날이 최대 축일이기 때문에 다음 날인 3월 9일까지 쉰다. 이날 남성들은 의무적으로 여성에게 꽃을 선물해야 한다.

모스크바의 겨울은 매섭다. 붉은 광장에는 칼바람이 분다. 레닌 무덤에는 냉기가 돌고 철의 장막 크렘린 궁전은 을씨년스럽다. 사람들의 출입을 통제하는 경비들의 안색은 얼음장 같다. 그곳 뒤편에 러시아 정교회 성당인 성바실리 대성당이 세워져 있다. 양파를 닮은 꼭대기는 우스꽝스럽기도 하다. 건물 외관의 채색도 영 촌스러워 보인다. 누군가는 이를 보고 동화의 나라에 온 것 같다고 한다. 나는 누가 이런 곳에 이 건물을 지었을까 궁금했다.

주인공은 바로 '공포의 황제Tsar the Terrible'라는 별명을 가진 이반 4세였다. 번개처럼 성미가 급해서였을까. '뇌제雷帝'라고도 알려진 이 남자는 러시아 최초로 차르tsar(황제)라는 칭호를 사용한 군주다. 이반 3세 바실리예비치Vasilyevich의 손자요, 바실리 3세 이바노비치Ivanovich의 아들인 그는 1533년 아버지의 뒤를 이어 불과 세 살 나이에 모스크바 대공국大公國의 대공大公으로 즉위한다. 이때까지만 해도 모스크바는 공국公國에 불과했다.

참고로 이반 3세의 아버지는 장님인 바실리의 아들 바실리Vasily II,

Vasiliyevich Tyomniy, 조부는 드미트리의 아들 바실리Vasily I, Dmitriyevich, 증조부는 이반의 아들 드미트리Saint Dmitry Ivanovich Donskoy다. 드미트리의 별명이 '돈 강의'라는 뜻의 'Donskoy'인 것은 그가 이끄는 러시아군이 1380년 돈 강에서 벌어진 쿨리코보Kulikovo의 싸움에서 그 무서운 적 타타르군(사실은 몽골군)에 대승을 거두었기 때문이다. 이런 식으로 이 집안의 계보를 거슬러 올라가다보면 자식의 이름을 보고 아버지의 이름 일부를 짐작할 수 있다. 따라서 증조부인 드미트리 이바노비치의 윗대인 고조부의 이름은 이반이 된다(모스크바 순둥이 이반Ivan II, the Meek of Moscow). 그 윗대는 이반의 아들 이반Ivan II, Ivanovich the Fair, 그 윗대인 대공은 형 시메온, 즉 시몬[이반의 아들 시메온Simeon Ivanovich Gordyi(the Proud)]이 부친 이반 I세(다닐로의 아들 이반Ivan I, Daniilovich Kalita)의 뒤를 이었고, 이반 I세는 모스크바와 블라디미르 공국의 최초 지배자가 된 다니엘의 아들 유리Yuriy Danilovich(Georgiy Danilovich)의 권좌를 물려받았다. 모든 모스크바 대공의 조상인 유리의 아버지 다니엘의 정확한 이름은 Daniil Aleksandrovich로, 짐작하듯이 그는 알렉산드르 넵스키Aleksandr Nevskii의 넷째이자 막내아들이었다.

이름이 '바실리의 자식인 이반, 즉 존'이라는 의미의 이반 바실리예비치Ivan Vasilyevich(1530~1584)인 이반 4세 황제는 세 살이라는 어린 나이에 즉위했다. 이후 어머니 옐레나 글린스카야가 섭정을 하다가, 모후가 독살된 뒤 1538~1547년까지는 성직자 막심 트리볼리스가 섭정을 했으며, 17세가 된 1547년이 되어서야 친정親政을 하게 된다.

그는 '이반 그로즈니Ivan Groznyi'라는 별명으로 불렸는데, 이는 '잔혹한 이반' 혹은 '폭군 이반'이라는 뜻이다. 일본에서는 '그로즈니'를 '뇌제'

이반 4세의 초상화.

로 의역해 흔히 '이반 뇌제'라 부른다.

　그는 본래 유능한 황제였으나 어린 시절 귀족들의 학대로 신경질이 심하고 사람을 잘 믿지 못하며 잔인한 성격의 소유자로 변하고 말았다. 노년에는 반쯤 미쳐 며느리를 유산하게 하고 아들을 때려 죽였다니 그의 피폐한 인성이 도를 넘었음을 알 수 있다. 이 예측 불가한 남자의 황후가 바로 그 유명한 아나스타시야다. 성을 포함한 정확한 이름은 아나스타시야 로마노바 자하리나유리바Anastasia Romanovna Zakharyina-Yurieva(1530~1560)다. 생전에 그에게는 8명의 황후가 있었다. 29명의 황후를 거느린 고려 태조 왕건에는 절대 못 미치는 숫자다.

　잔혹한 면모와는 관계없이 그는 1582년 시베리아를 정복해 동방 진출의 길을 열었다. 긴 치세 동안 그는 카잔한국, 아스트라한한국, 시비르한국을 차례로 정복하여 러시아를 영토 10억 에이커(약 400만 평방킬로미터)의 다인종 다신앙 국가로 만들었다.

　시간을 거슬러 올라가보자. 타타르, 정확히는 몽골의 침략 이전 루스Rus들의 땅 러시아Russia는 남부 스텝 지대의 키예프를 중심으로 한 키예프 대공국에 불과했다. 루스는 원주민인 슬라브인들이 자신들의 땅에 침입해 주인 노릇을 하는 스칸디나비아 출신의 이방인들을 부르는 명칭이었다.

　키예프 대공국의 탄생 이전 북방에 류리크Ryurik(830?~879)라는 인물이 지배하던 노브고로드Novgorod 공국이 있었다. 이것이 러시아의 시작이다. 그 이전에 러시아는 없었다. 류리크는 862년에 라도가Ladoga 호 지역을 장악하고 오늘날의 노브고로드 터에 노브고로드의 효시라 할 수 있는 홀름가르트 정착촌을 건설한 바랑기아인이다. 그를 초대 노브고로드 대공이자 류리크 왕조의 시조로 본다. 바랑기아 혹은 바랑고이라고 불리는 집단은 스칸디나비아에서 진출한 바이킹이다. '류리크Rørik'는 원래 현대 영어의 '로더릭Roderick', 에스파냐어의 '로드리고Rodrigo', 포르투갈어의 '호드리구Rodrigo'와 같은 계통의 게르만어 이름을 슬라브어로 표기한 것이다.

류리크의 후계자 올레크는 882년 수도를 노브고로드에서 키예프로 옮겨 키예프 대공국을 건국했다. 이렇게 하여 류리크 왕조는 862~1598년까지 노브고로드 공국을 필두로 키예프 대공국 전역을 지배했다. 범위를 좁혀 모스크바 공국을 빼고 말하면 1240년 몽골이 키예프 공국을 멸망시킬 때까지 류리크 왕조는 오롯이 키예프 공국의 지배자였다. 마침내 몽골군이 쳐들어오자 류리크계의 왕들은 노브고로드로 피신했다. 그리고 1280년 이후에는 모스크바 공국의 지배자가 되었다. 다니엘(1261~1303)로부터 시작된 류리크 왕조의 마지막 대공이자 루스 차르국의 차르인 표트르 1세(1584~1598)가 죽은 뒤 러시아의 지배자는 로마노프 왕조가 된다.

칭기즈칸의 큰아들 조치와 그의 둘째아들 바투에 의해 건설된 조치 왕국the Ulus of Jochi, 일명 킵차크한국 혹은 서양인들이 즐겨 부르는 금장한국이 수도를 사라이 바투로 정하면서 서양 원정을 시작한 이래, 러시아는 몽골의 지배를 받아왔다. 몽골군이 1239년 타만 반도를 점령하고 이듬해인 1240년 키예프 대공국이 멸망하면서 킵차크한국은 자연스레 러시아 남부 스텝 지대를 점유하게 되고, 러시아인들의 인구, 경제활동, 정치 중심은 모스크바와 노브고로드를 비롯한 러시아 북동부 지역으로 옮겨가게 된다. 몽골 치하의 모스크바 공국에는 다루가치達魯

花赤, darughachi가 파견되어 공식적으로 세금과 공물을 거둬갔다.

'진수자鎭守者' 또는 '단사관斷事官'이라 번역되는 다루가치는 몽골 제국의 군사와 행정에 있어 중요한 직책으로, 점령지의 통치, 세금 징수 등의 업무를 담당했다. 원칙적으로 몽골인만이 임명된 이 벼슬자리에 이성계의 아버지 이자춘李子春(1315~1361)이 임명되었다는 사실은 많은 생각을 하게 한다. 그의 몽골식 이름은 울르스부카吾魯思不花로, 그는 원나라의 천호千戶(몽골어로는 밍간mingghan이라는 벼슬 이름)로 있다가 1356년 고려가 쌍성총관부를 탈환할 때 고려로 귀순했다. 그 후 대중대부사복경과 삭방도만호 겸 병마사, 평장사 등을 역임했다. 고려에 다루가치가 처음 배치된 해는 1231년이다.

다루가치를 튀르크어로는 basqaq(baskak)라고 하는데, 러시아 문헌에서는 이를 baskaki라 언급하고 있다. 이 관직은 몽골의 러시아 정복 직후 나타났다가 1328년에 사라졌다. 블라디미르 대공(대개 모스크바 공작이 겸직)이 황실의 부마인 퀴르겐kürgen이 되어 금장한국의 칸을 대신해 루스 공국들로부터 공물을 걷고 세금 징수자의 역할을 수행했다. 일한국이 다스리는 바그다드에도 똑같이 다루가치가 파견되어 독한 임무를 담당했다.

1552년 10월 12일, 모스크바 대공 이반 4세는 러시아 남부의 볼가강 중류 유역의 요충지 카잔을 공략하고 마침내 조치 울루스인 킵차크한국의 후예가 건설한 카잔한국을 멸망시킨다. 그리고 이 일을 기념하여 아버지의 이름으로 모스크바 붉은 광장 한편에 기묘하게 화려한 성바실리 대성당을 짓는다.

14세기 말부터 1440년대에 걸쳐 킵차크한국은 크림한국, 아스트라

한한국, 카잔한국, 시비르한국 등으로 분열된다. 이들 특히 카잔한국은 모스크바 공국을 상대로 노예사냥을 목적으로 끊임없이 전쟁을 벌인다. 1551년 러시아군 포로가 10만 명에 달하자 이에 격노한 이반 4세가 거병하여 카잔한국을 침략하고 마침내 승리를 거둔 것이다.

승리의 결과 중 하나는 13~15세기에 걸쳐 이른바 '타타르의 멍에Ta-tarskoe Igo'에 시달리던 러시아가 드디어 타타르인을 복속시키고 볼가 강의 통상로를 확보, 동방 진출의 발판을 마련했다는 것이다. 1556년에는 역시 킵차크한국의 후예로 볼가 강 하류를 거점으로 한 아스트라한한국도 러시아군에 무릎을 꿇는다. 러시아인들은 피정복민이 된 카잔한국의 유민을 타타르라 부르고 그 후에 정복한 튀르크계 무슬림들도같은 이름으로 통칭했다. 몽골의 침략에 혼쭐난 중세 유럽의 지식인들이 그리스 신화에 나오는 타르타로스Tartaros라는 신과 몽골족을 구성하는 타타르부족을 동일시하여 몽골족 전체를 타타르라 부르고, 러시아인도 이를 답습하여 동쪽에서 온 지옥의 사자들을 몽골이 아닌 타타르라 불렀다. 볼가-우랄 지역의 투르크계 무슬림들은 이후 계속 타타르로 불렸는데, 이 말에는 오랫동안 러시아인들을 괴롭힌 '야만인'이라는 함의가 내포되어 있다.

타르타로스는 그리스 신화에 나오는 하늘의 신 아이테르와 대지의신 가이아 사이에서 태어난 신이다. 혹은 카오스에서 형성된 신으로, 자신의 어머니이자 배우자인 가이아와 관계를 맺어 거인 티폰과 괴물에키드나를 낳았다고 전해지기도 한다.

패배를 모르던 타타르-몽골의 잇따른 몰락은 튀르크계 이슬람의입장에서도 대단히 중요한 사건이었다. 일련의 군사적 성공에 넘치는 자신감을 갖게 된 러시아는 후일 우랄 산맥 넘어 동방 시베리아로, 카자흐 초원 등지로 영토 확장을 시도한다. 중앙아시아와 몽골이 러시아에 편입되는 것은 시간 문제였다.

2

초원의 전사
코사크족과 카자흐족

> "넘쳐 넘쳐 흘러가는 볼가 강물 위에/ 스텐카 라진 배 위에서 노랫소리 들린다/ 영화로운 페르시아의 꿈 다시 찾은 공주의/ 웃음 띤 그 입술에 노랫소리 드높다."—돈 코사크 민요, 「스텐카 라진」

다음 이름을 읽어보시오. Александр Порфирьевич Бородин. 학생들에게 과제를 내주고 시키기만 하던 입장에서 이런 지시를 받으면 당황스럽다. 더구나 잘 알지 못하는 분야의 경우 모르는 게 죄는 아니지만 괜히 자존심이 상한다. 알파벳은 알파벳인데 러시아 키릴문자를 읽는 게 나에게는 그런 경우다. 위의 이름을 로마자로 표기하면 금세 읽을 수 있다. Aleksandr Porfir'evich Borodin. 동시에 "아, 러시아 음악가 보로딘?"이라는 말이 뒤따라 나올 법하다.

내가 알렉산드르 포르피리예비치 보로딘(1833~1887)의 이름을 들은 건 나이가 좀 들어서였다. 그는 일생을 화학자로 살면서 「중앙아시아 초원에서」와 같은 낭만적 음악을 작곡한 러시아 사람이다. 러시아 5인조의 한 사람으로 러시아의 국민악파 음악에 큰 업적을 남겼다고 한다. 사람 사는 세상이다보니 흔히 있는 일이지만, 그는 제정러시아의 수도 상트페테르부르크에서 조지아의 귀족 루카 게데바니시빌리Luka

Gedevanishvili의 사생아로 태어났다.

아버지를 아버지라 부르지 못하고, 형을 형이라 부르지 못하는 홍길동과 같은 서자의 서러움을 우리는 익히 들어 알고 있다. 보로딘의 기막힌 사연은 이렇다. 그는 조지아 출신의 러시아 귀족이던 아버지 루카 시모니스 제 게데바니시빌리와 유럽계 어머니 예프도키야 콘스탄티노브나 안토노바 사이의 사생아로 태어났다. 당시 상류사회에서는 이런 일이 흔했다. 러시아인들이 제일 좋아하는 시인 푸시킨도 사생아였다. 체면을 의식해서였는지 보로딘의 생부는 혼외 자식인 보로딘을 자신의 농노였던 포르피리이오노비치 보로딘의 아들로 입적시키고 어머니가 양육하도록 한다. 이 때문에 그는 게데바니시빌리 가문 출신임에도 불구하고 보로딘이란 성을 갖게 된다.

러시아 남자 이름이 흔히 −스키, −오프, −비치 등으로 끝나듯이 조지아의 남자 이름 어미는 십중팔구 '−시빌리'다. 그래서 현 조지아 대통령의 이름이 기오르기 마르그벨라시빌리Giorgi Margvelashvili, 수상은 이라클리 가리바시빌리Irakli Garibashvili, 국회의장은 다비트 우수파시빌리Davit Usupashvili로 하나같이 '−시빌리'로 끝난다. 보로딘의 친부 루카 시모니스 제 게데바니시빌리의 성 '게데바니시빌리'도 마찬가지다. 조지아인의 성에 붙는 접사로 가장 흔한 '−시빌리'의 의미는 'child'다. 영어 이름에서 보는 −son, 러시아 이름에서 보는 −sky와 같은 의미를 지니는 말이다.

와인의 원조라 할 수 있는 이 나라 조지아가 중세 이후 서방에서 사용되던 엑소님exonym(타칭)으로서의 라틴 이름, 조지George 성인에서 비롯된 조지아Georgia말고 스스로 부르는 엔도님endonym(자칭)으로서의 나라 이름은 사카르트벨로Sakartvelo[sɑkʰartʰvɛlɔ], 즉 '카르트벨리언의 땅 land of Kartvelians'이라는 의미다. 카르트벨레비Kartvelebi, 다시 말해 카르트벨리언은 조지아인이 조지아인 스스로를 가리키는 자칭이다.

조지아의 자칭인 사카르트벨로는 두 부분으로 이뤄져 있다. 어근에 해당하는 kartvel-i는 카르틀리Kartli라는 조지아 중동부 지역의 주민을 가리키는 말이다. 그런데 이 말 카르틀리가 비잔티움(동로마제국) 자료에는 이베리아Iberia라고 명시돼 있다. 스트라본, 헤로도토스, 플루타르코스, 호머와 같은 고대 희랍인은 물론 로마인 티투스 리비우스Titus Livius, 타키투스 등도 서부에 거주하는 조지아인을 콜치 사람인 콜치언Colchians, 동부의 조지아인들을 이베르 사람인 이베리언Iberians이라고 지칭했다. 후자 이베리언은 물론 영어식 표기이고, 고대 그리스어로는 이베로이Iberoi라고 한다. 이베로이는 Iber에 복수형 어미 -oi가 붙은 말로 '이베 사람들'이란 의미다.

이쯤에서 생기는 의문. 스페인과 포르투갈이 자리한 지역을 이베리아 반도라고 하는데, 그렇다면 여기서 말하는 이베리아는 과연 무엇일까? 지도에서 보듯 캅카스 산맥 아래 오늘날의 조지아 동부에 해당하는 지역도 이베리아라고 표기돼 있다. 둘 사이에 연관이 있다면 역사적으로 무슨 일이 벌어졌던 걸까?

언어학자인 나는 상상력에 날개를 단다. 학문의 발전은 상상하는 힘에 달렸다고 믿기 때문이다. 이베리아는 '이베르인의 땅'이다. 이베르인이 서쪽으로 멀리까지 가서 그곳에 정착하며 출신지로 지명을 삼았다. 동쪽으로 간 부류도 있었다. 오른쪽에는 카스피 해 너머 하중 지방, 더 구체적으로는 호라즘 지역이 있다. 제일 먼저 당도한 장소가 이곳이었

기원전 500~기원전 400년경 콜치스와 이베리아로 구성된 고대 그루지야 지도.

을 것이다. 떠나온 곳을 잊고 정착을 시작하며 지명을 Ibe(r)라 했다. 세월이 지나 이 명칭이 어느 순간 히바Khiva로 바뀌었다. 양자는 기실 기식음氣息音 /h/의 유무만 다를 뿐이다. 이런 변이는 흔하다. 과거에는 인도였지만, 오늘날에는 파키스탄에 속하는 신드Sindh 주를 라틴어로는 Indus, 고대 희랍어로는 Ind'os, 범어로는 신두Sindhu라고 했다. 신드 라는 이름은 인더스 강을 가리키는 범어 Sindhu에서 파생됐다. 인더스 강 일대에 사는 원주민들은 이 강을 자신들의 언어로 강, 즉 Sindhu라 고 했지만, 이들과 접촉한 외국인들은 저마다 자신들의 언어로 이 강 의 이름을 표기했다. 그래서 아베스타어를 사용하던 고대 이란인들 은 Hindu로, 후일의 페르시아인들은 Ab-e-sind로, 기원전 7세기 무렵의 아시리아인들은 Sinda로, 그리스인들은 Indos로, 로마인들은 Indus로, 아랍인들은 Al-Sind로, 중국인들은 身毒 등으로 표기했다.

아주 간단히 말해 원산지의 Sindhu가 이웃한 페르시아로 넘어가서는 Hindu가 되고, 그리스 로마로 가서는 어두의 /h/ 음이 탈락되고 Indus로 차용된 것이다. 이와 비슷한 사례가 하나 더 있다. 월지가 세운 오아시스 도시국가 강국康國을 소그드어로는 Samarqand라고 하는데 이를 고대 희랍인들은 Marakanda라고 불렀다. Samarqand는 본래 '돌'이라는 뜻의 소그드어 asmara와 성채 혹은 도시라는 뜻을 가진 소그드어 kand가 결합된 말이다. 결국 Asmarakand에서 어두 모음 a가 탈락돼 Samarqand가 되었고 이 말을 고대 희랍인들은 Marakanda로 받아들인 모양이다. 우리말에서 형님이 성님이 되고, 경우에 따라서는 엉님, 급기야는 엉아가 되는 것과 같은 음운변화 현상이다. 마찬가지로 Skarma라는 라다키Ladakhi(티베트에 인접한 북인도 라다크 지역 사람) 이름을 카르마라고 듣는 것도 얼마든지 가능하다.

그런데 보로딘의 이름에서 보듯, 왜 러시아인들은 이상하게 생긴 키릴문자를 사용할까? 키릴문자는 동유럽(러시아, 우크라이나, 벨라루스 공화국, 몰도바 공화국, 세르비아, 몬테네그로, 보스니아 헤르체고비나 일부 지역, 크로아티아 일부 지역, 루마니아 일부 지역, 불가리아, 마케도니아 공화국)과 중앙아시아, 아제르바이잔, 조지아 일부 지역(압하스, 남오세티야), 몽골 등 러시아의 영향을 받은 나라에서 쓰이는 문자다.

역사적으로 키릴문자는 그리스 알파벳의 영향을 받아 탄생했다. 그러나 키릴문자가 그리스 문자의 변형이라고 하기에는 다소 무리가 있다. 키릴문자는 그리스 문자에 비해 자모 수가 10개 가까이 많으며, 과거에는 더욱 많았기 때문이다.

고대 슬라브어 표기에 글라골 문자라는 특이한 모양의 문자가 따로 쓰였는데 지금까지 이 글라골 문자는 9세기에 비잔티움 제국의 동방정교회 선교사인 성 키릴로스Κύριλλος, Кирил, 즉 키릴과 그의 형 성 메토디오스Μεθόδιος, Методий, 즉 메토지가 문자가 없던 슬라브족에 기독교를 전파하기 위해 그리스와 라틴 문자를 바탕으로 고안했다고 여겨졌으나 최근에는 이 이론이 부정되고 있다. 당시 그들은 슬라브족이 세웠던 대大모라비아(현재 체코를 중심으로 폴란드, 독일, 발칸 반도 일부를 포함하고 있다)에 파견됐는데, 파찰음이 많은 슬라브어를 기록하기 위해 라틴 문자와 그리스어 문자를 변형시켜 글라골 문자를 만들었다. 이 문자는 나중에 키릴문자로 대체돼 사라졌는데, 몇몇 글자가 키릴문자에 흡수됐다. 따라서 현 키릴문자는 그리스어 알파벳을 기본으로 하되, 글라골 문자를 일부 흡수하는 등 자모 추가와 변형 과정을 거쳐 성립됐다고 보는 게 옳다. 키릴문자라는 명칭은 후일 성인 키릴로스의 이름을 본뜬 것이다.

다시 묻자. 왜 러시아인들은 그리스 문자를 닮은 키릴문자를 사용하게 됐을까? 1453년 4월 2일, 오스만 제국의 술탄 메메트 2세의 이슬람 군사 8만여 명과 대규모 비정규군이 비잔틴 제국의 수도 콘스탄티노플을 포위했다. 열세였던 기독교도 군대(약 7000여 명으로, 이 중 2000여 명은 외국인이었다)가 필사적으로 해자를 방어했으나 두 달간의 공성전 끝에 1453년 5월 29일 마침내 콘스탄티노플은 함락되고 말았다. 비잔티움 제국 최후의 황제 콘스탄티누스 11세는 적군이 도시 성벽을 장악하자 황제의 예복을 벗고 육박전에 뛰어들어 장렬하게 전사했다.

비잔틴 제국이 멸망하자 모스크바 대공국의 이반 3세가 동방 정교회의 보호자로서 황제의 역할을 자처했다. 그는 안드레아스의 누이 소피아 팔레올로기나와 혼인했고 이들의 손자 이반 4세는 러시아 최초의 차르가 됐다. 이후 이반 황제의 후계자들은 모스크바가 로마와 콘스탄티노플의 적법한 후계자라고 생각했다. 러시아 제국이 세 번째 로마라는 생각은 1917년 러시아 혁명으로 제국이 무너질 때까지 계속됐다. 정교회를 받아들이고 그리스 문자를 본떠 오늘날의 키릴문자를 만든 것은 이런 생각이 바탕이 된 결과다.

시간을 거슬러 16세기 중반 모스크바 공국의 대공 이반 4세가 차르, 즉 황제라는 호칭을 최초로 사용하며 러시아의 통치자로 군림하던 때로 되돌아가보자. 1556년, 4년 전 몰락한 카잔한국과 마찬가지로 조치 울루스의 후예인 볼가 강 하류 유역의 아스트라한한국도 러시아 군대에게 무릎을 꿇었다. 러시아의 지배를 받기 시작한 이후 2세기 동안 일부 타타르(몽골) 귀족들은 이슬람교를 신봉하며 러시아 관직을 수여받기도 했다. 그러나 전체적으로 봤을 때 타타르 무슬림들은 가혹한 압제 아래 놓여 있었다. 러시아 당국은 볼가 강 유역의 비옥한 농경지를 러시아 귀족과 정교회 수도원 혹은 중부 러시아에서 도망쳐온 농민들에게 나눠줬다. 18세기 중엽 반反무슬림 정책이 강화되면서 상황은 더 나빠졌다. 이런 상태에서 반란이 일어나는 것은 너무도 당연한 일이다. 과도한 사회경제적 억압과 종교적 동화 정책에 불만을 품은 타타르 무슬림들은 더 이상 반감을 숨기지 않았다. 스텐카 라진Stenka Razin으로 잘 알려진 스테판 티모페예비치 라진(1630~1671)은 제국 러시아의 차르 알렉세이(재위 1645~1676)의 전제적 통치에 반발하고 카스피 해와 볼가 강 연안 지방의 농민이 주축이 된 코사크 반란을 일으킨다.(1670~1671년) 100년쯤 뒤 예카테리나 2세 시대에는 타타르인을 비롯한 중앙아시아와 시베리아의 비슬라브계 이민족 다수와 여기에 농노, 우랄 지역 광산과 공장 노동자인 러시아 민중까지 가세해 대규모 반란을 일으킨다. 돈 코사크 출신의 탈영병 푸가초프가 우랄-코사크인들의 불만을 이용해 일으킨 반란이다.(1773~1775년)

한편 일부 타타르인들은 이제는 러시아의 땅이 된 볼가-우랄 지역을 떠나 튀르크계 무슬림들이 거주하는 카자흐 초원과 투르키스탄으로의 이주를 감행한다. '타타르인의 디아스포라'가 시작된 것이다.

스텐카 라진은 돈 코사크인이었다. 코사크Cossacks의 어원은 카자흐Kazakh와 같은데, 이 말이 코자크Kozak로 변하고 다시 코사크가 된 것이다. 그 뜻은 '자유로운 존재'다. 돈 코사크란 돈 강 유역에 거주하는 코사크인을 뜻한다. 자칫 경칭으로 사용되는 스페인어 '돈Don'으로 오해해서는 안 된다. 스페인 작가 세르반테스의 작품 『돈키호테』는 영어로 치면 Mr.(Sir) Quixote라 할 수 있다. 원제는 『라만차 출신의 똑똑한 신사 키호테 경The Ingenious Gentleman Don Quixote of La Mancha』이다. 공교롭게도 세르반테스가 이 소설을 쓰고 나자 스페인에 살던 무슬림들은 정치적 박해를 피해 부득불 스페인을 떠나게 된다. 나는 나를 스페인식 경칭으로 부르는 걸 원치 않는다. 누군가 스페인 여행 기념품을 사다주며 거기에 'Don Yeon'이라 써놓은 것을 보고나서부터다. 내가 왜 '돈 년'이 돼야 하는가.

이제 무대를 중앙아시아 카자흐 초원으로 돌려보자. 동토의 백곰 러시아는 16세기 중반 카잔한국을 정복하는 것을 시작으로 마침내 16세기 말에는 시비르한국을 멸망시키고 야금야금 영토를 확장하는 재미를 붙인다. 그리고 18세기 초에는 광활한 카자흐 초원의 북쪽에서부터 코사크 요새선을 건설하기 시작한다. 오랫동안 자신들의 자유로운 생활공간으로 알고 있던 초원에 코사크인을 앞세운 제정러시아가 날카로운 발톱을 들이밀자 유목민 카자흐는 당황할 수밖에 없었다. 영토 확장의 야욕에 불탄 차르의 용병 코사크와 초원의 전사 카자흐의 대결이 벌어지는 것은 시간 문제였다. 어원이 같고 말소리가 흡사한 코사크와 카자흐의 혼동을 피하기 위해 러시아는 카자흐인을 '키르기스'라는 이름으로 불렀다. 이들이 이른바 키르기스-카자흐인데 카자흐인들은 러시아혁명 이후 1925년까지 이 이름으로 불렸다. 당연한 일이지만, 이 이상한 명칭은 유목민 카자흐와 본래의 키르기스 사이의 혼동을 초래했다. 명칭조차 제 맘대로 못하고 힘센 자에 의해 좌지우지되는 현실, 때는 제국주의가 득세하던 시절이었다.

3
중앙아시아의 거인 카자흐스탄, 광활한 카자흐 초원의 분열

> "생명은 소중하고, 사랑은 더 소중하다. 그러나 자유를 위해서라면 나는 둘 다 버릴 수 있다."—페퇴피 산도르, 「사랑과 자유」(헝가리 국민 시인이자 자유혁명가)

1848~1849년 합스부르크가에 대항해 발발한 헝가리 혁명은 혁명이 자 자유를 위한 전쟁이었다. 그때의 주요 인물들 가운데 한 사람이 슬로바키아계 헝가리인 페퇴피다. 그의 머릿속에는 온통 자유에 대한 사랑뿐이었다. 그의 신조를 보여주는 멋진 글귀가 있다.

"자유와 사랑, 이 두 가지가 내게 있어야 한다. 사랑을 위해서는 목숨을 버릴 수 있으며, 자유를 위해서라면 사랑을 희생할 수 있다."

그러나 평범한 사람에게 이런 비장함은 때로 부담스럽다. 잠시 순진했던 시절, 그때 동심의 세계로 돌아가보자. "코끼리 아저씨는 코가 손이래. 과자를 주면은 코로 받지요." 생각해보니 까마득하게 오래전 일이다. 아이들과 함께 「코끼리 아저씨」라는 동요를 부르며 창경원에서 코끼리 구경을 하던 때가. 『법구경法句經』은 코끼리를 통해 인생사의 지혜를 설파한다. "320. 전장에 나가 싸우는 코끼리/ 화살을 맞아도 참고 견디듯/ 나도 사람들의 비난을 참고 견디며/ 묵묵히 내 갈 길을 가자.

321. 잘 훈련된 코끼리는/ 왕을 태우고 전쟁터로 나아가나니/ 날아오는 비난의 화살을/ 잘 참고 견디는 사람은/ 인간 가운데 최고의 인간이다."

동물원에서밖에 코끼리를 보지 못하는 우리나라에서는 전혀 상상할 수 없는 노릇이지만, 이렇듯 과거 다른 나라에서는 전쟁 시 코끼리가 등장했던 모양이다. 코끼리가 말과 더불어 전쟁에서 사용됐다는 사실은 힌두교와 불교 경전 등에 심심찮게 기록돼 있다. 코끼리를 타고 싸우는 코끼리 군단 이야기는 대서사시 『마하바라타』와 고대 인도의 병서兵書에도 나온다.

『마하바라타』를 살펴보기 전 먼저 알렉산더의 동방 정벌군을 만나보자. 기원전 331년 아케메네스 왕조의 페르시아를 침공한 알렉산더는 유프라테스 강과 티그리스 강을 건너 진격해 들어간다. 이에 맞서 페르시아는 대군을 모아 마케도니아군(그리스군)의 진로를 막고 포진한다. 전투가 벌어진 곳은 오늘날 이라크 모술 근처의 가우가멜라Gaugamela 평원이다. 페르시아의 다리우스 3세(기원전 380~기원전 330)는 상대적으로 병력이 열세인 마케도니아군을 맞아 자신의 대군을 이끌며 효과적으로 진을 펼칠 수 있도록, 넓고 평탄한 가우가멜라 평원을 전투 장소로 정해 일찍부터 기다리고 있었다. 플루타르코스에 의하면 가우가멜라는 '낙타의 집'이라는 뜻이다. 이 역사적 전투를 아르벨라Arbela 전투라고도 부른다.

병력의 규모 면에서 알렉산더의 군대는 페르시아 군대에 상대가 되지 않았다. 다리우스 황제는 동방과 동맹 스키타이 부족들에게서 우수한 기병을 모으고 전차 200대와 인도산 전투 코끼리 15마리도 포진

시켰는데, 이를 처음 본 알렉산더는 놀라서 혼비백산이 되었다고 한다. 겨우 15마리의 코끼리를 보고 다리가 후들거린 것이다.

그러나 운명은 알렉산더의 손을 들어줬다. 막강한 페르시아군과 싸워 뜻밖의 승리를 거둔 알렉산더는 승리의 기쁨에 들뜬 병사들의 사기를 믿고 그 여세를 몰아 인도로 쳐들어갔다. 정확히는 기원전 325년의 일이다. 오늘날 인도 펀자브 지방에 있는 베아스Beas 강변에 당도한 그는 이내 인도 침공의 야망을 접어야 했다.

사실 인더스 강의 지류인 베아스 강은 유속이나 규모로 봤을 때 강이라기보다는 작은 시내에 가깝다. 말 등에 올라 뛰어넘으면 말발굽에 물 한 방울 묻히지 않을 정도로 폭이 좁다. 불패 신화의 군대를 이끈 알렉산더가 베아스 강 이남으로 전진하지 못한 까닭은 바로 엄청난 규모의 코끼리 군단 때문이었다. 페르시아의 다리우스 황제가 거들먹거리며 위용을 뽐내던 코끼리 수가 겨우 15마리에 불과했는데, 강 건너에서 그리스 군대를 기다리고 있는 인도 군대에는 무려 100여 마리의 코끼리가 앞장서 자리 잡고 있으니 사기가 꺾이고도 남았을 것이다. 물론 다른 해석의 여지도 있다. 휘하 장수들의 전쟁 포기 종용이나 이제는 고국으로 돌아가고 싶다는 강렬한 바람 같은.

앞서 말했듯 『마하바라타』에도 코끼리 전투 장면이 등장한다. 그리고 세계 8대 불가사의 중 하나인 캄보디아 앙코르왓(사원)에 이 장면이 부조로 묘사돼 있다. 부조의 내용은 지금의 인도 델리 부근 쿠룩세트라 평원(하리아나Haryana 주에 속함)을 무대로 벌어지는 왕위 계승을 둘러싼 전쟁, 이름하여 쿠룩세트라 전쟁the Battle of Kurukshetra 이야기다. '쿠루왕의 영지'라는 의미의 쿠룩세트라는 '성지聖地, holy place'라는 뜻의

인도의 대서사시 『마하바라타』 속 코끼리가 등장하는 쿠룩세트라 전투 장면을 묘사한 부조浮彫.(캄보디아 앙코르와트)

다르마크세트라Dharmakshetra라고도 알려져 있다. 그 유명한 바가바드기타Bhagavadgītā가 설해진 곳이기도 하다.

현재 아시아 코끼리의 서식지는 인도, 타이, 미얀마, 라오스 등 아열대 지역이다. 그러나 춘추전국 시대(기원전 770~기원전 221) 이전인 기원전 1000년 무렵에는 중국 대부분의 지역에서 코끼리를 전투에 이용했고, 그 결과 많은 코끼리가 죽었다. 그 이후로도 거의 2000여 년 동안 중국인들은 간헐적으로 코끼리를 전투에 이용해왔다. 『명태조실록明太祖實錄』이 전하는 내용은 웅장한 규모의 전쟁 영화 한 장면을 떠올리게 한다.

1388년 3월 반란군 사륜발思倫發은 총병력 30만 명과 100마리가 넘는 코끼리를 동원했다. (…) 적의 우두머리와 지휘관들은 모두 코끼리에 올라탔으며, 그 코끼리들은 모두 갑옷을 둘렀다. 코끼리의 등에는 마치 난간처럼 만든 전루戰樓가 설치됐으며, 코끼리 양옆에는 측면으로부터의 공격에 대비해 짧은 창을 넣어둔 죽통이 달려 있었다. 양측의 군사가 교전을 시작하자 코끼리떼가 서로 부딪치며 계속 전진했다. (…) 이때 반이 넘는 코끼리가 죽었지만 코끼리 37마리를 생포했다.

이로부터 200년이 지나(명나라 말기) 중국 서남부 지역에서는 만주족에 대항하기 위해 비한족 지역에서 코끼리를 징발해 부분적으로 군대 수송에 활용했다. 그러나 1622년 이후 코끼리가 사라져 더 이상 중국에서 코끼리를 이용한 전쟁은 목격할 수 없게 됐다.

말이 나온 김에 동주東周 시대의 다른 이름인 춘추전국 시대에 대해 약간의 설명을 해야겠다. 먼저 춘추란 단순히 봄가을이나 연세를 뜻하는 말이 아니라 공자가 편찬한 노魯나라의 편년체 사서『춘추』에서 다루고 있는 시대(기원전 770~기원전 403)를 가리키며, 전국이란『전국책戰國策』에서 다루고 있는 시대, 즉 대국들이 패자의 자리를 놓고 치열하게 다투던 시대(기원전 403~기원전 221)를 지칭한다. 좀 달리 말하자면 춘추 시대란 노나라 은공 원년인 기원전 722년에서 애공 14년인 기원전 481년까지의 시기를 말한다.

이 무렵 중국의 기후는 오늘날보다 추웠다고 한다. 기후변화가 왕조의 종말이나 제국의 분열 등 역사 변화와 연관이 있을까? 답은 그렇다.

춘추 시대 이전인 기원전 1000년경 존재했던 고대 서주西周 왕조의 종말은 혹독한 추위 때문이었다. 북중국 일대와 그 위쪽 지역인 막북漠北 초원 지대의 기후가 한랭건조해지면 초원과 삼림 지대의 유목민들은 남쪽으로 이주하거나 약탈을 목적으로 침략을 시도했다. 12세기 이후 송 제국의 몰락을 가져온 배경도 극심한 추위였다. 견디기 어려운 혹독한 추위 때문에 여진과 뒤이어 몽골이 북쪽에서 남쪽으로 내려왔다. 이때 타이후 호太湖가 결빙됐다고 한다.

기후변화는 동식물의 생태계에도 큰 영향을 미친다. 놀라지 마시라. 4000년 전 중국의 북동 지역인 현재의 북경 일대는 물론 중국 대부분의 지역에는 코끼리가 서식하고 있었다. 그러던 것이 오늘날에는 미얀마와 국경을 접하고 있는 서남 지역의 일부 보호구역에만 코끼리가 살고 있다. 장기간 계속된 코끼리의 후퇴는 상당 부분 기후변화에 기인한 것이다. 코끼리는 추위에 약하다.

중앙아시아 초원 지대에도 코끼리가 있을까? 당연히 없다. 그러나 과거에는? 이 질문에 대한 답은 알마티 시내 자연박물관에서 찾을 수 있다. 과학대학 동물학 연구기관 중 하나인 이곳은 고생물학과 동물학 두 분야를 주요 테마로 전시관을 운영하고 있다. 여기에 공룡의 원형 화석, 거대한 코뿔소, 마스토돈, 매머드, 코끼리 등의 다양한 장비류長鼻類, proboscidea와 고대 거대 돼지, 거북화석 등을 전시하고 있어 쥐라기 공원을 연상케 한다. 알마티 소재 자연박물관에 카자흐 평원에서 출토된 코끼리를 위시한 장비류의 유골과 화석이 전시돼 있는 것은 옛날 이 지역에 코끼리가 서식했다는 증거다. 지금 코끼리가 사라지고 없는 이유는 중국의 사례에서 보듯 기후변화에서 찾을 수 있다.

이제 광막한 초원에 자신들의 이름을 준 카자흐족의 풍운의 역사를 더듬어보자. 이들이 역사 무대에 이름을 알린 건 15세기 중엽이 되어서다. 우즈벡의 리더였던 아불 카이르칸의 압박을 받은 일단의 유목민들—이들은 시르다리야 강 중류 유역을 근거지로 삼고 있었다—은 아불 카이르와 마찬가지로 칭기즈칸의 큰아들인 조치 가문의 일원이던 자니 벡Jani beg과 케레이Kerei(기레이Girey)를 따라서 무굴리스탄 변경으로 이주했다. 이들은 우즈벡-카자흐 혹은 그냥 카자흐라 불리는데 바로 오늘날 카자흐족의 기원이다.

우즈벡의 아불 카이르가 세상을 뜨자 우즈벡 울루스는 곧바로 분열 상태에 놓이게 됐다. 울루스를 구성하고 있던 많은 유목민이 자니 벡과 케레이를 칸으로 떠받들었는데, 그 수가 무려 20만 명에 달했다. 구심력이 떨어진 우즈벡인들이 마와라 알 나흐르(하중 지방, 즉 소그디아나)로 이주하는 틈을 타 카자흐족은 킵차크 초원의 여타 유목민들을 휘하로 받아들이고 자니 벡의 아들 카심칸(재위 1511~1518)의 시대에는 강력한 유목국가로 성장했다. 이들은 적어도 18세기 전반까지는 시르다리야 강을 거점으로 나름대로 행복하게 잘 살고 있었다.

그러나 용병 집단 코사크를 앞세운 러시아 세력이 야금야금 카자흐 초원 북변에 다다를 즈음, 유목민 카자흐족은 이미 정치적 통합성을 상실하고 서쪽으로부터 키시 쥐즈Kishi-juz, 오르타 쥐즈Orta-juz, 울루 쥐즈Ulu-juz라는 세 개의 부족 연합체로 나뉘어 있었다. '쥐즈'는 본래 '백百'을 의미하는 말이다. 키시 쥐즈는 소小오르다orda(정치 군사 사회 집단, 울루스와 같은 말)라고 번역되며 노가이 칸국Nogai Horde의 노가이족에서 기원한 집단으로 그 영역은 우랄 강 하류에서 사리수Sary Su, 黃河까지였다. 중中오르다인 오르타 쥐즈는 악튜빈스크와 세미팔라틴스크 사이의 카자흐 초원 중부를 차지한 주요 집단이다. 울루 쥐즈, 즉 대大오르다는 제티수Jeti Su, 七河(러시아어로는 세미레치예Semirechye) 지방을 근거지로 한 전통적 카자흐 집단이다.

이때는 러시아가 영국과 '그레이트 게임'을 벌이기 전이다. 게임의 무대는 발칸 반도에서 중앙아시아에 이르는 광대한 지역, 때는 19세기 중엽이다. 이미 투르키스탄의 전략적 중요성을 인식하고 있던 러시아는 크림 전쟁(1853~1856)을 치른 후, 1864년 코칸트한국에 대한 공격을 시작으로 이듬해인 1865년에는 중앙아시아의 주요 도시 타시켄트를 점령하기에 이른다. 그리고 이런 군사적 행동의 배경에는 경제적 동기가 숨어 있었다.

힘은 논리를 뛰어넘는다. 러시아는 중앙아시아의 요지를 속속 자신의 영토에 편입시켰다. 코칸트한국이 무너지며 페르가나, 부하라, 히바, 사마르칸트, 메르브 등이 러시아 제국의 일원이 됐고 광활한 카자흐 초원을 포함해 중앙아시아 전 지역이 러시아의 식민지가 됐다. 강자의 내맘대로식 기준에 따라 영토 획정이 이뤄져, 과거의 한국汗國 중심의 중앙아시아가 카자흐스탄, 우즈베키스탄, 키르기스스탄, 타지키스탄, 투르크메니스탄 등 국가 형태로 분할됐다. 그러다보니 주민의 대부분이 타지크족인 사마르칸트가 타지키스탄이 아닌 우즈베키스탄에 속하는 아이러니가 발생하게 된다. 이들이 러시아로부터 독립을 쟁취한 건 1991년의 일이다. 100년 넘는 세월 동안 러시아의 지배를 받은 것이다.

● 중앙아시아의 거인 카자흐스탄

영토 면적 272만4900제곱킬로미터로 세계에서 아홉 번째로 큰 나라.(남한 면적의 약 30배다.) 가장 큰 내륙국. 인구는 2015년 현재 1794만8816명으로 세계 62위. 땅이 워낙 넓다보니 인구 밀도가 1제곱 킬로미터당 겨우 5.4명으로 세계 215위. 수도는 알마티에서 1998년 아 스타나로 옮겼다. 그래도 최대 도시는 여전히 '사과의 아버지'라는 뜻의 알마티다.

광대한 평원 국가로 기후는 대륙성으로 건조하며 초원과 사막이 아 주 넓다. 주민은 카자흐인이 절반을 훨씬 넘는다. 130여 종족이 모여 산다는 이곳에 카자흐인 65퍼센트, 러시아인 22퍼센트, 우즈벡인 3퍼 센트, 우크라이나인 1.8퍼센트, 위구르인 1.4퍼센트, 고려인 0.6퍼센트, 폴란드인, 불가리아인, 벨라루스인, 약간의 중국인 등 기타 6.6퍼센트 가 저마다의 사연을 안고 특징적 삶을 사는 가운데 민족적 조화를 꾀 하고 있다. 현재 우리 동포 고려인은 11만 명 정도가 살고 있으며, 교민 은 대략 2500명이 거주하고 있다.(2013년 기준, 알마티 무역관 추정) 러 시아, 카스피 해, 투르크메니스탄, 우즈베키스탄, 키르기스스탄, 중화인 민공화국과 국경을 맞대고 있다.

천연자원이 풍부해 우라늄 매장량 세계 2위, 천연가스 매장량 약 322억 배럴(세계 7위), 은, 텅스텐 등 많은 광물자원을 보유한 자원 강 국이다. 카자흐스탄 북부 지역은 1954년부터 광대한 처녀지가 개간돼 밀, 귀리, 보리 등을 산출하는 곡창지대가 됐다.

카자흐스탄 최대 도시 알마티는 남동부 거의 끝자락, 키르기스스탄 과의 국경 바로 위쪽에 위치해 있다. 인구는 약 120만 명. 키르기스스탄 및 중국의 국경과 가깝고, 톈산 산맥 산기슭에 자리 잡고 있어 경관이 빼어나다. 2011년 동계 아시안 게임의 개최지이기도 하다. 1991년 구소련연방의 붕괴 이후 독립국가연합CIS, Commonwealth of Independent States이 이곳 알마티에서 탄생했다. 1980년대에는 중국 신장위구르 자치구 우루무치에서부터 카자흐스탄까지 철도가 개통되기도 했다.

4
이 땅의 선주민 색종은 어디에:
고대 유목 종족 사카와
키르기스스탄에 세워진 '발발'

"친구를 얻고자 하면, 함께 길을 떠나라."—카자흐 속담

'발발'이 무엇일까? 발바리도 아니고 웬 발발이냐고 물을지 모르겠다. 혹은 발발이 개의 종자를 말하는 것이냐, 아님 무슨 먹거리 이름이냐고 시비조로 물어올 수도 있겠다. 정답은? 발발은 바로 석인상石人像이다. 발발은 몽골-알타이 초원, 중앙아시아 초원 어디서든 흔히 볼 수 있다. 형태는 좀 달라도 캅카스 지방에서도 '바바', 즉 발발을 찾아볼 수 있다. 우리나라에는 없을까? 있다. 제주도의 돌하르방이 발발과 흡사하다.

돌하르방이란 '돌 할아버지'라는 뜻의 제주도 방언으로, 흔히 어린아이들 사이에서 부르던 명칭이 일반화된 것이다. '우석목偶石木' '무석목武石木' '벅수머리'(제주 남부 지방에서 장승을 이르는 말), '두룽머리'(뿔이 닳아진 소를 지칭하는 말), '돌영감' '장군석' '망주석' '동자석' '수문장' 혹은 '백하르방'이라고도 한다. '우석'과 '무석'은 석상의 형태를 가리키는 말이다.

키르기스스탄의 밤밭. 모습이 우리니리의 돌하르방과 유사하다.

『탐라지耽羅誌』(1653)에 의하면, 돌하르방을 '옹중석翁仲石'이라 하고, 『탐라기년耽羅紀年』(1918)에는 1754년(조선 영조 30) 당시 제주 목사 김몽규가 돌하르방을 세웠다고 되어 있지만 선뜻 믿기지 않는다. 우실하 한국항공대 교수의 지적대로 한 개인이 하루아침에 이런 독특한 형상의 석상을 만들 수는 없는 일이다. 옹중翁仲은 도대체 무슨 말일까.

14세기 후반 안남(베트남)에서 편찬된 『영남척괴열전』에 따르면, 교지국交阯國(한대의 군명郡名으로 오늘날의 베트남 북부 통킹, 하노이 지방에 해당)으로 불리던 옛날 베트남에 이신李身이라는 인물이 있었다. 태어나면서부터 몸이 장대해 키가 2장3척이나 되는 거인이었다. 베트남 사람들은 이 사람을 가리켜 이옹중李翁仲이라 했고, 중국과 한국에서는 완옹중完翁仲이라 칭했다. 이익李瀷(1681~1763)은 그에 대해 다음과 같이 이야기했다. "완옹중은 안남 사람으로 키는 2장3척이나 되고 기품은 단정하면서 씩씩해 보통 사람과 아주 달랐다. 진시황이 완옹중에게 병권을 맡겨 임조를 지키게 하고 죽은 후에는 동상을 만들어 함양궁 사마문 밖에 세워 지키게 했다." 성만 다르지 이옹중과 완옹중은 동일 인물이다. 결국 돌하르방의 별칭 옹중석은 옹중이라는 인물처럼 기골이 장대한 석상, 혹은 수호신장 역할을 하는 석상을 가리킨다고 볼 수 있다.(김유정 제주문화연구소장, 「김유정의 제주해양문화읽기」,『제민일보』, 2009. 3. 10)

발발과 돌하르방의 닮은꼴 형상을 보며 우리 민족의 종족적 기원에 대해 다시 한번 진지한 고민을 하게 된다. 이런 고민은 개인의 것이면서 학문적인 것이다. 오래 두고 묵히면서 생각에 생각을 거듭하다보면 운명처럼 문제의 해답이 보이는 경우가 있다. 나는 발발을 몽골, 키르기스스탄, 카자흐스탄 등지에서 봤다. 책을 읽고 박물관을 찾아다니며 스키타이 쿠르간 주변에도, 일본학자의 흉노 고분 발굴 보고서에도 발발이 등장한다는 걸 알았다. 우리나라 경주 괘릉에는 십이지신상이 호석護石으로 세워져 있고, 능 입구에는 신비의 무인상武人像이 무덤을 지키고 있다.

이제 무덤, 분묘, 능이란 말 대신 쿠르간이라는 명칭을 사용하는 곳으로 가보자. 카자흐스탄 동남부, 알마티에서 그리 멀지 않은 곳에 위치한 이식쿨 지역에 역사적으로 유명한 이식쿨 쿠르간이 있다. 고고학자들에게 친숙한 이 용어는 원래 튀르크어였으며, 이 말이 러시아를 거쳐 영어에도 차용돼 쓰이고 있다. 한마디로 분묘를 가리키는 말로, 대개 규모가 큰 것을 가리킨다.

쿠르간이 무엇인지 제대로 알아보자. 영어 kurgan을 러시아어로는

курга́н, 폴란드어로는 kurhan, 조지아어로는 ყორღანი(q'orghani)라고 표기한다. 흔히들 쿠르간을 왕왕 나무로 만들어진 현실玄室 위를 흙으로 덮은 분묘 혹은 봉분의 일종인 뫼에 해당하는 슬라브어로 알고 있지만, '토루土壘'를 뜻하는 터키어, 즉 튀르크어 'kurgan'에서 유래했다고 보는 게 맞다. 합리적이어야 할 인간들이 조상의 혼령을 믿고 의지하기 위해 무덤이나 무덤군 위로 흙과 돌을 크게 쌓아올린 봉분의 일종이 쿠르간이다. 규모가 커야만 돌아가신 조상들이 흡족해하며 후손들을 잘 돌봐줄 거라는 희망에 사는 인간의 모습은 너무 왜소하다.

나는 백제 무령왕릉, 경주에 있는 신라 왕릉들도 쿠르간에 해당된다고 본다. 무덤 축조 방식도 그렇지만 대형 봉분을 둘러싸고 있는 십이지를 상징하는 동물들이 새겨진 호석護石의 기능을 고려할 때 중앙아시아와 몽골 초원의 쿠르간이 괘릉掛陵처럼 규모가 큰 원형 봉토분과 흡사하기 때문이다.

괘릉은 누구의 능인가. 행정적으로 경상북도 경주시 외동읍 괘릉리에 있는 신라 왕릉으로 사적 제26호인 괘릉은 『삼국유사』의 기록으로 볼 때 신라 제38대 원성왕元聖王의 능으로 추정된다. 왕릉을 조성할 때 유해를 원래 이곳에 있던 연못의 수면 위에 걸어 안장했다고 해서 괘릉이라 불린다. 원형의 봉토분 앞에 석상石床을 놓았고, 분 주변에는 호석을 두르고 십이지신상을 새겨 장식했다.

문제는 십이지신상이 아니라 괘릉 입구에 떡 버티고 서 있는 특이한 용모의 무인상이다. 한국인의 얼굴이 아닌 전형적인 색목인의 풍모를 지니고 있다. 그러고 보니 조선 시대 언문으로 '제용'이라 표기되는 '처용處容' 또한 이국적 용모의 남자랬다. 이런 일이 가능한 것은 우리 생각 이상으로 과거 한반도와 서역 간 다양한 교류 활동이 이뤄졌기 때문이다.

이식쿨 쿠르간은 1969년에 발견됐다. 알마티 동쪽 65킬로미터에 자리한 이식쿨 인근 탈가르Talgar 충적선상지alluvial fan로부터 다시 동쪽으로 20킬로미터 거리에 위치한 곳이다. 고대인들은 산기슭의 완만한 경사면에 분묘를 세웠다고 한다. 발굴 당시 60기 이상이던 것이 현재는 30기 정도만 남아 있다. 그중 황금 인간이 발견된 쿠르간은 그 지역이 택지로 조성되면서 흔적도 없이 사라졌다. 높이 6미터, 지름 60미터의 중형 고분에서 발견된 유물들은 기원전 4~5세기경의 것으로 추정되는데 현재 카자흐스탄의 수도 아스타나 국립박물관에 전시 중이다. 태양처럼 번쩍이기 때문인지 유목민들은 예나 지금이나 황금을 좋아하나 보다. 발견된 유물 중 상당수가 금으로 만든 장신구다. 그중에는 순록, 말, 사자(머리)와 같은 실제 동물은 물론 숨은 보물을 지킨다는 상상의 동물 그리핀(독수리의 머리와 날개에 사자 몸을 한 괴수)까지 조각돼 있다.

그러나 전시품 중 가장 특이하고 귀한 것은 명문銘文이 새겨진 은잔이다. 여기 새겨진 명문이 이 땅의 주인이 누구였으며 역사적으로 무슨 일이 일어났는지를 알려줄 것이다. 이집트에서 강탈해간 로제타스톤의 고대 문자를 판독하는 데 상폴레옹을 비롯한 수많은 학자가 도전하고 오랜 시간이 경과했듯이, 이곳 초원의 문명이나 역사를 말해줄 고고학적 발견물도 저를 알아줄 주인을 기다리고 있는지 모른다.

아직 명확히 밝혀진 건 아니지만, 이 명문은 대체로 스키타이의 방언으로 쓰인 것으로 알려져 있다. 헝가리 출신 언어학자 하르마타Janos

Harmatta(1917~2004)는 파르티아 도편陶片(사금파리)과 두라유로포스 출토 파피루스, 주요 박트리아 명문 등을 해독한 인물이다. 두라유로포스는 오늘날 시리아의 작은 마을 살히예Salhiye에서 가까운 유프라테스 강 오른쪽 급경사지에 세워진 과거 그리스, 파르티아, 로마의 삼국이 맞닿아 있던 국경 도시다. 하르마타는 카로슈티 문자Kharoshti를 활용해 이식쿨 쿠르간에서 출토된 은잔에 새겨진 명문을 쿠샨인들이 사용하던 호탄 사카어Khotanese Saka라고 규정했다. 쿠샨인은 다름 아닌 월지인이다. 예컨대 그의 번역은 이렇다.

이 그릇에는 포도주를 담아야 한다. 사자死者를 위해 익힌 음식을 많이 넣고 신선한 버터도 담아야 한다.

정작 놀라운 건 이른바 황금 인간의 등장이다. 고고학적으로 이집트 파라오 투탕카멘의 황금 마스크 출현 이상의 놀라운 발견이다. 하중 지방인 소그디아나 북방, 동부 스키타이 지역에 해당되는 곳에 만들어진 이식쿨 고분에서 전사 복장을 한 유골이 발견된 것이다. 물론 4000개나 되는 금 장신구를 포함해 수많은 부장품도 함께 들어 있었다. 유골의 주인공이 남자인지 여자인지 분명하진 않지만, 18세가량 된 사카Saka, 즉 스키타이 왕자나 공주임은 거의 확실해 보인다. 아니면 그 누가 이런 엄청난 황금으로 치장할 수 있겠는가. 그래서 붙은 이름이 '황금 인간' 혹은 '황금 공주'다. 카자흐스탄의 상징 중 하나로 채택된 건 너무나 당연했다.

알마티 소재 카자흐스탄 고고학연구소의 아키세프A. Akishev 교수는 지금으로부터 45년 전인 1969~1970년 이식쿨 쿠르간 발굴팀을 이 끌었다. 그 덕분에 황금 의장을 걸친 채 땅 속에 묻혀 있던 젊은 남성 (혹은 여성), 즉 황금 인간의 묘를 발굴하는 행운아가 됐다. 이를 바탕 으로 그는 발굴 보고서 『이식쿨 쿠르간—카자흐스탄에서의 사카인의 예술』을 썼다. 그는 이식쿨 쿠르간의 연대를 기원전 5세기라고 주장 한다. 한편 앞서 말한 헝가리 언어학자 하르마타는 기원전 2세기경이라 고 말한다.

이식쿨 쿠르간과 그 속에 매장된 황금 인간과 명문이 새겨진 은잔을 위시한 엄청난 부장품, 이를 바탕으로 학자들은 이곳이 고대 유목 종 족인 사카족의 요람이었다고 믿게 됐다. 페르시아인들이 사카라고 부 르던 종족 사람들을 그리스 로마인들은 스키타이라 했고, 인도인들은 사키야Sakya, 釋迦라고 했다. 중국 문헌에는 색종塞種/索種이라고 기록돼 있다.

이 색종은 낯설지 않다. 흉노에 내몰린 월지가 오늘날의 키르기스스 탄 땅으로 들어왔다. 그곳에는 이미 누군가 정착해 살고 있었고 그들이 바로 색종이었다. 이들의 땅 색지塞地는 톈산 산맥 북방에 있는 이리 강 과 추 강 유역이었다. 이들은 내습한 월지의 위세에 눌려 야속한 운명 을 슬퍼하며 타지로 이주했다.

(오손국은) 본래 색塞의 땅이었는데, 대월지가 서쪽으로 색국을 패주시키자 색왕이 남쪽으로 현도縣度를 건너가버리니, 대월지가 그 땅에 거주하게 됐다. 후에 오손의 곤막이 대월지를 격파하니, 대월지가 서쪽으로 이주해 대하를 신하로 삼았고, 오손의 곤막

이 그곳에 살게 됐다. 이런 연유로 말미암아 '오손 사람들 중에는 색종과 대월지종이 (섞여) 있다'는 말을 하는 것이다.(『전한서』「서역전」제66 '오손국 조')

톈산 북쪽 광대한 초원 지역에서 유목 생활을 하던 선주민 색종이 월지의 침탈로 서쪽으로 쫓겨났다가 다시 남쪽으로 현도를 지나 이주해 갔다. 이주를 포기하고 그 땅에 남은 부류도 있었다. 얼마 후 오손에 밀린 월지도 그러했다. 이들이 부족연맹체 성격의 국가를 형성하고 있던 오손의 구성원이 됐다. 이 나라 오손은 세월 변화가 무상하듯 그 영토가 줄었다 늘었다 했겠지만, 거란족의 나라 요遼의 역사를 기록한 『요사遼史』에 등장할 만큼 수명이 길었다. 대단한 생명력이다. 오손국만 그런 건 아니다. 비잔틴 제국도 1000년 역사를 자랑한다. 외면하지 말고 풀어야 할 숙제 가운데 하나가 660년 나당연합군에 의해 패망한 것으로 알려진 백제의 사신이 원 세조 쿠빌라이의 궁정에 모습을 드러냈다는 『원사元史』의 기록이다. "원 세조 지원至元 4년(1267) 정월 백제가 그 나라의 사신 양호梁浩를 보내 조회하니 금수錦繡를 하사했다." 믿기 어려운 사건이다.

이런 관점에서 모두가 알고 있는 이야기를 다시 한번 살펴보자. 4세기 후반 고구려에 들어가 불교를 전한 승려가 있었다. 소수림왕 2년 (372) 전진왕 부견이 보낸 순도順道가 그 사람이다. 2년 뒤 또 다른 젊은 승려가 고구려에 입국해 불교를 전하기 시작했다. 그 이름은 아도. 아도는 我道 또는 阿頭라고도 전사轉寫됐다. 명색이 언어학자인 내 관심사는 이 명칭의 정체다. 한자어로 표기했지만 이는 필경 음역어다. 전

442

진왕 부견은 북방 유목 민족인 저족氏族 출신이다. 그가 파견한 순도 역시 유목민이었을 것이고, 아도 또한 그러할 것이다. 순도는 잘 모르겠으나, 아도는 '아버지'를 뜻하는 튀르크어 ata의 음역일 수 있다. 옛날에는 친족어가 오늘날처럼 분화되어 있지 않았기에 아버지는 '함경도 아바이'처럼 남성 일반을 가리키는 말로 쓰였다. 조선 성종조成宗朝에 지어진 『악학궤범』『악장가사』에 실린 '처용가'에 "아흐, 처용 아븨"라는 구절에서 보듯 '아븨'는 혈연관계의 아버지가 아닌 성인 남자 일반을 지칭한다. Ata도 남성 일반을 지칭하는 보통명사일 수 있다.

지금으로서는 추정에 불과하지만, 아도라 불리는 튀르크족 출신 승려가 전법傳法을 위해 낯선 땅 고구려에 왔다. 신라에도 갔다. 당연히 중국에도 갔을 것이다. 고래로 사람들은 어떤 목적으로든 어떤 이유에서든 천지사방으로 움직였다. 기원전 2세기 흉노가 월지를 격파했을 때 흔히 대월지라 명명되는 월지의 주류는 서천해 마침내 톈산 산맥과 총령(파미르 고원)을 넘어 대하(박트리아)까지 지배하면서 소그디아나의 주인이 된다. 이때 톈산 일대에 선주先住하던 색종도 남쪽으로 가서 계빈국罽賓國을 지배했다. 색종은 나눠져 여러 나라를 이뤘는데 카시가르로부터 서북쪽으로 휴순休循, 연독捐毒 등은 원래 색종의 나라였다.(『전한서』「서역전」제66 '계빈국 조')

색종이 남하해 지배했다는 계빈이 'Kapisi'의 음역임은 앞서 말했다. 그런데 "현재 현도의 막힘으로 인해 계빈이 넘어올 수 없다"는 『전한서』「서역전」의 기록을 믿는다면 계빈이 카시미르 지역을 가리킨다고도 할 수 있다. 풀리블랭크Pulleyblank는 "계빈의 고음古音은 카시미르의 프라크리트Prakrit 어형인 Kaspir를 음역한 것"이라고 했다. 물론 내 생각은 좀 다르다. 프라크리트는 범어인 산스크리트어에 대해 고대와 중세에 인도 중북부의 방언으로 사용된 일반 대중어를 의미한다. 어찌 됐든 흉노의 공격에 쫓긴 월지의 서천으로 본디 톈산 북안 이리 초원과 이식쿨 호수 일대, 추 강 유역 등 중앙아시아 초원 지대에 광범위하게 흩어져 살고 있던 색종, 즉 사카족에 속한 유목 부족들이 차츰 남하해 아무다리야 강을 건너고 험준한 힌두쿠시를 넘어 간다라 지방의 주인이 된 것이다. 그리고 부득이한 이주 이전 이들의 거주 흔적이 이식쿨 쿠르간으로 남아 있는 것이다.

5
투르크멘의 탄생,
세계사적 대변혁의 주인공 토구즈 오구즈(구성 오구즈)

> "꿈결에 치자꽃 향기 코끝을 스치더라/ 깨어보니 베갯머리 검은 머리
> 카락 서늘해라/ 간밤에 사립문 닫는 것도 잊고 잠들었던가/ 산봉우리
> 사이로 지는 달빛 침상 위에 어리네."—황경인黃景仁(1749~1783, 청나
> 라 시인), 「취성醉醒」

오구즈Oghuz라고 적지만, 경우에 따라서는 Oguz 혹은 어초語初 모음
이 탈락된 Ghuzz로도 전사轉寫되는 부족 명칭이 있다. 러시아의 바탕
이 된 루스족을 Urus로 표기하는 것과 마찬가지다. 대한제국 시기 우
리나라에서도 러시아를 노서아露西亞, 아라사俄羅斯 등으로 이표기했다.
투르크멘Turkmen으로도 알려져 있는 오구즈의 정체는 바로 돌궐족이
다. 서부 지역의 돌궐을 그렇게들 불렀다. 오구즈라는 명칭은 'tribe'(부
족, 종족)를 가리키는 튀르크어다.

이들 오구즈 부족 연맹이 먼저 살던 제티수 지역(오늘날의 알마티
주에 속함)에서 서쪽으로 이주하게 된 것은 24개 지파로 구성된 연맹
체 내에서 위구르족, 카를루크족과의 분쟁에서 나머지 집단이 밀린 탓
이다. 앞선 글에서 살펴봤지만, '일곱 개의 강'이라는 의미의 제티수는
Jeti-su 외에 Zhetisu, Jetisuw, Jetysu, Jity-su, Zhetysu 등으로 전
사된다. 러시아어로는 세미레치예 등으로 표기된다.

셀주크튀르크에 이어 오스만튀르크 제국을 창건한 주인공이 바로 오구즈 야브구국의 후손들이다. 이들 오구즈 투르크Oghuz Turks의 후예들은 오늘날 터키, 투르크메니스탄, 아제르바이잔, 가가우지아Gagauzia 등의 주민이 돼 살고 있다.

이름도 생소한 가가우지아는 몰도바 남부 부자크Budjak/Budzhak의 자치구로 루마니아와 국경을 접하고 있다. 몰도바 남쪽, 흑해 연안 다뉴브 강과 드니스테르Dniester 강 사이 지역에 위치한 부자크는 현재 우크라이나의 오데사 주의 일부다. 부자크라는 이름은 터키어 'Bucak'에서 유래했는데, '구석' 또는 '변방'이라는 뜻을 갖고 있다. 오스만 제국령이었을 때 현재의 지명으로 불리게 됐으며, 제1차 세계대전 이후 베사라비아Bessarabia의 일부로 루마니아 왕국에 편입됐다. 후일 소비에트 연방을 거쳐 현재는 우크라이나령에 속해 있다.

라시드 앗 딘이 지은 『부족지』는 다음과 같은 오구즈족의 이야기를 전한다.

(현재) 세상에 있는 모든 투르크멘 사람들은 전술한 이 종족의 후손이고 오구즈 24개 지파의 자손이다. 투르크멘이라는 이름은 옛날에는 존재하지 않았다. 투르크인의 외모를 지닌 유목민 종족 모두를 '일반 투르크Turk-i mutlaq'라 칭했고, 각 족속에게는 특별한 명칭이 정해져 있었다. 오구즈의 종족들이 자기 고장을 떠나 하중 지방과 이란 땅으로 와 그 지방에서 출산하고 번식하게 되자, 물과 공기의 영향으로 그들의 외모가 점차 타지크인과 비슷하게 변해갔다. (그러나 그들은) 온전한 (의미의) 타지크가 아니었기

때문에 타지크 종족들은 그들을 '투르크멘', 즉 '투르크와 비슷한 (사람)'이라 부른 것이다. 그런 연유로 이 이름은 오구즈 종족의 지파들 전부에 적용됐고, 그것으로 널리 알려지게 됐다.

투르크족의 일파인 투르크멘Türkmen(복수형은 Türkmenler), 즉 오구즈인은 앞서 말했듯 현재는 주로 중앙아시아 지역인 투르크메니스탄, 아프가니스탄, 파키스탄 북부와 이란, 이라크, 시리아, 아제르바이잔을 위시한 캅카스 북부(스타프로폴 크라이Stavropol Krai) 등지에 산재해 있다. 역사적으로 투르크만 혹은 투르크멘, 즉 모든 오구즈 투르크인들 중 특히 Türkmen이나 Turkoman으로 불리는 집단이 있다. 전자는 투르크메니스탄 및 인접한 중앙아시아 지역의 투르크멘인들Turkmen, 후자는 이라크와 시리아 거주 투르크멘 사람들Turkomans이다.

투르크멘에 대해 다른 식으로 설명해보자. 원래는 투르크 제국의 지배 집단이 아니던 모든 투르크 종족으로, 오구즈라는 인물을 도와 오구즈 종족 연맹체의 구성원이 된 위구르, 캉글리, 킵차크, 카를루크, 칼라치 및 삼림족 아가체리 부족과 오구즈의 후손으로 구성된 24개 투르크 지파 모두를 '투르크멘'이라고 불렀다. 후일 위구르, 카를루크와의 분쟁에서 패한 뒤 하중 지방인 소그디아나로 이주해간 오구즈 연맹체 구성 종족들을 특정해 투르크멘이라고 부르게 됐다.

투르크멘이라는 종족명은 Türk에 '유사, 닮음'이라는 의미를 갖는 소그디아어 접사 -myn, -men이 합쳐져 만들어진 용어로 '투르크인을 닮은' 또는 '동종同種 투르크co-Türk'라는 뜻을 지닌다. 이름으로 보아 파미르 고원 이동의 첫 도시 카시가르 출신임이 분명한 11세기의 저명한 학자 마흐무드 알 카시가리도 그의 저술(1076)에서 투르크멘의 어원을 Türk에 '닮은, 비슷한'이라는 이란어 mânünd가 합쳐진 것like a Türk' Türk–like으로 설명하고 있다. 덧붙여 이 말이 "I am a Turk"라는 의미를 갖는 투르크멘어일 수도 있다고 그는 말한다.

그런데 이 말이 처음 등장하는 것은 10세기 마크디시Maqdisi에 의해서인데, 오구즈 특히 카를루크를 가리키는 데 사용됐다. 그러다 12세기에는 이리Ili 지역을 지배하던 카라한 왕조를 지칭해 투르크멘이라고 했다. 13세기 중앙아시아를 여행한 뤼브뤼크와 그에 앞서 카르피니 Carpini도 Turcomani라는 명칭을 사용했지만, 어느 집단을 가리키는지는 명확하게 말하지 않았다. 14세기의 인물 마르코 폴로에게 있어서 Türkmän[Turcomans]은 여전히 유목민이었으며, 그들의 주거지 Turcomanie는 아나톨리아 반도 중남부였다. 흥미로운 사실은 폴로가 투르코만을 카라만Caramans이라 불리는 사람들이라고 했다는 점이다. 그렇다면 이 무렵 투르코만 세력이 아나톨리아 반도 중남부 지역까지 진출해 있었고, 이들 중 누군가가 중심이 돼 카라만 왕조The Karamanids/Karamanid dynasty를 수립한 것이다.

한편 Pritsak은 투르크멘Türkmän에 대해 Türk에 −män이라는 집단형 접미사가 붙은 형태, 즉 '투르크인들'이라는 의미라고 설명했다. 그러나 1831년 말에서 1832년 초 발흐, 부하라 등지를 여행하며 투르크멘인들을 직접 만난 영국인 육군 중위 알렉산더 번스Alexander Burnes는 투르크멘인들이 투르크멘이라는 용어를 'wanderer'(유랑자, 떠돌이)라는 의미를 지닌 말로 이해하고 있다고 했다.

이들은 왜 스스로를 유랑자라고 생각했을까. 때와 장소를 한반도 여

말 선초로 돌려보자. 바얀 테무르伯顔 帖木兒, Bayan Temür라는 몽골식 이름을 갖고 있던 왕이 있다. 22살 되던 해(1351) 왕이 된 그는 원으로부터의 정치적 독립을 꿈꾸던 고려 공민왕이다. 그러나 1349년 원나라에서 결혼한 원나라 노국대장魯國大長 공주(보르지긴 보타슈리孛兒只斤 寶塔實里. 공민왕이 지어준 고려식 이름은 왕가진王佳珍)가 죽으면서(1365년) 자주의 뜻과 개혁의 의지를 상실하고 45세의 나이로 세상을 뜬다. 남색과 술 등 향락에 탐닉하다 홍륜, 최만생 등이 쿠데타를 일으켜 시해당한다. 1374년의 일이다. 후일 우왕禑王이 된 공민왕의 아들 모니노牟尼奴는 신돈辛旽의 시비였던 반야般若의 소생인 까닭에 이성계 일파가 신돈의 아들로 몰아붙인다.

아명이 '샤카족의 성자muni'라는 뜻의 석가모니釋迦牟尼에서 본뜬 모니노였던 고려 32대 우왕(1365~1389, 재위 1374~1389)은 위화도 회군의 주역 이성계와 신진사대부의 수장인 정몽주, 정도전 등에 의해 1388년 6월 폐위돼 강화도에 유배된다. 이후 여주로 이배된 뒤 다시 강릉으로 유배됐다가 그곳에서 스물다섯 젊은 나이에 사약을 받고 죽는다.(1389년) 아들인 창왕 역시 같은 날 다른 장소에서 죽임을 당한다.

시간을 거슬러 올라가면 1000년 역사의 신라가 종말을 고할 때도 그랬다. 신라 제56대이면서 마지막 군주인 경순왕敬順王 김부金傅는 왕건에게 평화롭게 나라를 넘겨줬다. 자신의 사촌 누이(백부인 김억렴의 딸)와 왕건의 결혼을 주선했다. 그녀는 신성왕후가 됐다. 그리고 고려 태조 왕건의 두 딸을 배필로 맞았다. 나라가 망한 뒤에도 새 여자와 살게 된 그는 행복했을까.

이렇게 산 자가 있는가 하면 나라가 망했으니 목숨을 부지하기 어렵다고 느낀 경순왕의 황자 마의 태자 같은 인물도 있었다. 그들은 탈출을 시도했다. 그리고 여진족의 땅 만주에 정착했다. 지금 이 이야기는 망국의 슬픔에 베옷을 입고 개골산皆骨山(금강산)에 들어가 은자의 삶을 살았다는 설과는 사뭇 다르다. 그러나 백제 멸망 후 흑치상지, 복신 등의 부흥 운동이 있었다는 점으로 볼 때 신라 왕족과 주변 세력들의 저항과 실패, 그 후의 이산離散은 어느 정도 예상할 수 있는 일이다. 여진족의 나라 금국金國의 태조 아골타(1068~1123)의 8대조가 바로 신라에서 온 김씨 성의 함보函普라고 하기에 더욱 그렇다. 참고로 아골타의 성 완안完顏은 여진어(현재의 만주어) 왕기얀Wanggiyan을 가차假借한 것으로 한어漢語로 번역하면 '왕'이라는 뜻이며, 아골타는 여진어 Aguda의 음차로 '관활寬闊'(너그럽고 넓은 아량)의 의미라고 한다.

비슷한 일이 오구즈족과 관련해서도 일어났다. 오구즈족은 종족 전체로는 투르크멘이라고 불리지만 위구르, 킵차크, 칼라치, 캉글리, 카를루크 및 이들로부터 파생된 다른 지파들로 나뉘어 있다. 이들이 어떻게 하나가 되고 어떻게 분리되는지를 살펴보는 것은 인간과 인간의 삶을 근간으로 하는 인문학의 관점에서 무척 흥미로운 일이다. 카자흐스탄의 아킨akyn(즉흥 음유시인)처럼 오구즈 종족의 탄생 이야기를 낭만적으로 풀어보겠다.

유목민 아불제칸의 아들 딥 야쿠이에게는 네 명의 아들이 있었다. 카라칸, 오르칸, 쿠즈칸, 쿠르칸이 그들이다. 후계자가 된 큰아들 카라칸은 귀한 아들을 낳았다. 아버지는 이름을 지어주기 위해 종족 사람들과 상의했는데, 한 살밖에 안 된 어린아이가 "제 이름을 오구즈라고 지어주세요"라고 했다. 그리고 그것이 그의 이름이 됐으며 나중에는 종족 명칭이 됐다.

어느 날 오구즈는 누케르nuker(벗 또는 심복)들을 거느리고 몇 명의 친구들과 함께 사냥을 나갔다. 이때 아버지 카라칸은 형제와 조카, 친족 및 아미르들을 불러 모아 "내 아들 오구즈를 나는 온 마음으로 사랑했다. 그런데 지금 그 녀석이 나쁜 일을 저지르고, 신앙을 저버렸으니 살려둘 수 없다"고 했다. 늙은 아버지 카라칸과 젊은 아들 오구즈는 서로 반목했다. 마침내 전투가 벌어졌고 카라칸은 칼에 맞아 그 상처로 인해 죽었다. 오구즈의 숙부와 종족들 가운데 많은 무리가 오구즈의 편이 됐다. 결국 오구즈는 아버지와의 싸움에서 승리를 거뒀고 탈라스와 사이람에서 부하라까지를 자신의 영토로 삼고 현지 사람들을 복속시켰다. 위구르는 튀르크어로 '연합하다'라는 뜻이다.

오구즈에게는 여섯 명의 아들이 있었다. 쿤, 아이, 율두즈, 쿡, 탁, 딩기즈, 이는 각각 日, 月, 星, 天, 山, 海의 뜻을 갖는 튀르크어다. 오구즈는 아들들과 함께 이란, 투란, 시리아, 이집트, 룸, 프랑코 및 여타 지방을 모두 정복했다. 모든 곳을 정복한 뒤 그는 자신의 목지가 있는 우르탁과 쿠르탁으로 돌아갔다.

오구즈, 달리 말해 투르크멘이라 불리는 유목민 투르크 종족들이 1300년대 초반 아나톨리아 반도를 접수하고 그곳에 부족별로 투르크멘 독립 왕국beyliks을 수립한다. 이로 인해 역사는 완전히 새로운 국면으로 접어든다.

카라만 공국the Principality of Karaman; Beylik of Karaman으로 알려진 카라만 왕조는 아나톨리아 반도에 세워진 수많은 소왕국 중 하나로 오늘날의 터키 남동부 카라만 주 일대를 통치했다. 13세기부터 1483년 멸망할 때까지 카라만 왕조는 아나톨리아에서 가장 유서 깊고 강력한 국가였다. 이들이 아나톨리아 반도와 캅카스 방향으로 이주하게 된 것은 1230년 '푸른 이리' 칭기즈칸의 몽골군이 마치 지옥에서 온 악마처럼 서쪽으로, 유럽으로 돌진했기 때문이다.

카라만 왕조는 오구즈 투르크의 살루르Salur 부족의 구성원이었다. 살루르는 오구즈 종족에게 자신의 이름을 준 오구즈의 다섯째 아들 타그칸Tagh Khan의 네 아들 중 맏이다. 그 말뜻이 '어디를 가나 칼과 몽둥이를 휘두름'이라고 하니 사납거나 용맹한 인물이었던 듯하다. 살루르의 이름을 들으니 전쟁터가 떠오르고 인간 잔혹사가 느껴진다면 과도한 일일까.

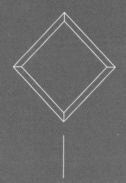

15장

중앙아시아
초원에서
페르시아로

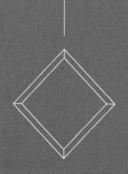

1
오구즈 투르크멘-셀주크튀르크 제국: 수니파 이슬람으로 개종해 세력을 확대하다

> "누구도 자신의 뜻을 다른 이에게 강요할 수 없다. 다만 인도하고 모범을 보일 수 있을 뿐이다."―『코란』 67장 26절

나라 이름 투르크메니스탄의 시원이 된 종족 이름은 당연히 투르크멘족이다. 서쪽으로 카스피 해를 끼고, 북쪽으로는 아무다리야 강을 경계로 우즈베키스탄 및 카자흐스탄과 국경을 맞대고 있으며, 동북쪽으로는 아프가니스탄, 서남쪽으로는 이란과 마주하고 있는 중앙아시아의 이슬람 국가가 바로 투르크메니스탄이다.

이곳이 과거(기원전 3세기경)에는 파르티아(중국 사서의 안식국安息國)의 발상지였다. 수도인 아시가바트Ashgabat가 바로 그 지점이다. 이 도시의 원 페르시아 명칭은 Ešq-ābād. 그 뜻은 아주 낭만적이게도 '사랑의 도시the city of love' 혹은 '헌신의 도시the city of devotion' 또는 '사랑하는 도시the beloved city'다. 투르크멘 학자들 중에는 이 도시의 이름이 파르티아의 창건자 아르사케스Arsaces에서 왔다고 주장하는 이들이 있다. 아르사케스가 돌궐식 발음의 영향으로 Ashk로 바뀌고, 여기에 도시를 뜻하는 말 -abad가 붙어서 '아르사케스Arsaces(=Ashk)의 도시' 아시가

투르크메니스탄 유목민들의 갑옷과 도끼. 그들은 이를 통해 자신들의 용맹함을 드러냈다.

바트가 탄생했다는 것이다.

이슬람 국가의 수도답게 아시가바트(현지 발음은 '아시하바트'에 가깝다) 주민 대부분은 수니파 무슬림이다. 인종적으로는 당연히 투르크멘인이 도시 인구의 77퍼센트를 차지하고 있다. 또한 러시아인, 아르메니아인, 이란인, 아제르바이잔인, 우크라이나인, 타타르족, 우즈벡족, 카자흐족, 유대인, 터키인 등 100여 소수민족이 함께 살고 있다. 나라 전체 인구수는 500만 명이 채 안 된다.

투르크메니스탄은 1991년 소비에트 연방으로부터 독립했으나, 이듬해인 1992년 3월 CIS(독립국가연합)에 가입했다. 옛 소련 독립국 중 유일하게 통제경제체제를 유지하고 있다. 국토 면적이 48만8100평방킬로미터로 남한의 다섯 배나 되는 이 나라는 카자흐스탄 다음으로 중앙아시아에서 큰 나라이지만, 전면적의 약 90퍼센트가 카라쿰Karakum('검은 사막')이다. 기후는 극도로 건조한 사막성으로, 여름에는 혹서가 계속된다. 겨울에는 겨우 영하 몇 도로 내려가는 정도다. 민족 구성은 투르크멘인이 85퍼센트로 다수를 차지하고 석유, 천연가스, 유황 등의 지하자원이 풍부하다.

공업은 석유 채굴과 제유, 면직 공업, 제사업製絲業, 유리제조업, 융단업이 발달했다. 농산물로는 면화, 곡물, 포도, 양모, 누에고치 등이 생산된다. 1인당 국민소득은 5000달러를 상회한다. 나라 동부에서 남부를 싸고도는 카라쿰 운하는 아무다리야 강의 물을 카스피 해까지 인도하는 세계에서 가장 긴(전장 1400킬로미터) 주행舟行 관개 운하다. 1954년에 착공돼 1967년에 완공된 주요 부분은 아무다리야 강에서 아시가바트 서북쪽 47킬로미터 지점의 쾩 테페Gök Tepe(푸른 언덕blue hill

이라는 뜻의 고대 성채)까지 840킬로미터에 걸쳐 있으며, 카라쿰 사막의 가장자리를 지난다. 이 운하에서 항행이 가능한 수로의 길이는 450킬로미터이며 운하의 물은 주로 관개용수로 이용된다. 본래 물이 부족한 이 나라에 운하의 물이 주는 혜택은 대단하다.

19세기 초반 해가 지지 않는 나라 대영 제국과 제정러시아 간에 그레이트 게임, 일명 '그림자의 토너먼트'가 벌어진다. 중앙아시아를 수중에 넣으려는 러시아의 집착은 대단했다. 세계대전을 의미하는 그레이트 워The Great War가 아니라 '게임'이라는 말이 사용된 데서 짐작할 수 있듯이, 이는 양 제국 간 자신들의 사냥감 내지 먹이에 해당하는 식민지의 주도권을 놓고 벌이는 한판 게임에 다름 아니었다.

그레이트 게임은 1813년의 러시아-페르시아 조약을 시작으로 1907년의 러시아-영국 우호 조약으로 끝을 맺는다. 일부에서는 1917년의 러시아 10월 혁명을 게임의 종점이라고 주장하기도 한다. 제2차 세계대전과 더불어 식민지 시기가 끝난 뒤, 이 용어는 중앙아시아의 강대국과 지역 강국의 지정학적 권력과 영향력에 대한 경쟁을 의미하는 'the New Great Game'과 같은 말로 계속 사용되고 있다.

오늘날의 페르가나 분지 서남부 지역에 해당하는 코칸트에 이어 타시켄트, 그리고 부하라와 사마르칸트, 히바 순으로 중앙아시아의 주요 한국들은 속속 러시아에 점령됐다. 마침내 1881년 쾩 테페 전투에서 완강하게 저항하던 투르크메니스탄 남부의 테케Teke족이 무너지면서 1883~1884년 메르브 지방을 거점으로 하던 투르크멘 부족들이 잇달아 평정되고 전체 투르크멘이 러시아에 복속된다. 이런 일련의 과정을 거쳐 광대한 러시아령 투르키스탄이 완성되면서 페르시아, 아프가니스탄, 청 왕조의 중국 사이에 국경선이 확정되고, 그것이 그대로 후대 소련으로 계승된다. 투르크메니스탄이라는 나라도 이러한 과정에서 탄생한다.

다시 오구즈, 달리 말해 투르크멘이라 불리던 투르크족 연합체 이야기를 좀더 하자. 시르다리야 강 북쪽에 거주하던 이들 오구즈 연합체의 일부 집단이 10세기 중엽 분가, 시르다리야 강 좌안으로 이주해 셀주크라는 인물을 수령으로 추대하며 잔드Zand를 근거지로 삼는다. 바로 이곳에서 이들은 이슬람을 받아들인다. 1020년에는 카라쿰 초원을 넘어 가즈니조의 영역인 호라산 북부를 침략한다. 1040년 단다나한Dandan-aqan 전투에서는 셀주크튀르크가 가즈니조를 격파하고 호라산 지역을 접수하고는 여세를 몰아 1055년에 바그다드에 입성한다. 이렇게 세상의 판도는 계속해 바뀐다.

수니파 이슬람으로 개종한 셀주크튀르크족이 하중 지방을 벗어나 이란, 이라크 등지로 세력을 확장하던 11세기 후반, 이후 카스피 해 남쪽 알보르즈Alborz 산맥을 거쳐 시리아의 다마스쿠스나 비잔틴 제국의 수도 콘스탄티노플(오늘날의 이스탄불)에 도달하려는 상인, 여행자, 성직자, 외교관 등은 자칫 죽을 수도 있다는 것을 염두에 두어야 했다. 그들은 알보르즈 산중에 위치한 알라무트Alamut(오늘날의 카즈빈Qazvin)라는 요새를 통과해야 했고, 그곳에는 '스스로를 희생하는 자들those who sacrifice themselves'이라는 의미의 피다이인fedayeen Persian fidā'īyīn('희생'이라는 뜻의 말 fidā'ī의 복수형)이란 말로 고상하게 위장한 암살 조직이 자리 잡고 있었다. 나중에 이 말은 피다이fedayee로 철자가 바뀌어 오스만 제국의 압제와 살육에 맞서는 아르메니아 게릴라 조직이나 무장 폭도들이 '자유전사freedom fighter'를 뜻하는 말로 자신들의 폭력성을 정당화하는 데 사용하기도 했다.

서방세계의 암살단이라는 의미의 'the Assassins'라고 알려진 이 조직을 만든 사람은 콤Qom 출신의 페르시아인 하산 사바Hassan–i–Sabbah다. '알라무트의 군주' 혹은 '산중 노인'이라는 별명을 갖고 있던 이 인물은 중세 셀주크튀르크 제국에 저항하는 시아파 이슬람 무장 세력 니자리 이스마일리스Nizari Ismailis의 지도자였다.

Fedayeen(신을 위한 희생자들)이라는 이 저항 집단을 달리 지칭하는 영어 Assassins는 '하시시 복용자들eaters of hashish'이라는 뜻의 아랍어 Ḥashshāshīn(ḥashshāsh의 복수형)에서 비롯됐다. 하시시는 대마초 또는 대마초로 만든 마취제를 말한다. 신앙심으로 고무된 젊은 전사들에게 대마초를 복용케 해 양심과 이성적 판단이 마비된 상태에서 살인과 폭행 등의 잔혹 행위를 거리낌 없이 저지르게 했다고 하는데 최근 IS라는 이슬람 테러리스트 집단이 이를 흉내 내는 건 아닐까 싶다. 비록 이슬람의 옷을 입고 있었어도 페르시아의 입장에서 셀주크튀르크인들은 야만인이었을 것이다.

이 무렵 셀주크튀르크 제국에 니잠 알물크Niẓām al-Mulk라는 페르시아인 학자 겸 재상이 있었다. 셀주크튀르크 제국의 제2대 술탄 알프 아르슬란Alp Arslan(용감한 사자)이 내정 문제 등 제국의 행정 책임을 맡긴 역사적 인물이다. 동서고금을 막론하고 위대한 지도자는 용인술에 탁월한 능력을 보이는 것 같다.

1071년 8월 26일, 비잔틴 아르메니아의 만지케르트(오늘날의 터키 무시 주 말라즈기르트) 부근에서 비잔틴 제국과 셀주크튀르크 간에 전투가 벌어진다. 이름하여 '만지케르트Manzikert 전투'다.

이 전투는 용병들 간의 결전이라고 해도 될 법하다. 비잔틴 제국의 군대에는 프랑크족, 영국, 조지아, 아르메니아, 불가리아, 투르크족인 페체넥Pecheneg과 쿠만Cuman(또 다른 말로는 킵차크인) 용병들이, 셀주크튀르크 군대 역시 페체넥과 쿠만 용병이 자리 잡고 있었다.

교전의 결과는 의외로 싱거웠다. 1, 2차 전투에서 우위를 보이던 비잔틴 제국 군대가 3차전에 이르러 무참히 패하고 황제 로마노스 디오게네스Romanos IV Diogenes가 셀주크튀르크의 포로가 된다. 이로 인해 아나톨리아 반도는 점차 투르크화된다. 비잔틴 제국은 국가 방어 능력이 심각하게 약화되고, 내적 갈등과 경제적 위기 상황에 직면해야 했다. 전투 이후 10년도 채 안 돼 투르크족이 아나톨리아 중심부에 대량 유입돼, 셀주크튀르크족이 7만8000평방킬로미터의 영토를 획득한다.

유목 집단인 셀주크튀르크인이 수립한 제국의 우두머리 알프 아르슬란은 피투성이에 옷은 갈가리 찢긴 채 포로가 된 비잔틴 황제 로마노스 4세를 처음에는 알아보지 못했다. 그러나 곧 정체를 알아채고는 황제의 목덜미에 구둣발을 올려놓고 황제로 하여금 땅에 입을 맞추도록 강요했다. 이때 둘 사이에 나눴던 대화가 유명하다.

아르슬란: 내가 만일 포로가 되어 당신 앞에 놓이게 되면 어찌하겠소?

로마노스: 그렇다면 아마 나는 당신을 죽일 거요. 어쩌면 콘스탄티노플 거리에 당신 시체를 걸어둘지도 모르고.

아르슬란: 내 처벌이 훨씬 무겁군. 당신을 용서하고 자유롭게 풀

어주겠소.

로마노스 황제는 한 주쯤 술탄의 포로로 있었다. 이 기간 동안 술탄은 황제를 같은 식탁에서 밥 먹게 했다. 그러면서 안티오크, 에데사, 히에라폴리스, 만지케르트 등의 영토를 양보하는 데 동의하도록 했다. 무학이고 따라서 문맹이었을 투르크 유목민 오구즈족 출신 술탄의 사람 다루는 술책이 남다르다. 술탄은 또 승자에 대한 배상금으로 황제에게 금덩어리 1000만 개를 요구했다가 황제가 너무 과하다고 하자 1차로 150만 개를 지급하고 매년 36만 개의 금덩어리를 바치는 것으로 조건을 변경한다. 자신의 아들과 황제의 딸의 결혼 동맹도 맺는다. 그리고 황제가 콘스탄티노플로 돌아갈 때, 온갖 선물에 두 명의 장군과 100명의 맘루크(노예 군인)를 붙여 호위하게 한다. 무슬림 역사에서 그에게 가장 위대한 명성을 가져다준 역사적 사건이다. 서방에서는 '무식한 야만인'이라고 얕잡아봤던 유목민 술탄이 고용한 재상 니잠 알물크는 어떤 사람일까 궁금하다. 본명이 아부 알리 하산 이븐 알리 투시Abu Ali Hasan ibn Ali Tusi(1018~1092)인 그는 비록 야만족이 세운 제국의 재상으로 봉직했지만 투르크인이 아니라 페르시아인이었다. 그를 가리키는 경칭 니잠 알물크Niẓām al-Mulk는 페르시아어로 'Order of the Realm' 혹은 'System of the Kingdom'이라는 의미다. 1064년 알프 아르슬란 술탄에 의해 재상으로 임명된 후 1072년 술탄이 암살되고 나서부터 아들 말리크샤Malik-Shāh 1세의 치세까지 만 28년을 셀주크튀르크를 위해 헌신한 이 인물에 대해 살펴보는 것도 국제화 시대에 걸맞은 일이겠다.

아무튼 복잡하고 이채로운 역사가 펼쳐진 중앙아시아 지역에 또 다른 상황이 전개된 건 순전히 외세의 알력에 의해서였다. 앞서 언급한 '그 레이트 게임'을 영국의 입장에서 보면, 제정러시아가 중앙아시아를 향해 영토를 확장해나가는 것은 대영 제국이라는 '왕관 속에 박힌 보석the jewel in the crown'인 인도를 파괴하겠다고 위협하는 것이나 다름없었다. 영국은 러시아가 중앙아시아 각지의 한국들인 히바, 부하라, 코칸트 등을 차례로 손아귀에 넣는 것이 두려웠다. 그렇게 되면 자칫 아프가니스탄 토후국이 러시아의 인도 침략을 위한 전진 기지가 될 수도 있기 때문이다. 이렇게 두 제국은 자신들의 국가 이기주의의 관점에서 중앙아시아를 바라보았다.

이 무렵 '샴페인의 여왕'이라 불리는 세계적 명품 샴페인이 만들어진다. 프랑스 루이 로드레사Louis Roederer의 '크리스털Cristal'이 바로 그것이다. 병을 크리스털로 만들었고 금장 라벨이 붙은 이 샴페인의 가격

프랑스 루이 로드레사의
1993년산 명품 '크리스털' 샴페인.

은 묻지 말자. 나는 리처드 기어와 줄리아 로버츠가 주연을 맡은 영화 「귀여운 여인」을 보다가 쓸데없는 경쟁심이 발동해 한 병 사서 마실까 하고 구매처를 알아보다가 소심하게 마음을 접은 아픈 기억이 있다.

경제학에서 말하는 수요가 고가高價에 비례하는 베블런 제품Veblen goods이니 베블런 효과Veblen effect와는 상관없이 이 그림의 떡에 해당하는 샴페인은 제정러시아 황실에 공납하는 독점품으로 생산됐다. 베블런 제품 따위의 용어가 만들어진 건 19세기 말 미국의 사회학자이자 경제학자인 소스타인 베블런이 자신의 저서 『유한계급론The Theory of the Leisure Class』(1899)에서 신분 추구의 양태로서 '호화 소비conspicuous consumption'를 규정하면서부터라고 한다. 맞다, 사람에게는 그런 속성이 있다. 그런 관점에서 사치의 역사를 살펴보는 것도 흥미로운 일이 될 것이다. 격에 맞지 않는데도 폰티악이나 사볼까 하는 심정도 내 나름의 호화 소비의 욕구를 반영하는 것일 터. 그러니 황제와 황실 및 귀족들이 왜 사치를 마다하겠는가. 1876년 러시아 황제 알렉산더 2세를 위해 만들어진 이 샴페인은 최초의 프리스티지 뀌베prestige cuvée or cuvée de prestige로 간주된다. 최상품 샴페인에 붙이는 호칭이다.

아이러니하게도 황제의 특별 주문에 의해 이 샴페인이 만들어진 당시 러시아의 정치적 상황은 좋지 않았다. 차르는 암살을 두려워했다. 그는 1867년 6월 7일 프랑스 파리의 '앙글레 카페Café Anglais'(영국 카페)에서 열리는 세 황제 만찬(Dîner des trois empereurs: 'Three Emperors Dinner')이라는 연회에 사용될 샴페인 병을 투명하게 만들도록 했다. 그래야 샴페인 버블을 볼 수 있고 혹시 병 안에 폭약을 숨기는 걸 방지할 수 있기 때문이었다. 루이 로드레사는 플랑드르(현재의 벨기에 서부·네덜란드 남서부·프랑스 북부를 포함해 북해에 면한 중세 국가)의 유리 제조인에게 의뢰해 투명한 납유리로 샴페인 병을 제작하게 했고, 그 때문에 샴페인의 이름이 '크리스털Cristal'로 알려지게 됐다.

꧁꧂

2
인도 무굴 제국과 이란 사파비 왕조의 공생: '이스파한'에는 무엇이 기다리고 있을까

| "이스파한은 세상의 절반Esfahān nesf-e jahān ast." —페르시아 속담 |

'세상의 절반'이라는 이란인의 자부심 넘치는 고대 도시 이스파한에 처음 간 것은 월드컵 4강 신화의 열기가 채 식지 않은 2002년 12월이었다. 이 도시의 아름다움을 혹자는 미려美麗하다 하고, 또 어떤 이는 고아古雅하다 하는데, 나는 격이 다른 기품 넘치는 이 이슬람 도시 건축의 아름다움에 그저 말문이 막힐 뿐이었다. 이곳이 인문학 기행에 어떤 의미가 있을까.

칭기즈칸 가문의 큐레겐Kürügän, 즉 사위임을 내세우며 사마르칸트를 중심으로 티무르 제국을 세운 티무르의 후손이자 모계로는 칭기즈칸의 혈통을 잇는 페르가나의 군주를 기억할 것이다. 바로 인도 땅에 무굴 제국을 세운 '호랑이' 바부르다. 그가 젊은 시절 샤이바니 왕조의 우즈벡칸 무함마드 샤이바니에게 사마르칸트를 내주고 카불로 쫓겨가 있을 때(1504년), 메르브 전투에서 그를 대신해 숙적 샤이바니를 잡아 시신을 토막 내 제국 각지에 전시하고 두개골은 보석으로 장식해 술잔으로 만들었다는 무시무시한 인물이 있었다. 바로 이란 땅에 사파비 왕조를 세운 이스마일 1세(재위 1501~1524)다. 또 무굴 제국 2대 황제가 된 바부르의 아들 후마윤(재위 1530~1556)이 제위에 오른 지 10년째 되던 해(1540년), 아프가니스탄 군벌의 위협으로 이웃 페르시아로 피신해 있을 때 15년 만에 다시 인도로 돌아갈 수 있도록 도와준 인물도 사파비 왕조의 타마스프 1세(재위 1524~1576)다. 이렇듯 페르시아는 종교, 문화, 정치, 경제 등 여러 면에서 중앙아시아와 늘 긴밀한 관계에 있었다.

서기 637년, 오늘날 이라크 남부 카디시야에서 아랍군과 페르시아 군 사이에 싸움이 벌어진다. 여기서 대승을 거두고 여세를 몰아 당시 사산조 페르시아 제국의 수도인 크테시폰을 함락, 4년 뒤 니하벤드 전투에서 완승을 거둔 아랍군은 중앙아시아로의 이슬람 동진 정책을 감행한다. 이후 페르시아는 사라지고 이슬람 왕조가 이 땅의 주인이 된다. 우마이야 이슬람 왕조의 뒤를 이어 아불 압바스 이븐 사파(재위 750~754)가 압바스 왕조를 세운다. 그 뒤 몽골이 침입하고, 이어서 티무르 제국의 지배를 받는다.

역경을 견딘 보람이 있었는지 마침내 사산조 페르시아의 뿌리를 이어받은 사파비Safavi 왕조(1502~1722)가 수립된다. 이 이슬람 페르시아 제국의 4대 황제 압바스 1세Shah Abbas the Great(재위 1587~1629)는 1597년 수도를 카즈빈에서 이스파한으로 옮긴다. 그는 각지에서 불러 모은 건축가와 공예가들로 하여금 이 세상에서 가장 아름다운 도시를 만들라 명한다. 그의 이런 야심으로 인해 민중은 가난하고 고통스러웠지만, 세계 3대 광장의 하나인 가로 512미터, 세로 163미터의 거대한

이스파한의 이맘 광장.

이맘 광장 내부의 마부.

'제왕의 광장Shah Square'이 탄생한다. 처음 만들었을 때는 '마이단 낙세 자한Maidan Naqsh-e Jahan'이라 불렸는데 이는 '세상의 본래 모습'이라는 뜻이다.

압바스 대제가 천도한 이유는 사실 서방의 오스만튀르크, 동방의 아프가니스탄과 전쟁을 하기 위해 수도를 나라의 중심부에 위치한 이스파한으로 옮기는 것이 유리하다는 판단에서다. 오늘날 이곳은 '이맘 광장'이라 불리며 방문객들의 아낌없는 칭송을 받는다. 광장을 에워싼 이맘 모스크, 알리카푸Ali Qapu Palace('알리의 문'), 왕실 여인들을 위해 지하통로를 만든 롤트폴라 모스크The Lotfollah Mosque, 일명 레이디 모스크는 이슬람 건축미의 백미라 할 만하다. 이란의 수도 테헤란에서 남쪽으로 420킬로미터가량 떨어진 이스파한의 인구는 약 180만 명으로 이란에서 세 번째로 큰 도시다. 이슬람화 이후 상업도시로 번성했으나 칭기즈칸, 티무르에게 약탈을 당했다.

이스파한의 옛 명칭은 *Spādāna로 'army camp'라는 뜻을 갖는 메디아어Median라고 언어학자들은 추정한다. 그리고 이스파한은 '세상의 절반'이라는 말 '네스파자한'에서 비롯됐다고 한다. 이스파한은 Hispahan, Ispahan, Esfahan, Sepahan 등으로 다양하게 표기됐는데, 이는 마치 Hispania가 España로, 다시 Spain으로 변화된 과정과 흡사하다. Hispania는 이베리아 반도에 대한 로마의 명칭이었다. 이 명칭은 5~8세기 훈족에게 쫓겨 본거지인 흑해와 카스피 해 북방의 초원지대를 떠나와 남서 프랑스와 이베리아 반도를 점유했던 서고트족이 세운 서고트 왕국의 통치 기간에도 그대로 사용됐다. 시간이 흐르면서 사람들의 발음도 각기 달라지고 어두음 /h/가 탈락되는 등의 음운변화를 거치며 스페인을 가리키는 오늘날의 스페인어 명칭 에스파냐España가 탄생했다. 그리고 영어 명칭 Spain은 에스파냐에서 파생된 것이다.

나는 인문학 기행 독자들이 이스파한에도 가보고, 그곳에서 이슬람 모스크의 진수를 감상하고, 또 베네치아에 가서 곤돌라도 타고 카페 '플로리안'에 앉아 카푸치노나 핫 초콜릿을 마시며 그곳을 찾은 예술가들과 정신적으로 교류하기를 바란다. 이스탄불에 가서는 반드시 보스포루스 해협을 가르는 유람선을 타고 역사의 도시를 바라보기 바란다.

무굴 제국을 거쳐 페르시아로의 인문학 기행을 시작하기 전 이번 글에서는 꽤 오래된 기억을 되살리기 위해 칭기즈칸의 넷째 아들 툴루이가 저지른 잔혹행위를 간략히 살펴보고자 한다.

'호라산Khorasan'은 중세 페르시아어 khwar(sun)과 asan('to come; coming; about to come')의 합성어로, '해가 뜨는 땅the land where the sun rises'이라는 말뜻을 가지고 있다. 참고로 우르겐치, 히바 등의 도시로 대표되는 중앙아시아 서부 아무다리야 강 하류 유역, 아랄 해 남부의 오아시스 지역인 호라즘도 호라산과 같은 어원을 갖는 말이다. '동방의 땅the eastern land'이라는 의미의 페르시아어 Khāvar-zamīn이 호라즘이 됐다.

1221년 칭기즈칸은 막내아들 툴루이를 호라산으로 급파한다. 그 일대 도시들이 수차례에 걸쳐 계속 저항을 했기 때문이다. 그리하여 툴루이가 이끄는 몽골군은 니샤푸르Nishapur를 완전히 쑥대밭으로 만들고, 툴루이는 니샤푸르는 물론 메르브의 주민을 한 사람도 남김없이 다 죽이라고 명령했다. 호라산에 속한 도시 니샤푸르의 방어군이 그 전해 11월 툴루이의 처남 토쿠차르Toquchar를 죽였기 때문이다. 메르브의 운명에 대해서는 이미 앞에서 살펴보았다.

인류 역사는 어떤 면에서 전쟁의 역사라고 할 수 있다. 오늘날에도 세상 어느 곳에선가는 전쟁이 벌어지고 있다. 대부분의 경우 전쟁의 결과는 대재앙이다. 한편 역설적이게도 전쟁을 통해 사람들은 다른 것과 접촉하기도 한다. 인종, 언어, 문화, 풍습 등 새로운 것들과 만나고 이런 접촉을 통해 색다른 사실을 발견하며 생존에 유익한 것들을 수용한다.

인류 역사상 메르브 참변에 버금가는 가공할 만한 사건이 한 세기 반쯤 뒤, 칭기즈칸의 후손이라고 공언한 티무르에 의해 벌어진다. 티무르 제국은 스스로를 티무르 구르카니Timur Gurkani/Gurkaniyan라고 불렀다. 이 말은 '사위, 부마'라는 뜻의 몽골어 큐레겐Kürügän에서 비롯됐다. 티무르 왕조의 군주들이 칭기즈칸 가문의 여자를 아내로 맞아들였기 때문이다. 이렇듯 티무르 왕실은 칭기즈칸의 혈통을 중요시했다. 후일 인도에 세워진 무굴 황실은 티무르 왕조의 일원임을 강조했다.

1383년 티무르는 사마르칸트에서 페르시아로 돌아와 반란을 일으킨 사브제와르Sabzevar(현 이란 동북부)에 끔찍한 보복을 가했다. "거의 2000명의 죄수들이 산 채로 차곡차곡 쌓이고 진흙과 벽돌이 함께 섞여 탑을 이룰 지경이었다." 반항하던 세이스탄Seistan도 같은 운명을 맞았다. "우리 병사들은 시체로 산을 만들었고 해골로 탑을 쌓았다." 세이스탄의 수도인 자란지Zaranj에서 티무르는 "남녀노소를 불문하고 요람에 있던 아이에 이르기까지 주민들을 처형시켰다." 특히 그는 세이스탄 교외의 헬만드Helmand(오늘날의 아프가니스탄 지역) 강가에 도착해서는 루스탐Rustam의 둑이라 불리던 제방을 파괴해 그 고장을 사막으로 만들어버렸다.(르네 그루세, 『유라시아 유목제국사』, 김호동 외 옮김, 사계

471

절, 1998, 603쪽)

　자란지는 현재 아프가니스탄 서남부 이란과 국경을 접하고 있는 님루즈Nimruz 주의 주도로 인구수가 5만여 명에 이른다. 페르시아어, 파슈토어, 발로치어로는 자랑Zarang이라 불리는 이 도시는 과거부터 중앙아시아 및 남아시아와 중동 지방 간의 교역에 중요한 역할을 해오고 있다. 주민의 인종적 구성은 발로치Baloch 45퍼센트, 파슈툰Pashtun 34퍼센트, 타지크Tajik 22퍼센트 순이다.

　당시 기록에 의하면 약 8만 명이 참살됐다고 한다. 그리고 모든 주민을 살육한 뒤 티무르는 죽은 자들의 머리를 모아 현재의 사르베리즈Sarberiz('해골터place of heads'라는 뜻) 광장에 세 개의 피라미드를 만들었다. 끔찍한 보복 전쟁이 얼마나 많은 무고한 인명을 죽음으로 몰고 갔는지를 보여주는 단적인 사례라 할 수 있다.

　"Man is mortal." 인간은 누구나 죽게 마련이다. 자연사는 천운이고, 전쟁터에 끌려가 개죽음을 당하기도 한다. 죽음에 예외는 없다. 그럼에도 인간은 영생을 꿈꾼다. 다음 글에서는 수메르인의 대서사시 「길가메시 서사시」를 통해 여러 문명의 모태가 된 메소포타미아의 홍수신화를 이야기하려 한다. 자연스레 노아의 홍수 이야기와 비교가 될 것이다. 그전에 메소포타미아 문명에 대한 몇 가지 이야기를 풀어놓는다.

　메소포타미아Mesopotamia는 고대 그리스어 'Μεσοποταμία, (land) between rivers'에서 온 말로서 'meso'는 'middle'이라는 뜻을, 'potamia'는 'river'라는 뜻을 가지고 있다. 기원전 4세기 후반 알렉산드로스 대왕 시대 이래로 역사, 지리학 및 고고학적 명칭으로 사용되기 시작했다. 메소포타미아는 지리적으로 중동의 유프라테스 강과 티그리스 강의 주변 지역(현재의 이라크)을 일컫는다. 메소포타미아는 두 강이 자연적으로 가져다주는 비옥한 토지로 인해 기원전 약 6000년 구석기 시대에 인간이 정착 주거하기 시작한 이래 점차 인류 고대 문명의 발상지 중 하나로 발전했다. 여기서 수메르, 바빌론 문명이 꽃을 피웠다.

세계에서 가장 오래된 문명으로 여겨지는 수메르 문명의 주인공인 수메르인이 어디서 왔는지는 정확히 알 수 없다. 대략 기원전 7000년부터 수메르 지방에서 살기 시작한 것으로 추정된다. 수메르는 메소포타미아 지역의 가장 남쪽, 오늘날의 이라크 남부에 해당하는 곳이다.

'수메리언Sumerian'이란 말은 그들의 뒤를 이은 셈계의 아카드인들Semitic Akkadians이 메소포타미아 남부 지방에 사는 비非셈계 주민들을 부르던 말이었다. 수메르인들은 스스로를 웅 상 기가ùĝsaĝĝíg-ga(음성학적으로 [uŋ saŋ giga], '검은 머리의 사람들')라고 불렀고, 자신들이 사는 땅은 키엔기르ki-en-gi(-r)(place + lords + noble), 즉 '고귀한 주인들의 땅place of the noble lords'이라고 불렀다.

수메르 왕조의 뒤를 이어 아카드 왕조가 등장하고, 아카드 제국은 구티족Gutians에 의해 무너진다. 구티족은 본래 현 이란의 수도 테헤란 서남쪽으로 400킬로미터 정도 떨어진 중부 자그로스 산맥의 고대 도시 하마단Hamadan 주위에 살던 종족이다. 이들의 기원에 대해서는 거의 알려진 바가 없지만, 인도-유럽어를 사용했고, 언어학적으로 토하르인Tocharians(토하르는 대하, 박트리아 등으로도 기술됨)이나 초기 쿠르드인들과 관련이 있을 것으로 추정된다. 나는 이들이 토하르인들과 연관이 있다는 점에 주목한다.

구티족은 기원전 2193년 엘람Elam을 전복하고 수메르 전 지역을 휩쓸었다. 그 결과 아카드 제국이 멸망하고 마침내 메소포타미아 지역에서의 수메르·아카드 지배가 막을 내린다. 구티족은 우루크마저 수중에 넣고 왕권을 탈취한다. 이로부터 일시적으로나마 수메르와 이집트는 암흑기를 맞이하게 된다.

구티족은 바빌로니아(남부 메소포타미아)로 쳐들어가 우루크의 왕 우르우투Ur-Utu 혹은 루갈 멜렘Lugal-melem(루갈은 왕을 가리키는 칭호)의 치세 말 아카드 제국을 전복하고 기원전 2130년까지 약 1세기 동안 메소포타미아 지역에서 집권한 세력이다. 그러다 우루크 왕조의 우투 케갈이 구티 왕조의 마지막(제18대) 왕 티리간Tirigan과 싸워 이김으로써 구티 왕조는 멸망하게 된다. 그 뒤 구티족은 고향인 자그로스에 살면서 뒤를 이은 왕국들을 계속 위협했으나 다시는 남부 메소포타미아를 손에 넣지 못했다.

3
잔드 왕조 페르시아의 수도 시라즈와 시성 하페즈, 그리고 호라산의 중심 도시 메르브의 멸망

> "우정이라는 나무를 심어라. 그대에게 한없는 기쁨을 줄 것이다. 증오
> 라는 나무를 뽑아버려라. 그대에게 한없는 슬픔을 불러올 것이다."
> ―하페즈(1324~1389, 이란의 국민 시인)

"오, 나의 신이시여/ 당신과 함께하겠나이다./ 나의 삶 내던지고 당신과
함께하겠나이다./ 오, 나의 신이시여/ 당신이 나를 받아주신다면/ 그
어떤 것도 포기하고 당신과 함께하겠나이다."

연인에 대한 뜨거운 구애가 아니라 자신을 있게 한 신에 대한 헌신
과 진지한 신앙고백이 한 편의 시가 됐다. 바로 이란의 시성詩聖 하페즈
를 통해서다. 이란은 과거 페르시아로 불렸던 곳으로 이란이라는 이름
은 '아리안의 땅Land of the Aryans'이라는 의미의 이란어 Aryānā에서 파
생된 현대 페르시아어다. 3세기 사산조 시대의 비문에 이미 Ērān이라
는 명칭이 나온다.

나라 이름이 페르시아에서 이란으로 바뀌게 된 건 1925년부터
1941년 영-소 연합군의 이란 침공으로 강제 퇴위될 때까지 팔레비 왕
조 이란의 초대 황제였던 리자 샤 팔레비Riẓā Shāh Pahlevi(1878~1944)에
의해서다. 이 사람의 아들 무함마드Muhammad Riẓā Pahlevi(1919~1980)

가 우리가 기억하는 이란의 마지막 황제다. 1979년 2월 테헤란 주재 미국문화원 습격과 함께 시작된 이슬람 혁명으로 팔레비 왕조는 막을 내린다.

참고로 이슬람 문화권에서 '샤'는 황제의 지위를 나타내는 타이틀로 왕을 뜻하는 술탄이나 파디샤padishah보다 상위의 존재를 지칭한다. 그리고 황태자는 샤자다Shahzada나 미르자Mirza, 왕자는 사히브자다Sahibzada, 귀족은 나와브Nawab나 벡Beg 등으로 불린다. 나와브가 남성 귀족에게 부여된 타이틀이라면 여성 귀족에 해당하는 것은 베굼begum이나 나와브 베굼이다.

1941년 영-소 두 열강이 연합해 이란에 쳐들어온 것은 그들이 내세운 명분과는 아무 상관이 없었다. 다만 카스피 해에 바탕을 둔 이란의 유전을 확보해 제2차 세계대전 당시 동부전선에서 추축국(독일·이탈리아·일본 3국)과 치열한 전투를 벌이고 있는 소련에게 원활한 원유공급선을 마련해주기 위한 것이었다. 오늘날의 이라크 전쟁 등도 모두 그런 맥락에서 이해 가능하다.

리자 샤 팔레비는 1935년 외교사절들에게 희랍인들이 'Greece'보다 그리스어 명칭 'Hellas'를 선호하는 것처럼 페르시아Persia 대신 역사적으로 오래되고 자국민이 자신들의 나라를 부를 때 사용하는 이름인 이란Iran으로 불러줄 것을 요구했다. 우리나라는 대한민국이다. 한족韓族의 나라라는 의미다. 그러나 일본인들은 여전히 조선과 조선인이라는 명칭을 사용하고, 우리와는 다른 한족漢族의 나라 중국인들도 우리 민족을 조선족으로 칭하며, 러시아인들은 우리 민족을 카레이스키(고려인)라 부른다.

아리안Aryan이라는 영어 단어는 'noble (one)'이라는 뜻을 지닌 고대 인도어인 범어 ārya의 차용어다. 처음 이 용어는 베다의 신들Vedic deities, 그중에서도 인드라Indra를 섬기고 희생제의犧牲祭儀 야즈나Yajna('희생'이라는 뜻)와 같은 베다 문화를 따르는 사람들을 가리키는 민족 명칭으로 사용됐다. ārya는 넓게는 고대에 인도-이란어를 사용하는 종족들의 자칭으로 쓰였다. 혹자는 아리안의 어원을 아카드인들이 인도유럽인을 '벌거숭이naked'라는 뜻의 말 Ary라 불렀다는 데서 찾기도 한다. 힌두교에서 야즈나는 노동이나 제물을 바치는 의례 행위였다. 예를 들어 아그니 야즈나Agni Yajna(불의 신 아그니에 대한 희생제)는 기ghee(물소 젖으로 만든 버터기름), 곡식, 하바나 사마그리havana sámagri라는 약초 혼합제herbal preparations 따위를 성스러운 불 속에 던져 바치는 공양 의례다.

나치나 백인 지상주의자들은 아리안을 캅카스 인종이나 백인으로 봤다. 유대인은 예외였다. 견신론見神論, theosophy(접신론接神論이나 신지학神知學이라고도 함)이나 게르만 신비주의에서는 특히 북유럽 게르만 인종으로 대표되는 비유대계 캅카스 인종을 아리안의 전형으로 본다. 히틀러가 유대인 학살을 자행한 것은 자신과 독일인으로 대표되는 아리안의 우월성을 유지하려는 망상에서 기인한 것이다. 아리안의 나라 이란은 우리와도 관계가 깊다. 서울 강남의 테헤란로가 양국 간의 관계를 반영한다. 이란의 수도 테헤란에는 서울로가 있다. 장미의 원산지는 이란이다. 우리나라의 국화 무궁화의 원산지도 이란이다. 시라즈Shirāz라는 이름을 들으면 무엇이 떠오를까? 와인 애호가라면 신대륙 호주의 대표적인 레드 와인 시라즈를 연상할지도 모르겠다. 원래 시라즈는 프랑스 론 북부 지방에서 생산되는 씨라Syrah/Shiraz 품종이 호주로 전파된 것이다. 호주로 넘어온 씨라는 그곳 토양, 기후와 궁합이 맞았는지 전 세계인들로부터 인정을 받으면서 오씨 시라즈Aussie Shiraz(호주의 시라즈)라 불리며 여타 와인과 차별화되기에 이르렀다.

나는 시라즈 하면 와인보다는 이란 서남부의 고대 도시가 먼저 떠오른다. 월드컵 열기가 채 식지 않은 2002년 12월 21일은 이란 항공이 인천-테헤란 항로 첫 운항을 개시한 날이었다. 페르시아 문명을 접한다는 기대감으로 사뭇 가슴이 뛰었다. 도착지는 물론 수도 테헤란이었다. '세상의 절반'이라는 별명을 가진 이스파한을 위시한 고대 페르시아로의 여행은 그렇게 시작됐다. 시라즈도 그때 방문했다.

파르스 주의 주도이자 이란에서 여섯 번째로 주민수가 많은 시라즈는 시인들의 도시요 문학, 와인, 꽃들의 본향이며 정원의 도시이기도 하다. 과거 잔드 왕조 시절에는 1750~1781년에 걸쳐 페르시아의 수도였다. 이란에 간다면 꼭 들려야 할 곳이다. 이슬람이 주된 종교인 이곳에 유대인과 기독교인의 공동체가 있다. 유대인의 이산이 생각나는 대목이다.

테헤란 남방으로 919킬로미터 떨어진 시라즈는 이란 시문학의 두 거목을 배출한 도시다. 13세기 음유시인 사디Saadi와 14세기 명상시인이자 서정시인 하페즈가 태어난 곳이다. 사디는 십자군 전쟁 때 포로로 잡혀간 뒤 고향으로 돌아오기까지 30년 넘게 세상 곳곳을 유랑하며 구구절절 아름다운 시를 남겼다. 반면 하페즈는 시라즈에서 나서 시라즈에서 죽었다. 이란 사람들은 이란을 대표하는 시성으로 망설이지 않고 하페즈를 꼽는다. '하페즈'는 『코란』을 암송하는 사람에게 부여되는 칭호다.

시인 콰자 샴스웃딘 무함마드 하페즈 이 시라지Khwāja Shams-ud-Dīn Muḥammad Ḥāfeẓ-e Shīrāzī와 20세기 이란의 정치인 하페즈 알아사드 Ḥāfiẓ al-Asad(1930~2000)를 혼동해서는 안 된다. 시인 하페즈 이름 끝부분의 '시라지'는 출신지를 나타낸다. 알아사드의 아사드는 아랍어로 '사자'란 뜻으로 가문을 드러내는 말이다. 여기서 퀴즈! 튀르크어로 '사자'를 뜻하는 말은? 힌트는 안녹산도 안국 출신의 사자(처럼 용맹한 사람)였다. 정답은 현대자동차가 사자를 광고에 등장시켜 출시한 자동차의 브랜드인 '아르슬란'이다.

시라즈 시내에 있는 하페즈 영묘靈廟는 밤에 더 빛난다. 그를 추모하는 사람들의 발길도 끊이지 않는다. 그곳은 시라즈 시내를 가로지르는 건천乾川 호슈크Khoshk 강 동북쪽에 공원처럼 넓게 자리 잡고 있다. 거기서 나는 애인을 품에 안듯 하페즈의 대리석 관에 몸을 밀착시킨 채 지긋이 눈을 감고 마치 아름다운 꿈을 꾸는 것처럼 행복한 표정에 젖어 있는 이란 남자들을 신기하게 바라보았던 기억이 있다. 영묘 입구에 들어서면 정자처럼 지은 묘소가 보인다. 이는 이슬람 탁발승의 모자를 형상화한 모습이라고 한다. 하페즈는 죽은 뒤 곧바로 이곳에 묻혔는데 여덟 개의 돌기둥이 받치고 있는 아름다운 묘지 건물은 팔레비 왕조 때인 1935년에 처음 지은 것이라 한다. 그는 사랑의 기쁨과 술을 찬미했고, 한편으론 종교적 위선을 꼬집었다.

"불 밝힌 궁정처럼 연인의 사랑이 스민 집, 신이여, 시대의 재난으로 그 집을 폐허로 만들지 마소서."

그는 이렇듯 연모의 감정을 노래했고 "장미는 내 가슴에, 술은 내 손에, 연인은 내 곁에…… 군주도 노예일 뿐"이라며 술을 찬미했다. 하페

시라즈 시내에 위치한 하페즈 영묘의 모습.(출처: 위키피디아)

즈는 술(포도주)을 '신의 이슬' '빛' '불타는 루비' '이성의 집' 등으로 표현한 이란의 이태백이었다.

하페즈가 애용한 시의 형식은 가잘ghazal이었는데, 이는 라임rhyme, 즉 운을 맞춘 대구와 후렴 혹은 첩구疊句로 이뤄진 것이다. 이 형식은 사상의 논리적 흐름보다는 주제와 상징의 일치에 의해 연결되는 6~15행의 대구로 구성된 서정시의 형식으로, 그는 가잘을 전무후무하게 완벽히 구사했다는 평가를 받고 있다.

전통적으로 가잘은 상실이나 이별에 따른 고통, 고뇌를 수반한 사랑의 아름다움을 시적으로 표현한다. 또한 술을 통한 탈아의 체험 및 속박으로부터의 자유와 연관된 주제들, 곧 수피Sufi들의 사상을 다루고 있다. 하페즈의 업적은 번거로운 형식주의를 지양하면서도 이러한 전통적 주제들을 신선하고 섬세하게 다뤘다는 데 있다.

그는 궁정시인으로서 시라즈의 여러 통치자로부터 총애를 받았다. 그러나 1368~1369년경 하페즈는 궁정에서 축출됐다가 20년 뒤 죽기 직전에 이르러서야 옛 지위를 회복했다. 그의 삶을 이끈 지도적 원리 가운데 하나인 수피즘Sufism은 신자들로 하여금 궁극적 실재와의 합일을 추구하는 일에 절대적으로 헌신할 것을 요구하는 이슬람 신비주의다.

인문학 기행의 노정이 완전히 페르시아로 넘어가기 전에 메르브의 명운을 통해 인간의 비정함을 살펴보고자 한다. 아랍의 점령기와 투르크인들, 정확히는 투르크멘 내지 오구즈 투르크의 한 지파인 셀주크튀르크의 지배를 경험하고, 마침내 팍스 몽골리아의 시대를 맞이해 이곳에는 어떤 변고가 있었는지가 이번 글 말미의 주안점이다. 이는 다음 글에서 살펴볼 반달리즘과도 관계가 있다. 기실 문명 파괴는 어제오늘, 또는 한 지역만의 문제가 아니다. 동서고금에 만연한 인간의 어리석음과 악의는 오랜 문화 예술을 하루아침에 물거품으로 만든다. 21세기 벽두에 벌어진 탈레반의 바미안 석불 파괴, 최근 자행된 IS라는 테러 집단의 소중한 인류 문명 파괴는 반달리즘의 전통이 면면히 이어져오고 있다는 증거다.

　메르브는 현재 투르크메니스탄의 영토다. 과거에는 실크로드의 남쪽길과 북쪽길이 톈산 산맥 서쪽에서 만나던 오아시스 도시였다. 한때는 아케메네스 왕조 페르시아의 마르기아나 속주Achaemenid Satrapy of Margiana였다. 고대 메르브의 도시 유적은 현재 유네스코 세계문화유산 지역으로 등재돼 있다.

　『신당서』「서역전」은 말록末祿, 즉 메르브의 토산물과 습속에 대해 다음과 같이 전한다.

폐허로 남은 메르브 성채.

동쪽에 말록이 있는데 소국이다. 성곽을 세우고 목성木姓을 가진 사람이 많다. 5월을 한 해의 시작으로 삼고, 채색항아리(화항畫缸)를 서로 주고받으며, 때로는 지과支瓜가 나오기도 하는데 큰 것은 열 사람이 먹어야 다 먹는다. 야채로는 과총·갈람·군달·발해 등이 있다.

메르브는 이란 동북부 호라산 지방에 위치해 있다. 한자로는 末祿 혹은 木鹿으로 표기됐다. 전략상의 가치는 물론 문화와 정치의 상호 교류라는 측면에서 극히 중요한 지역이었다. 『신당서』「서역전」은 메르브를 소국이라고 했지만, 12세기에는 전 세계에서 가장 큰 도시였다는 주장도 있다.

1221년 메르브는 칭기즈칸의 넷째 아들 툴루이를 맞이하기 위해 육중한 성문을 연다. 그리고 주민 대부분이 도살당한다. 페르시아의 역사가 주바이니Ata-Malik Juvayni(1226~1283)는 메르브가 파괴되고 나서 한 세대가 지난 뒤 몽골 제국을 다룬 『세계 정복자의 역사Tarīkh-i Jahān-gushā』(History of the World Conqueror)라는 저술을 통해 다음과 같은 기록을 남겼다.

몽골인들은 다음과 같이 명령했다. 400명의 장인들을 제외하고, 남녀노소 불문 모든 주민을 죽여라. 몽골 병사 개개인에게는 자신이 죽일 300~400명의 페르시아인이 할당됐다. 해질녘이면 어찌나 많은 사람이 죽임을 당했는지 산이 작은 둔덕으로 보일 정도이고 평지는 피범벅이 돼 있었다.

역사가들에 의하면, 메르브가 함락되고 타지에서 몽골군을 피해 도망 온 수십만의 난민을 포함한 100만 명 이상의 사람이 학살됐다고 한다. 이런 끔찍한 잔혹사는 인류 역사상 보기 드문 유혈 참변이다. 몽골군이 쑥대밭으로 만들고 간 메르브 지역은 곧이어 일한국의 일부가 됐으나 차가타이한국에 의해 끊임없이 유린당하는 신세로 전락한다. 그러다 1380년 티무르 왕조에 자신들의 운명을 맡기게 된다. 그로부터 125년이 지난 1505년에는 초원의 전사 우즈벡인들이 메르브를 접수한다. 주민들의 의사와는 무관하게 주인이 바뀌는 메르브의 운명은 이렇듯 변화무쌍했다.

4

수메르의 '길가메시 서사시'와
'노아의 홍수' 이야기

"남성은 여성보다 몸집이 우람하다는 것 외에는 여성보다 선천적
으로 뛰어난 이유가 하나도 없다고 나는 단언한다."—버트런드 러셀
(1872~1970)

그간 여러 차례 소무구성에 대해 살펴봤다. 중앙아시아 하중 지방에
새로운 삶의 둥지를 튼 이들은 월지족이다. 기원전 2세기 흉노에 패해
본거지인 현 중국 간쑤 성 치롄 산맥 일대의 목초지를 떠나 서천한 월
지의 무리가 힘든 유랑을 끝내고 마침내 정착한 곳은 소그디아나로 알
려진 하중 지방이었다. 낯선 땅에 자리를 잡고 자신들의 왕국을 세운
월지인들은 고향 소무성을 잊지 말자는 의미에서 성을 소무로 삼았다.
이들이 세운 나라가 강국(사마르칸트)을 비롯해 아홉 곳이기에 중국 사
서는 소무구성昭武九姓이라 기록했다. 월지인 중에는 이주를 마다하고
고향 근처에 머물기를 선택한 무리도 있었고, 이주 도중에 마음에 드
는 곳을 택해 그곳에 머문 집단도 있었다. 이런 이산의 역사는 부지기
수다.

　바빌론 유수는 유대인의 고난을 상징하는 역사적 사건이다. 오랜 저
항에도 불구하고 기원전 587년 칼데아 왕국 바빌로니아의 네부카드

네자르Nebuchadnezzar(성경에는 느부갓네살로 나옴. 기원전 630?~기원전 562, 재위 기원전 605~기원전 562) 왕에 의해 유다 왕국이 멸망한다. 그리고 유대왕 시드기야를 위시해 수많은 유대인이 바빌로니아의 수도 바빌론에 포로로 잡혀간다. 예루살렘은 이미 기원전 597년에 함락됐고, 이때도 여호야긴 왕을 비롯한 수천의 유대인이 바빌론으로 끌려갔다. 50여 년이 지난 기원전 538년 바빌로니아를 정복한 페르시아 제국의 키루스Cyrus 대왕(성경에서는 고레스 왕)에 의해 유대인은 속박에서 풀려난다. 유대인들은 키루스 대왕을 은인이자 하느님의 종이라고 불렀다. 성경 이사야서 45장 1~3절은 그를 가리켜 '하느님의 기름 부음을 받은 자'라고 기록하고 있다.

핍박 기간 동안 유대인은 민족정신과 종교적 정체성을 잃지 않았다. 예언자이자 제사장이었던 에스겔Ezekiel(성경 에스겔서의 주인공)은 미구에 고향으로 돌아갈 수 있으리라는 희망을 불어넣었고, 장로들은 유대인 공동체를 관리했다. 안식일이 정해지고 유대교 회당(시너고그 synagogue)이 처음 만들어진 것도 이 시기로 추정된다. 또한 경전을 정리해 구약성경의 기초를 만들었다.

은인인 고레스 대왕에 의해 속박의 사슬에서 풀려난 유대인들은 수차례에 걸쳐 바빌로니아를 떠나 본향으로 돌아왔고, 일부 유대인들은 계속 바빌로니아에 남아 있었다. 이 결과 많은 유대인 공동체가 형성됐다. 구약에서 말하는 디아스포라는 바로 바빌론 유수 이후의 유대인의 이산에서 비롯된 것이다.

유대인들은 바빌론에서 대제국 페르시아의 화려한 선진문화를 엿보았다. '불생불멸의 최고신' 아후라 마즈다(빛과 지혜의 신)를 섬기는 불의 종교 조로아스터교를 통해 유일무이한 절대 신의 개념을 받아들이고, 유일신 여호와가 인간을 심판한다는 신에 의한 인간 행위의 윤리판단을 도입했다. 결국 바빌론 유수는 단순한 민족적 비극으로 끝나지 않았다. 독이 약이 된 셈이다.

유대인들에게 네부카드네자르 2세는 악인이지만, 바빌론 사람들에게는 위대한 왕이었다. 그의 업적을 여기서 칭송할 필요는 없을 것이다. 그러나 그가 고향 메디아(카스피 해 남쪽에 있던 고대 페르시아 왕국)의 푸른 산과 나무를 그리워하는 아내 아미티스를 위로하기 위해 왕궁 안에 짓도록 했다는 '공중정원空中庭園, Gardens of Babylon'은, 비록 지금은 사라지고 없지만 오늘을 사는 현대인들도 의아해하는 세계 7대 불가사의 중 하나다. 이 정원은 실제로 공중에 떠 있는 것이 아니라 높이 솟아 있는, 즉 지구라트에 연속된 계단식 테라스에 만든 옥상 정원으로, 유프라테스 강물을 펌프로 끌어올려 물을 댔다고 한다. 역시 세계 7대 불가사의 중 하나로 손꼽히는 타지마할을 지은 무굴 제국의 샤자한 왕이 연상되는 대목이다.

남의 땅에서 오래 살다보니 유대인들의 문화에는 부득불 다른 문화 요소가 포함돼 있다. 문화는 전파되게 마련이고, 문화 간 접촉 과정에서 갈등과 수용이 이뤄진다. 성경에 나오는 노아의 홍수 이야기와 닮은 홍수신화가 다른 곳, 다른 문화권에서 목격되는 까닭은 문화가 모방되기 때문이다.

우리나라에는 목도령木道令 이야기라는 홍수 설화가 있다. 어느 민족, 어느 문화에나 홍수 설화나 신화가 존재하는데, 대개 인간의 탐욕에 대한 신의 복수라는 형태로 인류 문명이 파괴되는 내용을 담고 있다.

옛날 하늘의 선녀가 땅에 내려와 계수나무 밑에서 쉬다가 나무의 정령에 반해 관계를 가져 아들을 낳았다. 선녀는 하늘로 올라가고 소년은 나무 밑에서 나무를 아버지라 부르며 놀아서 목도령, 즉 나무도령이라고 불리게 됐다. 하루는 나무가 소년을 부르더니 앞으로 큰 비가 와서 자기가 넘어지거든 자기의 등에 타라고 일렀다.

어느 날 갑자기 큰 비가 내리기 시작하더니 그치지 않아서 세상이 온통 물바다를 이뤘다. 넘어진 나무를 타고 떠내려가던 나무도령은 살려달라고 애걸하는 개미를 만나 아버지인 나무의 허락을 받고 그 개미들을 구해줬다. 또 모기떼들도 구해줬다. 마지막에 한 소년이 살려달라고 하는 것을 보고 구해주자고 하니 나무가 반대했으나 나무도령이 우겨서 그 소년을 구해줬다.

비가 멎고 나무도령 일행은 높은 산에 닿았다. 두 소년은 나무에서 내려와 헤매다가 한 노파가 딸과 시비를 데리고 사는 집에 정착하게 됐다. 나무도령이 구해준 소년은 그 딸을 차지하려고 노파에게 나무도령을 모함해 어려운 시험을 당하게 했다. 그럴 때마다 그가 구해주었던 동물들이 와서 도와주어, 결국 나무도령은 그 딸과 결혼했고, 구해준 소년은 밉게 생긴 시비와 결혼했는데 이 두 쌍이 대홍수로 사라진 인류의 새로운 조상이 됐다. 그리고 후일 목도령은 백두산 신선이 됐다.(『한국민족문화대백과사전』)

백두산은 우리 민족의 성산이다. 환인 서자 환웅이 홍익인간弘益人間의 큰 뜻을 품고 내려온 곳도 백두산 신단수神檀樹 아래다. 그리고 그곳에서 사람 되기를 간절히 원하는 웅녀를 만나 단군왕검을 낳는다. 이렇게 역사는 시작됐다. 우리나라 역사상 최초의 고대국가 고조선은 기원전 2333년 건국됐다. 청동기 시대가 시작될 무렵이다. 이때부터 제기, 농기구, 무기류로 청동기를 사용했으나 생활도구는 여전히 석기가 지배적이었다. 잘난 맛에 사는 인간은 발달된 무기 덕분에 힘을 얻어 더욱 전쟁에 열을 올렸다.

메소포타미아에서도 사정은 마찬가지였다. 기원전 2300년경, 이란 고원 서부에 고대 인도−유럽 인종에 속하는 유목 민족이 등장했다. 아시리아인들은 이들을 구티족이라고 불렀다. 구티족의 본거지는 현 이란의 수도 테헤란 서남쪽으로 400킬로미터 정도 떨어진 중부 자그로스 산맥의 고대 도시 하마단 주변이었다. 구티족은 당시 메소포타미아에 번성했던 바빌로니아 왕국에 가장 위협적인 존재였다. 실제로 구티족은 바빌로니아 왕국을 수차례 침입하고 점령한 바 있다.

그러나 사실 싸움을 먼저 건 쪽은 구티족이 아니었다. 기원전 2300년경 아카드 제국의 사르곤 왕은 본거지인 산악 지대에 살고 있던 구티족 왕 사를락Sarlak을 상대로 전쟁을 벌였다. 구티족은 기원전 2230년경 바빌로니아(남부 메소포타미아)에 쳐들어가, 마침내 기원전 2193년에는 엘람을 전복시키고 수메르 전 지역을 휩쓸었다. 구티족 지배자들은 약 1세기 동안(기원전 2130년경까지) 권력을 잡았지만 바빌로니아 전역을 장악하진 못했던 것 같다. 그러던 중 구티 왕조의 지배 아래 라가시Lagash의 엔시(도시국가의 지배자 혹은 왕자를 가리키는 수메르 칭호) 구데아Gudea가 수메르의 지도자로 부상하면서 문화예술이 발전하고 라가시는 황금기를 구가한다.

메소포타미아 남부의 라가시를 지배한 구데아 상.

그리고 구티족은 기원전 2082년 수메르인에게 정복당한 뒤 근동 역사에서 자취를 감추었다. 일부 학자들은 구티왕들의 이름이 중국 서역에서 활동하던 토하라족의 인명과 아주 흡사하다는 점을 근거로 구티족이 바빌로니아를 떠나 동쪽으로 이주한 것이라고 주장한다. 그렇다면 구티족의 후손들이 멀고도 힘든 여정을 거쳐 파미르를 넘어 마침내 기원전 1000년경 타림 분지 서쪽 끝자락의 오아시스 초원 지역에 도착한 것으로 생각할 수 있다. 토하라족이라는 명칭은 후대 그리스 역사학자들이 붙인 것이다.

무수한 산악과 사막으로 둘러싸인 땅을 발견한 토하라족은 더 나아가 치롄 산맥을 넘어 하서회랑에 자리를 잡고 중국 문명과 접촉하기 시작한다. 중국 고대 문헌은 이들을 禹氏, 禹支, 禹知 등으로 기록했고, 후일 사마천은 월지라고 표기했다. 월지족의 정확한 기원은 여전히 논란거리지만, 월지족이 토하라족의 일부라는 방향으로 의견이 모아지고 있다.

오늘날 월지는 사라지고 없다. 하루아침에 땅속으로 사라질 리는 없다. 변성, 변복을 하고 어딘가로 숨었거나 역사가 그들을 소홀히해 눈 깜빡할 사이 그들의 발자취를 놓친 것이다. 우리가 사는 곳 어딘가에 월지가 있다고 말하거나 우리들 중 누군가가 월지의 후손이라고 말하는 것이 진실이다. 이 세상에 영원한 것은 없다. 삶이 있으면 반드시 소멸이 있다. 고대 메소포타미아 수메르의 홍수신화 「길가메시 서사시」는 죽을 수밖에 없는 인간의 운명에 대한 이야기다. 인간은 필경 죽을 운명을 지니고 태어났다. 하지만 사람들은 그런 운명을 그대로 믿고 받아들이기보다는 그것을 극복하려 애쓴다. 길가메시도 마찬가

「길가메시 서사시」의 일부가 기록돼 있는 점토판. 대홍수와 방주의 건조에 관한 내용이다. 기원전 650년경의 것으로 확인된 아시리아의 점토판이 니네베에서 발견돼 현재 런던의 영국박물관에 전시돼 있다. 수메르어로 기록된 기원전 3세기경의 원본 점토판은 인멸됐다.

지다. 죽음의 공포를 겪은 이후 그는 자신의 모든 삶을 불멸의 길을 찾는 데 바친다.

「길가메시 서사시」의 내용은 이렇다.

우루크의 지배자 길가메시는 지상에서 가장 강력한 왕으로 3분의 2는 신, 3분의 1은 인간인 초인이다. 그러나 백성이 그의 압제에 불만을 터뜨리자 천신天神 아누Anu와 모신母神 아루루Aruru는 길가메시의 힘을 낮추기 위해 엔키두라는 힘센 야만인을 만든다. 길가메시와 엔키두가 싸워 예상외로 길가메시가 이기자 둘은 친구가 된다. 둘은 삼나무 숲의 괴물 파수꾼 훔바바를 정벌하는 모험을 떠나 그를 죽이고 우루크로 돌아온다. 길가메시가 여신 이슈타르Ishtar(수메르어로는 이나나)의 유혹을 뿌리치자 이슈타르는 아버지인 아누에게 길가메시를 징벌하기 위해 하늘의 황소를 내

492

릴 것을 요청한다. 길가메시와 엔키두는 하늘의 황소를 죽인다. 신들은 엔키두가 홈바바와 하늘의 황소를 죽인 데 분노하고 엔키두를 죽인다. 친구의 죽음으로 충격을 받은 길가메시는 영생의 비밀을 듣기 위해 죽지 않는 유일한 인간인 우트나피시팀Utnapish-tim과 그의 아내를 찾아 나선다. 그는 고생 끝에 우트나피시팀을 만나 대홍수에 대해 전해 듣고 영원히 살 수 있는 기회를 두 번 얻지만 모두 실패하고 우루크로 돌아온다.(위키백과)

「길가메시 서사시」에서 주목할 부분은 영생이나 불멸에 대한 것이라기보다 오히려 대홍수 이야기다. 우트나피시팀의 이야기에서 보듯 신은 인간의 숫자가 너무 많아지고 소란스러워지자 인간을 벌주기 위해 홍수를 일으킨다. 심술궂은 신이다. 성경에서도 신은 사악하고 교만해진 인간들을 징벌하기 위해 홍수를 일으킨다. 이런 면에서 길가메시와 노아의 방주 이야기는 닮았다. 유대인의 입장에서는 핍박과 고난인 바빌론 유수와 같은 전쟁의 상처가 인류 역사에 예기치 않은 긍정적인 흉터를 남긴 셈이다. 문화의 모방이 그것이다.

길가메시 홍수신화에서는 7일간 큰비가 내렸다고 한다. 노아의 방주 이야기에서는 기원전 2348년경에 큰비가 40일 동안이나 내려 1년 10일간 홍수가 계속됐다고 나온다. 노아의 홍수와 비슷한 시기인 기원전 2300년경 동방에도 대홍수가 발생했는데 바로 요순 시대의 9년 홍수가 그것이다.

또 기원전 3500년경에도 중국 대륙에 홍수가 났다는 기록이 있다. 물의 신 공공共工과 불의 신 축융祝融이 싸워 공공이 졌고, 그래서 그의

우루크의 왕 길가메시. 3분의 2는 신, 3분의 1은 인간의 모습을 하고 있다.

엔키두의 죽음으로 충격에 휩싸인
길가메시는 영생의 비밀을
듣기 위해 우트나피시팀을 찾아간다.

무리가 하늘에서 떨어져 부주산不周山을 들이받아 산허리가 무너져 웅덩이와 골짜기에 물이 넘쳤는데 이를 여와女媧가 보수했다고 기록되어 있다.

길가메시의 홍수신화는 기원전 3000년경 수메르 문화권에서 전해지던 이야기를 기원전 2000년경 점토판에 기록한 것이다. 수메르 홍수신화의 지우수드라 왕, 길가메시 서사시의 우트나피시팀, 구약성경의 노아는 배를 만들어 생명을 구했다는 점에서 서로 일치한다. 그 밖에도 여러 면에서 세 홍수 이야기는 놀랄 만큼 유사하다.

놀라운 것은 또 있다. 알타이 지방의 홍수신화도 길가메시나 노아의 홍수 이야기와 닮은꼴이다.

나마Nama는 성품이 어질어 천신天神 텡그리Tengeri로부터 큰 홍수가 날 것이니 산 위에 배를 만들어놓으라는 경고를 받았다. 나마는 소준울, 사르울, 발릭스 세 아들을 시켜 큰 배를 만들었다. 곧 홍수가 나서 세상이 모두 물에 잠겼다. 홍수가 그치고 배가 산꼭대기에 걸리자 큰 까마귀부터 차례로 새를 세 마리 날려 보냈으나 한 마리도 돌아오지 않았다. 네 번째로 비둘기를 날려 보내니 자작나무 가지를 물고 돌아왔다.

주인공과 신의 명칭만 다를 뿐 내용은 길가메시나 노아의 홍수신화와 별반 다를 게 없다. 어찌 된 일일까. 알타이 설화인 튀르크족 땅의 설화가 수메르나 유대인 설화의 영향을 받은 것일까? 아니면 문화 보편주의에 기인한 우연의 일치인 걸까.

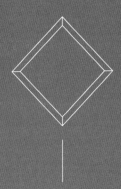

16장

문명의 시원
인더스 강,
간다라,
파키스탄

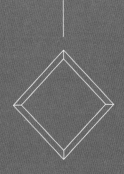

1
'인도의 옥' 힌두쿠시 산맥과
'파의 고원' 파미르 산중의 사람들

달밤에 고향 길 바라보니 뜬구름만 쓸쓸하게 떠돌아가는구나
편지 써서 구름 편에 부치려 하나 세찬 바람 내 말 듣지를 않네
내 나라는 하늘 가장자리 북방에 있고 남의 나라는 땅끝 서쪽이
라네
일남에는 기러기도 없으니 누가 있어 고향에 내 소식 전해줄까
 ─혜초, 『왕오천축국전』 중에서

당나라 개원開元 15년(727) 음력 11월. 마침내 혜초 스님(704~787)은
당나라의 수도 장안에 당도한다. 약 4년간 천축(인도)과 서역을 순유巡
遊한 뒤다. 20대 초반의 젊은 승려가 교통과 숙식이 용이치 않았을 낯
선 세상 험한 곳으로 장기간 장거리 여행을 감행한 그 용기에 찬사를
보내지 않을 수 없다.

여행은 즐거움과 자유를 보장하지 않는다. 집 떠나면 개고생이란 말

처럼 여행은 인내를 요구한다. 혜초 스님이 겪어야 했던 갖가지 고생이 대략이나마 그려진다. 그는 귀로에 세계의 지붕 파미르 고원을 넘었다. 고산병으로 얼굴이 호빵처럼 붓고 울렁증과 두통으로 당장에라도 쓰러지고 싶었을 것이다.

서역과의 교류에 대한 중국 사신의 말을 기록한 『송서宋書』 「이만전夷蠻傳」 제57 '예주만豫州蠻' 조'는 이런 이야기를 담고 있다. "한대漢代 서역의 언어를 번역할 수 있어 먼 곳까지 통할 수 있게 되니, 길이 난 곳이 수만 리가 됐다. 두통지산頭痛之山을 넘는데, 밧줄을 타고 건너가야만 하는 험난한 곳을 넘고 죽음의 길을 살아서 지나가려니, 몸은 앞으로 나가는데 혼은 돌아가려 할 지경이었다."

파미르를 넘는 일이 얼마나 험난하고 목숨을 건 도전인지를 보여주는 기사다. 두통산이란 표현은 웃음을 자아낸다. 고산병 증세로 나타나는 두통 때문에 그렇게 부른 듯하다. 그러나 해발 3000미터만 되면 어느 곳에서든지 두통이 생기기 때문에 여기서 말하는 두통지산이 특정한 산 이름인지는 모르겠다. 『통전通典』 193권 「변방邊防」 '갈반타渴槃陀 조'와 『한서』 「서역전」에 따르면, 두통산은 지금의 신장 타시쿠르간Tash-kurgan 타지크 자치현의 갈반타 서남쪽에 있고, 고대 인도의 계빈Kapisa 으로 통하는 험준한 산으로, 대두통산大頭痛山과 소두통산小頭痛山으로 나뉘어 있다고 한다.

혜초 스님은 토하라에 있던 겨울 어느 날 문득 눈을 만나 난감한 심정을 오언시로 표현했다. "차디찬 눈보라 얼음까지 섞여 몰아치고 (…) 우물가는 도사린 뱀처럼 얼어붙었다. 횃불 벗 삼아 오르며 노래 불러보 건만, 저 파미르 고원 어찌 넘을 것인가." 총령, 즉 파미르를 넘기 전이

다. 세계의 지붕이라 불리는 산악 고원 지대 파미르에는 과거 호밀국護
蜜國이 있었다. 호밀이란 나라 이름은 흑맥黑麥이라고도 하는 호밀과는
아무 상관이 없다. 왕의 거성居城은 색가심성塞迦審城으로, 심상치 않은
곳이다.

『신당서』「서역전」이 전하는 호밀국 이야기는 다음과 같다.

> 호밀護蜜은 달마실철제達摩悉鐵帝 혹은 확간鑊侃이라고도 부른다.
> 북위 때 발화鉢和라고 불렀던 것인데 역시 토하라의 고지다. 왕의
> 거처는 색가심성인데 북쪽으로 아무다리야 강에 임해 있다. 사
> 람들은 푸른 눈동자를 하고 있다. 현경 연간에 그 땅을 조비주鳥
> 飛州로 삼았고, 국왕 사발라힐리발沙鉢羅頡利發을 자사로 임명했다.
> 그곳은 사진四鎭이 토하라로 들어가는 길의 입구에 해당하며, 예
> 전에는 토번에 복속했다. 개원 8년(720) 그 왕인 나려이타골돌록
> 다비륵막하달마살이羅旅伊陀骨咄祿多毗勒莫賀達摩薩爾를 왕으로 책봉
> 했다.

놀랍지 않은가. 여기 사람들이 푸른 눈동자를 갖고 있다니. 기억을
더듬어보자. 돌궐과 오손인의 신체적 특징이 푸른 눈에 붉은 머리라는
사실을 초반부에 이야기했다. 그렇다면 호밀국의 주민은 돌궐, 오손과
같은 종족일 수도 있다. 왕의 이름도 흥미롭다. 사발라힐리발. 돌궐 제
국(552~744)의 5대 가한 아사나阿史那 섭도攝圖('white dragon'이란 뜻)의
칭호도 시발략沙鉢略(또는 始波羅)이었다. 돌궐비문에 근거해 이 이름을
이시바라Ishbara라고 읽는다. 돌궐 제국의 창건자 이리가한伊利可汗, Iliq

Qaghan 아사나 토문土門의 동생으로 서면가한西面可汗, 즉 서돌궐의 엽호 yabghu였던 아사나 실점밀室點密(재위 552~575)은 Istemi의 음역어다. 어쨌든 왕의 칭호로 이시바라를 같이 쓰는 이상, 호밀국(왕)은 돌궐과 같은 언어와 칭호를 사용하는 족속이라고 말해도 좋겠다.

개원 8년(720) 당 조정에 의해 왕으로 책봉됐다는 당시 호밀왕의 관칭官稱 '나려이타골돌록다비륵막하달마살이'도 그가 돌궐과 동계임을 의심케 하기에 충분하다. 이 긴 칭호에 포함된 한자어 骨咄祿, 莫賀는 돌궐 인명에서 흔히 보이는 어휘다. 위구르 제국 초대 가한 칭호의 한자어 표기도 '골돌록'으로 시작한다. 골돌록비가궐가한. 이는 고대 뒤르크어 'Qutlugh bilge kül qaghan'의 음사로 '고귀하며 현명하고 강한 군주'라는 의미 있는 칭호다. 그 왕의 거처가 색가심성이라 했다. 이 또한 파미르에서 발원하는 아무다리야 강, 정확히는 지류인 판지Panji 강의 남안에 있는 이시카심Iskashim 성의 음역자다. 이시카심을 한자어로 전사하는 과정에서도 어두 모음 /i/가 탈락됐다.

파미르 고원 와칸 계곡(중국 사서의 호밀)에 생활 터전을 두고 있는 주민들은 스스로를 이시코슈미ishkoshumi 내지 이시코시미ishkoshimi라고 부른다. 인도-아리안 자료에 근거할 때 첫음절 ish-는 Saka(색종)를 나타내며, koshum은 'land, earth'의 의미를 지닌다. 이 둘이 합쳐져 '색종(사카족)의 땅' 이시카심이 탄생했다. 월지에 밀려 어디론가 사라진 색종이 세계의 지붕 파미르, 판지 강이 흐르는 와칸 계곡에 터전을 잡고 명맥을 유지하고 있었다.

아프가니스탄 북부 바다흐샨 주Province of Badakhshān 판지 강 상류 좌안에 사는 1500~2000명 정도의 이시카시미들이 예나 지금이나

오늘날 와칸 계곡 이시카심 성채 아래를 흐르는 판지 강 상류.

무심히 흐르는 판지 강 건너 타지키스탄 고르노-바다흐샨 자치구the
Gorno-Badakhshān Autonomous Region 이시카시미구 뉴트Nyut 키시라크
qishlaq('촌락')의 동족들을 바라보며 생활하고 있다. 역사의 비극이다.

그렇더라도 자연경관은 비경 중의 비경이다. 판지 강 북쪽은 와칸 산
맥, 남쪽은 그 유명한 설산 힌두쿠시다. 『위서』 「서역전」과 『북사』 「서역
전」 제85 '발화국鉢和國 조'는 힌두쿠시 산맥의 장관을 이렇게 묘사한다.
"발화국은 갈반타의 서쪽에 있다. 그 풍토 역시 추우며 사람과 가축이
함께 사는데, 땅을 파서 그곳에 거주한다. 또한 큰 설산이 있는데 바라

보면 마치 은색 봉우리 같다. 주민들은 오로지 보리떡만 먹고 밀로 빚은 술을 마시며, 모전으로 만든 외투를 입는다."

여기서 말하는 발화국은 와칸의 한자어 음역어로 바로 호밀국이다. 이게 무슨 소리인가 의아하겠지만, 이에 대해서는 뒤에서 설명하겠다. 윗글에서 '바라보면 마치 은색 봉우리 같은 설산'이라고 한 산이 다름 아닌 힌두쿠시다. 이번 글의 표제 일부분을 '인도의 옥' 힌두쿠시 산맥이라고 한 건 'Hindu Kush'에서의 'kush'가 다름 아닌 옥을 가리키는 말이기 때문이다. 이 어휘를 재삼 기억해둘 필요가 있다. 토템으로서 옥을 부족명으로 삼은 월지의 갈래가 본거지를 떠나 서역으로 이주해 간 경로나 흔적을 찾는 데 이 '쿠시'라는 어휘가 결정적인 역할을 한다.

톈산 일대를 거점으로 유목 생활을 하던 색종은 월지에 밀려 어디로 갔을까. 그것이 한동안 궁금했다. 그리고 그들의 기원이나 언어 풍습 등은 어떠했을지도 무척 알고 싶었다. 일단 호밀국 혹은 발화국으로 알려진 파미르 산중의 나라가 색종의 왕국이었음을 알았고, 그들의 신체적 특징과 언어에 대해서도 다소간 정보를 얻었다. 잠정적인 결론이지만 색종은 돌궐과 동종이라고 조심스럽게 말할 수 있을 것이다.

『신당서』와 『구당서』의 호밀국은 휴밀休密(『후한서』), 호밀단胡密丹(『양서梁書』), 호멸胡蔑(『일체경음의一切徑音義』) 등으로도 표기된다. 『대당서역기』는 호밀을 구미타拘迷陀라 적고 있다. 이는 프톨레마이오스(83?~168? 고대 그리스의 수학자, 천문학자, 지리학자, 점성학자)가 말하는 코메다이Kome-dai와 아랍 문헌 자료에 보이는 쿠메드Kumed와 같은 것이다.

실크로드는 로마령 시리아의 수도인 안티오크를 출발해 (…) 메

고대 색종의 후예일 수도 있는 이시카심 마을의 천진한 어린이들.

르브를 거쳐, 그리고 이 시기 인도-스키타이 사람들, 즉 중국에
서는 월지 또는 인도에서는 토하라인으로 기록된 사람들이 지배
하고 있었던 박트리아로 이어졌다. 이곳에서 실크로드는 파미르
고원으로 들어갔다. 프톨레마이오스에 의하면 이 산맥의 계곡인
'코메다이Komedai 언덕'의 아랫자락에는 돌탑이 있고, 그 부근에
서 '비단'을 운반하는 중국 상인들과 레반트 상인들이 물품을 교
환했다.(르네 그루세, 『유라시아 유목제국사』, 김호동 외 옮김, 사계절,
1998, 90쪽)

결국 호밀 등의 다양한 이표기는 구미타拘迷陀의 拘迷와 같은 음, 즉

505

/kume/를 다른 한자로 전사한 것이다. 그러나 이 말이 무슨 뜻을 지니고 있는지는 명확하지 않다. 호밀의 또 다른 명칭인 발화鉢和나 확간(둘 다 와칸Wakhan의 음역)의 의미를 검토해보면 알 수 있을지도 모르겠다.

『위서』「서역전」'가배국伽倍國 조'는 흥미로운 내용을 전한다. 가배국이 옛 휴밀흡후이고 도읍은 화묵성和墨城이라는 것이다. 사차의 서쪽에 있고 대代와는 1만3000리 떨어져 있으며, 그곳 사람들은 산 계곡 사이에 거주한다고도 했다. 가배국이 옛 휴밀흡후라는 것은 과거 휴밀흡후였던 곳이 위서가 기록될 당시에는 가배국이라 불렸다는 말로 이해된다. 월지의 수령을 나타낸다고 알려진 말 '흡후'는 원래 토하라어에서 '땅, 지방'을 뜻하는 'yapoy, ype'라는 말과 연관이 있다고 하는데, 나는 아직 이에 대해 자신이 없다.

어쨌든 이렇게 해서 마침내 총령을 넘어간 월지의 또 다른 행적을 찾을 수 있는 단초가 되는 귀중한 문헌 기록이 발견됐다. 후일 쿠샨 왕조를 세운 대하의 오흡후 중 하나인 귀상흡후는 옛 휴밀흡후였던 가배국에서 서쪽으로 560리, 대代와는 1만3560리 떨어진 곳에 위치한 겸돈국이라고 『위서』「서역전」'겸돈국 조'는 기록하고 있다. "겸돈국은 옛 귀상흡후로 도읍은 호조성이다. 절설막손의 서쪽에 있고 대와는 1만3560리 떨어져 있다. 산 계곡 사이에 거주한다."

그런데 『위서』「서역전」보다 훨씬 오래전에 쓰인 『전한서』「서역전」제66 '대완국大宛國 조'에 대완국의 도읍이 귀산성貴山城이며, 서남으로 690리 떨어진 곳에 대월지국이 있고, 토지, 풍토, 물산, 민속이 대월지, 안식과 동일하다고 전한다. 여기서 말하는 귀산貴山은 월지가 복속시킨 오흡후 가운데 하나인 귀상貴霜과 어원적으로 동일하며 둘 다 Kushan

내지 Kushaniya를 옮긴 것으로 추정된다. 이러한 추정은 월지의 한 갈래인 쿠시족이 이동 중에 흩어져 여기저기 자리를 잡으며 자신들의 흔적을 지명 등으로 남겼다는 전제를 받아들일 때 의미가 있다. 참고로 현재 우즈베키스탄에는 사마르칸트 서북쪽에 과거 소그드인의 도시라고 알려진 Kushaniya가 있다.

가배국(휴밀흡후)과 겸돈국(귀상흡후) 사이에는 절설막손(쌍미雙靡흡후)이 있었다. 가배국에서 서쪽으로 500리 떨어진 곳이다. 쌍미흡후의 위치와 관련해서 『신당서』「서역전」은 호밀의 북쪽에는 식닉識匿, Shighnan, 남쪽에는 상미商彌가 있다고 했다. 덧붙여 말하기를, "상미는 오흡후의 하나로 그 지방의 크기는 2000리가 넘는다. 포도가 많이 나고, 자황도 나오는데 돌을 굴착해서 그것을 얻는다. 동북으로 산을 넘어 700리를 가면 파미라천波謎羅川(파미르 강)에 이른다. 동서가 1000리이고 남북이 100리이며, 봄과 여름에 비와 눈이 내린다"고 했다.

과거 귀상흡후였던 겸돈국에서 서쪽으로 100리 떨어진 지점에 옛 힐돈흡후였던 불적사국이 자리 잡고 있었다. 대代와는 1만3660리 떨어진 곳이며, 이 나라 사람들 역시 다른 나라 사람들과 마찬가지로 산 계곡 사이에 거주했다. 도읍은 박모성薄茅城이다. 불적사弗敵沙는 이 일대의 지명인 Badakhshan의 음역이 아닐까 싶다.

불적사국에서 남쪽으로 100리를 가면 염부알국閻浮謁國이 나오는데 이곳은 과거 고부高附흡후이고 도읍은 고부성高附城이다. 대와는 1만 3760리 떨어져 있으며, 이곳 주민들 역시 산 계곡 사이에 거주한다. 『후한서』는 다섯 번째 흡후로 고부가 아닌 도밀都密을 들고 있다. 그 진위야 어찌 됐든 대하를 구성하던 오흡후의 하나인 옛 귀상흡후 겸돈국이 나머지 네 흡후를 규합해 쿠샨 왕조를 수립하게 된다. 중국 사서가 계속해서 쿠샨 왕국을 월지라 부른 이유를 알 만하다. 귀상흡후는 물론 파미르 산중의 다른 흡후들이 모두 월지에 속하는 씨족 내지 부족이었던 것이다. 귀상이 옥을 뜻하는 월지어 'kush'이듯, 나머지 네 흡후의 명칭도 월지어를 한자로 전사한 것이며 나름대로의 상서로운 의미를 지니고 있을 것이다.

2
간다라의 중심 페샤와르,
이곳에 소월지국의 도성都城이 있었다

"봄날이 사막의 풀을 적시고, 우리 까필라들이 카이버 고갯길을 굽이
돌아갈 때, 낙타들은 여위었지만 여자들은 살쪄 있네. 지갑은 가벼우
나 짐들은 묵직해라. 눈에 막힌 북풍이 남으로 내려와 페샤와르 시장
터로 불어들 때."—러디어드 키플링(1865~1936), 「카이버 고개」

오래전 나는 이렇게 썼다.

1996년 말 나는 이슬람 국가 파키스탄을 향해 떠났다. 무슬림들
의 삶과 문화를 직접 눈으로 보고 싶었기 때문이다. 아라비아 해
에 면한 상공업 도시 카라치Karachi에서부터 시작된 보름여의 여
행 기간 중 송구영신의 시점을 파키스탄의 수도인 이슬라마바드
Islamabad에서 맞았다. 그리고 다음 해 첫날. 고도 탁실라Taxila를
경유해 페샤와르Peshawar에 도착했다. 현지인들은 파키스탄을 빠
끼스딴, 카라치를 까라치, 페샤와르를 뻬샤와르라고 발음했다.
한 가지 더 흥미로운 사실은, '땅'을 의미하는 '-stan'이다. 우리
도 옛날에는 '땅'을 '싸'으로 표기하지 않았던가. 이러한 유사성
의 발견으로 인한 새로운 궁금증과 설렘으로 가슴이 뛰었다.
북서변방주NWFP, North-West Frontier Province의 주도인 페샤와르

509

는 불교 미술과 고대 실크로드의 십자로 역할을 하면서 교역과 문화, 예술의 중심지이자 군사상 요충지 역할을 해왔다. 현재도 인도의 델리, 파키스탄의 라호르, 라왈핀디, 탁실라를 거쳐 이웃 나라 아프가니스탄의 카불을 연결하는 GT 로드Grand Trunk Road 상에 놓여 있는 중요한 교통 요지다. 아프가니스탄과의 국경을 따라 장장 1100킬로미터에 걸쳐 펼쳐진 북서변방주에는 카불 강과 스와트 강이 흘러들어 페샤와르 분지를 비옥하게 만든다. 한편 페샤와르는 아프가니스탄과의 국경 역할을 하는 굽이굽이 험준한 카이버 고개Khyber Pass(원어로는 'Darra Kheybar'라 하며, 'darra'는 페르시아어에서 차용한 말로 '門, 들어오다'라는 뜻)에서 불과 17킬로미터 거리에 위치해 있다.

역사상 이곳을 밟은 사람은 알렉산더와 그의 동방 정벌군, 칭기즈칸이 이끄는 용맹한 몽골군, 현장법사 등이 있다. 신라의 혜초 스님도 어쩌면 이곳을 거쳤을지 모를 일이다. 기왕에 페샤와르까지 간 김에 나도 시절 인연에 따라 사연 많은 카이버 고개에 올라 잠시 역사를 반추하고, 인간과 국가의 현실적 명운을 생각해보았다. 그리고 저 멀리 전쟁의 소용돌이 속에 잠겨 있는 비운의 나라 아프가니스탄을 굽어보니 형언키 어려운 감회가 솟구쳤다.

해발 1080미터의 카이버 고개에 오르려면 우선 NWFBNorth-West Frontier Bureau 발행의 허가증이 있어야 하는데, 여간해서는 얻기 힘든 출입 허가증을 운 좋게 얻었다. 하지만 난관이 있었다. 무장 경찰 10여 명의 호송을 받으며 위험천만한 파탄족 거주지 트라이벌 에어리어Tribal Area를 통과해야 했다. 그곳은 파키스탄

정부의 행정력이 미치지 못하고 파탄족 자치권이 인정되기 때문에 생사여탈권이 전적으로 파탄족의 손에 달려 있는 셈이었다.

하야따바드를 지나자 검문소가 있었다. 이곳이 바로 양국의 국경, 파탄족 거주지는 이 일대에 있었다. 조마조마한 심정으로 그저 무사하기만을 바라며 숨소리조차 내지 못하고 그곳을 지났다. 휴우! 저절로 한숨이 나왔다. 얼마나 걸었을까. 이윽고 너무나 황량해 을씨년스러운 느낌마저 주는 카이버 고갯마루에 올랐다. 황토 바람 휘날리는 아래를 내려다보니 아련한 실크로드의 흔적이 남아 있었다. 환영이었을까? 비단과 보석, 향료를 한 짐 가득히 싣고 고개를 비실비실 넘는 행상들의 모습이 신기루처럼 보이는 것이었다.

페샤와르로 돌아와보니 사정은 달랐다. 우선 인종 전시장이나 박람회라는 말이 딱 어울릴 만큼 각양각색의 사람들이 있었다. 남녀 할 것 없이 모두 잘생겼으며 친절했다. 나는 남자들의 기품 있게 기른 수염과 모자에 주목했다. 이곳의 남자들은 콧수염이나 턱수염을 기르는 것이 기본 덕목이요, 남자다움을 배가시켜주는 것이라 믿는 듯했다.

또한 그들은 너 나 할 것 없이 대부분 모자를 쓰고 있었는데, 사람의 생김과 성품이 제각각이듯 모자의 빛깔과 모양도 무척이나 다양했다. 훈자, 길기트, 라호르, 카멜라 등 파키스탄 어디를 가봐도 남자들의 머리에는 모자가 얹혀 있었다. 장수 마을 훈자의 노인, 파키스탄 사람들의 주식인 난을 구워 파는 중년 남자, 시장에서 차이를 끓이는 한 무리의 남자들, 거리의 유랑 악사 '까왈qawal', 유쾌한 보석 상인, 차 배달하는 소년, 모두들 친근감 넘치는 미소 위로 모자를 쓰고 있었다.

무슬림 남자들은 남성의 상징이자 권위의 징표로 수염을 기르고 있다. 대신 위생상의 이유로 청결을 유지하고자 겨드랑이의 털과 거웃은 제거한다. 그런데 묘하게도 어떤 남자들은 가슴에 난 털을 그대로 둔다. 그 이유는 만만해 보이는 외국인 여성 여행자를 만나면 가슴을 열어젖히며 자신의 남성다움을 자랑하기 위함인데, 치졸하기 그지없다.

참고로 파키스탄 남자들 중에는 앉아서 소변을 보는 사람들이 많다. 그리고 뒤처리는 근처에 있는 조약돌로 한다. 한낮의 태양열로 달구어진 것이라면 더욱 좋다. 이렇게 앉아서 오줌 누는 남자들이 아내가 외간 남자와 통정을 하면, 심지어는 친정에 가고 싶다고만 해도 얼굴에 염산을 뿌린다거나 몸에 석유를 붓고 불을 지르기까지 하니 남자의 질투와 속내를 어떻게 이해해야 할지……. 물론 이렇게 극악한 남자들은 극소수라 믿고 싶다.(연호택,『문명의 뒤안 오지의 사람들』, 성하출판, 1999)

생각해보니 20년 전의 일이다. 그때는 젊었다. 불과 40대 초반이었으니 거칠 게 없었다. 나 홀로 배낭여행은 더없이 즐겁고 스릴 넘쳤다. 그후 두 번인가 더 파키스탄에 다녀왔다. 중앙아시아 국가 명칭의 어미는 '땅'을 뜻하는 '-stan'으로 끝나는데, 파키스탄도 예외가 아니다. 다만 예를 들어 타지키스탄은 '타지크족의 땅'인데 비해, 파키스탄은 이 나라의 독립운동가이자 초대 총독이었던 무함마드 알리 진나Muhammad Ali

파키스탄 페샤와르의 버스 정류장 풍경. 나그넷길에 오른 여행자의 시선과 그 풍경은 삶의 길이 다양하면서도 그 냄새만큼은 서로 닮아 있음을 보여준다.

Jinnah(1876~1948)가 파키스탄을 구성하는 5개 지역, Punjab, Afghan, Kashmir, Sindh, Baluchistan의 머리글자를 따서 만든 두문자어다.

이 나라도 우리나라처럼 8월 15일에 독립했다. 우리나라는 일본으로부터, 파키스탄은 영국으로부터다. 이슬람 국가라서 금요일이 공휴일이다. 술과 담배는 금지돼 있다. 그렇다고 돈 있고 세력 가진 사람들이 그런 금지 사항을 준수할 것이라 믿는다면 그건 지나치게 순진한 생각이다. 내 친구 아미르Amir네 집 냉장고엔 맥주가 가득했다.

파키스탄에서의 감동적인 일화 한 가지. 길을 묻는 내게 극도의 친절을 보여준 현지인에게 감사를 표하니, 그의 대답은 이랬다. "우리 무슬림들은 이방인에게 친절하라고 배웠답니다."

파키스탄에서의 안 좋은 추억 한 가지. 고인이 된 매제와 파키스탄에 갔던 때가 8월 14일이었다. 수도 이슬라마바드에서 라호르로 이동해 택시를 타고 숙소인 호텔을 찾아가고 있는데, 알고 보니 이 나라는 독립기념일이 이틀 연속이다. 평소 술 못 마시고 담배 못 피우고, 따라서 세속적 재미라고는 없는 이 나라 젊은이들이 독립을 축하하기 위해 거리로 몰려나왔다. 트럭에 올라타고 소를 몰고, 혹은 걷기도 했다. 거리는 사람과 차로 넘쳤고 내가 탄 자동차는 움직이기조차 어려웠다. 사람 걸음보다 더뎠다.

그런 상황에다 자동차는 에어컨이 없어 찜통이었다. 창문을 열고 굼벵이처럼 느릿느릿 기어가고 있는데 느닷없이 젊은 친구 하나가 우리 차 보닛 위로 뛰어올랐다. 열린 창문 밖에서는 잘생긴 젊은이들이 환하게 웃으며 환영의 손짓을 보내고 있었다. 나도 반갑다고 마주 보고 손을 흔들었다. 누군가가 차창 가까이로 다가왔고, 사건은 찰나에 일어났다. 눈 깜짝할 사이 번개 같은 손놀림으로 내 목에 찬 폴로 타이와 손목시계를 낚아챈 것이다. 다행히 시계는 내 무릎 위로 떨어졌다. 폴로 타이를 손에 넣은 '배드 가이'는 순식간에 사라졌다. 미국인 청각장애인 친구가 선물한 것이었는데…….

이런 찜찜한 감정은 촐리스탄 사막에서 만난 그 지역 왕자 형제의 융숭한 대접으로 이내 사라졌다. 사막의 밤하늘 아래에서 유목민 로히왈이 보여준 전통음악 연주는 신명나고 흥겹다 못해 신비롭기까지 했다. 낙타가 춤을 출 수 있다는 것을 그때 처음 알았다. '사따봐따'라는 이색 혼인 제도에 따른 전통 결혼식도 매우 이채로웠다. 도시의 사정은 다르지만 시골에서는 아직도 사촌 간의 결혼이 흔히 행해지고 있었다. 결혼식 날이 다가오면 신부는 자신의 집 외진 방에 들어가 결혼식 준비를 한다. 전통에 따라 노란 바탕의 옷을 곱게 차려입고 여자 친구나 친척들과 함께 지내면서 마음의 안정을 찾는다. 짧게는 3일, 길게는 일주일 정도 실내에서 지내면 피부가 하얘진다고 믿는다. 이 기간 동안 손이나 팔에 꽃무늬 따위를 헤나로 그려 넣는 맨디mahndi를 한다.

무슬림 국가라서 위험하다는 선입견을 버리고 여행에 나서면 상당히 이색적인 문화 체험을 할 수 있는 곳이 파키스탄이다. 문제는 그렇게 매력적인 나라에 지금은 쉽게 갈 수 없다는 점이다. 알카에다의 테러 위험 때문에 외교부에서 여행 경보 3단계인 철수권고 또는 특별여행경보 1단계인 특별여행주의보를 발령한 것이다. 그러니 특별한 사유가 있어야지만 파키스탄을 여행할 수 있는데, 그럴 만한 사정이 특별히 있을 법하지 않다.

현재 파키스탄의 인구는 약 1억6000만~1억9000만 명이다. 전체 인구의 97퍼센트 이상이 이슬람 신자인 무슬림으로 인도네시아에 이어 세계에서 두 번째로 이슬람 신도가 많은 나라다. 육이오 전쟁 당시 우리나라에 물자 원조를 해준 19개 나라 중 하나가 파키스탄으로, 파키스탄은 그 무렵 우리보다 훨씬 잘 살았다. 그러나 계속된 정치적 불안과 경제정책의 실패로 현재 경제 상황은 썩 좋지 않다. 미국 단체인 평화기금Fund for Peace에서 발표하는 실패국가지수로는 세계 10위에 랭크돼 위험국가에 속한다. 이 정도면 아이티, 짐바브웨와 비슷한 수준의 위험 상태다.

내가 푸르다purdah 이야기를 할 때면 꼭 예로 드는 나라가 파키스탄이다. '여성 격리'라고 할 수 있는 이 제도는 보호라는 명분으로 여성을 부당하게 취급하는 아주 나쁜 악습이자 만행이다. 이 나라 (특히 페샤와르를 중심으로 한 북서변방주의) 여자들은 여느 이슬람 국가 여성이 입는 옷보다도 갑갑한 의상인 부르카burka를 입는다. 섭씨 40도를 웃도는 기온, 90도에 육박하는 습도 속에 머리부터 발끝까지 부르카를 뒤집어 쓴 여자의 고통을 상상해보라. 눈 부위만 겨우 철조망처럼 뚫려 있어 이를 통해 외부세계를 볼 수 있다.

고도古都 페샤와르는 산스크리트어로는 '사람들의 도시city of men'라는 의미의 'Puruṣa-pura'로 알려져 있다. 산스크리트어 '-pur(a)'는 '성곽도시'를 가리키는 말로 우리말에 차용돼서는 '서라벌' '황산벌' 등에 그 흔적을 남겼다. 또한 이 도시는 기원전 2세기 그레코 박트리아 왕국 시절에는 오늘날의 탁실라에 해당하는 탁샤실라Takshashila를 통치했다. 당시 중국에서 대하라고 불린 박트리아는 월지가 접수했고, 오흡후로 나눠 통치했다. 백제나 고구려, 부여 등의 통치 방식도 이와 비슷했다. 흉노라는 부족연맹체도, 거란족의 요나라도 이런 지배 방식을 택했다.

……월지가 흉노에 멸망당하자 마침내 대하로 이주하고, 나라를 휴밀休密·쌍미雙靡·귀상貴霜·힐돈肸頓·도밀都密로 나눠 모두 오부五部의 흡후가 됐다. 그 후 100여 년이 지나서 귀상흡후인 구취각丘就卻이 (다른) 4흡후를 멸하고 스스로 왕이 돼 국호를 귀상이라고 했다. 안식을 침공하고 고부의 땅을 취했다. 또한 복달과 계빈을 멸하고 그 나라를 모두 차지했다. (…) 다시 천축을 멸하고 장

군 1인을 두어 그곳을 감령케 했다. 월지는 그 뒤로 극도로 부강해졌다. 여러 나라는 모두 그 나라 왕을 '귀상왕貴霜王'이라 칭하지만, 한나라는 그 옛날의 칭호를 써서 '대월지'라고 부른다.(『후한서』 「서역전」 제78 '대월지국大月氏國 조')

그랬다. 오흡후 중 하나인 귀상흡후가 나머지 흡후를 병합하고 통일국가를 세웠다. 간다라 지방도 수중에 넣었다. 쿠샨 왕조가 탄생했다. 이 왕조와 관련해서 대부분의 사람들은 카니시카Kanishka, 迦膩色伽 (127~151. 중국 사서는 78년에 즉위한 것으로 기록) 왕을 떠올릴 것이다. 이 왕조의 수도 중 하나가 페샤와르였다. 베그람Begram도, 탁실라Taxila도, 마투라Mathura도 수도였다.

『위서魏書』 「열전列傳」 제90 서역 '소월지국 조'와 『북사』 「열전」 제85 서역 '소월지 조'는 동일한 정보를 우리에게 제공한다. "小月氏國, 都富樓沙城. 其王本大月氏王寄多羅子也. 寄多羅 匈奴所逐, 西徙. 後令其子守此城, 因號小月氏焉. (…) 其城東十里有佛塔, 周三百五十步, 高八十丈. 自佛塔初建計至武定八年, 八百四十二年, 所謂百丈佛圖也."

소월지국의 도성인 '부루사성富樓沙城'은 바로 페샤와르의 고대 산스크리트어 명칭인 Puruṣa-pura의 음역어다. 페샤와르는 한때 소월지국의 도읍이었던 것이다. 그런데 사서가 전하는 바에 따르면 그 나라 왕은 본래 대월지왕 기다라寄多羅, Kidara의 아들이었다. 1세기 초 월지의 한 갈래인 '옥의 부족' 귀상貴霜이 여타 부족을 통합하고 그레코-박트리아의 영토에 쿠샨 제국을 건설했다. 그 강역이 오늘날의 아프가니스탄 지역 대부분과 파키스탄의 페샤와르는 물론 인도아대륙 북부를 망라했다. 중국은 이 대제국 쿠샨을 여전히 월지국이라 불렀다. 월지의 나라 쿠샨 제국은 375년에 멸망했다. 그렇다면 동위東魏 효정제孝靜帝(재위 543~550) 마지막 해인 무정武定 8년(550)을 전후한 시점에 중국인이 월지국으로 간주한 이 나라의 정체는 무엇일까? 320년경 기다라 1세에 의해 시작된 기다라 왕국Kidarite Kingdom은 스스로 쿠샨 제국의 후계자임을 자처한 마지막 왕조였다. 이 왕조의 마지막 왕은 Kandik로 500년대 초의 인물이다. 뭔가 복잡하다.

이와 관련해 『위서』「열전」 제90 서역 '건다국乾陀國' 조에 흥미로운 기사가 실려 있다.

건다국은 오장국烏萇國 서쪽에 있는데 본명은 업파業波다. 에프탈(백흉노)에게 공파돼 이름을 바꿨다. 그 나라 왕은 본시 칙륵敕勒인이다. 나라를 통치한 지 이미 2세대가 지났다.

건다국은 간다라국을 말한다. 간다라국의 본명 업파는 동위東魏의 양현지楊衒之가 찬撰한 『낙양가람기洛陽伽藍記』에는 업파라業波羅로 기록돼 있다. 간다라를 왜 '업파라'라고 했을까? 마침내 간다라를 가리키는 고대 페르시아어 Para-upari-sena에서 그 해답을 찾았다. 업파라는 upari의 한자 표기였던 것이다.

간다라Gandhara는 도시 이름이자 페샤와르를 중심으로 했던 고대 왕국의 명칭이다. 이미 살펴봤듯, 간다라의 중심 페샤와르를 인도인들은 '사람들의 도시'라는 뜻의 산스크리트어 Purus·a-pura라 불렀다. 한편 고대 페르시아인들은 자신들의 언어로 Para-upari-sena라고 지칭했다. 그 말뜻은 '높은 땅 너머'다. 여기서 upari-sena, 즉 '높은 땅'은 파미르와 힌두쿠시 산맥을 가리키며, Para-upari-sena는 파미르와 힌두쿠시 너머 간다라가 위치한 페샤와르 계곡을 말한다.

고대 페르시아어 Para-upari-sena를 그리스인들은 Paropamisa-dae와 Paropamisus라는 희랍어로 차용했다. 전자는 원래는 Para-upari-sena에 거주하는 민족들을 가리키는 말이었는데, 나중에는 지명으로 사용됐다.

간다라라는 지명을 칸다하르Kandahar와 연결 지어 생각하는 경우도 있다. 『위서』는 간다라를 건다라국이 아닌 건다국이라 적었다. 그래서 나는 이 말이 향료를 뜻하는 산스크리트어 'gandha'의 음역이라고 생각한다. 지금도 인도, 파키스탄, 아프가니스탄, 방글라데시 등의 주민들은 머리에 기름을 바르고 사원에 꽃과 향유를 바치며, 음식에 다양한 향신료를 사용한다. 이 일대는 고래로 향료 무역의 중심지로, 간다라를 향국香國이라 한 것은 그 말뜻에 따른 것이다.

3
페샤와르 바자르 골목에서 만난
어떤 이야기꾼의 노래

아무도 잠들지 말라

아무도 잠들지 말라

당신도, 공주여

당신의 차가운 방에서

별을 바라보네.

사랑으로 떨고

희망으로 떠네.

하지만 나의 비밀은 내게 있으니

아무도 나의 이름을 모르네

아니, 아니, 내 입으로 당신에게 말하게 되리

빛으로 환해질 때에

내 키스는 고요함을 깨뜨리고

당신을 내 것으로 만들리

사라져라, 밤이여

희미해져라, 별이여

희미해져라, 별이여

새벽이 되면 나는 이기리

이기리, 이기리.

—푸치니 오페라 「투란도트」 중 아리아 「네쑨 도르마」

　유라시아의 동쪽에서 서쪽으로의 민족 혹은 종족 대이동은 연속해서 이뤄졌다. 돌이켜보면 흉노에 패한 월지의 서천을 시작으로 한두 세기에 한 번 꼴로 연쇄적인 대규모의 종족 이동이 발생한 것이다. 치롄산맥을 주 활동 무대로 하던 월지의 뒤를 이어 흉노도 내분이 생기면서 질지선우가 이끄는 이른바 서흉노 세력이 몽골 초원을 벗어나 중앙아시아 탈라스 평원으로 이주해 강거康居 땅 일부를 차지했다. 이들 기마유목민 집단이 훈Hun 또는 훈니Hunni, 훈나Hunna라는 이름으로 유럽에 알려지면서 판노니아 평원의 주인이 됐다가 5세기 중반 이후 홀연히 모습을 감춘 뒤에도 이동의 물결은 계속해 이어졌다.

　돌궐(튀르크)에 밀린 유연柔然이, 이어서 당과 설연타薛延陀의 연합 세력에 돌이킬 수 없는 타격을 입은 돌궐이, 거란족이 세운 요나라 멸망 후 카라키타이('검은 거란'이란 뜻으로 중국식 국호로는 서요를 가리킴)가 차례로 중앙아시아로 이동해 그곳을 새로운 거점으로 삼았다. 이번 글에서는 역사의 부침浮沈을 이야기하는 가운데 인간의 변절과 배신에 대해, 중앙아시아를 주름잡았던 유목민의 독특한 풍습에 관해 말하고자 한다. 옳고 그름이나 미추의 판단은 전적으로 독자들의 몫이다.

4세기 중반(360년경) 볼가 강 하류를 건넌 정체불명의 아시아계 유목 민족은 곧이어 발람베르Balamber, King of the Huns(345~378)의 지휘 아래 돈 강을 건너 그 서안에 모습을 드러냈다.

발람베르에게는 투란비카Turanbika('Tur의 땅', 즉 중앙아시아 투란 출신의 비카)와 고트족 출신의 와다메르카Wadamerca라는 두 명의 왕후가 있었다. 투란이라는 말이 친숙한 것은 아리아 「네쑨 도르마Nessun Dorma」(아무도 잠들지 말라)로 유명한 푸치니의 미완성 오페라 「투란도트Turandot」와 무려 280여 편의 긴 이야기 모음집 『천일야화千一夜話』(『아라비안나이트』) 중 '세 가지 수수께끼' 편에 나오는 타타르 공주의 이름 '투란도트' 때문이다. 중앙아시아 인문학 기행의 관점에서는 성인이 돼 다시 읽을 책으로 『아라비안나이트』가 아주 바람직하다. 오리엔탈리즘과 관련해서는 오페라 「투란도트」와 「나비 부인」이 적합하다.

기왕 이야기가 나왔으니 『천일야화』의 여주인공에 대해 거론하지 않을 수 없다. 우리의 자랑 김연아가 림스키 코르사코프의 1888년 교향곡 「세헤라자데」의 선율에 맞춰 환상적인 스케이팅 연기를 선보였을 때 전 국민은 물론 전 세계가 그녀의 아름다움에 넋을 잃었다. 「세헤라자데」는 『천일야화』에 기반을 둔 오케스트라 곡으로, 유려하고 색채감이 풍부한 오케스트레이션과 동양에 대한 림스키 코르사코프의 지극한 관심이 결합된 작품으로 알려져 있다. 때는 알렉산드르 보로딘이 1887년 겨울 미완성 유작 「이고르 공」을 완성해나가던 시점이다.

세헤라자데는 누구인가. 그녀는 아랍어로는 샤흐라자드shahrzâd, 터키어로는 셰흐라자트şehrazat, 영미권에선 셔헤러자드Scheherazade(/ʃəˌherəˈzɑːd/), 한국에서는 세헤라자데로 알려져 있는 역사상 가장 유명한 여성 스토리텔러다. 『천일야화』는 『아라비안나이트』로 잘 알려져 있지만, 사실 원조는 6세기 무렵 사산조 페르시아에서 만들어진 『하자르 아프산Hazār Afsān』(1000가지 이야기)이라 할 수 있다. 이 책이 8세기에 아랍어로 번역됐고, 그 후 압바스 왕조 이슬람 제국의 새로운 수도 바그다드와 카이로를 중심으로 이야기가 추가되고 다듬어진 결과 『천일야화』가 탄생한 것이다. 그러므로 원본에 충실하려면 『아라비안나이트』보다는 『페르시안 나이트』라고 해야 옳다.

간략한 줄거리는 다음과 같다. 사산조의 왕 샤흐리야르Shahryar는 자신의 왕비가 흑인 노예와 통정하고 있는 현장을 목격한다. 배신감에 치를 떤 왕은 매일 새로운 처녀를 왕비로 맞아 동침하고 다음 날 아침이면 죽이기를 반복한다. 그러던 어느 날 대신의 용감한 딸 세헤라자데가 자청해 왕의 침소에 들고는 왕이 솔깃해할 이야기를 들려준다. 그다음이 궁금한 왕은 그녀를 살려두고 계속해 이야기를 듣게 되었다. 그러다 보니 1000일 하고도 1일 밤이 지난다. 그동안 그녀가 왕에게 들려준 이야기는 무려 280여 편이었다. 그녀 덕택에 수많은 처녀가 죽음을 모면하고 왕도 구원받게 된 셈이다.

스토리텔링의 역사는 이렇듯 길다. 페르시아에서 '아리안족의 나라'라는 의미의 '이란Iran'으로 이름을 바꾼 이 나라에서는 '나깔리na'aqali'라 불리는 스토리텔링이 예술의 한 장르로 여겨진다. 그리고 바자르 등 사람 왕래가 많은 곳에서는 이야기꾼이 자신의 나라 역사와 문화를 독특한 방식으로 전승하고 있다. 페르시아의 귀중한 언어 유산이자 대표적 영웅 서사시인 『샤나메Shāh-nāmeh』에 등장하는 고르다파리드Gorda-farid라는 여걸은 투란의 장군 소랍Sohrab과 맞서 싸운 장본인이다. 그녀는 이란 여성들에게 지혜와 용기의 상징으로 받아들여지고 있다. 오늘날 그녀를 이야기하는 여성 이야기꾼이 있다. 이란의 고르다파리드라는 별명으로 유명한 파티마 하비비자드Fātimah Habibizad는 가히 21세기 세헤라자데라 할 수 있다.

한편 타지예Taziyeh라고 하는 이란의 독특한 스토리텔링 유형이 있다. '위안comfort'이라는 의미의 이 명칭은 '애도mourning'라는 뜻을 갖는 'aza'에 그 뿌리를 두고 있다. 타지예는 지역과 시간, 종파 등에 따라 서로 다른 문화적 의미와 관습을 드러낸다. 이란의 시아파 무슬림들에게 타지예는 하산Hassan과 동생 후세인Hussein의 비극적 운명을 전하는 열정의 연극과도 같다.

이슬람의 창시자 무함마드의 사촌이자 딸 파티마와 결혼해 사위가 된 알리Ali가 장인이자 사촌인 무함마드 사후 최초의 이맘Imam이라고 여기는 것이 이슬람 시아파다. 한편 수니파는 알리를 네 번째이자 마지막 라쉬둔Rashidun(정통 칼리프)으로 간주한다. 이런 이견이 무슬림 공동체인 움마Ummah를 수니Sunni와 시아Shi'i의 두 파로 분열시켰다. 3대 칼리프 우스만Uthman이 살해된 후 그를 계승해 4대 칼리프가 된 무함마드의 사위 알리는 이라크에 있는 쿠파Kufa 대사원에서 기도를 드리던 중 압드알 라흐만 이븐 물리잠Abd-al-Rahman ibn Mulijam을 필두로 한 하리짓kharijites의 급습을 받고 며칠 후 사망한다. '떠나간 사람들'이라는 뜻을 지닌 '하리짓'은 '폭동' 혹은 '반란'을 뜻하는 아랍어 '후루지khuruj'에서 비롯됐는데, 원래 알리의 권위를 지지하다가 나중에 그의 리더십에 반발한 사람들을 가리킨다. 오늘날의 극단적 이슬람 테러리스트 집단 IS와 흡사한 조직이다.

결국 알리도 비극적 죽임을 당하고, 그의 아들 하산이 시아파 2대 이맘이자 수니파 5대 칼리프가 된다. 하지만 그는 6~7개월 후 퇴위하고 그 자리를 무아위야Muawiyah가 이어받아 우마이야 왕조 최초의 칼리프로 등극한다. 마지못해 이슬람 최고의 자리에서 물러난 하산은 마흔다섯 살이 된 670년 봄 메디나에서 세상을 하직한다. 아무리 믿을 사람이 없기로서니 설마 그럴 일은 없을 줄 알았을 것이다. 둘이 무슨 사이인지는 모르겠으나 그의 아내 자다Ja'da가 칼리프가 된 무아위야의 사주를 받고 남편을 독살한 것이다. 시아파 무슬림들로서는 원통한 일이다. 그래서 그와 그의 동생 후세인을 기리는 '아슈라Ashura 축제'는 애도의 장이며, 축제 기간 동안 그의 영웅적 행위와 고매한 인품이 비장한 스토리텔링으로 대중에게 전해진다.

유목 민족 키르기스에게 전설적 영웅 마나스가 있고, 그의 영웅담을 노래하는 마나스치가 있듯이, 중앙아시아의 다른 민족들에게도 저마다의 이야기를 독특한 방식으로 전하는 이야기꾼이나 음유시인이 있다. 나는 파키스탄 페샤와르 바자르 골목 한 모퉁이에서 자신들의 화려했던 역사와 위대한 왕들의 업적을 열정적으로 칭송하는 이야기꾼과 그를 경청하는 순박한 주민들을 본 적이 있다. 중앙아시아의 카자흐스탄, 우즈베키스탄, 아프가니스탄은 물론 중동의 시리아, 이집트, 터키, 요르단, 레바논 같은 나라에서도 사정은 비슷하다. 인도 펀자브 주와 우타르프라데시 주에서는 상당 부분 아랍의 영향을 받은 연극 형식의 스토리텔링인 나칼 샤일리Naqal Shaili를 접할 수 있다.

다시 볼가 강과 돈 강을 건너 유럽으로 들어온 동방의 유목 민족 이야기로 돌아가자. 이들이 돈 강 서안에 출현한 시점으로부터 약 100년에 걸쳐 이들 기마 유목민은 유럽을 종횡무진 누비며 고대 문명을 거의 폐허로 만들었다. 이들 훈족은 오늘날 러시아 남부 북캅카스 지역에 자리를 잡았다. 이들이 내습하기 전 여기 쿠반Kuban 강과 테렉Terek 강 유역에는 이미 알란족이 있었다. 알란족은 흉노에 패해 이리 초원으로 이주했던 월지를 다시 몰아낸 오손인의 후예로 알려진 종족이다.

다시 말해 후일 흉노에게 공격당한 오손인 일부가 서쪽으로 도망쳐 일부는 쿠반 강과 테렉 강 유역에 정착했는데 이들이 바로 알란족의 조상이다. 고향 떠나 유랑길에 오른 오손인, 즉 알란인의 일부는 게르만족이 사는 땅인 유럽으로 들어갔다. 이들은 훗날 '게르만 민족의 대이동'이라는 큰 물살에 휩쓸려 406년 반달족Vandal, 수에비족Suebi과 함께 라인 강을 건너 오를레앙과 발랑스에 터전을 마련했다가 다시 409년 유럽 서남쪽으로 이동해 피레네 산맥을 넘어 오늘날의 이베리아 반도 북동부에 당도했다. 그리고 서로마제국 붕괴 이후 이곳에 먼저 와 자리 잡고 있던 비시고트the Visigoths, 즉 서고트족과 융합해 훗날의 카탈루냐인이 됐다. 중세의 비잔틴 연대기 작가들은 카탈루냐가 Goths와 Alans의 혼성어로 처음에는 'Goth-Alania'였다고 한다.

알란족 중에는 반달족과 더불어 또다시 바다를 건너, 정확히는 지브롤터 해협을 건너 북아프리카에 정착한 집단도 있었다. 한편 훈족의 지배 아래 남아 있던 캅카스의 오손인인 알란족은 오늘날의 오세티안Os-setians의 조상이 됐다. 오세티안과 오세티아Ossetia라는 말은 그루지야인들이 사용하던 명칭 Osi와 Oseti(the land of Osi)에서 파생했다. 오손인이었던 알란족의 자칭은 As였다. 오손의 음차가 As였던 것이다.

저마다의 사연을 안고 사람들은 유랑길에 오른다. 오손족의 일부도 그러했을 것이다. 알타이 산맥 이서以西 톈산 산맥 북쪽의 이리 초원과 이식쿨 호수 일대를 주요 무대로 유목 생활을 하던 오손인들 사이에도 권력 투쟁이나 알력 같은 게 없었을 리 없다. 연연蠕蠕, 흉노 등 외부의 침략을 받았음은 물론이다. 패자는 떠나야 하는 법. 이들의 이동 과정을 짐작케 하는 역사 기록이 『위서』「서역전」 제90 '오손국 조'에 실려 있다.

> (오손국 왕의) 거처는 적곡성이며 구자의 서북쪽에 있다. 대代와는 1만800리 떨어져 있다. 그 나라는 여러 차례 연연의 침입을 받아 서쪽 총령의 산속으로 이주했다. 성곽은 없고 가축을 몰고 물과 풀을 따라다닌다. 태연 3년(437)에 사신 동완 등을 그 나라에 보냈고 그 후로 매번 사신을 보내 조공을 바쳤다.

몽골 초원을 중심으로 하서회랑과 타림 분지 일대 서역 제국의 맹주 역할을 하던 흉노의 일부 세력도 사정에 따라 서쪽으로 피신해야 했다. 『위서』「서역전」 제90 '열반국悅般國' 조는 그런 딱한 사연을 바탕으로 이국땅에 세워진 열반국에 대해 말하고 있다.

> (열반국은) 오손의 서북쪽에 있으며 대와는 1만930리 떨어져 있다. 그 조상은 흉노 북선우의 부락민이었다. 1세기 말 한나라 거기장군車騎將軍 두헌竇憲에게 쫓겨나 북선우가 금미산金微山(알타이 산맥)을 넘어 서쪽에 강거로 도주했을 때, 그 가운데 약해서 가지 못한 사람들이 구자의 북쪽에 남은 것이다. 그 나라는 방이

수천 리에 이르고 무리는 가히 20여만 명이다. 양주 사람들은 여전히 그(임금)를 가리켜 '선우왕單于王'이라고 부른다.

떠난 사람들에 대한 기사는 또 있다. 『위서』 「서역전」 제90 '속특국粟特國 조'가 바로 그것이다. 중앙아시아를 고대에 소그디아나라고 했는데 속특이 바로 소그드Sogd의 음역어다. 이는 도대체 무슨 말일까.

4
까왈리와 함께하는 카라코롬 하이웨이 여행:
길기트를 거쳐 장수 마을 훈자로

> 여기 내가 있나이다. 나는 아무것도 아닙니다. 이맘 알리가 말씀하셨
> 습니다. "나는 오만하고 허세에 찬 사람의 불손함에 놀랄 뿐이다. 어
> 제만 해도 그는 한 방울의 정액에 불과했고, 내일이면 그는 시신이 될
> 것인즉."

본명 알리 이븐 아비 탈리브인 이맘 알리는 599년 사우디아라비아의
메카 카바 출생으로 무함마드의 사촌동생이자 사위다. 무함마드의 보
호자인 삼촌 아부 탈리브의 아들. 무함마드의 딸 파티마의 남편. 이슬
람의 초기 지도자이자 4대 칼리파. 수니파는 그를 이슬람의 네 번째
이자 마지막 정통 칼리파로 여기고, 시아파는 그를 무함마드 이후 첫
번째 이맘이자 첫 번째 정통 칼리파인 라시둔Rashidun으로 간주한다.
661년 암살당했다. 후세인, 하산, 압바스 등의 자녀를 두었다.

"몰라 알리, 몰라 알리⋯⋯" 뜻도 모르면서 나는 누스랏 파테 알리칸
Nusrat Fateh Ali Khan이 부르는 까왈리Qawwali를 따라서 흥얼거리고 있었
다. 파키스탄으로 겨울 여행을 떠나기로 작정하고 미리 그 동네 음악을
듣던 중의 일이다. 요즘은 세상이 좋아져서 유튜브로 손동작, 얼굴 표
정, 심취한 눈빛까지 관찰하며 그가 신과 예언자에게 바치는 노래를 감
상할 수 있지만, 20년 전만 해도 고작해야 CD가 다였다. 그래서 사실

은 '몰라 알리'가 아닌 '알리 몰라Ali Master'(알리님 혹은 알리시여!)를 멜로디와 반복되는 노랫말을 멋모르고 따라하다보니 앞뒤를 뒤바꿔 기억한 것이다.

간다라라는 지명이 향료를 뜻하는 산스크리트어에서 왔다고 앞서 이야기했다. 그래서 건타乾陀, 건달健達 등 무수한 음역 표기가 있다. 간다라는 고팔라Gopāla라고도 불렸는데 범어 고팔라의 문자적 의미는 '소의 수호자cow protector'로, 인도인들이 좋아하는 크리슈나 신Krishna을 소몰이 목동에 빗댄 유아 용어다. 인도 신화에서 이 목동신은 신비로운 피리 소리로 소몰이 소녀들Gopinis을 유혹한다.

『신당서』「서역전」에 "개원·천보 연간에 (토하라에서) 자주 말, 노새, 진기한 약재, 건타파라乾陀婆羅 200품, 홍紅·벽파리碧玻璃 등을 헌상했다"는 기록이 있다. 건타파라가 무엇일까?

『대정신수대장경大正新脩大藏經』 제54책 번범어翻梵語 제7권을 보면, '마니건타摩尼乾陀'(역왈주향譯曰珠香)라 하여 마니摩尼는 그 뜻이 구슬, 건타乾陀는 향임을 밝히고 있다. 그리고 당唐 혜림慧琳이 찬한 『일체경음의』(807)는 '바라시향화婆羅是香花'라 하여 바라婆羅가 곧 향화香花라고 풀이한다. 고팔라의 −pāla와는 전혀 다른 의미다. 한편 『대정신수대장경』은 마갈바라摩竭婆羅를 설명하며 바라의 뜻이 힘이라고 한다. 다시 말해 바라가 힘을 뜻하는 범어 'pala'라는 말이다.

어쨌든 『화엄경음의華嚴經音義』 등의 불교 문헌에서는 간다라를 香遍國, 香行國, 香淨國, 香風國, 香林國, 香地國, 香潔國, 妙香國 등으로 표기함으로써 이곳이 향과 관계가 깊은 지역임을 말하고 있다. 그러나 간다라는 향료의 생산지가 아니었다. 간다라는 레바논과 시리아 등 동부 지중해 연안의 여러 지역, 즉 레반트에서 생산되는 향료가 인도와 중국 등지로 전해지는 향료 무역의 중계지였다.

『신당서』「서역전」과 같은 내용을 『태평환우기』는 이렇게 전하고 있다.

토하라국吐火羅國은 일명 토학의土壑宜라고도 하는데 후위後魏 때의 토호라국吐呼羅國이다. (…) 총령 서쪽 수백 리 오호하烏滸河, 즉 규수嬀水 남방에 위치해 있다. (…) 당나라 초기에는 서돌궐에 예속돼 있었다. (…) 개원開元 7년(719) 그 나라 엽호葉護 타지방제사阤支邦帝賒가 황제에게 표문을 올리고, 이듬해인 8년(720) 명마와 노새를 바쳤으며, 12년(724)에는 이약異藥 건타파라 등 200여 품을 바쳤다. 17년(729) 그 나라 수령 골토녹돈달도骨吐祿頓達度를 엽호로 책봉했다. 엽호가 사신을 보내 수나가제석맥須那伽帝釋麥을 바치고, 26년(738)에도 사신을 보내 홍파여벽파리紅玻璨碧玻璃, 생마뇌生馬腦, 김정金精 및 질한質汗 등의 약藥을 바쳤다. 천보天寶 8년 그 나라 엽호 실리망가라失理忙伽羅가 사신을 보내 표문을 올려 말하기를, "국경에 인접한 오랑캐 갈사羯師(걸사朅師라고도 함)가 있는데 깊은 산중에 거주하며 험하고 먼 것에 의지한 채 황제의 성화聖化를 위배하고 토번吐蕃에 귀부해 국내에 토번성吐蕃城을 쌓고는 발율勃律 요로要路를 장악할 뿐 아니라 토번을 본떠 신의 경내에 들어오니 신은 매번 두렵고 걱정되어 이 홍당을 쳐없애려 안서병마安西兵馬가 와줄 것을 청하는 바입니다"라 했다.

이 기록을 통해 당과 토하라 간의 공물 교역이 이루어졌음을 확인할 수 있으며, 놀랍게도 토하라 역시 한때 월지의 강역이었음을 알게 된다. 또한 엽호라는 관호官號와 수령 이름 '골토록돈달도'를 통해 토하라의 지배 계층이 돌궐과 동계임을 확인할 수 있다.

이제 간다라를 떠나 발률국勃律國이라는 곳으로 간다. 간다라와 토하라에서 멀지 않은 곳에 있었던 발률국은 『자치통감』 216권에 의하면, "대발률大勃律은 포로布露라고도 하는데 토번(티베트) 서쪽에 있으며, 그 북쪽에 소발률小勃律이 있다."

1996년 12월 말 시작한 파키스탄 여행은 이듬해 1월 3일 나를 이곳으로 이끌었다. 길기트Gilgit 공항에 도착해 방문자 신고서를 작성하니 그해 최초의 외국인으로 등록됐다.

『구당서』 「서융열전」 제148 '계빈 조'는 발률국의 위치를 이렇게 설명한다.

또한 발률국이 있는데, 계빈과 토번吐蕃 사이에 있었다. (현종) 개원 연간(713~741) 자주 사자를 보내와 조공을 바쳤다. (개원) 8년(720), 그 나라의 왕 소린타일지蘇麟陀逸之를 책립하여 발률국 왕으로 삼으니, 조공이 끊어지지 않았다. (개원) 22년(734) 토번에게 격파당했다.

『신당서』 「서역전」은 발률국의 위치를 좀더 소상히 전한다.

대발률은 포로라고도 부른다. 토번의 서쪽에 해당되며 소발률과 접하고, 서쪽으로는 북천축北天竺·오장烏萇과 이웃하고 있다.

길기트 근처 카라코룸 하이웨이에서 바라본 카라코람 산맥의 정상.
(출처: 위키피디아)

옛날의 소발률 왕국이라고 하는 길기트는 현재 파키스탄 길기트–발티스탄Gilgit–Baltistan 주의 주도로 파키스탄이 통치하는 카시미르 북서부 지방에서 스카르두Skardu와 더불어 산악 등반을 위한 주요 거점 지역이다. 대부분의 관광객은 해발 7000미터가 넘는 고산준령이 60여 개에 달하는 카라코람 산맥이나 히말라야 등정 혹은 트레킹을 위해 이곳을 먼저 방문한다. 그리고 고산에 대한 적응과 산에서 필요한 물품을 구입하며 며칠간 머문다.

육로로 파키스탄의 수도 이슬라마바드와 길기트를 연결하는 카라코룸 하이웨이Kharakorum Highway를 이용할 경우 20시간은 족히 걸린다.

경우에 따라 더 걸릴 수도 있다. 나는 길기트에서 예고 없이 비행기 운항이 취소되는 바람에 기사 딸린 지프를 빌려 탔다. 한낮에 출발해 밤새 달려 이슬라마바드 공항에 도착한 건 해뜨기 직전 새벽이었다. 두 번 겪을 일은 아니다. 옛 실크로드를 따라 건설된 좁은 고속도로 길을 따라 펼쳐지는 풍광이 대단한 절경임에도 불구하고 장시간 자동차를 타고 몸이 시달리다보면 K2고 낭가파르바트 산이고 라카포시 산이고 지긋지긋하다. 그래서 대부분의 관광객들은 1시간이 채 안 걸리는 비행기를 타고 길기트를 찾는다.

하늘에서 내려다보는 히말라야는 그야말로 장관이다. 가슴이 시려 눈가에 이슬이 맺힌다. 감동의 하늘 사파리에 취해 가슴이 먹먹해지면, 일순간이지만 조국을 버릴까 하는 생각이 들기도 한다. 이윽고 도착한 길기트의 평균 해발고도는 1500미터다. 시선을 들어 사방을 바라다보면 주위가 온통 카라코람 산맥을 이루는 고봉들로 가득하다. 그리고 땅에는 라다크와 발티스탄을 지나온 인더스 강과 길기트 강이 흐르고 있다.

지금껏 학자들은 길기트가 과거의 소발률국이었다는 주장에 대해 별 이견이 없어 보인다. 하지만 좀 이상한 점이 있다. 이 지역의 주민들이 지금도 사용하는 옛 지명은 Sargin이다. 그래서 여전히 /g/가 빠진 Gilit나 Sargin-Gilit라고 부른다. 'Sargin'은 페르시아어로 'sun prince'라는 의미를 지니며, Sargon의 변이형이라고 한다. 이 말이 맞다면 왜 도시의 이름이 '태양의 왕자'가 됐을까. 햇살이 충만한 곳이라서?

곧 찾아가 만나게 될 훈자Hunza는 '활과 화살Hun(bow) Za(arrow)'이라는 뜻의 부루샤스키어Burushaski 'Huntsu niza'에서 왔다. 훈자 계곡이 꼭 활과 화살 모양을 하고 있어 그런 이름이 붙은 것으로 짐작된다.

훈자 왕국은 칸주트Kanjut라고도 하는데 그 말뜻은 모르겠다. 다만 훈자(중부 훈자)의 공용, 공식언어가 부루샤스키어이며, 윗동네 훈자에서는 와키어Wakhi, 아랫동네 훈자에서는 시나어Shina를 쓴다는 정도만 안다. 와키어를 사용하는 와키인은 킥Khik이라고도 불리고 윗동네 훈자에서는 구잘리Guhjali라고 불린다. 이름을 보고 짐작할 수 있듯 아프가니스탄 북동부와 타지키스탄 남동부에 위치한 바다흐샨 주 와칸 계곡 일대에 사는 사람들이 그들이다.

부루샤스키어는 길기트 구 북쪽의 훈자-나가르Hunza-Nagar 구 8만 7000여 부루쇼인Burusho만 사용하는 언어다. 부루쇼인은 치트랄에도 산다. 훈자인들은 인종적으로 훈자 계곡 토착민인 부루쇼인들이다. 이들은 기원전 4세기 알렉산더가 이끄는 동방 정벌군으로 전쟁에 참여했다가 돌아가지 못한 그리스인 병사들의 후예라고 주장한다. 그래서인지 훈자 주민들은 영락없이 코가 매부리코인 색목인이었다.

수염을 길러서인지 훈자에서 만난 나이가 지긋해 보이는 현지인이 그런 정보를 제공해주었다. 길기트에서 지프차를 빌려 타고 세 시간을 달려 훈자에 도착해 돌집 여관에 유일한 손님이 돼 짐을 풀고 난 뒤의 일이다. 머리를 띵하게 만드는 고산병을 다스릴 목적으로 컵라면을 끓였다. 따끈한 국물 한 모금에 마법처럼 몸이 풀리고 철사줄이 머리를 칭칭 감고 있는 듯하던 두통이 일순간에 사라졌다. 그제야 여유를 갖고 주변을 살펴보니 외지인의 등장에 호기심 많은 현지 남정네가 출반주出班奏차 밤마실을 나섰다. 어차피 내일이면 잊을 것이지만, 진지하게 통성명을 하고 서로 궁금한 것을 묻기 시작했다. 나는 훈자의 역사와 언어에 대해 물었고, 그는 내 국적과 하는 일에 관심을 보였다. 이렇게 낯선 남자들 간의 대화 속에 훈자의 밤은 깊어갔다. 뼛속까지 추운 겨울밤이었다.

5
소티베트 라다크, 대티베트 발티스탄
그리고 진짜 티베트

"나는 내가 사랑하는 존재가 됐고, 내가 사랑하는 존재는 내가 됐다. 우리는 하나의 육신에 녹아든 두 정신이다."—알할라지, 『이브라힘 할 아버지와 코란에 핀 꽃』

35년 넘게 밥과 채소류만 먹는 채식주의자로 살아온 나는 국내는 물론 해외를 여행할 때 끼니를 어떻게 해결할 것인가 하는 문제로 적지 않은 고민을 한다. 낯선 타국 땅에서 긴 여행으로 몸과 마음이 지쳐 있을 때 고기가 안 들어가도 마음에 드는 맛있는 음식을 맛보게 될 때의 행복 감이란! 그 단순하면서도 오묘한 느낌을 뭐라 설명하기 어렵다. 2007년 쯤인가 히말라야 산자락에 자리한 라다크 여행을 마치고 사추Sachu를 경유해 인도 북부 마날리Manali로 가는 1박 2일의 험난한 노정 초반, 어느 길가 식당에서 맛본 모모라는 야채만두의 맛을 나는 잊을 수가 없다. 내게는 그날 그 식당의 모모가 왕 중의 왕이었다. 라다크-마날리의 여정은 무척 힘들지만, 기력이 쇠해지기 전 한 번쯤 도전해볼 만하다.

까왈리의 왕 중의 왕은 단연 누스랏 파테 알리칸이다. 까왈리는 수 피의 음악이라고도 할 수 있다. 수피는 이슬람 신비주의 수피즘의 수행 자를 가리킨다. 수피Sufi라는 말은 '양모羊毛'를 뜻하는 아랍어의 어근 수프ṣūf에서 파생됐다. 수피즘의 초기 수도승들이 금욕과 청빈을 상징하는 흰 양모로 짠 옷을 입었기 때문에 수피라 불렸다. 수피파라 불리는 이슬람 신비주의 분파는 전통적인 교리 학습이나 율법이 아닌 현실적인 삶을 통한 신과의 합일을 최상의 가치로 여긴다.

수피즘의 수행자로서 수피는 각자 소속된 투루크turuq('교단')가 다르다. 투루크란 몰라Mawla/mola/mula라 불리는 대스승 주변에 몰려드는 회중, 즉 신도들을 말한다. 몰라는 궁극적으로는 선지자 무함마드에게로 귀속된다. 누구든지 수피가 될 수 있다. 밭을 가는 노인도, 풀무질하는 대장장이도, 양을 치는 목동도, 빨래하는 아낙도 수피가 될 수 있다. 수피가 추구하는 것은 이(흐)산ihsan, 즉 숭배의 완성perfection of worship이다. 이(흐)산은 알라를 경배하는 것이다. 마치 그분을 마주 보고 있는 것처럼. 그분을 보지 못해도 걱정할 필요가 없다. 그분께서 필경 지켜보고 계실 것이므로. 알라를 경배하고 예언자와 그 후계자들을 찬미하다보면 절로 노래가 나온다.

까왈리는 그 역사와 전통이 600년이 넘는 수피 음악이다. '노래하는 부처the singing Buddha.' 까왈리의 왕 중의 왕'이라는 별명을 가진 누스랏 파테 알리칸의 고향 파이잘라바드Faisalabad가 있는 파키스탄 펀자브 주와 신드 주, 인도의 델리와 하이데라바드, 방글라데시의 수도 다카와 치타공 등지에서 특히 인기가 있다. 원래는 수피 사원이나 영묘 등에서 연주되다가 점점 그 영역이 확산됐다. 누스랏이라는 국제적 까왈리 가수 외에도 파키스탄 태생의 사브리 형제Sabri Brothers, 바하우딘 쿠드부딘Bahauddin Qutbuddin, 아지즈 미안Aziz Mian 등 걸출한 스타들이 있다.

13세기 치스띠Chisti 교단에 속하는 델리의 수피 성자 아미르 쿠스로 데흘라비Amir Khusro Dehlavi가 페르시아, 아랍, 터키, 인도의 음악 전통을 융합해 오늘날 우리가 듣는 까왈리를 탄생시켰다. 곧 이야기하겠지만 중앙아시아나 터키 같은 곳에서는 여전히 '세마sama'라는 말이 까왈리와 흡사한 음악 형태를 가리키는 데 사용된다.

인도, 파키스탄, 방글라데시에서는 까왈리 연주에 공식적으로 메흐필레사마Mehfil-e-Sama라는 세션이 있다. 까울은 '예언자의 말씀'이고, 까왈은 어떤 까울을 반복해서 노래하는 사람이며, 까왈리는 까왈의 노래를 말한다.

수전 서랜던과 숀 펜 주연의 무거운 영화 「데드맨 워킹Dead Man Walking」(1996)의 사운드트랙 앨범에서 20세기 최고의 까왈 누스랏은 에디 베더Eddie Vedder와 함께 까왈리를 연주했다. 죽은 영혼을 흔들어 깨우는 듯한 그의 목소리 연주는 음울하면서도 신비롭다. 안타깝게도 누스랏은 이듬해인 1997년 8월 런던에서 숨을 거뒀다. 1948년생이니 우리 나이로 불과 오십이었다. 아까운 아티스트가 갔다.

까왈리가 소리로서 신과 예언자를 찬양하는 것이라면, 수피즘의 유일한 목적인 신과 하나 됨을 위해 춤과 노래를 결합한 독특한 의식이 있다. 이른바 수피 댄스라고 알려진 세마 의식Sema ceremony이다. 세마라는 말은 'listening'이라는 뜻의 sama에서 왔다. 세마 의식을 행할 때 수피들은 특유의 원통 모자를 쓰고 우주와 신과 일치하려는 자세를 취한 채 빙글빙글 돌며 선무旋舞를 춘다. 이때 춤의 리듬에 맞춰 심호흡을 하며 온 정신을 집중해 알라의 말씀을 듣고자 한다. 이것이 세마의 본질이다. 이 과정에서 신의 영광을 찬양한다든지 따위의 짧은 주문을 반복해 암송하는 일을 지크르Dhikr/Zikr/Zekr(회상, 기억이라는 뜻)라고 한다. 수피들은 단식 중에 철야로 이런 세마 의식을 행하면서 계속해 신의 이름을 부르고 기도하며 찬양한다. 그런 가운데 때때로 황홀경에 빠져들기도 한다.

다시 20년 전 추운 겨울날의 훈자로 돌아가서, 역사 교수라고 자신을 소개한 남자는 훈자가 알리아바드, 칼리마바드, 가니시, 하이데라바드를 망라하는 지역이라고 알려주었다. 그는 훈자 일대(중부)에서 사용되는 언어가 부루샤스키어와 가니시어라고도 했다. 가니시어는 가니시 주민들이 사용하는 언어로 부루샤스키어로는 '금'이라는 뜻이다. 그러니까 가니시는 타칭인 셈이다. 산간 지역 가니시는 훈자를 지나는 옛 실크로드상에서 가장 오래된 최초의 인간 정착지로 길기트에서 90킬로미터 거리에 있다. 유감스럽게도 지적의 가니시 마을에는 가보지 못했다.

가니시 지역의 촌락에는 가렐트Garelth, 차보이쿠샬Chaboikushal, 슈쿠노샬Shukunoshal, 카이Khaii, 불다스Buldas, 칠가니시Chillganish 등이 있다. 이 가운데 칠가니시 마을 주민들은 칠가니시쿠즈Chillganishkuz라는 유서 깊은 부족 사람들이다. 칠가니시쿠즈라는 말의 뜻은 '물chill가에 사는 가니시인Ganiskuz'이다. 마치 소수맥, 수달단과 같은 종족 명칭이다.

훈자 강을 사이에 두고 훈자 왕국과 나가르Nagar 왕국은 전통적 라이벌 관계에 놓여 있었다. 발티스탄 지역은 골짜기에 터전을 잡은 이러한 작은 독립 왕국들로 이뤄져 있었다. 이들 소왕국은 통치자인 라자raja, 王 간의 혈연관계는 물론 교역, 공통된 신앙, 강력한 문화적·언어

훈자 지역 알리아바드에서 만난 소녀.
추운 겨울날 수직 전통 모자를 쓰고 숄을 두르고 있었으나 안타깝게도 맨발이었다.

적 유대를 통해 서로 긴밀하게 연결돼 있었다.

19세기에 이르러 발티스탄은 인접한 카시미르에게 무력으로 예속됐다. 카시미르에는 도그라Dogra라는 독자적인 신분제도가 있었다. 도그라는 사봐르나savarnas, 즉 카스트에 속한 브라흐민Brahmins, 라지푸트Rajput, 바이샤Vaishyas, 수드라Shudras와 카스트에 속하지 못하는 소외계층인 비非사봐르나non-savarnas, 다시 말해 아봐르나avarnas로 이뤄져 있다. 이 가운데 '왕의 아들'이라는 의미의 라지푸트 계급이 1947년 카시미르가 독립할 때까지 수백 년 동안 그곳을 지배했다.

카시미르는 히말라야 산맥 서쪽 끝부분 남쪽에 있는 주를 말한다.

현재 잠무-카시미르는 인도령, 아자드 카시미르와 길기트-발티스탄은 파키스탄령에 속하며 아크사이친Aksayqin, 阿克賽欽은 중국령이다. 카시미르 지역을 더 많이 점유하고 있는 국가는 인도다. 그러나 거주 인구 대다수가 이슬람 신도로 파키스탄과의 병합을 원하기 때문에 현지 주둔 인도정부군과의 마찰이 심하다. 내가 몇 차례 방문했을 때도 매번 시위 때문에 시내 통행이 제한되곤 했다. 카시미르 거주 무슬림들에 대한 인도군의 인권 탄압은 어제오늘 일이 아니다. 파키스탄은 이를 빌미로 인도를 비난하고 인도는 파키스탄이 이슬람 테러 집단을 지원한다며 맞대응하고 있다.

카시미르의 역사, 지리, 종교, 민속 등 다양한 내용을 담고 있는『닐라마타 경전Nilamata Purana』에서는 카시미르라는 말의 기원을 물에서 찾는다. Ka는 '물'을 의미하고 shmir는 '고갈시키다'를 뜻하는 것으로, 카시미르는 '물이 고갈된 땅a land desiccated from water'을 가리킨다. 물론 나는 그렇게 생각하지 않는다. 월지족의 한 갈래인 옥의 부족 쿠시가 거쳐간 곳에는 족명이 지명으로 남아 있다. 그중 하나가 파미르 고원이서의 첫 도시 카시가르다. 카시는 '옥', 가르는 '산'을 뜻하니 '옥산玉山'이라는 의미다. 그러므로 카시미르 역시 '옥령玉嶺'을 나타내는 말이 아닐까? 파미르가 '총령蔥嶺'이듯.

구태여 위험을 자초할 필요는 없지만, 위험이 따르지 않는 모험 여행은 없다. 지인들과 잠무-카시미르의 주도인 스리나가르에 간 적이 있다. 그곳의 바다처럼 넓고 고요한 호수 달Dal의 하우스보트에서 며칠을 묵었다. '달'이라는 이름은 듣기에 얼마나 낭만적인가. 그때 깊은 한숨과 함께 일행 가운데 한 명인 동준 씨가 말했다. "여기서 좋은 사람과

한 달만 살아보면 좋겠다." 출판사 김 사장이 화답했다. "우리 내년에 다시 옵시다." 내가 말했다. "퍽이나 그러시겠수." 결국 그 둘은 카시미르 달 호수에 다시 가지 못했다. '분열된 맥박split pulse'이라는 뜻의 힌디어 'dal'은 '분열시키다to split'라는 의미의 범어 'dala'에서 왔다고 한다. 너무나 아름다워 맥박이 제멋대로 뛰어서일까.

카시미르의 산하가 과연 아름다운지 의문이 든다면 망설일 필요 없이 당장에라도 여행 가방 메고 인도행 비행기에 오를 일이다. 갔다가 그곳이 샹그릴라다 싶으면 그대로 머물러도 좋다.

카시미르도 그렇지만 훈자가 속한 발티스탄은 워낙 청정지역이라 예로부터 손꼽히는 장수촌이었다. 물론 요즘은 사정이 다르다. 카라코룸 하이웨이의 개통으로 중국과 파키스탄을 왕래하는 화물차가 수없이 지나다니며 매연을 내뿜기 때문이다. 유전인자 때문이 아니라 과거 훈자 사람들은 식습관과 자연환경의 영향으로 다른 동네 사람들보다 오래 살았다. 미네랄이 풍부한 무공해 훈자 강물, 살구 등의 과일 섭취, 스트레스 없는 삶, 일상 속의 규칙적인 노동, 충분한 수면, 홍차에 우유와 소금을 가미한 솔트 티salt tea, 이런 것들이 모여 그들의 수명 연장을 도왔다.

중요한 것은 발티스탄이 과거에는 작은 티베트Little Tibet로 알려졌고 나중에는 이 이름이 라다크까지 아우르게 됐다는 점이다. 그래서 두 가지를 구별하기 위해 발티스탄은 작은 티베트, 라다크는 큰 티베트Great Tibet라고 불렀다. 그러나 현지인들에게는 라다크는 '붉은 나라'라는 뜻을 지닌 마르율Maryul로, 발티스탄은 발티율Baltiyul로 알려져 있었다. 전자는 산에 나무라고는 찾아볼 수 없는 고산지대이기 때문에 그

틱세 곰파에서 내려다본 라다크 풍경.

런 이름이 붙었을 것이고, 후자는 발티인들의 나라라는 의미일 것이다.
발티인들은 또 누구인가. 히말라야 산중, 고개 넘어 또 고개라는 뉘앙
스가 있는 '큰집 티베트' 라다크로 들어가기 전 '작은 집 티베트' 발티스
탄에 관심을 기울여보자. 여기에도 유목민의 숨결이 살아 숨 쉬고 있
기 때문이다. 월지 후손이 과거를 기억하지 못한 채 오늘을 살고 있을
지 모른다. 힘겹게 그러나 순박하게.

　아주 오래전 티베트 캄파Khampa, 즉 감족이 초르밧 계곡Chorbat Val-
ley을 거쳐 카플루Khaplu 지역에 들어왔다. 다르드족Dardic tribes은 길기
트로부터 론두 계곡Roundu Valley을 거쳐 현재의 발티스탄에 이르렀다.

이들이 발티스탄의 주민이 된 발티족이다.

티베트의 주요 구성원이기도 한 캄파는 캄Kham, 康 + 사람pa이란 뜻이다. 캄파는 전통적으로 추지 강죽Chuzhee Gangdruk이라 불렸는데, '네 개의 강과 여섯 개의 산맥four rivers and six ranges'이란 의미다. 티베트 남동부 캄 지역 주민 중 적어도 3분의 1은 강방언康方言 사용자들이다. 이들은 서하西夏라 불린 탕구트Tangut를 세운 선비족, 대월지의 서천 이후 강족羌族과 더불어 살며 인종적·문화적 하이브리드가 돼 정체성이 모호해진 소월지 황중월지호, 의종호 등의 후손일 수 있다. 역사를 되돌아보는 일은 지난한 작업이다.

훈자에 가기 위해 먼저 찾은 길기트는 과거 소발률 왕국이었다. 오늘날의 발티스탄에 해당하는 발률은 본래 카시미르 북부에 있던 나라로 인도와 페르시아·중앙아시아·토번을 연결하는 교통로상에 있었다. 8세기 초 토번에 패해 대·소 발률로 분열됐다.

6

구슬족이 세운 쿠샨 제국,
동서를 연결하다

"불행이나 고통을 원하는 사람은 없다. 느닷없는 재앙은 인간을 극도의 공포, 슬픔, 절망의 상태에 빠뜨린다. 지진은 그런 재앙 중 하나다. 이런 면에서 지진과 같은 재앙은 자연이 인간에게 선사하는 일종의 선물이다. 자신과 주변을 둘러보고 존재의 의미를 숙고하고, 마침내 스스로 겸허할 기회를 얻을 수 있게 해주기 때문이다."—정자

사는 일이 고달프지 않을 리 없지만, 유난히 고통스러운 시기가 있다. 내게는 30대 중후반이 그랬다. 피한다고 피할 수 없는 이상 기왕에 닥친 고난을 인내하고 수용할 수밖에 없지만, 그래야 한다는 사실이 너무나 가혹하게 느껴졌다. 정신적 번민은 깊어만 갔다. 여행은 갈피를 잡을 수 없이 지친 마음에 위안이 됐다. 낯선 곳에서 거리를 두고 나 자신을 바라보니 질식할 것 같았던 숨통이 트이고 여유가 생겼다. 삶의 무게를 견딜 힘, 역경에 굴하지 않을 자신이 생겼다. '단식하는 부처상'을 만난 건 그 무렵이었다.

러디어드 키플링의 아버지 존 록우드 키플링John Lockwood Kipling이 초창기에 큐레이터로 일했다는 파키스탄 라호르Lahore 박물관을 찾았다가 당시의 비쩍 마른 내 모습보다 훨씬 처연한 불상을 보고 나는 사는 일이 별것 아닐 수도 있다는 생각을 했다. 더 이상 삶에 꺼둘릴 필

단식하는 부처상.

요 없다는 일종의 돈오頓悟를 체험한 것이다. 진정한 지혜는 점수漸修에 의해 완성되는 것이지만, 어쨌든 오랜 단식으로 피골이 상접한 나머지 핏줄 하나하나가 도드라져 보이는 인간 붓다의 모습을 극사실적으로 보여주는 단식하는 부처상은 볼수록 압권이었다. '석가(사카)족의 성자聖者'라는 의미의 석가모니는 스스로 깨달음을 얻은 각자覺者, 즉 부처Buddha였다. 석가족은 페르시아인을 사카, 중국인을 색종이라 부른 유목민이다.

라호르는 파키스탄 북동부에 자리한 펀자브 주의 주도다. 펀자브라는 말은 '다섯 개의 강'이라는 페르시아어 'panj-ab'에서 비롯됐다. 인더스 강의 지류인 젤룸Jhelum 강, 체나브Chenab 강, 라비Ravi 강, 수틀레지Sutlej 강, 베아스Beas 강이 흐르기 때문이다. 알렉산더가 인도 정벌을 포기하고 발길을 돌린 곳이 바로 라호르와 잘란다르Jalandhar 사이를 흐르는 베아스 강 앞이었다.

아라비아 해에 면한 상공업 도시 카라치에 이어 파키스탄에서 둘째로 큰 이 도시는 인더스 강의 지류인 라비 강을 끼고 있으며 인도와 국경을 접하고 있다. 역사적으로 이슬람 제국의 중심 도시로 발달해왔는데, 특히 16세기 무굴 제국에서는 인도의 델리, 아그라 등과 더불어 제국의 중심 도시로 발달했다. 라호르 시내에 있는 샬리마르 정원과 라호르 성은 유네스코 세계문화유산으로 등재돼 있다.

라호르를 중심으로 한 펀자브 지역은 인더스 문명의 태동기부터 인도-아리안인들의 터전이었다. 아케메네스 왕조의 페르시아, 그리스계 박트리아에 이어 월지족이 이룩한 위대한 쿠샨 왕조가 이 땅의 주인이었던 적이 있다. 칭기즈칸의 후손임을 자부한 티무르가 왔고, 또 그의 후손임을 내세운 '호랑이' 바부르가 찾아왔다. 그렇게 해서 몽골족의 후예가 지배하는 무굴 제국이 세워졌다. 건축술의 백미, 세계 8대 불가사의 타지마할의 조성은 애처가인 무굴 제국의 황제 샤자한이 있어 가능했다. 그는 이름 그대로 '세상(자한)의 왕(샤)'으로서 원 없는 호사를 누렸다.

다시 시간을 거슬러 올라가보자. 지금으로부터 2000년도 넘는 과거, 기원전 1세기 말의 세상은 우리가 생각하는 것보다 훨씬 역동적으로 움직였다. 교통은 불편했고, 여행은 어느 모로나 힘들고 위험했다. 지리적 정보 또한 불완전했다. 그럼에도 사람들은 끊임없이 이동했다. 필요한 물건을 찾아, 원하는 물자가 있는 곳이라면 험준한 산길도 열사의 사막도 드넓은 강도 건넜다.

당시 세상을 움직이는 힘은 로마 제국, 파르티아 제국, 쿠샨 제국, 흉노 연맹, 한 제국이라는 상호 인접한 강대 세력이었다. 이들의 지배 아래 국제 교역이 이뤄졌다. 제국은 필요할 때 전쟁을 하고, 또 다른 필요에 의해 교역을 했다. 당시의 불편한 운송 사정을 감안한다면 엄청난 물류의 저장과 교환과 분배가 이뤄졌다. 육로 수송의 일등 공신은 박트리아의 낙타였다.

이런 과정에서 이민족의 사상, 신앙, 관습이 서로에게 전파·확산됐다. 엠포리움emporium('큰 상점' 혹은 '중앙시장' 또는 '상업중심지')이라 불리는 교역소에 모인 상인, 여행자, 순례객들은 서로가 정보원이 됐다. 기원전 1세기에서 기원후 1세기경의 그레코 로만 지리학자로 알려진 카락스의 이소도루스Isodorus of Charax가 쓴 것으로 추정되는『파르티아의 역사Parthian Stations』에는 당시의 교역소와 교역 루트가 비교적 상세히 기록돼 있다.

안티오크Antioch에서 시작된 교역 루트는 팔미라Palmyra를 경유해 시리아 사막을 건너 파르티아의 수도인 크테시폰Ctesiphon과 티그리스 강을 낀 도시 셀레우키아Seleucia에 당도한다. 그곳에서 길은 동쪽으로 향해 자그로스 산맥을 넘어 엑바타나Ecbatana와 메르브에 이른다. 길은 또 갈라져 북쪽으로 부하라와 페르가나를 지나 몽골 초원을 향하고, 또 다른 길은 박트리아로 뻗어 있다.

파르티아 제국 혹은 아르사크 제국Arsacid Empire 또는 아슈카니아 제국Ashkanian Empire은 기원전 3세기 중반 파르니Parni 부족의 족장 아르

사케스 형제가 헬레니즘 국가 셀레우코스 왕국(기원전 312~기원전 64)
에 반기를 들고 당시 속주이던 이란 동북부의 파르티아 지방을 정복한
뒤, 희랍인 사트랍satrap(총독)을 몰아내고 수립한 왕조다. 파르니는 한
티Xanthi, 피수리Pissuri와 함께 중앙아시아의 세 개 부족 연맹체인 다해
Dahae, Daae, Dahas or Dahaeans를 구성하던 부족이었다. 다해는 라틴어
명칭이고, 고대 그리스어로는 다사이Dasai, 범어로는 다사Dasa라고 했
다. 『리그베다』와 같은 힌두교 경전에는 다사가 아리아의 적으로 묘사
돼 있다.

　　미트리다테스Mithridates(약 기원전 171~기원전 138) 1세 치세 때는 셀
레우코스 제국으로부터 메디아와 메소포타미아를 탈취, 제국의 영역을
확장했다. 전성기의 파르티아 제국은 현재의 터키 중동부 지역인 유프
라테스 강 북안에서 이란 동부까지 뻗어 있었다. 이 제국은 로마 제국
과 중국 한 제국 사이의 실크로드 무역로 한복판에 위치해 있던 탓에
교역과 상업의 중심지가 됐다.

　　파르티아Parthia라는 나라 이름은 고대 페르시아어 Parthava에서 왔
다. 이 말은 '파르티아인들의of the Parthians'라는 뜻이다. 이미 말했듯 파
르티아 제국의 창건자는 파르니 부족의 족장 아르사케스와 동생 티리
다테스Tiridates다. 아르사케스의 고대 페르시아어는 Arshak다. 이 말이
조금씩 변모해 오늘날 투르크메니스탄의 수도 아시가바트에 그 흔적을
남기고 있다. 이는 투르크메니스탄인들이 자신들이 아르사케스의 후
손임을 자랑스러워한다는 징표일 수 있다. 아시가바트는 투르크멘어로
Aşgabat, 페르시아어로는 Ešq-ābād라고 한다. '사랑의 도시' 혹은 '헌
신의 도시'라는 뜻이라고 하는데, 그렇다면 파르티아 제국의 건립자 아

파르티아 제국의 창건자 아르사케스 I세의 동전. 뒷면에는 활을 든 궁사가 앉아 있는 모습이 담겨 있다. 아마 아르사케스로 추정된다.

르사케스의 말뜻이 '사랑'이나 '헌신'인 셈이다. 한편 파르티아를 중국에서는 안식국安息國이라 불렀다. 이 명칭도 제국의 창건자 아르사케스의 이름을 차용한 것이라 생각된다.

세월이 흘러 기원전 130년 이후 파르티아 제국은 다양한 유목민 연합 세력의 공격을 받는다. 사카족, 마싸게타에Massagetae, 월지 등이 제국을 위협한 것이다. 그래도 파르티아는 무사했다. 또 세월이 흘러 기원후 224년 4월, 과거 이란 남부의 작은 속주에 불과했던 페르시아계 사산조에 의해 파르티아 제국은 몰락했다.

이란 땅에서 파르티아 제국이 강성함을 뽐낼 때 중앙아시아에는 외세의 물결이 밀어닥친다. 흉노에 패해 서천을 선택한 월지족이 파미르 고원을 넘어 대하, 즉 그리스인이 세운 박트리아 왕국을 침탈한 것이다. 월지의 한 갈래인 귀상흡후가 다른 부족을 통합하고, 주변국들을 병탄해 쿠샨 제국을 세우는 역사 드라마의 서막이 시작된 셈이다. 『사기』「대완열전大宛列傳」 제63 '대하 조'는 저간의 상황을 다음과 같이 전한다.

대하는 대완大宛(페르가나)의 서남쪽으로 2000여 리 떨어진 곳에 있으며 규수(아무다리야 강)의 남쪽에 있다. 그들은 정착 생활을 하며 성곽과 가옥이 있고, 대완과 풍속이 동일하다. 대군장大君長은 없지만 때때로 성읍에 작은 우두머리가 있다. 그 군대는 약하고 싸우기를 두려워하지만, 그곳 사람들은 장사에 능하다. 대월지가 서쪽으로 도망쳐 와서 그들을 공격하여 패배시키고, 대하를 모두 신속케 했다. 대하의 백성은 많아서 대략 100여만 명이 되고, 그 도읍은 람시성藍市城인데, 시장이 있어 각종 물건을 판매한다. 그 동남쪽에는 신독국身毒國이 있다.

대하 정복에 성공한 월지는 대하의 도읍 람시성을 점거하고 그곳을 자신들의 수도로 삼는다. 『후한서』「서역전」 제78 '대월지국 조'에는 람씨성藍氏城으로 기록돼 있는 이곳에는 각종 물자가 교환되는 거대한 시장이 있었기 때문이다. 이로 미뤄볼 때 대하의 도읍지는 교역도시였을 뿐만 아니라 동서문물이 교류되는 문명의 교차로였음에 틀림없다.

대월지국의 거처는 람씨성藍氏城이다. 서쪽으로 안식安息(파르티아)과 접해 있으며 49일 거리다. 동쪽으로 장사의 거처와는 6537리 떨어져 있고, 낙양과는 1만6370리 떨어져 있다. 호구는 10만, 인구는 40만, 병사는 10여만 명이다. 처음에 월지가 흉노에 멸망당

소그디아나

야지르테스 강
(시르다리야)

옥수스 강
(아무다리야)

파미르

박트리아

힌두쿠시 산맥

간다라

베그람●

●푸루샤푸라(페샤와르)

카이버 고개

●탁실라

쿠샨 제국

인더스 강

마투라●

갠지스 강

히말라야 산맥

자무나 강

산치
●

슝가

아라비아 해

사타바하나

벵골 만

150년경 쿠샨 제국의 최대 영역.(점선 부분)

하자 마침내 대하로 이주하고, 나라를 휴밀·쌍미·귀상·힐돈·도밀로 나눠 모두 오부의 흡후가 됐다.

부득이한 서천에 따른 오랜 유랑이 마침내 쿠샨 제국의 건설로 마무리된 것이다. 제국의 수도는 베그람, 페샤와르, 탁실라, 마투라 네 곳이었다. 간다라 왕국의 영역에 속하는 곳들이다. 쿠샨인들이 간다라(페샤와르)를 정복했다. 그리고 127년부터 제국의 통치자가 된 카니시카 Kanishka 대왕은 수도를 푸시칼라바티Pushkalavati(오늘날의 차르사다 구역)에서 간다라로 옮겼다. 그리고 1~5세기에 걸쳐 간다라는 쿠샨왕들의 비호 아래 정점에 이르게 된다. 1001년 가즈니Mahmud of Ghazni가 간다라를 정복한 뒤 더 이상 간다라라는 이름은 쓰이지 않았다. 사람과 국가가 소멸하듯, 지명과 국명 같은 명칭도 사라지거나 대체된다. 이 세상 영원한 것은 아무것도 없다.

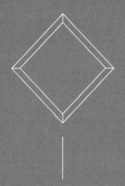

17장

동서 문명 교류의 주역,
중앙아시아
유목민

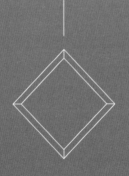

1

그레코-박트리아 왕국의
도시 아이하눔

"진정한 지도자는 길을 알고, 길을 가고, 길을 보여주는 사람이다."
—존 C. 맥스웰(미국 성직자)

꿈을 꾸었나 보다. 우즈벡어로 'Lady Moon'이라는 뜻을 가진 아이하눔Ai Khanum은 옥수스 강을 굽어보는 언덕 위에 고고한 모습으로 자리 잡고 있었다. 참 오랫동안 그리워하던 곳이었다. 드디어 아프가니스탄에 왔고 동북방 타카르Takhar 주에 자리한 아이하눔을 만나게 됐다. 아무다리야 강과 콕차 강이 만나는 지점이었다. 에우크라티데이아Eucratideia라는 이름으로도 불린 옥수스 강 위의 알렉산드리아. 아무다리야를 그리스인들은 옥수스Oxus라는 이름으로 불렀다.

밤하늘에는 온달이 걸려 있었다. 이 지역 사람들에게 전해 내려오는 이야기로는 보름달이 뜨면 거기 아리따운 여인의 얼굴이 나타난다고 한다. 아이하눔의 말뜻도 '달 속의 얼굴'이다. 전설이 사실이 된 것일까. 달빛 아래 간다라 조각상에서 봄직한 신비한 미소—그걸 영어로는 'archaic smile'이라 한다고 파키스탄 친구 아미르 잔Amir Jan이 말해 줬다—를 띤 여인이 언덕 위 궁전에서 아래를 내려다보고 있었다. 손을

557

흔들자 순식간에 내 눈앞에 나타났다. 가만, 낯익은 얼굴인데……. 순간 잠이 깼다. 손에 들린 중앙아시아 지도가 눈에 들어왔다.

사실 이 고대 도시에 대해서는 알려진 바가 별로 없다. 알렉산더 대왕의 영광을 기리기 위해 그가 정복한 지역에는 알렉산드리아라는 이름의 도시가 세워졌다. 페르가나 분지 남서부에 세워진 '가장 먼 알렉산드리아Alexandria the Farthest'라는 뜻을 지닌 Alexandria Eschate, 힌두쿠시 산맥 남쪽 기슭에 세워진 Alexandria in the Caucasus 등인데, 아이하눔도 그중 하나다. 지중해에 면한 이집트 북안의 도시 알렉산드리아도 그렇다. 시저의 연인 클레오파트라 7세 여왕이 통치하던 프톨레마이오스 왕조 이집트의 중심이 알렉산드리아였다. 이 도시의 별명은 '지중해의 신부' '지중해의 진주'다. 이곳 어딘가에 예수의 제자 마가(영어로는 Mark, 이탈리아어로는 Marcos)의 시신이 묻혀 있었다.

부는 넘쳐나지만 달리 내세울 만한 것이 없었던 베네치아는 알렉산드리아에 있다는 마가의 유해를 들여오기로 한다. 마가를 베네치아의 상징으로 삼기로 한 것이다. 828년 당시 이집트를 포함한 중동은 이슬람 압바스 왕조 치하였다. 시신을 빼내오는 일이 결코 만만치 않았다. 그럼에도 돈이 되는 일이면 위험을 무릅쓰는 사람들이 있다. 무슬림들이 혐오하는 돼지비계에 마가의 시신을 싸서 배에 싣고 무사히 베네치아로 반입하는 데 성공했다.

수호성인으로 모시기로 한 마가의 시신을 안치하고 베네치아의 도지doge(총독)는 성당 건축을 결정한다. 국제적 무역항이었던 베네치아는 정보가 넘쳐났다. 돈은 얼마가 들어도 좋았다. 마가를 위한 성당은 동로마제국 콘스탄티노플(오늘날의 터키 이스탄불)의 성사도 대성당을 모방하기로 한다. 마침내 832년 비잔틴 양식의 성마르코 대성당이 완성된다. 그 후 폭동으로 소실됐다가(976년) 2년 후 재건되고(978년), 1063~1094년까지 공들인 작업 끝에 오늘날과 같은 모습으로 완성됐다. 이 성당의 백미는 화려한 외관이 아니라 내외부의 모자이크에 있다.

제4차 십자군 원정(1202~1204) 때 베네치아는 참으로 부끄러운 일을 저질렀다. 선박들에 성전을 치를 병사와 무기, 식량을 싣고 예루살렘을 향해 떠나야 하는데, 그건 하느님을 위한 일인데, 가라는 성지에는 안 가고 동방 기독교의 본산인 콘스탄티노플을 공격했다. 교황 인노켄티우스 3세의 호소로 서방 그리스도교 세계 모두가 마지막 성전(?)에 참가한 터였다. 예상치 못한 상황에서 콘스탄티노플은 속수무책으로 당했다. 결국 십자군 원정은 그 후 50년이 지난 1254년까지 네 차례나 더 결행돼야 했다.

무늬만 십자군이었던 성전을 빙자한 탐욕스런 돼지들은 막대한 재화와 보물을 약탈했고, 약탈품은 당연히 베네치아로 흘러들어갔다. 이때 유입된 유물의 일부가 성마르코 대성당을 장식하고 있다. 청동으로 제작된 네 마리의 말 조각상 '콰드리가quadriga'가 그것이다. '콰드리가'란 로마 시대 전차 경주 때 사용된 4두2륜 전차를 뜻하는 단어다. 대성당의 내부에 깔린 대리석 판석들도 성소피아 대성당에서 뜯어온 것이라고 한다. 이스탄불에 있는 이 성당은 꼭 가볼 만하다.

한 세기 반 이상의 오랜 세월에 걸쳐 치러진 십자군 전쟁을 통해, 르네상스와 대항해 시대를 거치며, 아드리아 해에 면한 이탈리아 중부의 도시 베네치아는 당시 유럽에서 최고 부자가 된다. 물 위에 세워진 도시 베네치아는 선박 건조와 해상무역으로 막대한 부를 축적했다. 세상

온갖 사람들이 모여들었다. 미지의 세상, 가보지 못한 나라에 대한 동경의 한숨이 성마르코 성당 앞 광장의 커피하우스 '플로리안'의 실내를 가득 채웠다. 1720년 12월 19일 처음 영업을 시작했으니 곧 300년 역사를 지니게 된다. 모차르트, 괴테, 바그너, 바이런, 디킨스, 프루스트 등 수많은 예술가와 지성인들이 이 카페의 단골이었다.

자연스레 이곳 베네치아에서 인문의 꽃이 활짝 피었다. 플로리안은 당시 유일하게 여성의 출입이 허용된 카페였다. 베네치아는 그런 곳이었다. 그래서 부럽기 짝이 없는 선망의 대상 카사노바가 활약하던 무대, 피도 눈물도 없는 유대 상인 샤일록이 나오는 셰익스피어의 작품 『베니스의 상인』의 돈벌이 무대도 베네치아였다. 베네치아에서 아드리아 해를 건너면 오늘날의 크로아티아 해안이다. 거기도 베네치아였다. 『동방견문록』을 쓴 마르코 폴로가 바로 그 동네 출신이다. 생각해보면 셰익스피어도 수상하다. 단 한 차례도 영국을 벗어난 일이 없다는 그가 어떻게 『베니스의 상인』을 비롯해 『로미오와 줄리엣』『베로나의 두 신사』『줄리어스 시저』『안토니와 클레오파트라』 등 이탈리아를 배경으로 한 다수의 작품을 쓸 수 있었을까. 과연 셰익스피어는 가공의 인물이고 숨은 셰익스피어는 근대 프리메이슨의 창시자 중 한 사람이며 장미십자단의 회원인 프랜시스 베이컨일까. 『타이터스 앤드러니커스Titus Andronicus』라는 잔인하고 비극적인 복수극의 주인공도 로마 제국의 장군이라고 한다. 조만간 이 작품을 구해 읽어봐야겠다. 누가 쓴 것이든 거기서 인간의 본질과 역사가 남긴 교훈을 엿볼 수 있을 것이므로.

다시 우리의 관심을 아이하눔으로 돌려보자. 이곳은 알렉산더 대왕이 박트리아와 소그디아나에서 한참 전쟁을 벌이고 있을 무렵인 기원전 329~기원전 327년 사이 헤파이스티온Hephaestion에 의해 건설됐다고 한다. 물론 신도시가 아니라, 예부터 있던 페르시아 도시를 재건한 것이다.

여기에 키네아스Cinenas 사당이 있고 그리스어로 쓰인 비문이 있었음이 확인됐다. 석회암으로 된 비문 안치대가 남아 있고 사라지고 없는 비문 끝부분 좌우에 글이 새겨져 있었기 때문이다. 그 내용은 이렇다. "성지 델포이에 새겨져 있는/ 옛 성현들의 귀한 말씀/ 클레아르쿠스가 정성껏 베껴/ 멀리서도 빛나는 키네아스 성소에 적는다./ 어려서는 순종하라/ 젊어서는 자제하라/ 어른이 되어서는 공정하라/ 나이가 들면 조언을 구하라/ 죽을 때는 슬퍼하지 말라."

프톨레마이오스에 의해 '옥수스의 알렉산드리아'로 비정된 이 고대 도시 아이하눔 유적의 또 다른 이름은 에우크라티데이아Eucratideia다. 에우크라티데스 대왕Eucratides the Great이라 불리는 그레코-박트리아 왕국의 에우크라티데스 1세(재위 기원전 170~기원전 145 추정)의 이름에서 따왔다고 한다. 그는 쿠데타로 박트리아에서의 에우티데무스Eu-thydemus 왕조를 전복하고 왕위에 올랐다. 그가 셀레우코스 왕조의 안티오쿠스 4세 에피파네스Antiiochus IV Epiphanes의 사촌인지, 아니면 박트리아 왕국의 관리였는지는 확실치 않다. 확실한 건 피를 부르는 권력욕이다. 그리고 자신을 드러내려는 명예욕이다.

아이하눔이 박트리아 왕국의 수도였을 가능성은 충분하지만 확실치는 않다. 발굴 과정에서 대규모 약탈과 화재 때문에 이 도시가 소실됐다는 점은 분명히 드러났다. 그러나 언제 누구에 의해 파괴됐는지는 여전히 미궁 속이다. 다만 출토된 비문 일부를 통해 도시 중심에 세워진 사당의 주인공이 키네아스이며 델포이 아폴로 신전에 새겨진 옛 성현의 말씀을 아이하눔 키네아스 사당의 비명碑銘으로 옮긴 사람이 클레아르쿠스라는 사실을 알 수 있다.

먼저 클레아르쿠스는 어떤 사람일까. 그는 키프로스 섬 솔리Soli/Soloi 출신의 철학자로 아리스토텔레스의 소요학파Aristotle's Peripatetic school에 속했던 인물이다. 그는 동방 문화에 대해 다양한 글을 썼으며, 박트리아 도시 아이하눔을 여행했던 것으로 보인다.

그렇다면 키네아스는 도대체 누구인가. 그는 에피루스의 왕 피루스의 친구이자 테살리Thessaly 지역의 장관이었던 인물이다. 에피루스의 피루스Pyrrhus of Epirus(기원전 319?~기원전 272)는 헬레니즘 시기 희랍의 장군이자 정치가로 알렉산더 대왕의 어머니 올림피아 쪽의 재종형제(육촌)다. 그는 20세가 갓 넘은 나이로 미케아 시대부터 에피루스 지역을 차지하고 있던 부족국가 몰로소이Molossoi 왕국의 희랍부족장이었고 나중에는 에피루스와 마케도니아와 시실리 섬에 위치한 시라쿠사의 왕이 됐다.

키네아스는 이런 막강한 왕의 신임을 한 몸에 받는 실세였다. 말하자면 옥타비아누스에게 아그리파와 같은 존재인 셈이다. 그런 키네아스를 기리는 사당이 아이하눔에 축조됐다. 당시 그리스와 박트리아의 주종관계를 단적으로 보여주는 사례다. 기원전 6세기 무렵 메디아 왕조 페르시아의 23개 사트라피(속주) 중 한 곳이었던 박트리아는 알렉산더의 동방 정벌 이후 셀레우코스 왕국의 속주가 된다. 셀레우코스 왕국은 알렉산더 사후 마케도니아 제국이 분할되는 과정에서 셀레우코스 1세에 의해 건립된 헬레니즘 국가다. 제국의 최대 영토는 아나톨리아 중부와 레반트, 메소포타미아, 페르시아, 투르크메니스탄, 파미르, 인더스 계곡을 포함한다. 기원전 312년부터 기원전 64년까지 존속했다.

풍요로운 농업적 기반 위에서 비교적 순조롭게 발전하던 박트리아는 기원전 145년경 아무다리야 강을 넘어온 유목민 집단에 의해 멸망한 것으로 추정된다. 희랍의 지리학자 스트라본에 의하면, 시르다리야 강 북쪽에서 남하한 스키타이 집단 가운데 '아시오이Asioi, 파시아노이Pasianoi, 토하로이Toharoi, 사카라울로이Sacarauloi'라는 네 유목 부족이 아무다리야 강 남쪽의 박트리아 지방을 공격해 빼앗았다고 한다.

박트리아를 중국 한漢에서는 대하大夏라고 불렀다. 후대에는 토하라라고 했다. 『전한서』 「서역전」 제66 '대월지국 조'를 보면 대하와 월지의 관계를 알 수 있다.

> 대하에는 본디 대군장이 없었고 성읍들은 때때로 군소의 수령 (소장小長)을 뒀다. 주민들은 나약해서 전투를 두려워했기 때문에, 월지가 이주해오자 모두 그에 신복했다. (…) 다섯 명의 흡후가 있다. (…) 모두 대월지에 복속해 있다.

『후한서』 「서역전」 제78 '대월지국 조'는 대하가 처한 상황을 잘 말해준다.

> 월지가 흉노에 멸망당하자 마침내 대하로 이주하고, 나라를 휴밀·쌍미·귀상·힐돈·도밀로 나눠 모두 오부의 흡후가 됐다. 그 후 100여 년이 지나서 귀상흡후인 구취각이 (다른) 4흡후를 멸하

고 스스로 왕이 돼 국호를 귀상(쿠샨)이라고 했다. (…) 월지는 그
뒤로 극도로 부강해졌다. 여러 나라가 모두 그 나라 왕을 '귀상왕
貴霜王'이라 칭하지만, 한나라는 그 옛날의 칭호를 써서 '대월지'라
고 부른다.

이런 기록들을 종합해볼 때 박트리아를 멸망시킨 유목 집단은 다름
아닌 월지라는 부족연맹체에 속한 네 개의 부족이었으리라. 대하는 월
지의 지배를 받으며 오부 흡후로 나눠진다. 오부 흡후란 어디에 있는
것일까. 흡후란 월지부족연맹체를 구성하는 부족장 내지 소왕을 가리
키는 것일 수 있다. 강거康居에도 다섯 소왕과 그들이 통치하는 영역이
있었다. 오부 흡후를 아는 것은 월지의 서천 경로를 아는 것과 마찬가
지다.

『성경』 창세기는 노아의 아들을 셈Shem, 함Ham, 야벳Japheth이라고
전한다. 한편 『부족지』의 저자 라시드 앗 딘은 중앙아시아 초원의 유목
민 튀르크 종족들은 노아의 아들 아불제칸, 그의 아들 딥 야쿠이의 네
아들에게서 나온 후손들이라고 말한다. 네 아들은 카라칸, 오르칸, 쿠
르칸, 쿠즈칸이다.

장남 카라칸의 아들 중에 오구즈가 있었다. 이 아들이 신(알라)에게
귀의하면서 튀르크 종족은 이방의 신을 받아들인 오구즈 지지파와 반
대파 둘로 갈렸다. 오구즈에게는 여섯 명의 아들이 있었다. 그들의 이
름은 해와 달과 별, 하늘과 산과 바다였다. 참 자연친화적이고 대단한
작명이다.

오구즈의 여섯 아들은 약속이나 한 듯 아들을 넷씩 뒀다. 막내아들

바다(딩기즈Dinggiz)의 네 아들 중 막내인 키닉Qiniq이 분가해 키닉 씨족의 선조가 된다. 훗날 이 씨족에서 셀주크라는 부족명의 기원이 될 영웅 셀주크Seljuk가 두카크Duqaq의 아들로 태어난다. 그의 성은 티무르 알릭Timuryaligh이다. '철궁鐵弓으로 된'이라는 뜻이라고 하나 내 해석은 다르다.

이들 셀주크 집안사람들은 10세기 말 24개 씨족으로 구성된 오구즈 야브구 부족 연맹체로부터 떨어져나와 시르다리야 강 하류의 우안, 즉 잔드 방향에 있는 키질 오르다Kyzyl Orda 근처를 둔영지로 선택한다. 셀주크의 다섯 아들의 이름은 아르슬란, 미카일, 무사, 유수프, 유누스였다. 이로 미뤄볼 때 셀주크가 경교景敎(네스토리우스교) 신자였다고 주장하는 이들도 있지만 당시 트란스옥시아나 지역은 페르시아계 사만조가 위세를 떨치고 있었기 때문에 이들이 샤머니즘을 버리고 이슬람으로 개종한 무슬림이었을 가능성이 더 크다.

이들 셀주크튀르크는 서쪽으로 세력을 확장해 카스피 해 북쪽 초원을 접수하고 오늘날의 조지아, 아제르바이잔, 아르메니아에 해당하는 캅카스 지방을 수중에 넣는다. 그리고 아나톨리아 반도로 진출하면서 비잔틴 제국과 맞서게 된다. 터키라는 국가명의 배경에 이들이 있었다. 이들이 수립한 나라를 셀주크 술탄국이라고 한다. 셀주크 제국 술탄들에게 있어 셀주크는 전설적 영웅이자 조상이다. 앞서 말했듯, 그의 삶은 오구즈 야브구 부족 연맹에서 시작됐다. 10세기 후반, 그는 자신의 추종자들을 이끌고 오구즈 야브구의 시르다리야 강 하류에 있는 겨울 수도 얀기켄트Yangikent('새 도시')를 떠나 잔드 일대로 이주했다.

셀주크 집단이 이슬람으로 개종한 것은 이 무렵의 일이었을 것이다.

시리아의 도시 홈스에 있는 크락 데 슈발리에 성채.

그는 사만 왕조와 동맹을 맺고 이교도 튀르크인들과 전쟁을 벌였다. 그를 계승한 후손들에 의해 세워진 셀주크튀르크 제국(1037~1194)은 중앙아시아와 중동 일대를 다스리던 수니파 무슬림 왕조다. 제1차 십자군 공격 대상이 바로 셀주크 왕조다. 십자군crusade이라는 명칭은 이 성전聖戰에 참가했던 그리스도교 군사들의 의복에 십자가 표지를 붙인 데서 유래한다.

「킹덤 오브 헤븐Kingdom of Heaven」이라는 멋진 영화가 있다. 10년 전에 만들어진 것으로 4차 십자군 원정을 다룬 영화인데, 이슬람을 믿느냐 기독교를 믿느냐 하는 문제와는 관계없이 상당히 감동적이다. 리엄 니슨, 제러미 아이언스, 올랜도 블룸, 에바 그린 등 배우들의 연기 또한 일품이다. 사라센 황제 살라딘 역을 맡은 시리아 배우 가산 마수드의 카리스마도 대단하다. 이 영화가 보여주는 웅장한 성채가 있다. 실제 건축물은 시리아 홈스Homs에 있는 '기사들의 성채'라는 의미의 '크락 데 슈발리에Crac des Chevaliers'다. 십자군의 마지막 성채인 이곳은 멀리서 조망하는 것만으로도 그 견고한 아름다움으로 보는 이의 시선을 사로잡는다. 이윽고 "왜 여기에 그리고 어떻게 이런 성채를 지었을까?" 하는 의문이 생긴다. "저 성채에서 도대체 무슨 일이 있었던 것일까?" 라는 궁금증이 뒤를 잇는다.

2
유목 왕국 무굴 제국과
문명사의 걸작 '타지마할'

> "만물의 창조주도 실수를 했다. 그것도 두 번이나. 한 번은 금을 만들고, 한 번은 여자를 만든 것이다."—인도 속담

불가에서는 인간이 버리기 어려운 세 가지를 삼독심三毒心으로 표현한다. 그 세 가지 독은 탐진치貪瞋痴, 즉 탐욕貪慾·진에瞋恚·우치愚痴다. 과도한 욕심, 성내는 마음, 어리석음이다. 자기 마음에 맞지 않는다고 분하게 여기면 마음은 물론 몸도 편안하지 못하다. 욕심은 있으나 구하지 못하면 괴롭다. 어리석으면 무명無明의 길을 걷게 되고 잘못을 범하기 쉽다. 남을 욕하고 욕하면서 쓰라리다. 여기서 번뇌가 생긴다. 육번뇌라 해서 삼독심에 만慢, 의疑, 악견惡見을 덧붙이기도 한다. 나는 아직도 번뇌 속에 사는 무명의 중생이다. 이광수 선생의 『무명』을 되읽으며 어리석어서 안타까운 삶을 사는 존재들을 통해 내 어리석음을 위안받을까. 이만큼 살았는데 언제까지 어리석을까 생각하니 등줄기에 식은땀이 흐른다.

가만히 있는데도 땀줄기가 줄줄 흘러내리는 비지땀을 처음 경험한 것은 세계의 불가사의 중 하나인 타지마할을 보러가서다. 1989년 8월

인도 아그라의 이슬람교 묘당 타지마할.
인도 이슬람 건축을 대표하며, 세계에서 가장 화려한 건물로 손꼽힌다.

아그라성.

인도의 더위가 그랬다. 날씨도 그런 판에 홀연히 눈앞에 드러난 건축미의 백미 타지마할의 장관은 눈을 의심케 했다. '우아한 아름다움이란 이런 것이구나' 하고 나는 생각했다. 완벽한 대칭의 대리석 건축물을 짓는 데 연인원 2만 명의 노동력을 동원해 22년의 세월이 걸렸다는 가이드의 설명을 듣고 내 입에서 나온 거친 말은 "미쳤군!"이었다. 그러나 죽은 왕비를 못 잊어, 그녀를 위한 죽음의 궁전을 지은 것이 결국은 전 세계 관광객을 아그라Agra로 끌어 모으는 결과를 낳았다. 이집트도 그렇듯, 인도도 조상 덕에 먹고사는 나라다. 그런데 그 조상은 인도아대륙의 선주민인 드라비다Dravida족이 아니라 중앙아시아 페르가나를 근거지로 하던 유목민이다.

유목민은 끊임없이 이동했다. 주로 동에서 서로 움직였다. 기원전 3세기 무렵 몽골 초원—당시의 명칭은 달랐을 것이다—의 중심 세력은 월지였다. 유목민들은 곧잘 동맹을 맺었다. 그러다가도 상황이 달라지면 어제의 동지를 배반하고 뒤통수를 치기 일쑤였다. 어제의 친구 부락을 약탈하는 건 다반사였다. 속성이 이러니 친선의 뜻이자 배반의 예방책으로 최고 존엄의 아들을 볼모로 교환하고서도 안심을 못 했다.

기원전 3세기경 흉노는 월지에 선우의 태자를 인질로 보내야 하는 언더도그underdog 신세였다. 하늘 아래 영원한 것 없고 세상에 변전하지 않는 것이 없다. 흉노가 부상을 시도했고 이에 성공했다. 지도자의 역할과 능력이 중요함을 보여주는 역사의 교훈이다. 혁명적 지도자를 만난 흉노匈奴—이 한자어 명칭 또한 정확한 어음과 어의를 알지 못한다—는 주변 정복에 나선다. 동호東胡를 누르고 서쪽의 월지를 공파攻破한다. 이로 인해 유목민 이동의 서막이 열린다. 동호가 새로운 둥지를 찾아 만주 벌판 등지로 흩어졌다. 월지도 서천을 감행했다.

새로운 주거지를 찾아 이동을 시작한 이래 흉노가 유럽까지 진출했고, 그로 인해 게르만 민족의 대이동이라는 도미노 현상을 낳았다. 이어서 유연이 가고, 돌궐이 움직였다. 이미 살펴봤듯 오구즈 투르크의 키닉Qynyq 씨족의 일파로 아랄 해 근방 니샤푸르를 근거지로 하던 셀주크튀르크는 힌두쿠시에서 아나톨리아 반도, 중앙아시아에서 페르시아 만에 이르는 광대한 지역의 지배자였다. 아랄 해에서 시작해 호라산으로 페르시아로 마침내 아나톨리아 반도로 세력 범위를 넓혀가며 이동한 결과다. 십자군 전쟁에서 서방 기독교의 동방 상대가 바로 이 셀주크튀르크 이슬람이었다. 오스만튀르크는 비잔틴 제국을 멸망시켰다.

타지마할 근처에서 공예품을 만드는 장인들의 모습.

그 이전에 몽골이 전 세계를 누볐다. 원나라가 망했어도 몽골인들은 이미 세계 곳곳에 둥지를 틀고 있었다.

무굴 제국(1526~1857)은 북인도에 존재하던 이슬람 왕조다. 왕실 혈통은 인도 북방의 유목민이다. 15세기 말 중앙아시아 트란스옥시아나는 티무르 왕조의 후예들이 통치하고 있었다. 트란스옥시아나란 '옥수스 강 너머'라는 뜻으로 흔히 '하중 지방'이라 번역된다. 당시 페르가나의 군주이던 토후土侯 우마르 샤이흐Umar Shaikh(1469~1494)가 어린 왕자 바부르를 남겨놓고 세상을 떴다. 바로 그가 후일 무굴 제국을 세운 바부르다. 무굴Mughul이란 말은 페르시아어로 '몽골'의 와전으로 무갈Mughal이라고도 하고, 모굴Mogul이라고도 한다. 무굴의 자칭은 구르카

572

니Gurkani인데 그 말뜻은 사위, 부마다.

무굴 제국의 5대 황제는 샤자한(1592~1666, 재위 1628~1658)이었다. 샤자한은 페르시아어로 '세상(자한)의 황제(샤)'라는 의미를 갖는 칭호다. 그의 본명은 무척 길다. 알라 아자드 아불 무자파르 샤 아붓딘 무함마드 쿠람A'la Azad Abul Muzaffar Shah ab-ud-din Muhammad Khurram. 이렇게 긴 이름을 사용하는 이유는 있는 사람들이 자신의 존재를 드러내기 위함이다. 다시 말해 이름을 통해 잘난 척하는 것이다.

샤자한은 바부르, 후마윤, 악바르, 자한기르의 뒤를 이어 황제가 됐다. 부친인 전임 황제 자한기르Jahāngīr('세계의 정복자')와 모친인 라지푸트Rājpūt 씨족 출신의 타지 비비 빌키스 마카니Taj Bibi Bilquis Makani 사이의 셋째 아들이다. 참고로 비비는 '말horse'이란 뜻의 페르시아어인데, 어쩌면 튀르크어에서 차용된 것일 수도 있다. 샤자한과 무굴 제국을 세운 그의 4대조 바부르는 칭기즈칸과 티무르의 후손이다.

칭기즈칸은 서하의 수도 인촨銀川이 함락되기 직전 탕구트인들과의 싸움에서 독화살을 맞고 죽음에 이르렀다. 말에서 떨어져 그랬다고도 한다. 티무르는 절름발이였다. 그래서 그의 신체적 약점을 비꼬아 영어로는 '태멀레인Tamerlane'(절름발이 티무르)이라 부른다. '세상의 제왕' 샤자한에게는 나이가 한 살 아래인 뭄타즈 마할Mumtaz Mahal(1593~1631)이라는 이름의 왕비가 있었다.

1607년, 샤자한은 당시 14세의 페르시아 귀족 가문 출신의 아르주망 바누 베굼Arjumand Banu Begum과 약혼한다. 이 약혼녀가 후일 샤자한의 두 번째 부인이 되는 뭄타즈 마할이다. 페르시아어로 'the cradle of excellence'(Mumtaz)와 'palace'(mahal)이 합쳐진 말로 '아름다운 요람의 궁전'이라는 뜻이다. 이 둘은 5년 뒤인 1612년에 결혼한다.

샤자한 왕의 첫 번째 부인 역시 페르시아 사파비 왕조의 딸인데 이름은 'Lady from Kandahar'라는 의미의 칸다하리 베굼Kandahari Begum이다. 나이는 뭄타즈와 동갑인데 그녀보다 훨씬 오래 살았다.(약 1593~1650년) 그녀는 죽어서 고향인 칸다하리 바그Kandahari Bagh에 묻혔다.

뭄타즈는 14명의 자식을 낳았는데 그중 7명만 살아남았다. 그리고 그녀는 38세에 부르한푸르Burhanpur라는 곳에서 죽었다.(1631년 6월 17일) 14번째이자 마지막 딸 고하라 베굼Gauhara Begum을 낳다가 난산 끝에 사망한 것이다. 무려 30시간의 산고를 겪었다니 그 고통을 겪어 보지 않아도 알 만하다. 참고로 엄마와 딸 두 여인 이름 말미에 붙은 '베굼'은 튀르크어에서 파생된 페르시아어로, 왕족이나 귀족 집안 여성에 대한 경칭으로 쓰이는 말이다. 남성에 대한 튀르크어 경칭 벡beg이나 베이bey(교관이라는 뜻)에 상응하는 표현이다.

어린 왕비 뭄타즈에 대한 샤자한의 애정은 각별했다. 남편인 샤자한에 대한 왕비의 사랑 또한 깊었다. 궁정시인들은 왕비의 아름다움, 우아함, 동정심을 앞다퉈 칭송했다. 왕과 왕비는 서로를 신뢰하는 동반자로 사이좋게 무굴 제국 곳곳을 여행했다. 심지어는 전쟁터까지 함께 다녔다. 왕비에 대한 믿음이 워낙 대단했기에 왕은 자신의 왕비에게 무르우자Muhr Uzah라는 영지領地를 선물하기도 했다. 그녀는 궁궐의 다른 여인들과는 달리 정치에 아무런 관심이 없었다.

믿고 사랑하던 아내가 죽자 샤자한은 1년간 칩거하며 그녀를 애도했다. 그가 슬픔을 추스르고 다시 모습을 드러냈을 때 그의 등은 굽고 얼

왕비 뭄타즈 마할과 샤자한의 초상.

굴엔 주름이 가득했으며 머리는 온통 희어 있었다. 부르한푸르에 일시
적으로 묻혀 있던 그녀의 시신은 금관에 안치돼 아그라로 옮겨졌다. 그
리고 야무나Yamuna 강변의 작은 건물에서 안식을 취했다. 부르한푸르
에서부터 모든 일을 지시하고 지켜보면서 샤자한 왕은 죽은 왕비를 위
한 영묘靈廟의 설계와 건축을 구상하고 있었다. 그 구상이 실행돼 '왕관
(을 쓴 왕비)의 궁궐'이라는 의미의 타지마할로 완성되는 데는 무려 22년
이 걸렸다.

　세월이 흘러 샤자한 왕은 60대 중반의 노인이 됐고, 1658년 어느
날 병석에 눕는다. 뭄타즈와의 사이에서 낳은 큰아들 다라 시코Dara

Shikoh(1615~1659)가 섭정을 하게 되자 형제들은 증오로 들끓었다. 어린 동생들이 독립을 선언하고, 자신들의 유산을 요구하며 군사를 이끌고 아그라로 향했다. 형제들 중 가장 뛰어난 아우랑제브Aurangzeb가 군대를 조직하고 총사령관이 돼 사무가르트 전투the Battle of Samugarth에서 형 다라 시코의 군대부터 무찔렀다. 그동안 샤자한은 병에서 회복됐지만, 아우랑제브는 부친이 더 이상 통치 능력이 없다고 선포하고는 그를 아그라성에 유폐시킨다.

샤자한은 그렇게 자신의 아들에 의해 연금軟禁 생활을 하다가 죽음에 임박해서는 망령이 들었다고 한다. 왜 아니겠는가. 다른 이도 아닌 더 없이 사랑했던 왕비 뭄타즈와의 사이에서 난 눈에 넣어도 아프지 않은 아들이 자신을 권좌에서 몰아냈으니 말이다. 야무나 강이 발 아래로 흐르는 아그라성에 유폐돼 저 멀리 뭄타즈가 묻혀 있는 타지마할을 바라보며 매일같이 통곡했을 노왕은 8년 뒤인 1666년 74세를 일기로 세상을 뜬다. 무슬림이었던 그는 칼리마 샤하다Kalima Shahada(증언)를 읊조리며 마지막 숨을 거뒀다.

"라 일라하 일라-을라흐, 무하마두르 라술루-을라흐lā'ilāha 'illā-llāh, muḥammadur rasūlu-llāh. 알라 이외 다른 신은 없도다. 무함마드는 신의 사자다There is no god but God. Muhammad is the messenger of God."

3

낙타 등에서 시작된 문명의 전파와 교류: 유럽, 차와 도자기에 열광하다

> "나의 형제여, 그대의 사상과 감정의 배후에는 하나의 강력한 통치자, 하나의 알 수 없는 현자賢者가 서 있으니, 그는 '자기自己'라 불린다. 그는 그대의 육체 안에 산다. 그는 그대의 육체다."—니체, 『차라투스트라는 이렇게 말했다』

요즘은 대형 화물열차가 잘 닦인 아스팔트 도로를 내달리며 화물을 동에서 서로, 서에서 동으로 실어 나른다. 구태여 뜨겁고 어두운 카라부란Karaburan, 흑풍黑風 부는 사막길을 갈 필요도 없고, 산이 높고 험하면 비행기를 타고 넘으면 된다. 과거에는 사정이 달랐다. 열사의 사막도 목숨 걸고 건너야 했고, 눈 덮인 설산도 죽을 힘 다해 넘어야 했다. 사람이 짐을 지는 데는 한계가 있었다. 돈 되는 곳이라면 지옥에라도 갈 태세를 갖춘 장사꾼들도 사막과 설산 앞에서는 늘 겁이 나고 주눅이 들었다. 그럼에도 돈벌이가 되는 교역품, 이윤이 많이 나는 재화는 가급적 많이 운반해야 했다.

이때 낙타가 제격이었다. 페르시아의 속주였다가 알렉산더 대왕의 동방 정벌군에 의해 점령당한 뒤 그리스의 식민지가 된 박트리아에 낙타가 있었다. 아라비아 낙타처럼 단봉이 아닌 쌍봉의 이 낙타는 사실은 중앙아시아 초원 지대에 두루 서식하고 있었다. 현재에도 고비 사막

577

인도 라자스탄에서 찍은 쌍봉낙타 무리.

과 타클라마칸 사막에, 카자흐스탄 초원에, 인도 북서부 잠무-카시미르의 그림 같은 계곡과 라다크의 누브라 계곡 등지에 야생의 상태로 살고 있다. 야생 박트리아 낙타를 처음 언급한 사람은 19세기말 제정러시아 황제의 명을 받고 만주는 물론 중앙아시아 탐사에 나선 러시아 장교 니콜라이 프르제발스키Nikolai Przhevalsky였다. 발굽이 평평하고 힘이 좋은 박트리아 낙타는 추위와 갈증에 잘 견디고 고지대에서도 끄떡없다. 이 쌍봉낙타가 실크로드를 오가는 카라반들의 여정을 가능하게 한 것이다.

아리스토텔레스가 처음 '아라비아인들의 낙타'라고 기술한 단봉낙타를 'dromedary camel'이라고 하는데, 이 말은 그리스어 δρομὰς κ άμηλος(dromas kamelos)에서 비롯됐다. 그 말뜻이 '달리는 낙타running camel'인 것만 봐도 애초 이놈은 화물수송보다는 사람을 태우고 달리는 승용 낙타로 적합해 보인다. 'Dromedary'라는 말은 '빠르다swift'라는 의미의 라틴어 dromedarius가 고대 프랑스어 dromedaire를 거쳐 탄생한 것이다. 영화 「아라비아의 로렌스」에서 뿌연 모래바람 날리며 말처럼 달리는 아라비아 낙타의 모습을 볼 수 있다.

때론 말이 필요했다. 아니 필요 그 이상이었다. 유목민에게 말은 필요불가결한 존재였다. 장거리 이동은 물론 전투에도 빠질 수 없는 소중한 재산이었다. 고선지 장군이 힌두쿠시를 넘을 때 병사 한 명당 제공된 말은 세 마리였다. 말이 없으면 전쟁도 힘들고 사람의 이동도 답답했다. 빠른 속도로 정보를 전달할 수도 없었다. 단적인 예가 마라톤 전투의 승리 소식이다.

곧 들이닥칠 페르시아군에 의해 참담하게 살육당할 생각에 가슴만 쥐어뜯고 있던 아테네 시민들에게 낭보가 전해진다. 기원전 490년 9월 그리스 이타카 북동부의 마라톤 평원에서 벌어진 제1차 그리스와 페르시아의 전쟁에서는 누가 봐도 페르시아군이 이겨야 했다. 1만1000명의 아테네와 플라타이아이 연합군의 주 병력은 팔랑크스라는 중무장한 보병이었으며, 다리우스 1세가 지휘하는 페르시아군은 경무장 보병과 경기병 위주로 2만5000명이었다. 결론적으로 페르시아군 6400명이 전사하고, 아테네는 지휘관 칼리마코스를 포함해 192명이 사망했다. 그리스 군대는 예상치 않는 승리에 놀라 죽을 지경이었다.

밀티아데스 장군은 승리 소식을 전하기 위해 연락병을 보낸다. 마라톤에서 아테네까지 42킬로미터를 달린 연락병은 아테네 포럼forum(광장)에 도착해 '니케nice!'(승리)를 외치고 쓰러져 죽었다. 그리스 신화의 니케는 날개 달린 정복과 승리의 여신이다. 로마 신화의 Victoria에 해당한다. 올림픽에서의 마라톤은 이렇게 탄생했다. 승리에 취한 아테네는 기념사업으로 아크로폴리스 언덕에 고대 세계에서 가장 음전한 파르테논 신전을 건설했다.

제지술이 서방으로 넘어간 건 탈라스 전투에서 고선지 장군이 이끄는 당나라 군대가 압바스 왕조의 이슬람군에게 패한 결과였다. 오랜 시간과 긴 경로를 거쳤지만 제지술의 전파는 서방 세계에게는 축복이었다. 때가 돼 인쇄술이 제지술과 결합됐다.

중국의 차茶가 톈산을 넘고, 험하디험한 히말라야를 지나고 페르시아를 거쳐 아랍 세계로 건너갔다. 그곳에서 열렬한 환영을 받은 차는 대항해 시대를 거치며 유럽으로 진출한다. 포르투갈, 스페인, 네덜란드, 영국, 프랑스 등 유럽 제국주의의 식민지가 됐던 아시아의 차가 인도양을 건너고 아라비아 해를 거쳐 마침내 지중해에 면한 유럽 항구도시에 당도한다. 그리고 특유의 매력으로 유럽인의 마음을 사로잡는다. 인도와 스리랑카의 차, 인도네시아와 베트남의 차, 일본과 중국의 차가 뱃길로 먼 항해 끝에 대서양의 섬나라 영국에서 우아한 차 문화의 꽃을 피우게 된다. 후일 격식을 갖춘 세련된 차 문화는 동양으로 돌아와 홍콩, 상하이 등지의 호텔에서 딤섬 문화로 발전한다.

동양을 접한 서양은 그야말로 야단법석, 난리가 났다. 메이드 인 차이나 제품이면 그것이 도자기든 비단이든 차든 누구나 소유하고 싶어했다. 중세에 베니스 상인들이 그러했듯, 근세에 이르러 아랍과 인도와

원나라 때의 청화백자 접시.

중국 상인들이 소비자들의 기호에 맞춰 동양의 물자를 고가에 공급했다. 12세기의 역사적 인물을 소재로 한 19세기 말의 러시아 오페라 「사드코Sadko」에도 바다를 건너온 외국 상인들이 나온다. 작곡가 림스키코르사코프가 오페라에 등장시킨 인물들은 바랑고이the Varangian, 즉 바이킹 상인, 인도 상인, 베니스 상인들이다. 실제로는 이들과 거래하는 러시아 상인들도 있었을 것이다.

서양에는 없는 차가 소그드 상인들의 손을 거쳐 페르시아로, 아랍으로, 유럽으로 전해진다. 차와 함께 찻그릇과 식기류도 들어왔다. 따라서 서양의 문화가 한 단계 업그레이드된다. 덕분에 중국 장시 성 동북부에 위치한 징더전景德鎭에서는 도자기 산업이 발전했다. 청화백자가 유럽 황실과 귀족, 부유한 상인들의 마음을 사로잡았기 때문이다. 인구 50만 명 중 30퍼센트 이상이 도자 산업에 종사한다는 명실상부한 도자 도시 징더전은 원대 관요로 지정된 이후 오늘날까지 중국을 대표하는 요장들이 성업 중에 있다. 세계적으로 인정받는 '도자기의 도시瓷都' 징더전은 중국 정부가 제일의 역사 문화도시라고 자랑할 정도로, 이곳에서 생산되는 도자기의 품질과 예술적 가치는 상당한 수준이었다.

유럽인을 놀라게 한 동양의 보물은 다름 아닌 청화백자였다. 그리고 징더전은 청화백자의 고향이었다. 도저히 흉내 낼 수 없는 고기술의 자기瓷器 제품을 두고 서구인들은 애가 탔다. 이토록 아름다운 물건을 본 적이 없는 유럽인들은 경쟁적으로 도자기를 수집하기 시작했다.

청화백자는 초벌구이를 한 백자에 코발트 안료를 사용해 장식한 후 백자 유약을 발라 구운 그릇을 말한다. 9세기경 이란 지역에서 기원해 14세기 중국 원대元代에 형식이 완성됐다. 당시 코발트는 중국에서도 지금의 이란과 이라크 지역에서 수입했고 우리나라는 중국을 통해 재수입해야 했다.

2000여 년 전 중국의 대표적 특산품이 비단이었다면, 1000년 후의 중국산 고부가가치 상품은 도자기였다. 비단은 한나라 시절부터 실크로드를 통해 페르시아와 로마에까지 유입됐다. 흉노와 월지가 중개 역할을 했다. 1000년 전 도자기는 당대 최고의 고기술 상품이었다. 따라서 최대의 국제 교역 상품이 됐고, 기존의 육상 실크로드를 활성화시키는 한편 바다의 실크로드, 대항해 시대 차이나 루트를 열었다. 도자기 교역을 위해 포르투갈은 희망봉을, 스페인은 대서양과 태평양을 건너 지구 반 바퀴를 돌아 중국을 찾는다. 이슬람이 세상을 지배하던 때다.

동서 교역으로 수천만 점에 이르는 도자기가 동아시아에서 이슬람을 거쳐 유럽으로 흘러들어갔다. 독자적 기술을 갖추지 못한 이슬람은 중국에 새로운 안료인 코발트를 제공함으로써 도자 산업의 혁명을 이뤄냈다. 신비한 백자를 부러워하던 유럽은 마침내 '본차이나'를 탄생시켜 도자기 시장의 새로운 지평을 연다.

이 진귀한 도자기를 어떻게 운반했을까. 일단 중국에서 도자기를 구입한다. 실크로드를 따라 길을 떠나기 전 도자기를 하나하나 짚으로 싸고 그 위에 진흙을 발라 공 모양의 덩어리로 만든다. 그다음에는 새끼줄로 묶고 서로 연결해 낙타 등에 얹는다. 이렇게 해야 험준한 산길에서 혹시 낙타 등에 짊어지운 짐이 떨어질 가능성이 낮을뿐더러 만약 떨어진대도 여간해서는 깨지지 않는다. 장시간에 걸친 천신만고 끝에 목적지에 도착해 낙타 등에 실린 둥근 진흙덩이를 내려 물에 담그면 진흙이 물에 풀리며 값비싸고 고귀한 도자기가 모습을 드러낸다. 이런 식으로 건조하고 무더운 사막을 건너고 불원천리 험준한 산길을 오르내린 끝에 목적지에 당도한 도자기는 애인 기다리듯 도자기를 기다리던 사람의 품으로 간다. 값은 문제가 되지 않았다.

오스만 제국 시절 중국 도자기는 상상조차 할 수 없을 만큼 값이 비쌌다. 나무나 쇠붙이로 된 접시를 식기로 사용하던 사람들은 우아한 아름다움을 간직한 도자기를 사용해보고는 한순간에 그 매력에 흠뻑 빠졌다. 애초에 몰랐다면 모를까 도자기는 한번 접해본 사람이라면 결코 떼어놓을 수 없는 생활 용기가 됐다. 문제는 나날이 증가하는 수요를 공급이 따라오지 못했다는 점이다. 도자기의 생산지 중국은 너무도 먼 곳이었다. 상인에게 주문을 해놓고 몇 년을 기다려야 하는 형국이었다.

옛 비잔틴 제국의 수도는 로마 황제 콘스탄티누스Constantinus의 이름을 따 콘스탄티노플Constantinople이 됐다. 여기 금각만 언덕에 톱카프 궁topkap Saray이 있다. 톱카프 궁은 이 도시를 장악한 오스만튀르크 제국 황제 메메트 2세가 세운 것으로, 15세기 중순부터 19세기 중순까지 약 400년 동안 오스만 제국의 군주인 술탄들이 거주한 궁전이다. 이스탄불 구시가지가 있는 반도, 보스포루스 해협과 마르마라 해, 금각만이 합류하는 지점이 내려다보이는 언덕 위에 세워져 있다. 현재는 박물관이다. 총면적은 70만 평이며, 벽 길이만도 5킬로미터나 된다. 톱카프 궁은 유럽의 다른 궁들과는 달리 화려하지 않은 것이 특색이다.

이곳의 주인이던 술탄은 보석과 더불어 중국 도자기 수집으로 유명했다. 현재 톱카프 궁 내 도자기 전시실에는 무려 4만여 점, 정확히는 4만512점의 도자기가 소장돼 있다. 이 가운데 중국의 청화백자만 700점이 포함돼 있다. 당시 청화 접시 한 개의 가격은 쌀 66가마를 살

수 있을 정도의 엄청난 금액이었다고 한다.

　이렇듯 동양의 도자기는 이슬람 군주들, 유럽 황실과 귀족들의 애호품으로 자리 잡았다. 그렇다고 원산지격인 동방에서 소홀한 대접을 받았을 리 없다. 흰색을 선호하는 몽고의 전통에 따라 원나라는 백자를 황실자기로 사용했다. 푸른색을 상서로운 빛깔로 여기는 이슬람은 청화백자에 완전 매료됐다. 요즘은 가기 어렵지만 시리아의 다마스쿠스에 자리한 우마이야 모스크의 도자기 타일 장식은 이들이 얼마나 도자기를 좋아했는지를 유감없이 보여준다. 이란 이스파한의 블루 모스크는 말할 나위도 없다. 백문이 불여일견이다.

4

셀주크와 오스만튀르크의 서진: 마침내 콘스탄티노플을 장악하다

> "지구는 돌고, 세상은 끊임없이 움직인다. 움직이지 않는 것은 도태된다. 변화의 주역이 돼야 한다. 그렇다고 누구나 주역이 될 수는 없다."―정자

2012년 2월, 러시아와 우크라이나로 겨울 여행을 떠난 건 몇 가지 이유에서였다. 첫째, 구소련 시절 중앙아시아는 물론 흑해와 카스피 해 북부 등지에서 발굴된 고대 스키타이, 사르마티아 등의 황금 유물이 그곳에 있어서다. 둘째, 묵직한 러시아 바리톤과 베이스, 차이콥스키의 발레로 대표되는 그 동네의 겨울 연주, 공연 문화를 느끼고 싶어서다. 셋째, 니코스 카잔차키스가 『러시아 기행』에서 묘사한 과거 우크라이나와 러시아의 모습이 남아 있을까 해서다.

모스크바 박물관, 상트페테르부르크 에르미따주 미술관, 우크라이나 역사박물관 등에서 보낸 시간은 흥분되고 의미 있었다. 무거운 줄도 모르고 박물관 도록과 필요한 책자를 사들고 오며 나는 무척이나 뿌듯했다. 이미 몇 번이나 본 것이지만 발레의 본향에서 본 볼쇼이 발레단의 「백조의 호수」를 비롯해 마린스키(과거 키로프), 키예프 발레단의 공연은 겨울 한기를 잊기에 충분했다.

인문학 기행 모두冒頭에 언급했지만, 러시아의 기원은 9세기 후반 스칸디나비아 반도에 살던 바이킹의 일파인 바랑고이족이 남하해 드네프르 강변에 자리를 잡으면서부터다. 올레그공의 주도 하에 키예프 루스 혹은 키예프 공국(882~1283)이라 불리는 정치체제가 탄생하고, 후일 키예프 루스의 일부였던 모스크바 공국(1283~1547)이 세력을 얻는다. 이렇게 사람들은 이주하고, 그런 과정에서 선주민들과 갈등하고 타협하고 오버도그와 언더도그가 생긴다. 역사는 승자인 오버도그의 편이고 그들은 자신들에게 유리한 역사 기록을 남긴다.

이른바 켈트족이라고 불리는 집단이 있다. 핼러윈이 바로 오래된 켈트족 문화의 흔적이다. 이들은 아리안 인종의 한 분파로 아일랜드·웨일스·스코틀랜드 고지 등에 살고 있다. 지금까지의 정설은 유럽에서 철기 시대가 시작될 무렵인 기원전 800년경에 켈트족이 중부·서부 유럽을 중심으로 그 모습을 드러냈으며, 외부에서 이주해온 것이 아니라 본래부터 그곳에 살던 주민들이 자체적으로 발전하면서 형성된 집단이라는 것이다.

『지도에서 사라진 사람들』(도현신, 서해문집, 2013)에서 저자는 '푸른 눈동자의 거인' 켈트족에 대해 이렇게 설명했다. 켈트족은 인도유럽어족에 속하며, 짧은 목과 높은 코, 움푹 들어간 눈과 큰 체격을 지닌 백인계 민족이다. 그리스와 로마 작가들은 켈트족을 키가 크고 금색 머리카락과 푸른 눈동자(아주 드물게는 보라색 눈동자)를 가진 거인으로 묘사했다. 그렇다면 켈트족은 어디에서 유래한 집단일까. 일부에서는 그들의 고향이 남부 독일이나 우크라이나라고 주장하기도 하지만, 언어학적으로 인도유럽어족(아리안족)의 일파에 속한다는 점으로 미뤄볼

모스크바 붉은 광장 내 역사박물관.

상트페테르부르크 에르미따주 박물관에 소장되어 있는 고대 중앙아시아 유목민 관련 유물.

상트페테르부르크 에르미따주 미술관 겨울 궁전 내부의 화려한 모습.

때, 중앙아시아에서 말을 타고 유럽으로 이동해왔다는 주장이 더 신빙성 있다. 역사에 켈트족의 이름이 처음 언급된 시기는 기원전 730년으로, 오스트리아에서 온 '켈토이'라는 무역 상인들을 만났다는 그리스인들의 기록에 남아 있다. 그리스인들이 기록한 '켈토이'가 바로 켈트족을 가리키는 말이다.

그런데 최근 아주 흥미로운 이야기를 들었다. KBS 특집 다큐 「밀크로드」를 통해서다. KBS 제작팀은 프랑스 오베르뉴 지역의 한 동굴에서 터키처럼 치즈를 숙성시키고 있는 광경을 보게 된다. 그런데 이 '하드 치즈'를 전파한 주인공이 중앙아시아에서 유목하던 켈트계 사람들이라는 것이다. 그들이 점령했다는 또 다른 동굴을 방문한 제작팀은 1만 년 전 이곳에서 사육한 중앙아시아 염소의 흔적을 목격한다. 프랑스의 밀크 문화가 아시아에서 비롯됐음을 시사하는 대목이다.

한글의 기원도 문명 교류의 단면을 보여준다. 1446년(세종 28) 음력 9월 조선의 위대한 군주 세종대왕이 훈민정음을 반포한다. 『세종실록』에 따르면 3년 전인 1443년(세종 25) 12월에 이미 세종이 직접 언문諺文 스물여덟 자를 창제했고 그 후 신중하게 검토하며 다듬고 실제로 사용해본 뒤 발표하기에 이르렀다고 한다. 조선 성종조의 학자 성현成俔(1439~1504)은 『용재총화慵齋叢話』에서 "세종이 언문청을 설치하고 신숙주, 성삼문 등에게 명해 언문을 만들게 하니 초·종성 스물여덟 자다. 자체字體는 범자梵字를 본떠 만들었다"고 전한다. 한글의 원형이 된 글자꼴 '전자篆字', 즉 산스크리트어였음을 밝힌 것이다. 이것이 사실이라면 우리나라와 인도 사이에 오래전부터 문화적 교류가 긴밀했던 셈이된다. 세종의 위대한 업적은 백성을 위해 기존의 글자를 정리해 통일된

표준 소리를 자리매김한 데 있다.

나더러 사람들은 비리비리하다고 한다. 우리말 '비리비리'는 인도말 'beriberi'에서 왔다. 이 말은 영어로 들어가 각기병을 의미하게 됐다. 우리말 설날의 어원에 대한 의견이 일치되지 않고 있는데 이건 어떨까? 티베트에서는 새해 첫날을 로사르Losar라고 하는데, lo는 'year, age'를, sar는 'new, fresh'를 뜻한다. 우리말 설날은 티베트말 sar를 차용한 것일 수 있다.

일찍이 한자의 음과 훈을 빌려 우리말을 표기하던 차자표기법으로 이두吏讀(『제왕운기帝王韻紀』)라는 것이 있었다. 신라 때 원효대사와 태종 무열왕 김춘추의 딸인 요석 공주 사이의 소생인 설총薛聰이 만들었다는 이두는 吏道(『대명률직해大明律直解』), 吏刀(『선조실록』), 吏頭(이두 개설서인 『유서필지儒胥必知』), 吏吐(『유서필지』), 吏札(『동국여지승람』), 吏文(『전율통보典律通補』), 吏套 등으로 이표기됐다. 이두와 그 외 표기가 무엇을 뜻하는지, 과거의 소리는 어떤 것인지를 알면 이두의 정체가 어느 정도 파악될 것이다.

우선 이두 등은 '이트it'가 아닌 '리트-lit'로 읽어야 한다. 나는 이 말이 '글'이라는 의미의 범어 'krit'가 와전된 것이라 본다. 별로 존재 가치를 부여하지 않는 문자 가림토加臨土 또는 가림다加臨多 역시 동일한 소리 'krit'의 차용이다. 그 말뜻은 'writing'이다. 'holy script'인 산스크리트어는 산수가림다刪修加臨多로 음차가 됐다.

조선이 개국 초의 불안정한 정치를 청산하고 신국新國이자 태평성대로 나아갈 무렵, 콜럼버스가 신대륙을 발견하기 87년 전인 1405년 6월, 명나라 중국은 이미 낯선 세상을 향해 나아가고 있었다. 영락제永

樂帝의 명령을 받은 환관宦官 정화鄭和가 이끄는 중국 함대가 대항해 시대를 연 것이다. 정화의 함대는 동남아시아, 인도를 거쳐 아라비아 반도, 아프리카까지 항해했고, 가장 멀리까지 도달한 지점은 아프리카 동해안의 말린디Malindi였다. 말린디는 인도양과 접한 케냐의 항구도시다. 1418년 정화가 이곳을 발견한 후 1498년 포르투갈의 탐험가 바스쿠 다가마가 이곳에서 아마드 이븐 마지드를 항해사로 고용해 인도 항해를 이어나갔다. 정화가 지휘한 함대에서 가장 큰 배인 보선寶船은 전체 길이가 무려 120미터가 넘는 대형 선박이었다고 한다.

정화는 영락제의 명령에 따라 남쪽 바다에 대한 대원정을 준비해 1405년 6월 제1차 원정을 떠났다. 『명사明史』에 따르면 전체 길이가 44장丈(약 137미터), 폭 18장(약 56미터)에 이르는 대형 선박이 포함된 함선 62척에 승무원 총 2만7800명이 탑승했다. 훗날 바스쿠 다가마의 함대인 120톤급 3척, 승무원 170명과 콜럼버스의 함대인 250톤급 3척, 승무원 88명과 비교하면 엄청난 규모의 함대였다.

이렇게 시작된 정화의 해양 대원정은 7차까지 이어졌다. 마지막 일곱 번째 원정은 영락제의 사후 그의 손자 선덕제宣德帝의 명령에 의한 것이었다. 1431년 12월에 출발해 1433년 7월에 귀국한 뒤 얼마 못 가 정화는 병으로 죽고 말았다.

그 무렵 서방에서는 중앙아시아와 관련된 역사적 대사건이 발생했다. 1453년 4월 12일, 술탄 메메트 2세가 이끄는 오스만튀르크 군대의 대포가 불을 뿜기 시작했다. 튀르크군의 전력은 육상만 해도 16만여 명, 여기에 대규모 비정규군이 가세해 겨우 오늘날의 이스탄불만 남은 비잔틴 제국을 포위했다. 수적으로 열세였던 기독교 군대(약 7000여 명.

이 가운데 2000여 명은 서구 상인 등 외국인이었다)는 필사적으로 해자垓子를 방어했으나 역부족이었다. 2개월 가까이 벌인 공성전 끝에 1453년 5월 29일, 오스만튀르크 제국은 결국 콘스탄티노플을 함락시켰다.

비잔틴 제국의 최후 황제 콘스탄티누스 11세는 적군이 도시 성벽을 장악하자 황제의 상징인 자주색 망토를 벗어던지고 육박전에 뛰어들어 장렬히 전사했다. 330년부터 1123년간 존속하던 비잔틴 제국은 중앙 아시아에서 기원한 돌궐족에 의해 결국 이렇게 종말을 고했다. 그러나 사실 그 이전에 이미 비잔틴 제국은 몰락의 길을 걷고 있었다.

1071년 제국의 심장부인 '태양이 솟는 곳' 아나톨리아 반도(터키어 Anadolu), 즉 소아시아 지역 대부분을 셀주크튀르크가 차지한 것이다. 셀주크 왕조의 튀르크 제국(1037~1194)은 1037년 투그릴 벡Tughril Beg(990~1063)에 의해 건국됐다. 투그릴은 오구즈 야브구 연맹의 고위직에 있던 할아버지 셀주크 벡Seljuk Beg이 길렀다. 그 보답으로 손자는 할아버지 이름을 딴 왕조와 제국을 선물했다.

이슬람이었던 셀주크 왕조의 창건자 투그릴 벡의 이슬람 성(라깝 laqab)은 루큰 앗두냐 와앗딘이다. 이슬람 작명 방식은 악명높다. 무엇보다 이름이 너무 길다. 이름 속에 선대의 계보가 담겨 있기 때문이다.

투그릴과 함께 셀주크 제국의 공동 통치자였던 차그리 벡(989~1060)의 공식 이름은 아부 술레이만 다우드 차그리 벡 이븐 미카일Abu Suleiman Dawud Chaghri–Beg ibn Mikail이다. 아부 술레이만은 쿤야kunya, 다우드는 이름, 차그리 벡은 돌궐의 별명이다. 이름 다우드는 영어 David에 해당한다. 현대 터키어로는 Çagri라고 하는 Chaghri는 튀르크어로 '작은 송골매' 혹은 '도롱태'(매의 일종)라는 뜻이다.

쿤야는 출세한 장남이나 장녀의 이름을 가져다 쓴 어른의 이름이자 일종의 칭호로, 장남 혹은 장녀의 이름 앞에 남자에게는 abu, 여자에게는 umm을 붙여 쓴다. 그러면 '아무개의 아버지/어머니'라는 뜻이 된다. 대개 결혼한 여성은 쿤야로 불린다. 예를 들면 '알리의 어머니' 이런 식이다.

투그릴 벡에게는 공식적으로 왕비가 5명 있었다. 그중 한 명은 형인 차그리 벡의 미망인 풀라나 카툰Fulana Khatun이었다. 사정은 이렇다. 989년에 태어나 20년간 호라산 지역 총독을 하던 형이 1060년 세상을 떠나자 동생인 투그릴 벡이 미망인을 카툰(왕비)으로 삼은 것이다. 명백한 유목민 풍습이다. 이미 술탄(황제)이었던 투그릴 벡은 얼마든지 여자를 곁에 둘 수 있었다. 그러나 그는 오늘날의 이란 지역인 레이Rey에서 자식 없이 죽었다. 죽기 전 그는 형의 아들 술레이만을 입양해 그를 후계자로 임명했으나, 술레이만의 형제인 '용맹한 사자' 알프 아르슬란과 투그릴의 사촌 쿠탈미쉬가 반발했다. 결국은 알프 아르슬란이 술레이만을 밀어내고 쿠탈미쉬를 죽임으로써 계승 전쟁은 막을 내린다. 아르슬란은 1064년 4월 27일에 셀주크튀르크 술탄 제국의 2대 술탄으로 등극했다. 비잔틴과의 싸움인 만지케르트 전투에서 승리함으로써 아나톨리아에 튀르크족의 정착이 가속화됐고 동유럽도 튀르크족의 판도에 들어왔다.

1453년 비잔틴 제국의 몰락 이후 흔히 이반 대제로 알려진 모스크바 대공국의 이반 3세 바실리예비치가 동방 정교회의 보호자로서 황제의 역할을 자처했다. 그는 비잔틴 제국 마지막 황제의 조카딸인 안드레아스의 누이 소피아 팔라이올로기나와 혼인하며 비잔틴 제국의 후계자임을 주장했다. 이를 계기로 비잔티움 식의 전제주의를 도입하고 러시아의 대공은 동로마 제국의 후계자 및 정교회의 옹호자임을 자처하며, 로마 황제의 상징인 쌍두 수리를 러시아의 문장紋章으로 삼고 모스크바는 '제3의 로마'로서 정교회의 총본산이 됐다. 러시아 제국이 세 번째 로마라는 생각은 1917년 러시아 혁명으로 제국이 무너질 때까지 러시아인의 마음속에 계속됐다. 이반 3세의 손자 이반 4세는 처음으로 러시아의 차르가 됐다. 차르는 '황제'를 가리키는 카이사르Caesar의 러시아어 차용어다.

한편 유럽에서는 1492년 스페인 카스티야의 여왕 이사벨라가 남편인 아라곤의 군주 페르난도 2세와 함께 이베리아 반도의 마지막 사라센 세력을 몰아냈다. 그해 이탈리아 제노바 출신의 탐험가 콜럼버스가 인도 탐험을 위한 후원을 부탁했다. 스페인의 정치와 종교적 통일을 이룩하고 국가의 비상을 꾀하던 이사벨라와 페르난도 부부는 해외 진출에 관심이 있었지만 콜럼버스가 제시한 조건이 별로 마음에 들지 않았다. 콜럼버스는 기사와 제독 작위, 발견한 땅을 다스릴 총독의 지위, 획득한 총수익의 10분의 1이라는 실현 가능성 없는 제안을 했다. 그렇지만 당시 스페인 교회의 성직자들은 포르투갈 교회에 대한 경쟁의식 때문에 더 넓은 선교 지역이 필요했기에 콜럼버스를 대신해 여왕을 설득했고 결국 이사벨라 여왕은 콜럼버스의 요청을 수락했다.

이렇게 도처에서 새로운 세상이 열리고 있었다. 1517년 독일, 가톨릭 신부였던 마르틴 루터가 로마 가톨릭 교회의 면죄부 판매를 비판하며 비텐베르크 성의 만인 성자 교회 문 앞에 95개 조항의 반박문을 써붙이며 종교개혁이 시작됐다. 종이와 인쇄술 덕분에 가능한 일이었다.

역시 신부였던 칼뱅도 종교개혁의 물꼬를 텄다. 활판 인쇄를 발명한 구텐베르크 역시 신부였다. 많은 이가 성경을 읽기를 바라는 그의 바람이 인쇄기 발명이라는 결과를 낳았다.

당시, 아니 유럽은 언제나 가난했다. 영화 「향수」의 도입부를 보면 서민의 삶이 얼마나 모진 것이었는지 알 수 있다. 지금도 비율과 정도의 문제이지 대중의 삶은 여전히 고달프다. 과거에는 직접적이고 노골적인 수탈, 현재는 간접적이고 교묘한 방식의 착취라는 점만 다를 뿐이다. 유럽은 가진 것이 없었다. 대서양을 건넌 신대륙의 발견은 유럽인의 탐욕과 잔혹성을 여실히 드러내 보였다. 감자와 고추는 물론, 금과 은이 유럽 각국 왕실로 대량 유입됐다. 그 바람에 유럽은 부자가 될 수 있었다.

동방으로의 진출도 같은 결과를 낳았다. 중국은 없는 것이 없는 부러움의 대상이었다. 당나라를 거쳐 송대의 개봉(오늘날의 카이펑)은 국제도시였다. 인구도 백만을 헤아렸다. 중국 북송 시대 한림학사였던 장택단이 북송의 수도였던 개봉의 청명절 풍경을 그린 「청명상하도淸明上河圖」를 보면 당시 개봉이 얼마나 번화한 곳이었는지 짐작할 수 있다. 신대륙 식민지를 통해 확보한 은으로 영국은 중국에서 청화백자, 비단 등 온갖 물건을 사들였다. 은본위제 경제였던 당시, 중국산 제품에 열광한 나머지 마침내 은이 동났다. 중국은 은을 감춰두고 내놓지 않았다. 그들은 구태여 다른 나라에서 은을 주고 살 물건이 없었다. 그러자 영국은 아편을 무상으로 중국인에게 제공했다. 아편전쟁은 이렇게 시작됐다.

월지는 살아 있다:
문명의 교류와 역사의 변곡 뒤에
초원 이민족이 있었다

해지고 저녁 별 뜨니
날 부르는 또렷한 소리
나 바다로 나가는 날
모래톱에 슬픈 울음 없고

소리도 거품도 없이 넘실대며
잠자듯 일렁이는 밀물만 있기를
가없는 심연에서 나온 생명
다시 제 집으로 돌아갈 적에

황혼녘 저녁 종 울리니
이윽고 찾아드는 어둠
나 배에 오를 적에

이별의 슬픔 없기를

시간과 공간의 경계 넘어
이 몸 물결에 멀리 실려 가도
모래톱 건너고 나면
내 길잡이 만날 수 있을지니.
−앨프리드 테니슨, 「모래톱을 건너며Crossing the Bar」
(빅토리아 시대 영국의 계관시인 테니슨이 세상을 뜨기 3년 전에 쓴
마지막 작품)

을미년(2015)이 저물어가는 12월 30일 새벽, 우연치고는 너무나 짜릿한 발견을 했다. 『신당서』 「서역전」에 언급되는 "주위가 천리에 달하고 백白, 예瑿, 청靑 세 종류의 옥이 나는 나라 오쇄烏鎩"의 위치가 어딘가 궁금해 검색을 하던 중 『대당서역기』의 기사를 바탕으로 이곳이 오늘날의 중국 신장위구르 자치구에 속한 사처莎車, Sache임을 알게 된 것이다.

그러나 정작 흥분을 감추지 못하게 된 것은 새로운 월지의 흔적을 발견했기 때문이었다. 당나라 때의 승려 혜림慧琳이 찬한 『일체경음의』에서 굴지屈支(구자)의 옛 이름이 月支 혹은 月氏였다는 기록을 접하게 된 것이다. 이는 기원전 2세기 월지가 파미르 고원을 넘기 전 상당 기간 오늘날 쿠처라 불리는 굴지 등을 거점 지역으로 삼았음을 증명한다. 월지의 흔적을 찾다가 이렇게 뜻하지 않은 사실을 알게 됐을 때의 기쁨은 귀한 재물과도 바꿀 수 없다. 아래에서 보는 백제 이야기도 그런 경험이 준 기쁨 중 하나다.

비잔틴 제국은 1000여 년간 존속했지만 1453년 오스만튀르크에 의해 멸망할 때의 영토는 겨우 콘스탄티노플뿐이었다. 과거 광대했던 제국의 면모는 언젠가부터 사라지고 일개 도시 수준으로 제국의 명맥을 유지하고 있었던 것이다. 백제 또한 그러했던 것으로 보인다. 우리나라 정사인 『삼국사기』에 따르면, 백제는 기원 660년 공식적으로 패망한 것으로 돼 있다. 물론 복신과 흑치상지 등에 의한 부흥운동이 있었지만 이는 잠시였을 뿐, 이후 백제는 더 이상 거론되지 않는다.

그런데 세월이 한참 지난 뒤 중국 사적에 백제에 대한 기록이 등장한다. 이는 무엇을 의미하는 걸까. 비잔틴 제국의 세력이 점점 약화되며 1000년을 견뎠듯이 백제도 일거에 스러지지 않고 어딘가에 국가로서 존재하고 있었을 가능성이 크다. 우리 사서는 그걸 놓치고, 중국 측에서는 기록으로 남겼다는 점을 유념할 필요가 있다. 『흠정만주원류고欽定滿洲源流考』는 『오대사五代史』에 "후당後唐 청태清泰 3년(936) 정월 백제국에서 사신을 보내 방물方物을 바쳤다"고 기록하고 있다. 백제가 망하고 이미 270여 년이 흐른 뒤의 일이다.

무심한 세월이 또 흘렀다. 백제의 역사가 한반도에서 단절된 지 607년이 지났다. 이때 몽골이 세상을 지배하는 '팍스 몽골리아' 속에 백제가 원 세조 쿠빌라이칸의 궁정이 있는 북경에 모습을 드러낸다. 세조 지원至元 5년(1267) 바로 그해 정월 백제가 신하 양호粱浩를 보내 조회하니 황제가 금수錦繡를 차등 있게 내렸다. 감격스럽게도 백제는 어디선가 국가로서의 명맥을 유지하고 있었던 것이다. 크기만으로 위대함을 결정할 수는 없다. 1300여 년이라는 세월 동안 국가체제를 유지한 나라는 일찍이 없었다. 그것만으로도 백제는 진정 위대한 나라였다.

지금으로부터 2000여 년 전, 흉노에 내몰린 유목민 집단 월지는 필경 부족部族 연맹체였을 것이다. 서천을 감행한 무리, 파미르를 넘어 운명을 개척한 대월지가 있는가 하면, 개척 정신을 애써 외면하고 근처 강족의 무리와 섞여 살기를 선택한 소월지가 있었다.

월지는 月支, 月氏, 月氐 등으로 표기하는데, 이 말의 고대음에 대해서는 견해가 일치하지 않는다. 나는 쿠샨 왕조를 세운 월지를 통해 월지연맹을 구성하고 있던 한 갈래가 옥을 상징으로 삼는 '쿠시' 부족일 것이라고 했다. 쿠샨, 쿠시나가라, 카시미르, 쿠처, 거사車師, 카시가르 등에서 그 흔적을 찾을 수 있다. 또 한 갈래는 소무라는 성을 쓰는 소그디아나의 아홉 나라, 이른바 소무구성에서 보는 '소무昭武' 부족이다.

『사기』에 의하면 월지의 원 거주지는 둔황과 치롄 산맥 사이였다. 그러다가 기원전 2세기 초중반, 흉노의 공격을 받고 서쪽으로 달아난 월지의 주력 집단은 대완을 지나 또 서쪽의 대하를 공격해 신하로 삼고, 아무다리야 북쪽에 도읍을 정한 뒤 그곳을 왕정王庭으로 정했다. 이들을 대월지라 부른다. 여기서 말하는 대월지는 물론 총령을 넘어 중앙아시아에 진출한 뒤의 월지를 가리킨다. 중국 측의 문헌을 검토할 때 서천을 감행한 대월지는 이동 경로와 정착지에 의거해 두 부류로 나뉜다.

첫째, 알타이 산맥과 중가리아 분지를 거쳐 톈산 북단의 이리 초원과 이식쿨 호수 일대에서 정착했다가 다시 오손에 내몰려 대완을 지나 강거 땅에 일시 체류한 월지 집단이 남쪽으로 내려가 아무다리야 북안의 어느 지점을 수도로 정하고 나라를 세운다. 이렇게 해서 강국·사국·조국·하국 등 소무구성 아홉 나라가 탄생한다.

둘째, 본거지를 떠나 거사(오늘날의 투루판 일대)를 지나서 톈산 산맥

남단의 오아시스 도시국가들을 거쳐 카시가르나 사차를 통해 총령을 넘은 월지 집단이 있었다. 이들은 아무다리야 상류의 판지 강을 따라 세력을 확장하며 기존의 대하국을 점령하고 그곳을 다섯 흡후로 나눠 분할 지배한다.

한편 떠나지 못한 일부 집단 중에는 둔황 일대에 머물기를 선택한 부류가 있고, 남산南山을 따라 총령 방향으로 이주의 발걸음을 옮긴 부류가 있다. 이들 양자를 뭉뚱그려 소월지라 부른다. 둔황은 물론 남산은 일찍이 강족의 활동 무대였다. 잔류를 결정한 월지는 둔황과 서역의 남산 중에 거주하는 강족과 섞여 살았다. 여기서 말하는 남산은 타림 분지 남쪽의 쿤룬 산맥을 가리킨다.

기원전 2~3세기 중원에서 서역으로 가는 데는 세 가지 선택이 있다. 다시 말해 서역삼도西域三道인 톈산 북로, 톈산 남로, 사막 남로 중 하나를 택해 길을 가는 것이다. 흉노에 의해 본거지에서 쫓겨난 월지의 무리도 예외는 아니었다.

> 둔황과 서역의 남산 가운데에는 약강婼羌에서부터 서쪽으로 총령에 이르는 수천 리에 걸쳐 월지의 여종餘種인 총자강葱茈羌, 백마강白馬羌, 황우강黃牛羌 등이 있고 각자 추호酋豪를 갖고 있다.(『삼국지』「위지」 '오환선비동이전 서융 조')

이 기록이 전부 정확하다고 할 수는 없지만, 적어도 약강이 둔황에서 총령에 이르는 수천 리에 달하는 산악 지대인 남산, 즉 쿤룬 산맥과 타림 분지가 맞닿는 산악 지역의 소왕국이었을 것이라는 정도는 짐작할 수 있다. 또한 둔황을 위시해 남산 곳곳에는 총자강, 백마강, 황우강 등으로 불리는 월지의 여종이 저마다 지도자인 추호를 두고 작은 왕국을 형성하고 있었다는 점도 알 수 있다.

강족과 어울림으로써 월지는 강족이라는 종족명을 얻게 됐다. 자연환경, 목축하는 짐승에 따라 하위 명칭이 부여됐다. 백마를 사육하는 월지, 황우를 기르는 월지, 파와 생강을 기르는 월지 등 이들은 후일 티베트 왕국의 주요 구성원이 됐을 것이다. 월지는 이렇게 살아남았다. 월지의 흔적을 따라 시작된 중앙아시아 인문학 기행인 만큼 지금껏 별로 언급되지 않은 또 다른 월지 집단을 소개함으로써 대단원의 막을 내리려 한다.

1. 황중 월지호와 의종호

모진 운명에 맞서 거칠게 살아남은 월지 중에 먼저 황중湟中 월지호月氏胡와 의종호義從胡를 만나보자. 『후한서』「서강전西羌傳」제77의 기록은 우리의 추정이 틀리지 않았음을 보여준다. 월지왕이 흉노의 모돈선우에게 살해당하고, 살아남은 월지의 종족들이 이리저리 흩어져 서쪽으로 파미르 고원을 넘어가고, 쇠약한 자들은 남쪽의 산이 험준한 곳으로 들어가서 칭하이 성의 여러 강족 거주지에 의지해서 더불어 살다가 마침내 강족과 혼인을 하기도 했다. 이들을 황중 월지호라 불렀다. 이들 외에 수백 호는 장예 군과 주취안 군에 살았는데, 의종호라 불렀다.

2. 남산(쿤룬 산맥) 월지: 총자강, 백마강, 황우강

『삼국지』「위지」 '오환선비동이전 서융 조'에 배송지의 주註와 함께 거론된 월지의 여종餘種에 대한 설명이 소월지의 향후 동향을 짐작케 한다. 둔황에서부터 남산인 쿤룬 산맥과 그 북안의 오아시스 지역에는 오래전부터 강족이 살고 있었다. 이곳으로 숨어든 월지는 약강에서부터 서쪽의 총령에 이르기까지 수천 리에 달하는 타림 분지 남쪽 실크로드(사막 남로)상에 소왕국을 건설했다. 이들을 중국 측에서는 월지의 여종인 총자강, 백마강, 황우강이라고 했다. 월지가 강족과 더불어 살았고 종족 명칭에 강羌이 붙어 있기 때문에 자칫 강족의 일파로 오인할 수도 있다.

3. 간다라의 소월지

『북사』「서역전」 제85 '소월지국 조'에 따르면, 소월지국은 파로婆露, 즉 파로가사성의 서남쪽에 위치해 있고 금은으로 된 전폐로 거래하는 풍습이 있으며 성의 동쪽에는 불탑이 있는데, 이른바 백장불도白丈佛圖라 부른다. 파로는 업파라業波羅의 와전이다.

『위서』「서역전」에 따르면, 소월지국의 도성은 부루사 성이다. '사람들의 도시'라는 뜻의 산스크리트어 'Purusha-pura'의 음역어인 부루사 성으로 알려진 이곳이 다름 아닌 간다라의 중심 페샤와르다. 그런데 간다라국의 원래 이름은 업파業波로, 『낙양가림기』에는 업파라業波羅로 기록돼 있다. 어쨌든 한때 간다라의 중심에 월지가 있었다.

4. 언달嚈噠 월지

세월이 흐르며 대월지에서 갈라져 후일 독립적 주체로 역사의 주인공이 된 집단도 있다. 『주서周書』 「이역전異域傳」 하 제42 '언달국 조'에 의하면, 언달국은 대월지와 같은 종류로 사람됨이 흉한하고 전투에 능하다. 위치는 우전于闐 서쪽으로, 동쪽 방향의 장안과는 1만100리 떨어져 있고, 왕의 치소는 발저연성拔底延城인데 대략 왕사성王舍城이라는 의미다.

5. 호로적(하미) 소월지 중운족

서천한 월지 중에는 쿠시 부족과 같이 쿠처에 정착한 세력이 있는가 하면 또 다른 지역에 둥지를 튼 집단도 있었다. 진晉나라 때 고거회高居誨의 「어전기於闐記」에 등장하는 중운족仲雲族이 그들이다. 이들은 사주沙州 서편에 거주하고 우두머리의 아장牙帳은 호로적胡盧磧에 있었다.

아장은 본래 장수將帥의 거처에 해당하는 군막으로 그 앞에 상아로 장식된 깃발을 꽂아놓아 그런 이름이 붙었다. 돌궐족의 경우 가한可汗이 머무르면서 정사를 돌보던 천막인 '오르두'를 말한다. 말하자면 부족의 우두머리가 거주하는 곳이다. 호로적은 과거 색인塞人의 땅이었다. 오늘날의 중국 신장 성 하미哈密에 해당한다.

애초 색인의 땅이었던 호로적은 흉노와 한, 선비, 서돌궐, 수, 당, 토번, 회골, 서요, 위구르 등이 순차적으로 주인 노릇을 했다. 오대五代(907~960)에 이르러서는 소월지가 이 땅을 점거하면서 명칭을 호로적이라 했다. 10세기 초중반 중국 대륙이 정치적 소용돌이에 놓여 있을 때 소월지가 서역의 동편 끝에 해당하는 호로적을 점유하고 있었다는 것이다. 대월지가 역사적 이주를 감행한 지 1000여 년의 세월이 흐른 뒤다. 월지는 여전히 살아 숨 쉬고 있었다.

6. 와르씨 월지 활국滑國

중국 사료에 활滑이라고 표기된 나라가 있다. 서방에서는 유목연맹 체인 백흉노를 에프탈이라고 불렀다. 에프탈, 즉 읍달국挹怛國은 한나라 때 대월지의 종족이었다. 활이라는 국명은 '와르Uar'라는 씨족명의 한자 표기다. 와르는 에프탈 부족연맹체를 이끈 씨족 명칭이다. 활국은 파사 국波斯國, 즉 페르시아의 동쪽에 있었다.

7. 갈사씨 월지 갈반타국

활국, 즉 와르족이 지배하는 나라 동쪽에 갈반타국渴槃陁國이 있었 다. 이 나라는 둘레가 10여 리인 도성이 산골짜기 중에 있고, 그 밖에 12개의 성이 있는 소국이었다. 갈반타국은 오늘날의 파미르 고원과 야 르칸드 사이에 위치한 사리콜로 추정된다. 갈반타국 왕의 성이 갈사씨 葛沙氏라 한 것에 비춰, 이 나라 역시 서천하던 월지의 한 갈래인 구슬족 이 중도에 정착해 건립한 것이 아닌가 의심된다. 이 나라도 불도를 섬겼 으며 후일 엽달(백흉노)의 속국이 되었다. 엽달 또한 월지의 한 갈래다.

유목민 월지의 유랑은 바빌론 유수 이후 유대인의 디아스포라에 버 금가는 것이었다. 그 이전 월지는 서역과 중원의 교역에 있어서 중요한 역할을 하고 있었다. 당연히 인문지리적 정보를 지니고 있었다고 판단 하는 것이 마땅하다. 또한 월지는 하서 지방의 지배자였다. 서역과 중원의 교역은 월지를 통하지 않고서는 불가능했다. 따라서 『사기』 등 중국 사서에 나타나는 한족의 서역에 대한 정보는 아마도 월지와 같은 매개 세력에 의존했을 것이다.

중앙아시아는 인문학적 탐구의 보물 창고다. 중국이 오랑캐라고 불렀던 유목민들이 이곳의 주인이었다. 스키타이를 필두로 월지, 흉노, 오손, 선비, 유연, 돌궐, 카라키타이 등이 시대별로 중앙아시아 초원의 문명을 이끌었다.

이들은 결코 문명의 주변인이 아니었다. 그들은 자신의 것을 유지하면서도 다른 것을 수용할 줄 알았다. 동서양 문화의 교류는 이들이 있었기에 가능했다. 중앙아시아 유목민의 흥망성쇠가 유럽 역사에 변화를 가져왔고 아시아 제국의 운명을 바꾸어놓았다. 인종의 혼혈과 문화의 혼용이 이들의 선물이다. 나는 중앙아시아 초원을 달리는 한 마리 야생마가 되어 중앙아시아 인문학 기행을 썼다. 때로는 창공을 나는 독수리가 되기도 했다. 사람 사는 곳이라면 어디든 고단한 삶이 있었다. 더러 기쁨도 있었다. 사는 일은 그런 것이다.

"박사논문 제출도 미루면서 집필,
초원草原이 부르는 소리에 가슴 떨렸다."

(글·사진 『교수신문』 최익현 기자)

연호탁 교수는 2013년 12월부터 2년에 걸쳐 55회에 이르는 '인문학 기행'을 주파했다. 영어학자인 그가 중앙아시아 지역의 문화와 삶, 역사와 운명을 나그넷길의 시선으로 읽어낸 데는 그의 역마살 같은 여행 욕망이 깊게 작용하기도 했지만, 어학 전공자로서 '중앙아시아사'라는 역사 연구에 관심을 둔 지적 배경도 한몫했다. 그는 올 2월 중앙아시아사 연구로 박사논문을 제출하고 학위를 받을 예정이었다. 그의 학위일정에 차질을 준 것은 다름아닌 '중앙아시아 인문학 기행'이다. 도대체 '기행기紀行記'가 뭐길래 그는 박사논문까지 미루고, 낯선 사람들의 삶과 문화의 냄새에 이끌렸던 것일까. 연재를 마치고 출판사로 원고를 넘긴 연호탁 교수를 지난달 27일 만났다.(인터뷰는 연재를 마친 직후인 2016년 2월에 진행되었으며, 이후 8월 중앙아시아사로 박사학위를 받았다.)

*

2년에 걸친 연재를 마쳤다. 중앙아시아사로 현재 박사학위를 준비하고 있는 것으로 아는데, 원래 전공이 '영어학' 아닌가. 영어 교수가 중앙아시아사에 관심을 둔 이유가 궁금하다.

처음부터 중앙아시아에 관심을 가진 건 아니었다. 아니, 중앙아시아에 대해 몰랐다고 하는 편이 맞다. 계기는 있다. 여행. 여행을 하기 위한 사전 공부, 여행을 통한 직접적 체험, 여행 이후의 지속적 관심이었다고 할까? 최초의 관심은 인도에 있었다. 우연히 가야국 시조 수로왕과 허황후에 대한 책을 읽고 사람들의 이주, 그 원인과 배경, 결과 등에 흥미를 가지게 됐다. 수로왕의 이름이 수로首露와 수릉首陵으로 얼핏 다른 한자를 사용하지만, 실은 '해'를 의미하는 'surya'의 음차라는 사실은 많은 이가 안다. 허황후가 인도 阿踰陁國(아요디야) 출신 공주라는 건 『삼국유사』「가락국기」에 나와 있다. 그것이 사실일 수도 아닐 수도 있다.

내게 의미가 있었던 것은 당시 시대적 상황으로 보아 당나라든 송나라든 중국 공주라고 해도 좋았을 것을 왜 우리가 잘 알지도 못하는 인도 땅 아요디야라고 수로왕비의 고향을 적시했느냐 하는 점이었다. 김해김씨 후손이신 김병모 박사께서 허황후의 고향과 출신을 확인하기 위해 무척 애를 많이 쓰신 것으로 안다. 그런 분들의 학문적 열성과 역량에는 미치지 못하지만, 언어학을 전공하는 사람으로서 시호가 보주태후普州太后인 허황후가 과연 인도 출신인지 알고자 하는 호기심이 발동했다. 공부하는 사람에게 당연한 것은 없다. 뭐든지 의심하고 알려 하고 집요하게 추적하다보면 어떤 학문적 결과가 생겨나고, 그래서 학문이 발전하는 게 아니겠는가?

아요디야가 부처 생전에는 사케타Saketa로 불렸고, 중앙아시아로 간 월지인 귀상貴霜, 옥玉의 부족 쿠시족이 세운 쿠샨 왕조의 카니시카 대왕에 의해 127년에 정복당했다는 사실을 안 건 그런 지적 호기심 덕분이었다. 그리고 아요디야의 또 다른 이름이 보즈푸르Bhojpur였다는 사실은 아요디야 현지인을 통해서 알았다. 학문적 발견은 이런 과정에서 이뤄진다고 나는 믿는다. 그런 점에서 우연은 없다고도 생각한다. 고대 범어인 보즈Bhoj의 말뜻이 뭘까? '나눔과 봉사'라는 의미에서 Bhakti와 같은 말이다. 요즘 시대에 요구되는 지식인의 덕목이랄 수 있다.

15년 전쯤 우즈베키스탄을 시작으로 중앙아시아 지역을 여행하게 됐다. 아니다. 그보다 5년 전쯤 파키스탄 여행을 먼저 시작했다. 겨울 여행이었다. 처음에는 이국적인 면, 다른 점이 눈에 들어왔다. 그러다가 닮은 점이 보이기 시작했다. 사람 생김새, 종교, 언어, 음식, 음악은 달라도 그 안에 동질적인 뭔가가 느껴졌다. 운명인지 자꾸 초원이 나를 불렀다. 그래서 몇 차례 다니다보니 이 동네와 우리가 어떤 식으로든 얽혀 있음이 감지됐다.

사람은 접촉하며 살게 마련이고, 또 때에 따라 갈등하고 떠나고 그런 과정 속에서 전파와 교류가 이뤄지고 그런 일이 지속적으로 생기면서 문명이라는 것이 형성되는가 싶다. 중앙아시아 지역은 유목민이 중심이 돼 동서 문명의 교차로 역할을 했다. 그들은 걸핏하면 싸웠다. 식량이 떨어지면, 기후가 나빠지면, 혹은 욕심 사나운 사내가 이웃 부족의 여자를 빼앗아 가면 자존심을 걸고 보복하고 또 보복하고. 이런 인간사가 다 인문의 영역이다. 문명은 그 속성상 혼혈일 수밖에 없다.

*

중앙아시아사와 관련해서는 학계에서도 굵직한 저작들이 소개돼 있다. '중앙아시아 인문학 기행'은 그런 학술서와 방향을 조금 달리해, '기행'의 형식, 즉 에세이적인 접근을 강조한 연재였다. 또 여행의 여정을 특별히 '에세이' 형태로 담아냈는데, 에세이란 대체 무엇이라고 생각하는가.

나는 아직까지는 공인된 역사학자가 아니다. 나는 영어학 전공자다. 그러나 관심 가는 영역은 많다. 학문적 융합이라는 측면에서 수년 전부터 명지대 대학원에서 역사를 공부하고 있는데, 이는 그렇게 하면 게으름 피우지 않고 좀더 체계적으로 열심히 공부를 할 수 있지 않을까 하는 생각에서였다. 코스웍은 진즉 마쳤지만, 교수신문에 꼬박 2년간 연재하느라 박사학위논문 쓰는 일을 미룰 수밖에 없었다. 이번 겨울 방학에 집중적 글쓰기를 해서 여름에는 학위를 받고 싶다. 나는 나 스스로 학문적 깊이가 있다고는 생각하지 않는다. 다만 하나를 깊이 보지는 못하지만 두루 보는 안목은 있다고 믿는다. 여행을 통한 현장 경험이 나의 강점이다. 책과 지도에서 보는 히말라야는 동경의 대상이지만 생경하다. 차를 타고, 혹은 비행기를 타고, 더러는 걷다가 한자리에 서서 히말라야를 바라보는 경험은 다르다. 감동이 있다. 히말라야의 실체를 느끼는 것이다. 그런 경험을 안고 서적을 뒤적이며 공부하는 재미는 남다르다. '백문이 불여일견'임을 나는 안다. 여행은 세상을 보는 것이다. 사람살이를 엿보는 것이다. 그 속에서 다름과 같음을 보는 것이다. 인간사의 보편성universality과 특이성uniqueness을 이해하는 것이다. 그 점을 월지의 이주사移住史를 중심으로 한 이야기 형식으로 편하게 전하고 싶었다. 내가 기행 에세이 형식을 빌려 중앙아시아 인문학 기행을 쓰게 된 배경이다.

*

이번 연재와 관련해 월지의 서천으로부터 여행의 의미를 풀어냈는데, 전체 연재의 중심축에 이 '월지'가 놓여 있다. 이들 부족(민족)의 이동을 중심에 놓은 것은 어떤 이유인가.

우선 우리나라에서 월지에 대한 연구가 다소 부족하다 느꼈다. 사회언어학 혹은 접촉언어학의 관점에서 언어변화는 접촉과 갈등을 전제로 한다. 접촉은 이동이 있어야 가능하다. 이동의 원인은 여러 가지가 있을 수 있다. 유목 사회에서 이동의 주원인은 기후변화와 전쟁이다. 그 가운데 후자가 이동에 더 결정적으로 작용한다. 문명은 저절로 형성되는 게 아니다. 어떤 형태로든 접촉이 이뤄져야 가능하다. 현 중국 간쑤성 치롄 산맥 일대에서 활동하던 월지가 흉노에 몰려 서천하게 된 것이 동서양 역사에 큰 영향을 미쳤다. 게르만 민족의 대이동이 서양 중세의 시발이라면, 그 이전 인류 역사의 판도를 바꾼 대이동이 월지의 서천이었다. 그로 인해 사람들의 삶이 바뀌었고, 문명의 교류가 촉발됐다. 굴러온 돌이 박힌 돌을 구르게 했다.

월지 서천의 첫 희생자는 이리 초원과 톈산 및 파미르 일대를 무대로 유목 생활을 하던 색종塞種이었다. 이들은 월지의 압박으로 더 깊은 산중으로 숨거나 다른 곳으로 옮겨가야 했다. 색종은 흔히 사카족이나 스키타이라고 부른다. 이들이 서쪽과 남쪽으로 이동하게 되는데, 그 한 갈래가 칭짱靑藏 고원을 건너 촉蜀(쓰촨 성)을 거쳐 윈난 성 서부 지역까지 내려간다. 윈난은 전국滇國의 영역이었다.

당시 전국의 중심 민족은 월인越人. 그 밖에 '복인濮人' '쿤밍인昆明人' '강인羌人'이 있었다. 여기에 색인塞人이 합류하게 된 것이다. 이들은 '수인叟人'으로 불렸다. 물론 이주 과정에서 현재의 쓰촨 서부, 구이저우貴州, 간쑤甘肅, 칭하이靑海 일부 지역에도 수인이 정착해 소수민족으로의 삶을 꾸렸다.

동쪽으로 이주해간 세력도 있었음을 잊지 말아야 한다. 오늘날의 내몽고內蒙古 어뤄커 일대로 옮겨가 그곳에서 정체성을 상실하고 모진 삶을 살았던 유목민 색인도 있었다. 월지 또한 사방으로 이주했다. 혹시 모르지 않는가. 역사적 사실 여부는 확인할 수 없지만, 우리나라 삼한 시대 백제의 모태가 된 마한 54개 부족국가 중 월지국이 있었는데, 이것이 흉노에 내몰린 월지의 한 집단이 동東으로 이동해 세운 나라일 수도 있음을. 그러나 역사 해석은 사실fact을 바탕으로 해야 한다.

2013년 12월 말, 연재를 시작하면서 "중앙아시아 그곳에 문명의 오해를 넘어서 인식의 지평을 넓힐 수 있는 '경계'가 있다"고 했다. 2년에 걸친 연재를 마무리한 지금, 과연 인문학 기행은 무엇을 확인했다고 생각하나.

흔히 정주 문명과 비교해 유목 문명을 경시하는 경향이 있다. 4대 문명이 강을 기반으로 형성된 것에 반해, 드넓은 초원을 무대로 이리저리 옮겨 다니는 유목민에게 문명이라는 단어는 어울리지 않는다고 생각들 했다. 유목민은 성곽을 쌓는다거나 외부의 침입에 대비할 줄 모르고, 당연히 변변한 건축물도 없는 데다, 번듯한 집도 없이 천막이나 치고 살고, 흔적을 남기지 않는다. 사납고 우악스럽고 잔인하다. 이런 생각이 지배적이다. 그러나 이는 오해에 불과하다. 환경에 따라 사람들의 삶은 다르다. 차이 혹은 다양성에 대한 이해, 그것이 유목 문명에 대한 오해를 불식시키는 첫걸음이다.

유목민은 저들 나름의 사회체계를 지니고 있었다. 독특한 풍속을 지녔다. 정주민들과 다른 색깔의 예술을 남겼다. 무엇보다 중앙아시아 유목민은 문명의 전파자였다. 중앙아시아의 역사를 더듬다보면 타자에 대한 우리 인식이 얼마나 그릇되고 편견에 가득 찬 것이었나를 깨닫게 된다. 중앙아시아 인문학 기행이 중앙아시아에 대한, 유목 문명에 대한 새로운 시각을 제시해주었을 것이라 믿는다. 세상은 서로 연결돼 있음을, 먼 나라가 가까운 나라임을 확인하는 계기가 됐을 것으로 믿는다. 거듭 말해 중앙아시아는 인문학적 탐구의 보물 창고다. 중국이 오랑캐라고 불렸던 유목민들이 이곳의 주인이자 세상의 지배자였다. 스키타이는 페르시아를 침공해 다리우스 황제를 괴롭혔다. 흉노는 훈, 훈나 등의 이름으로 유럽 역사를 뒤바꿔놓았다. 월지는 비록 흉노와의 싸움에서 패배해 중앙아시아로 옮겨왔지만 기존 세력을 압도하고 끝내 쿠샨 제국을 건설했다. 순록 유목민이던 탁발선비는 서방에 중국의 이름을 타부가치로 기록하게 만들었다. 중국을 카타이로 알게 한 것은 거란족이었다. 돌궐족은 셀주크튀르크와 오스만튀르크 제국을 건설했고, 자신들의 족명을 터키라는 나라 이름에 주었다. 위대한 문명의 땅 인도에 무굴 제국을 세운 인물은 칭기즈칸의 후예 바부르였다. 몽골은 명실상부한 세계의 지배자였다.

이렇듯 유목민은 결코 문명의 주변인이 아니었다. 이들은 자신의 것을 유지하면서도 다른 것을 수용할 줄 알았다. 동서양 문화의 교류는 이들이 있어 가능했다. 중앙아시아 유목민의 흥망성쇠가 유럽 역사에 변화를 가져왔고 아시아 제국의 운명을 바꿔놓았다. 인종의 혼혈과 문화의 혼융이 이들의 선물이다. 이를 확연히 알고자 한다면 어느 날 중앙아시아로 직접 여행을 떠날 것을 권한다.

*

동서 교류에 관한 통찰이랄까, 이번 연재는 에세이 형식으로 자유롭게 주제에 접근했지만, 역사적 사실에 접근하는 부분에서는 특히 언어학적 요소를 많이 반영한 게 특징적이었다. 고대사와 언어학을 연결시키는 작업을 의식한 것인가.

그렇다. 역사를 이해하고 복원하는 일은 쉬운 작업이 아니다. 과거를 말해줄 옛사람은 사라지고 남아 있는 유물과 유적은 적다. 역사적 실체 혹은 진실을 규명하는 데 고고학의 중요성은 말할 나위가 없다. 그러나 고고학적 성과만으로는 충분치 않다. 문헌사학과 고고학은 서로를 보완하는 역할을 해야 한다고 나는 믿는다. 옛사람들이 남긴 역사 자료는 주관적 선별과 왜곡에 따른 신뢰성에 문제가 있을 수 있지만, 사료를 읽고 역사적 실상을 파악하는 문헌사학은 현존하는 자료를 믿고 의존할 수밖에 없다. 사료 해석에 있어 중요한 것이 명칭이다. 특히 한문 사료는 지명, 족명, 국명, 인명 등 온갖 명칭의 음과 의미를 제대로 알아야 할 경우가 많다. 고대사 연구에 언어학적 지식이 결합돼야 하는 까닭이 여기에 있다.

*

지금 대학이 많이 변화하고 있다. 구조조정도 한창이다. 이 과정에서 전체적으로 나타나는 양상이 '돈 안 되는' 인문학 분야를 대폭 축소하는 것이다. 여행을 통해 세계와 오래 만났으니, 인문학이 삶과 어떤 관계에 있는지, 역사의 흥망성쇠를 더듬어낸 결과, 대학과 인문학의 바람직한 관계도 생각했을 듯하다.

흔히들 '전인교육全人教育'이라는 말을 한다. 영어로 말하자면 'a whole being' 혹은 'a complete being'을 만드는 것이 전인교육이다. 사람은 절대 완전할 수 없다. 그러나 교육은 완전체인 전인을 목표로 한다. 대학교육이 추구할 바가 그것이라고 나는 생각한다. 그러나 현재 우리나라 대학교육은 실용 학문 위주로 흐르고 있다. 학교 운영이 비즈니스라는 인식 속에서 돈 안 되는 학과는 쉽게 버려진다. 인문학은 전인교육에 필요한 귀한 재료다. 전인은 단순히 남에 의한 지식의 주입으로 만들어지지 않는다. 사유하는 존재가 전인이다. 사유하는 인간은 시와 소설을 읽고, 인생의 의미와 우주의 본질에 대해 고민하고, 역사를 통해 인간 삶을 이해하고, 급기야 행복을 추구하기 위해 자신의 삶의 방향을 선택할 줄 안다. 이런 전인을 육성하는 일을 대학이 해야 한다. 대학 이전 교육이 하지 못하는 일이기에 대학이 해야 한다. 취업률에만 신경 쓰는 한 대학교육의 미래는 없다. 그러자면 인문학을 소멸시킬 것이 아니라 새롭게 부활시켜야 한다. 대학교육의 르네상스는 인문학의 재생에서 찾아야 한다고 본다. 사람이 우선이다.

*

앞으로의 계획은?

정년이 4년 반밖에 남지 않았다. 처음이자 마지막이 될 안식년 휴가를 받아 이탈리아 볼로냐로 가고 싶다. 그곳에 천년 역사의 볼로냐 대학이 있다. 그 근처에 집을 얻어 생활하며 오래된 학문의 냄새를 맡고 싶다. 가능하다면 박사학위를 하나 더 추가하고 싶다. 음식문화사나 인류학, 뭐 이런 분야를 생각하고 있다. 인문학적 소양을 갖추는 것, 궁극적으로 좀더 나은 인간이 되고자 하는 생각에서다. 학위가 목표가 아니라 학위를 얻기 위해 공부에 집중할 수 있기 때문이다. 그렇다고 공부가 취미는 아니다. 즐겁게 사는 것이 취미다. 볼로냐를 선택한 또 다른 이유는 그곳을 거점으로 유럽 각지로 여행을 하기 위해서다. 한 살이라도 젊을 때 많이 보고 많이 느끼려 한다. 친구들이 찾아오면 불편 없이 이용할 수 있도록 좀 넓은 집을 얻으려 한다. 누군가 오면 나는 집을 빌려주고 어디론가 떠날 것이다. 물론 때로는 친절한 가이드도 될 것이다.

참고문헌

I. 사료

1. 한문

『구당서舊唐書』『남사南史』『북사北史』『사기史記』『삼국지三國志』『송사宋史』『수서隋書』『신당
서新唐書』『양서梁書』『위서魏書』『주서周書』『진서晉書』『한서漢書』『후한서後漢書』

2. 기타

[사료]

『舊唐書 外國傳 譯註』, 동북아역사재단, 2011

『北史外國傳譯註·上』, 동북아역사재단, 2010

『四庫全書』, http://skqs.nlic.net.cn:8000/scripts/skinet.dll?OnLoginPage

司馬光 編著, (元)胡三省音註, 『資治通鑑』, 北平: 古籍出版社, 1956

楊衒之撰, 張元濟校, 『洛陽伽藍記』, 上海涵芬樓影明如隱堂刊本, 後魏

王溥 撰, 『唐會要』, 北京市: 中華書局, 1955

葉隆禮撰; 賈敬顏, 林榮貴點校 『契丹國志』, 上海市: 上海古籍出版社, 1985

『欽定滿洲源流考』, http://skqs.nlic.net.cn:8000/scripts/skinet.dll?OnLoginPage

[불경류]

『大正新脩大藏經』, 大藏經テキストデータベース研究会(SAT), 2012

『佛光大辭典: 電子版』, 佛光山文教基金會出版, 2007

[사전류]

『康熙字典』, http://www.zdic.net/z/

『說文解字』, http://www.zdic.net/z/

[기타]

許筠, 『惺所覆瓿稿』卷5「文部」2 序(西邊備虜考序), 한국고전번역원, 1981~1985

II. 연구서

1. 국문

김용범, 『역사로 읽는 실크로드의 문화』, 보성, 2008

김종래, 『유목민 이야기: 유라시아 초원에서 디지털 제국까지』, 꿈엔들, 2008

김호동, 『아틀라스 중앙유라시아사』, 사계절, 2016

박상규, 『滿洲語文法』, 알타이言語民俗學叢書 5, 民昌文化社, 1993

박한제·김호동·한정숙·최갑수, 『유라시아 천년을 가다』, 사계절, 2002

성백인, 『만주어와 알타이어학 연구』, 태학사, 1999

세종대왕기념사업회, 『국역 국조인물고』, 1999

연호탁, 『문명의 뒤안 오지의 사람들』, 성하, 1997

예술의전당, 『유라시아 초원의 문명』, 2011

이주형, 『아프가니스탄, 잃어버린 문명』, 사회평론, 2007

이한신, 『중앙아시아, 마지막 남은 옴파로스』, 이지출판, 2008

이희수, 『터키사』, 대한교과서주식회사, 2007

일아, 『한 권으로 읽는 빠알리 경전』, 민족사, 2008

장준희, 『중앙아시아, 대륙의 오아시스를 찾아서』, 청아출판사, 2004

전인평, 『실크로드, 길 위의 노래』, 소나무, 2003

정수일, 『고대문명교류사』, 사계절, 2002

──, 『실크로드 문명기행: 오아시스로 편』, 한겨레출판, 2006

── 편저, 『실크로드 사전』, 창비, 2013

정연규, 『언어 속에 투영된 한민족의 고대사』, 한국문화사, 2002

주채혁, 『순록치기가 본 조선·고구려·몽골』, 혜안, 2007

중앙아시아학회 엮음, 『실크로드의 삶과 종교』, 사계절, 2006

차병직·문건영, 『실크로드, 움직이는 과거: 문명교류에 대한 대위법적 에세이』, 도서출판
    강, 2007

최한우, 『중앙아시아 연구Introduction to Central Asia』(상), 도서출판 펴내기, 2006

한국사회언어학회, 『사회언어학사전』, 소통, 2012

허세욱, 『허세욱 교수의 실크로드 문명기행』, 대한교과서, 1996

홍영애 외 5인, 『영어학의 이해』, 한국문화사, 2003

2. 중문

林旅芝,『鮮卑史』, 香港: 波文書局, 1973

余太山,『塞種史研究』, 北京: 中國社會科學出版社, 1992

張西蔓,『西域史族新考』, 中國邊疆學術研究會, 1947

3. 일문

구와하라 지쓰조桑原隲藏,「張騫の遠程」,『桑原隲藏全集』, 巖波書店, 1968

마츠다 히사오松田壽男,『丹生の研究 歷史地理学から見た日本の水銀』, 早稲田大学出版部, 1970

마츠마루 미치오松丸道雄 외 4인,『中國史』1, 東京: 山川出版社, 2003

미야자키 이치사다宮崎市定,『アジア史研究』第 1-5, 東洋史研究叢刊, 1978

시라토리 구라키치白鳥庫吉,『塞外民族史研究』上·下, 岩波書店 1986

─────,「粟特國考」,『東洋學報』第 14-4, 1924

─────,「東西交涉史上より觀たる遊牧民族」, 富山房, 1939

─────,「西域史研究」上·下, 三貴文化社, 1987

川野明正(Kawano Akimasa),『雲南の歷史』, 東京: 白帝社, 2013

4. 영문

Aiyar, R. Swaminatha, *Dravidian Theory*, Delhi: Motilal Banardidass, 1987

Bagchi, Prabodh Chandra, *India and China: Interactions through Buddhism and Diplomacy: A Collection of Essaays*, Anthem Press, 2011

Beckwith, Christopher I., *The Tibetan Empire in Central Asia*, Princeton University Press, 1987

Blumenbach, Johann Friedrich, *De generis humani varietate nativa*(3rd ed.), 1795, trans. Bendyshe(1865). Quoted in Arthur Keith, 'Blumenbach's Centenary', Man(Journal of the Royal Anthropological Institute of Great Britain and Ireland), 1940

Bobodzhan, Gafurovich Gafurov, *Central Asia: Pre-historic to Pre-modern Times*, Volume 1, Shipra Publications, 2005

Boulnois, Luce, Monks, *Warriors & Merchants on the Silk Road*, Hong Kong: Odyssey Books & Guides, 2008

David-Neel, Alexandra, *My Journey to Lhasa*, New Delhi: Time Books International, 1991

Davies, Norman, *Europe: A History*, London: The Bodley Head, 1997

Dewan, Parvez, *Jammu, Kashmir, & Ladakh*, New Delhi: Manas Publications, 2004

Dorje, Sonam, *English & Ladakhi Easy Self-Study*, Bangalore: Focus Press Pvt. Ltd., 2005

Franke, Herbert and Denis Twitchett(eds.), *The Cambridge History of China Vol. 6: Alien regimes and border states*, 907-1368, Cambridge University Press, 1994.

Golubovsky, P., *Pechenegs, Torks, and Polovetses before Tatar invasion*, SPb, 1884, p. 55, in L. Gumilev, Ancient

Graff, David A., *Medieval Chinese Warfare*, 300~900, New York: Routledge, 2002

Harmatta, János, *Studies in the History and Language of the Sarmatians*, Szeged: József Attila Tudományegyetem, 1970

Hirth Friedrich, *China and the Roman Orient: Researches Into Their Ancient Mediaeval Relations as Represented Old Chinese Records*, Kelly & Walsh, 1885

Hulsewé, Anthony François Paulus, *China in Central Asis: The Early Stage: 125 BC - AD 23; an Annotated Transl. of Chapters 61 and 96 of the History of the Former Han Dynasty. With an Introd. by M.A.N. Loewe*, Brill Archive, 1979

Katičic', Radislav, *Ancient Languages of the Balkans, Part One*, Paris: Mouton, 1976

Koshal, Sanyukta, *Guide to Learn Ladakhi Language*, Delhi: Hanish & Co., 2006

Kulke, Hermann & Dietmar Rothermund, *A History of India*(4th ed.), Psychology Press, 2004

Lewis, Paul(compiled), *Akha-English-Thai Dictionary*, Chiang Rai, Thailand: DAPA(Development & Agricultural Project for Akha), 1989

Mallory, J. P. and D. Q. Adams, *The Encyclopedia of Indo-European Culture*, London: Fitzroy and Dearborn, 1997

Mykhailo, Videiko, *Ukraine from Trypillia to Rus*, Kyiv: Krion, 2010

Oktor, Skjærvφ Prods, *An Introduction To Manichean Sogdian*, 2007

Platts, John T., *A Grammar of the Hindustani or Urdu Language*, Delhi: Munshiram Manoharlal Publishers Pvt. Ltd., 1990

Porphyrogenitus, Constantine, *De Administrando Imperio. Étienne de la*

Vaissière, Histoire des Marchands Soddiens, Paris, Collège de France, Institut des Hautes Études Chinoises, 2002

Robertson, George Scott, The Kafirs of the Hindu-Kush, Lahore, Pakistan: Sang-e-Meel Publications, 1995

Shaw, Isobel, Pakistan Handbook, Hong Kong: The Guidebook Company Ltd., 1996.

Smith, William(ed.), Dictionary of Greek and Roman Biography and Mythology, "Oxyartes (2)", Boston, 1867

Tansen Sen, Buddhism, Diplomacy, and Trade: The Realignment of India-China Relations, 600-1400, Rowman & Littlefield Publishers, 2015, p. 30

Todd B. & Jonathan Slocum, Tocharian Online Series Introduction, Videiko, Mykhailo, Ukraine from Trypillia to Rus, Kyiv: Krion, 2010

Vovin, Alexander. 'Did the Xiongnu speak a Yeniseian language?', Central Asiatic Journal 44-1, 2000

Waddell, L. A., Egyptian Civilization Its Sumerian Origin and Real Chronology, Kessinger Publishing, 2003

Winford, Donald, An Introduction to Contact Linguistics, Oxford: Blackwell Publishing, 2003

Zakiev, M., Origin of Türks and Tatars, Moscow, Insan, 2002, ISBN 5-85840-317-4

5. 노문

Королькова Е. Ф., ВЛАСТИТЕЛИ СТЕПЕЙ, 2006

III. 역서

개빈 멘지스, 『1434』, 박수철 옮김, 21세기북스, 2010

고마츠 히사오 외, 『중앙 유라시아의 역사』, 이평래 옮김, 소나무, 2010

니코스 카잔차키스, 『러시아 기행』, 오숙은 옮김, 열린책들, 2008

니콜라 디코스모, 『오랑캐의 탄생』, 이재정 옮김, 황금가지, 2005

라시드 앗 딘, 『부족지』(라시드 앗 딘의 집사 1), 김호동 역주, 사계절, 2002

르네 그루세, 『유라시아 유목제국사』, 김호동·유원수·정재훈 옮김, 사계절, 2009

마노 에이지 외, 『교양인을 위한 중앙아시아사』, 현승수 옮김, 책과함께, 2009

마크 엘빈, 『코끼리의 후퇴』, 정철웅 옮김, 사계절, 2011

무타구치 요시로, 『상식으로 꼭 알아야 할 이야기 중동의 역사』, 박시진 옮김, 삼양미디어, 2009

밀로이 제임스, 『언어변이와 변화』, 정영인 외 6인 옮김, 태학사, 1998

발레리 한센, 『열린 제국: 중국 고대—1600』, 까치글방, 2006

베이징 대륙교 문화 미디어 엮음, 『역사를 뒤흔든 대이동 7가지』, 양성희 옮김, 현암사, 2010

사와다 이사오, 『흉노: 지금은 사라진 고대 유목제국 이야기』, 김숙경 옮김, 아이필드, 2007

스기야마 마사아키, 『유목민의 눈으로 본 세계사』, 이경덕 옮김, 도서출판 시루, 2013

孫進己, 『東北民族源流』, 林東錫 옮김, 東文選, 1992

아리프 아쉬츠, 『실크로드의 마지막 카라반』, 김문호 옮김, 도서출판 일빛, 2008

에릭 힐딩거, 『초원의 전사들』, 채만식 옮김, 일조각, 2008

오다니 나카오, 『대월지: 중앙아시아의 수수께끼 민족을 찾아서』, 민혜홍 옮김, 아이필드, 2008

유원수 역주, 『몽골비사』, 사계절, 2004

장진근 역주, 『만주원류고』, 파워북, 2009

정수일 역주, 『혜초의 왕오천축국전』, 학고재, 2004

정재승 엮음, 『바이칼, 한민족의 시원을 찾아서』(겨레 밝히는 책들 18), 정신세계사, 2004

주학연, 『진시황은 몽골어를 하는 여진족이었다』, 문성재 역주, 우리역사연구재단, 2009

크리스토퍼 벡위드, 『중앙유라시아 세계사』, 이강한·류형석 옮김, 소와당, 2009

탈라트 테킨, 『고대 튀르크 비문의 연구』, 김영일·이용성 옮김, 부산교육대학교 출판부, 1993

———, 『고대 튀르크 비문의 연구 II —투뉴쿡 비문—』, 김영일·이용성 옮김, 중문출판사, 1996

피터 홉커크, 『실크로드의 악마들: 중앙아시아 탐험의 역사』, 김영종 옮김, 사계절, 2010

———, 『그레이트 게임』, 정영목 옮김, 사계절, 2008

피터 C. 퍼듀, 『중국의 서진: 청의 중앙유라시아 정복사』, 공원국 옮김, 도서출판길, 2012

헤로도토스, 『역사』(상·하), 박광순 옮김, 범우사, 2005

현장, 『대당서역기』, 권덕주 옮김, 일월서각, 1983

IV. 연구논문

1. 국문

밸러리 핸슨 외 중앙아시아학회 엮음, 「실크로드 무역이 한 지역사회에 미친 영향: 500~800년 투르판 오아시스」, 『실크로드의 삶과 종교』, 사계절, 2006

양기훈, 「대월지국의 불교미술에 대한 고찰」, 동국대학교 불교대학원 석사학위논문, 2011

연호탁, 「라후족의 기원과 언어」, 『우리문화 제2호』, 강릉우리문화연구회, 1996

──, 「中國 雲南省 路南縣 北大村 小寨 居住 撒尼人의 二重言語 使用에 對하여」, 『사회언어학』 제7권 2호, 한국사회언어학회, 1999

──, 「訓民正音의 制字 起源 再論: '古篆'의 正體 把握을 中心으로」, 『사회언어학』 제8권 2호, 한국사회언어학회, 2000

──, 「오르혼 비문에 나타난 'Bukli(or Boklu)'에 대한 분석」, 『인문학연구』 제4집, 관동대학교 인문과학연구소, 2001. 2

──, 「古代 金文과 甲骨文上의 人名에 나타나는 天干의 意味에 對한 研究」, 『인문학연구』 제6집, 관동대학교 인문과학연구소, 2003. 2

──, 「高句麗 始祖 高朱蒙에 對한 言語學的 考察」, 『인문학연구』 제8집, 관동대학교 인문과학연구소, 2004. 8

──, 「種族과 國家 名稱에 反影된 물」, 『世界江文化 國際學術大會』, ISBN 978-89-959614-8-3, 강원도민속학회, 2006. 7

──, 「沸流百濟 都邑地로 推定되는 '彌鄒忽'에 對한 言語學的 分析」, 『世界江文化 國際學術大會』, ISBN 978-89-959614-8-3, 강원도민속학회, 2009. 7

──, 「種族移動과 言語接觸: 接觸言語學의 觀點에서 본 多文化社會」, 『인문학보』 제34집, 강릉대학교 인문학연구소, 2008

──, 「An Etymological Analysis of Major River Names in Central Asia」, 『世界江文化 國際學術大會』, ISBN 978-89-959614-8-3, 강원도민속학회, 2009. 8

──, 「라후어, 아카어와 우리말의 조사 비교연구」, 『남방문화』 Vol. 1, 남방문화연구회, 1995

──, 「種族移動과 言語接觸: 接觸言語學의 觀點에서 본 多文化社會」, 『인문학보』 제34집, 江陵大學校 人文學研究所, 2008

──, 「고대 유목종족 스키타이의 엔도님과 엑소님」, 한국사회언어학회 학술대회 발표논문, 2010

2. 중문

陳健文,「月氏的名稱, 族屬以及漢代西陲的黑色人問題」,『國際簡牘學會會刊』1, 1993

─────,「月氏種屬問題再研究」,『史耘』1期, 1995

─────,「試論月氏考古的相關問題」,『中國上古秦漢學會通訊』4, 1998

─────,「語言與民族起源及遷徙的關係」,『國教之友』581, 2006

陳海濤,「昭武九姓族源考」,『西北民族研究』第2期, 2000

車娟娟,「中國十年來粟特研究綜述(2000-2011)」,『아시아연구』16, 2012

蒲朝紱,「酒泉漢代墓葬」,『西北史地』2期, 敦煌吐魯番学, 1990, 2期

─────,「月氏文化」, 張碧坡·董國堯 主編『中國古代北方民族文化史』, 黑龍江人民出版
社, 1993

3. 일문

江上波夫,「月氏の民族名について」,『和田博士還曆記念東洋史論叢』, 1951

藤田豊八,「大宛の貴山城と 月支の 王廷」,『東洋学報』6卷 2號, 1916

─── ─,「月氏の故地とその西移の年代」,『東洋学報』6卷 3號, 1916

桑原隲藏,「張騫の遠程」,『桑原隲藏全集』제3권, 岩波書店, 1968(原著 1916)

松田壽男,「禹氏の玉と江漢の珠」,『東西交渉史論叢』, 1939

─────,「絹馬交易と「禺氏の玉」─最古のシルク·ロードについて─」,『東洋史研究』26-1,
1967

羽田亨,「大月氏及び貴霜に就いて」,『羽田博士史學論文集』(上), 東洋史研究会, 1957

4. 영문

Bailey, H. W., 'Khotanese Saka Literature', in Ehsan Yarshater(ed.) *The Seleucid,
Parthian and Sasanian Periods*, Cambridge University Press, 1983

Brandt, Charles, 'What is Vegetarianism?', *Souvenir of the XV World Vegetarian
Congress* 1957, Delhi, 1957

Dien, Albert E., 'The Glories of Sogdiana,' http://www.silk-road.com.artl.sog-
dian.shtml, accessed on 12 August, 2010

Dols, Michael W., 'The Second Plague Pandemic and Its Recurrences in the Mid-
dle East: 1347-1894', *Journal of the Economic Social History of the Orient* vol. 22
no. 2, 1979

Gumilev, L. N., 'Ancient Turks', *Science*, Moscow, 1967

Henning, Walter Bruno, 'The first Indo—Europeans in history,' in Mallory and Mair, *W. B. Henning memorial volume*, Lund Humphries, 2000

Kljaštornyj, Sergej G. and Vladimir A. Livšic, 'The Sogdian Inscription of Bugut Revised', *Acta Orientalia Academiae Scientiarm Hungaricaei, Tomus* XXVI(1), Akadémiai Kiadó, 1972

P'iankov, I., 'The Ethinic of The Sakas(Scythians)', *Iranian Peoples*. Pulleyblank, Edwin G. Ted, 'The Consonantal System of Old Chinese', *Asia Major* 9, 1962

Yangdon Dhondup, 'Writers at the Crossroads: The Mongolian—Tibetan Authors Tsering Dondup and Jangbu' in *Inner Asia* Vol. 4, No. 2, Special Issue: Tibet/Mongolia Interfac, Brill, 2002

V. 도록

1. 국문
국립중앙박물관, 『알타이 문명전』, 도서출판 학연문화사, 1996

국립중앙박물관 편찬, 『몽골 흉노무덤 자료집성』, 도서출판 성림, 2008

2. 중문
新疆維吾爾自治區博物館/新疆百石綠工美有限公司 主編, 新疆維吾爾自治區博物館, 香港: 金版文化出版社, 2006

中國社會科學院(潭其驤主編), 『中國歷史地圖集』(全八卷), 北京: 中國地圖出版社, 1982

3. 영문
Curtis, John, Ancient Persia, 2nd Edition, The British Museum, 2000

Dien Albert E., The Glories of Sogdiana, http://www.silk—road.com/artl/sogdian.shtml

Harmatta, J., B. N. Puri, G. F. & Etemadi(co—eds) *History of Civilizations of Central Asia Vol.2 Development of sedentary &nomadic civilizations*, 700 *B.C. to A.D.* 250, UNESCO, 1994

J. Harmatta, From Hecataeus To Al HuwJarizmJi: Bactrian, Pahlavi, Sogdian, Persian, Sanskrit, Syriac, Arabic, Chinese, Greek, And Latin Sources For The

History Of Pre Islamic Central Asia(Collection of the Sources for the History of Pre−Islamic Central Asia, Series I.), 1985

Shaanxi History Museum, Shaanxi Ancient Civilization, Xi'an: Shaanxi People's Publishing House, 2008

UNESCO Collection of History of Civilizations of Central Asia

Vol. 1: The dawn of civilization: earliest times to 700 B.C.

Vol. 2: The development of sedentary and nomadic civilizations: 700 B.C. to A.D. 250.

Vol. 3: The cross−roads of civilizations: A.D. 250 to 750.

Xi'an Museum, Valiant Imperial Warriors 2200 Years Ago: Terra−cota Warriors and Horses of Emperor QinShihuang, Xi'an World Publishing Corporation, 2010

[인터넷 사이트]

https://en.wikipedia.org/wiki/Caucasian_race#cite_note−8

https://en.wikipedia.org/wiki/Ili_River

https://en.wikipedia.org/wiki/D%C4%ABw%C4%81n_ul−Lughat_al−Turk

https://en.wikipedia.org/wiki/Varangians

https://en.wikipedia.org/wiki/Issyk−Kul

https://en.wikipedia.org/wiki/Saka

https://en.wikipedia.org/wiki/Kangar_union

https://en.wikipedia.org/wiki/Kangar_union

https://en.wikipedia.org/wiki/Pechenegs+

https://en.wikipedia.org/wiki/Kangar_union.

https://en.wikipedia.org/wiki/Jie_people#cite_note−Pulleyblank−1.

https://en.wikipedia.org/wiki/Kangar_union

http://philipmarshall.net/migyul/resources/culture/losar_khapsays.htm

http://www.academia.edu/825133/Passages_to_India_Saka_and_Ku_a_a_Migration_Routes_in_Historical_Contexts

http://www.chineseetymology.org/CharacterEtymology.aspx?characterInput=%E8%AB%B1

http://www.chineseetymology.org/CharacterEtymology.aspx?characterInput

=%E8%AB%B

https://www.deepdyve.com/lp/brill/writers−at−the−crossroads−the−mongo-
lian−tibetan−authors−tsering−dondup−dieK1vrhHT

https://www.google.co.kr/search?q=persian+satraps&biw=1018&bih=565&tbm=
isch&imgil=HW_b9OeHTc5t0M%253A%253B_mPsGXV6vEPaQM%253Bhttp%2
5253A%25252F%25252Fbeaverland.web.fc2.com%25252Fhist%25252Fglance%2
5252Fpersian6.html&source=iu&pf=m&fir=HW_b9OeHTc5t0M%253A%252C_
mPsGXV6vEPaQM%252C_&usg=__OHZhq0Zx_30WrjLbqBsjXdtiiwY%3D&ve
d=0ahUKEwiu9OGc8−DNAhVBnZQKHZ08C−wQyjcIIw&ei=KQ5−V−67Hc-
G60gSd−azgDg#imgrc=bOwl9MKS_811RM%3A

http://www.heritageinstitute.com/zoroastrianism/maps/sugd.htm

http://www.transoxiana.org/Eran/Articles/alyilmaz.html

https://www.wordnik.com/words/sog

찾아보기

1. 인명

632

2. 지명

화염산 232, 261, 263~264, 275, 278, 292

황허 강 275, 279

후탄 177~178

훈자 330, 511, 534~536, 540, 543, 545

흑해 6, 53, 148, 277, 446, 469, 586

3. 국명·종족명

ㄱ

가가우지아 446

가배국 506~507

가즈니조 373~376, 459

강국 110, 157, 269, 273, 317, 321~322, 332, 342, 346, 349, 360, 420, 485, 602

강족 300, 304~305, 321, 325, 545, 602~605

거란 5~6, 25, 35, 162, 164~165, 167, 177~178, 249~250, 354, 442, 516, 521

거사국 276, 281, 394

거사전국 268, 281~283, 299

거사후국 281

건다국 518~519

게르만족 77, 230, 477, 526, 571

겹돈국 506~507

계빈국 85~86, 443

고거족 271

고구려 59, 74, 113, 143~147, 156, 180, 195, 223~224, 269, 273, 334, 393, 442~443, 516

고려 5, 200, 223, 225, 258, 273, 288, 340, 350, 393, 411, 413, 449

고려인 115, 231, 388, 433, 476

고차 122, 283

고창국 79, 122, 223, 232, 238, 261, 269, 277, 280, 282~284, 393~395

고팔라 530

구르 왕조 375~376

구슬족 546, 607

구자국 192, 204~208, 248, 299

구티족 473~474, 489, 491

굴지국 208

굴지종 208, 214

귀상흡후 506~508, 516~517, 551, 563

그리스 27, 31, 73, 76, 79, 86, 129, 147, 153~154, 161, 229~231, 240, 329, 331~332, 361, 372, 414, 418, 420~422, 426~427, 440~441, 472, 476, 491, 504, 519, 535, 548, 550~551, 557, 559, 561~562, 567, 577, 579~580, 587, 592

금국 450

금나라 5, 25, 288

ㄴ

나가르 왕국 540

남송 288, 393

네덜란드 77, 256, 315, 464, 580

네팔 95, 183

노브고로드 공국 411~412

노서아 55, 445

ㄷ

당나라 10, 39, 58, 113, 119~121, 123, 125, 143~145, 148, 150, 156~158, 196~197, 215, 217, 221, 224, 233~234, 243, 269, 273, 277, 283, 299, 325, 355~356, 383~384, 499, 531, 580, 598, 600

대식 345

대완 6, 38, 45, 57, 86, 90, 100, 128~129, 134~135, 138, 179, 247, 310, 317, 322, 384, 387, 399, 506, 552, 602

대월지 34, 41~42, 57, 85~86, 128, 135, 179, 310~312, 320, 323, 325, 441~443, 506, 517, 545, 552, 563~564, 602, 606~607

대위 75, 338, 341

대진 129

돌궐족 75, 83, 125, 163, 324, 345, 357, 445, 595, 606

돌궐 제국 77, 79, 323, 501

돌기시 120, 157, 215, 239

동진 194~195, 282

동호 27, 315, 571

중앙아시아 인문학 기행

ⓒ 연호탁 2016

1판 1쇄 　2016년 9월 26일
1판 3쇄 　2019년 1월 22일

지은이 　연호탁
펴낸이 　강성민
편집장 　이은혜
편집 　곽우정
마케팅 　정민호 정현민 김도윤
홍보 　김희숙 김상만 이천희

펴낸곳 　(주)글항아리 | 출판등록 2009년 1월 19일 제406-2009-000002호

주소 　10881 경기도 파주시 회동길 210
전자우편 　bookpot@hanmail.net
전화번호 　031-955-1936(편집부) 031-955-8891(마케팅)
팩스 　031-955-2557

ISBN 　978-89-6735-383-4 03900

이 책의 판권은 지은이와 글항아리에 있습니다.
이 책 내용의 전부 또는 일부를 재사용하려면 반드시 양측의 서면 동의를 받아야 합니다.

글항아리는 (주)문학동네의 계열사입니다.

이 도서의 국립중앙도서관 출판예정도서목록(CIP)은 서지정보유통지원시스템 홈페이지
(http://seoji.nl.go.kr)와 국가자료공동목록시스템(http://www.nl.go.kr/kolisnet)에서
이용하실 수 있습니다.(CIP제어번호: CIP2016021999)